CW00690402

Einaudi Ta
390

Dello stesso autore nel catalogo Einaudi

Storia di Venezia
Le navi di Venezia

Frederic C. Lane
I mercanti di Venezia

Einaudi

L'autore ha organizzato questo volume in base alle seguenti pubblicazioni:

Andrea Barbarigo, Merchant of Venice
Venice and History
Copyright © 1944, 1969 Johns Hopkins Press
Rythm and Rapidity, Pepper Prices, Double Entry
Copyright © 1949, 1968, 1977 Frederic C. Lane

© 1982 e 1996 Giulio Einaudi editore s.p.a., Torino
Traduzione di Enrico Basaglia

Prima edizione «Biblioteca di cultura storica» 1982

ISBN 88-06-14262-3

Indice

Prefazione all'edizione italiana

I saggi qui raccolti, che propongono un quadro complessivo del mondo degli affari nella Venezia rinascimentale, sono il risultato di ricerche condotte nell'arco di un mezzo secolo. L'ordine in cui sono disposti nel volume, tuttavia, tiene scarso conto della successione in cui furono scritti: si è preferito raggrupparli a seconda dei temi che affrontano, per facilitare la comprensione delle connessioni tra le diverse parti di questo quadro generale.

Andrea Barbarigo, mercante di Venezia, il saggio con cui si apre questo volume, è il risultato del tentativo di farmi un'idea dall'interno – sulla base dei registri di un mercante – di un'impresa mercantile veneziana, e di capire il comportamento di un uomo d'affari veneziano. Gli archivi di Venezia non sono cosí ricchi di documenti di affari per l'epoca medievale come quelli di Firenze e di Prato, ma nel caso di Andrea Barbarigo sono stato abbastanza fortunato – grazie alle informazioni fornitemi da Gino Luzzatto – da poter mettere le mani sui libri dei conti, i diari e alcune lettere di un mercante veneziano, il solo, per quel che si sa, di cui ci siano pervenuti tutti e tre questi tipi di documenti. Il quadro è ben lontano dall'essere completo, perché, se disponiamo delle copie delle lettere che spedí, non una di quelle che ricevette è giunta fino a noi, e anche dei suoi conti, non pochi, come quelli tenuti con i banchieri, possono essere interpretati con difficoltà, in quanto non ci è sempre noto quale specifico ramo di attività interessassero. Tuttavia è pur stato possibile tracciare in questo modo un abbozzo della sua carriera, delle tecniche commerciali, delle sue attività, e anche di avvicinarsi alla sua personalità.

Nello studio che segue ho ripreso l'analisi degli affari di Andrea Barbarigo, esaminando in particolare come egli collocasse le abbondanti partite di merci che riceveva periodicamente dalle «mude» di galere in arrivo dall'Inghilterra, e illustrando come il commercio medievale fosse caratterizzato da un volume di affari dai ritmi molto lenti, ma con profitti elevati a ogni passaggio di mano.

Se Andrea fosse vissuto abbastanza a lungo da sciogliere le sue imprese commerciali e ritirarsi dagli affari – ma per questo avrebbe dovuto vivere ancora dieci anni – i suoi libri contabili ci esporrebbero qualcosa di piú dei limiti delle tecniche di conto veneziane. In altri dieci anni egli avrebbe sicuramente completato il secondo dei suoi voluminosi libri di conti e ne avrebbe iniziato uno nuovo. La tecnica da lui usata di trasferire i conti da un libro all'altro gli avrebbe dato l'opportunità di chiudere quanti piú conti poteva sotto la voce «Profitti e Perdite» e forse di stilare un bilancio di verifica. Come la maggior parte dei libri di conti medievali pervenutici, il suo libro «B» è pieno di conti non saldati. Questi registri superstiti provengono per lo piú dagli archivi di amministratori patrimoniali incaricati di liquidare gli affari di un defunto. Non è certo che i veneziani usassero gli stessi metodi impiegati dai fiorentini nelle società a breve termine per chiudere i loro conti: sicuramente i veneziani operavano una distinzione meno rigida tra contabilità personale e contabilità di affari, e avevano meno motivi per pareggiare spesso i loro libri contabili. Essi diedero vita a un minor numero di società a breve termine, ricorrendo principalmente a società familiari che duravano piú generazioni, assieme a società in partecipazione che erano a breve termine, ma potevano essere sciolte e liquidate completamente senza che fosse steso alcun inventario o che comparisse una chiusura generale dei libri di conti. In contrasto con molte aziende fiorentine, le loro attività industriali non crearono la necessità di giungere a un'analisi dei costi come quella che, almeno in embrione, si era già sviluppata in Toscana. Mentre i veneziani si guadagnavano un'altissima reputazione nell'ordinare le registrazioni e i libri contabili, il loro modo di raggruppare la contabilità non ha facilitato il calcolo dei profitti, se non esaminandoli società per società.

L'analisi delle fonti dei profitti e delle perdite, allo scopo di accrescere i guadagni futuri, è l'obiettivo della contabilità moderna tanto che, proprio in base a questo modello, vi è la tendenza a giudicare i primi esempi di contabilità a partita doppia. La contabilità delle imprese era considerata da un altro punto di vista. Come mostrano i due saggi dedicati appunto alla contabilità, questa era condizionata da un piú elementare problema di gestione degli affari: conservare una traccia di chi era in debito, e di quanto e per quale motivo. Ciò orientava anche le future decisioni di affari, in particolare nella scelta degli agenti, operazione delicata all'interno di una rete commerciale a cosí largo raggio.

La protezione di questi lontani rapporti era essenziale per la redditività delle iniziative di Andrea Barbarigo; si trattava però di un campo in cui, da solo, poteva fare ben poco: essenziale era l'azione del governo.

Il successo della repubblica di Venezia nel procurare tale protezione e le istituzioni sviluppate a questo scopo furono un fattore costante nelle decisioni imprenditoriali. Certo, il fatto che i profitti dipendessero dal potere, e spesso dal diretto, tempestivo impiego della forza militare, non era una peculiarità di Venezia. Anche ai nostri giorni i profitti conseguiti nella competizione sul «mercato libero» dipendono dalla difesa dei diritti di proprietà. Non dobbiamo però dimenticare che ciò che noi chiamiamo «mercato libero» è tale soprattutto perché siamo abituati ai suoi meccanismi e diamo quindi per scontata la cornice di diritti che presumiamo un governo debba sostenere attraverso il suo monopolio della forza. In ogni modo, come i profitti dipendano dal potere è un fenomeno d'incontestabile evidenza in molti aspetti della vita commerciale veneziana. I destini di molte imprese di Barbarigo dipendevano dalla capacità di programmare l'appoggio delle navi da difesa veneziane alle galere da lui impiegate, e specialmente dal regolare sistema di navigazione, tipicamente veneziano, delle galere da mercato. Nei primi secoli, come in quelli piú tardi le tariffe privilegiate in Grecia e a Costantinopoli erano vinte e perdute attraverso la guerra. Le condizioni politiche e militari provocarono cambiamenti spettacolari nei percorsi seguiti dalle spezie orientali, cosí importanti per il commercio veneziano, ma va anche sottolineato che i maggiori spostamenti nei traffici delle spezie – da e verso il Mar Rosso, il Golfo persico e intorno all'Africa – furono condizionati, piú che dal variare dei costi di trasporto, dai cambiamenti dei costi di protezione. A questi problemi ho dedicato appunto un saggio che analizza questo fattore nelle fortune economiche dei mercanti veneziani, sia nei termini generali della teoria economica, sia per quel che riguarda la pratica di circumnavigazione dell'Africa. Altri due saggi rafforzano la revisione operata dei miti, duri a morire, sul commercio delle spezie e sul declino economico di Venezia.

Un saggio, poi, è dedicato all'usura che non credo abbia costituito in realtà un problema primario, mentre solitamente negli studi di storia economica medievale viene ad essa attribuita eccessiva importanza. Il saggio contenuto in questo volume è solo l'abbozzo preliminare di una ricostruzione complessiva del tema. Un'analisi piú ampia delle prime forme d'investimento è ora possibile grazie alla recente pubblicazione dei piú antichi documenti sull'economia veneziana, raccolti e trascritti sotto la guida di Luigi Lanfranchi dal Comitato per la pubblicazione delle fonti relative alla storia di Venezia. Spero, con questo studio, di riuscire a liberare i lettori da ogni preoccupazione su questo argomento, e di attirare la loro attenzione sui piú pratici problemi dell'amministrazione degli affari.

La concezione della vita economica propria di uomini di affari concentrati sulla vitalità e sulla redditività delle loro imprese è diversa da quella propria dei dirigenti politici di un paese, degli studiosi di economia o dei consiglieri morali. I portavoce medievali di quest'ultimo gruppo – gli esperti di diritto canonico o di diritto romano e i teologi – hanno esposto le loro concezioni in trattati scritti con efficacia, vigore e spesso anche con eloquenza. Gli storici hanno dipinto un quadro della vita economica medievale fondato sull'uso di queste fonti, che sono immediatamente accessibili. Ma se in questi trattati l'usura era il tema, la preoccupazione fondamentale, in ciò che tutti i giorni scrivevano i mercanti – nei loro libri contabili e nelle loro innumerevoli lettere – il peccato dell'usura non appariva certamente la preoccupazione fondamentale.

Crescente attenzione ai documenti lasciati dagli uomini di affari è stata rivolta, negli ultimi cinquant'anni, dagli storici, provocando uno spostamento dell'attenzione dalla storia politica, religiosa, militare alla storia economica; ciò ha coinciso con il trionfo del capitalismo occidentale su scala mondiale, e in effetti i banchieri che operano a livello internazionale e i dirigenti delle compagnie multinazionali sono nel mondo d'oggi in posizioni eminenti, come un tempo lo erano papi e cardinali, condottieri e sovrani. Così la loro importanza storica può essere paragonata a quella di coloro che sono ai vertici dello Stato.

Intorno a una franca e anche appassionata individuazione di queste premesse per uno spostamento degli interessi storici si sono svolte feconde discussioni presso la Harvard Graduate School of Business Administration, nel periodo in cui Norman S. B. Gras vi insegnava storia degli affari. Quando i preti e i comandanti militari dominavano la cultura occidentale, essi volevano che la storia narrasse gli avvenimenti di cui preti e principi erano protagonisti: come Gras ha affermato, la storia veniva deformata per servire ai loro interessi. Ora che gli uomini di affari costituiscono la classe dirigente nel nostro mondo la bilancia dovrebbe essere spostata: la storia dovrebbe riflettere i loro interessi ed esporre i risultati delle imprese produttrici di ricchezza. L'entusiasmo di Norman Gras per il suo campo di studi lo ha portato ad affermazioni che possono far pensare che egli intendesse esaltare coloro che finanziano questo tipo di produzione storiografica, ma la conoscenza personale che ho di lui e del suo modo di esprimere le sue convinzioni, come pure l'intera sua attività di ricerca mi consentono di asserire che nulla in lui può inficiare la sua professionalità e la sua rettitudine di studioso. Egli è stato assolutamente indipendente, fermamente sorretto da salde convinzioni intellettuali, e se la sua glorificazione del capitalismo ne ha intaccato l'autorità negli ultimi tempi, negli anni '30 le sue intenzioni, la sua guida e il suo entusiasmo hanno migliorato sia la quantità, sia la qualità della produzione storiografica sulle imprese d'affari americana, non senza influire sugli studi dei medievalisti, come mostrano i lavori di De Roovers sui documenti fiorentini e della scuola del Wisconsin sui documenti genovesi.

Infine, i due ultimi saggi possono servire a integrare il quadro offerto nei precedenti capitoli. In uno ho cercato di vedere la vita di Rialto e le forze che pulsavano dietro questo centro della vita finanziaria veneziana. I fallimenti bancari degli anni fra il 1499 e il 1529 sono stati ampiamente descritti nelle cronache contemporanee dal punto di vista di coloro che avevano effettuato depositi. Mi auguro che l'assenza di una letteratura di base sulla tecnica bancaria, ora compensata da piú recenti ricerche, e in particolare quelle condotte da Reinhold C. Müller, sarà controbilanciata dalla concretezza di particolari che si ricava dalle cronache contemporanee. A conclusione di questa raccolta mi è parso opportuno inserire il saggio che descrive il predominio degli affari come quello della politica a Venezia, attraverso le grandi famiglie nobili della città.

Estate 1982.

Andrea Barbarigo, Merchant of Venice è stato pubblicato per la prima volta a Baltimora nel 1944. Gli altri saggi qui raccolti sono tratti da: *Rhythm and Rapidity of Turnover in Venetian Trade of the Fifteenth Century* in F. C. Lane, *Venice, a Maritime Republic*, Baltimore 1973, pp. 109-27 (traduzione ampliata e corretta di *Ritmo e rapidità di giro d'affari nel commercio veneziano del Quattrocento,* in *Studi in onore di Gino Luzzatto*, vol. I, Milano 1949, pp. 254-73); *Venture Accounting in Medieval Business Management* in «Bulletin of the Business Historical Society», XIX, 1945, pp. 164-72; *Double Entry Bookkeeping and Resident Merchants* in «The Journal of European Economic History», VI, 1, 1977, pp. 177-91; *The Economic Meaning of War and Protection* in «Journal of Social Philosophy and Jurisprudence», VII, 1942, pp. 254-70; *Pepper Prices Before Da Gama* in «The journal of Economic History», XXVIII, 4, 1968, pp. 390-97; *The Mediterranean Spice Trade: Its Revival in the Sixteenth Century* in «American Historical Review», XLV, 1940, pp. 581-90; *Investment and Usury* in «Explorations in Entrepreneurial History», II, serie III, 1964, pp. 3-15; *Venetian Bankers, 1496-1533* in «Journal of Political Economy», XLV, 1937, pp. 187-206; *Family Partnerships and Joint Ventures* da «Journal of Economic History», IV, 1944, pp. 178-96.

I mercanti di Venezia

Andrea Barbarigo, mercante di Venezia, 1418-49

I.

INTRODUZIONE.

Il fascino che la biografia d'affari esercita su chi vi si cimenta, cosí come l'interesse che si spera susciterà nell'eventuale lettore, derivano in larga misura dalla sua capacità di rappresentare un momento della vita economica con realistica concretezza. Quando si occupa, come fa la maggior parte degli studi sugli uomini d'affari americani del secolo XIX, di personalità di spicco, che si presume abbiano influito sullo sviluppo economico, questo tipo di biografia mette in luce anche l'importanza storica dell'individuo fuori dal comune. Nel nostro caso questo problema tanto vasto non si pone. Andrea Barbarigo non fu un personaggio importante nella storia della Repubblica veneta. Non influí sul corso degli eventi nel suo tempo piú di quanto facessero migliaia di altri veneziani. Il motivo che induce a studiare lui, piuttosto che qualche altro mercante di Venezia, è dato semplicemente dal fatto che la documentazione delle sue attività ci è conservata in modo piú completo. Se vale la pena di scrivere la sua biografia, sia pure in forma tanto frammentaria, è soltanto perché contribuisce a riportare in vita un sistema economico diverso dal nostro, e ci facilita la comprensione di un'epoca e di una società diverse.

La conoscenza dei problemi di un'altra epoca aumenterà forse la nostra capacità di affrontare quelli di oggi. Di conseguenza, è auspicabile che l'attenzione dedicata attualmente ai problemi economici stimoli la curiosità sulla vita economica in periodi precedenti al nostro. Le preoccupazioni del momento vengono cosí inserite in una prospettiva piú ampia. La «libera iniziativa», ad esempio, costituisce oggi uno slogan di carattere politico, ma quali forme di comportamento economico verranno realmente promosse dalle attuali perorazioni in favore della libera iniziativa è tutt'altro che assodato. Nella situazione in cui versiamo, sarà utile comprendere che, per quanto l'espressione sia relativamente nuova, molte delle questioni che vi rientrano sono assai antiche, e si sono presentate con una grande varietà di forme. Non voglio certo sostenere che la forma particolare da esse assunta nel caso dei nobili veneziani nei secoli xiv e xv, che ho tentato di chiarire raccontando le imprese di Andrea Barbarigo, offra una qualche lezione specifica su quanto si debba fare in una società moderna. E tuttavia è possibile che la consapevolezza di come quelle questioni si siano proposte piú di una volta, e non soltanto di recente, ma nel passato piú remoto, e sotto molte forme, serva a combattere una certa ristrettezza di idee. Potrà servire a stimolare la nostra immaginazione, a concepire nuove possibilità per il futuro.

Pretendere che uno studio di carattere biografico, che quindi si concentra su un unico uomo – come accade nel nostro caso – possa illustrare un'altra epoca, sia pure in uno soltanto dei suoi aspetti, equivale a sostenere per implicazione che la persona studiata fosse in qualche senso tipica. Non è ovviamente possibile dimostrare con metodi statistici che Andrea Barbarigo fosse tipico tra i mercanti veneziani. Sarebbe inutile sperare di trovare documenti personali di mercanti di Venezia in quantità sufficiente da consentire allo storico di dichiararsi soddisfatto della campionatura «a caso», e di giungere cosí a una conclusione statistica. Nel descrivere il passato remoto lo storico non può ricorrere ai metodi statistici; deve dunque attribuire alla parola «tipico» un altro significato.

Il metodo che ho tentato è una sorta di combinazione tra la biografia e la storia delle istituzioni. Non mi occupo, come farebbe invece il vero biografo, dell'individuo fine a se stesso e della sua intera personalità. Mi interessa invece l'individuo come mezzo per interpretare determinate istituzioni del suo tempo. Attraverso i documenti d'affari di Andrea Barbarigo ho tentato di discernere le sue speranze e le sue paure, e quindi di scoprire quale tipo di influenza esercitassero sul suo comportamento diverse istituzioni veneziane, quali ad esempio i viaggi regolati delle galere di mercato. Uno dei motivi per cui i documenti d'affari si rivelano fonti preziose per lo storico sta nel fatto che rivelano i rapporti tra le istituzioni e l'individuo. Le carte dei mercanti fanno capire quale fosse il tipo di attività mercantile incoraggiato da una serie di istituzioni, altre fonti permettono di stabilire la regione e il periodo in cui esisteva l'istituto in questione, e la combinazione delle due cose consente di accertare che tipo di mercante fosse tipico di certi luoghi in determinati momenti. Per quanto riguarda il sistema dei viaggi veneziani, ad esempio, i documenti del Senato e i rapporti dei cronisti offrono un quadro relativamente completo del modo e del periodo in cui funzionò la loro regolazione. Altrettanto abbondante è la documentazione che conferma nella Venezia quattrocentesca la grande diffusione dell'agenzia commissionaria. Anche il metodo statistico, l'analisi di un'adeguata campionatura a caso, se non può essere direttamente applicato allo studio di un singolo mercante, può però essere utilizzato per dimostrare il carattere tipico di certe forme di contratto, e di certe tecniche d'affari. Quale fosse il tipo di mercante che da queste istituzioni traeva vantaggio è la domanda principale cui ho tentato di rispondere. Furono forse relativamente pochi i mercanti veneziani che accumularono profitti con la rapidità di Andrea Barbarigo. Non voglio sostenere che la misura in cui questi si arricchí fosse la media. La sua tipicità non va intesa in questo senso statistico, ma in un altro, che forse potremmo definire sociologico. Ritengo che il suo modo di fare denaro fosse tipico in quanto evidenzia il tipo di calcolo e di comportamento mercantile favorito dalle condizioni del tempo.

Questo genere di studio risponde meglio alla definizione sociologica che a quella psicologica, in quanto non mira all'analisi completa delle personalità. Si occupa delle motivazioni soltanto in un senso particolare: non cerca le molle interiori di una singola azione individuale, bensí le motivazioni comprensibili a tutti che, nelle circostanze date, si può supporre abbiano indotto a tale azione. Quando uno storico studia un individuo, la cosa che piú gli interessa è di riscontrare un'espressione delle qualità umane che tale individuo ha in comune con altri. Certo, cosí facendo, corre il rischio di privilegiare le motivazioni razionali e di sottovalutare fattori importanti quali le abitudini e le tradizioni. Talvolta gli storici dell'economia hanno commesso l'errore di presupporre l'esistenza, per tutto il corso della storia documentata, di un *homo œconomicus* perfettamente razionale e immutabile. Spero di aver evitato questo abbaglio, di essere riuscito, nel descrivere i calcoli tesi al profitto di Andrea Barbarigo, a mettere chiaramente in evidenza in quale misura il suo modo di pensare fosse condizionato dalle consuetudini mercantili e dai giudizi di valore vigenti nella Venezia quattrocentesca. Il modo in cui considerava i regolamenti governativi, ad esempio, era assai diverso da quello che potremmo aspettarci tra gli uomini d'affari inglesi del secolo xix. Ma gli atteggiamenti in cui sono impliciti giudizi di valore, oltre che scelte razionali dei mezzi migliori per conseguire gli obiettivi dati, sono espressione delle qualità che il singolo ha in comune con altri uomini. Si deve presupporre che tra un uomo e un altro esistano alcune fondamentali corrispondenze, e lo studio biografico deve riuscire a descrivere queste corrispondenze se vuole essere di qualche utilità cosí per l'economista come per lo storico [1].

---

[1] Ritengo che la mia interpretazione dei problemi in questione corrisponda sostanzialmente a quella proposta di TALCOTT PARSONS, *The Structure of Social Action*, New York 1937, p. 642

Pur avendo tentato, nello studio di un mercante quattrocentesco, di affrontare a viso aperto alcuni dei problemi posti dalla biografia d'affari, devo confessare di non essere affatto riuscito a soddisfarne tutte le esigenze. Non mi è stato possibile delineare qui un quadro esauriente delle attività di Andrea Barbarigo. Il lettore potrà perdonare, spero, le limitazioni imposte dall'incompletezza dei documenti. Anche tenendo conto di questi limiti, però, si sarebbe potuto fare di piú. In origine intendevo presentare in questi capitoli una descrizione piú dettagliata di quelli che potremmo definire gli aspetti interni dei suoi affari, la rapidità del giro d'affari, la gestione e la registrazione delle transazioni, le operazioni creditizie, l'attività personale quotidiana a Rialto e nelle botteghe degli artigiani e dei dettaglianti. L'immagine del modo in cui si conducevano gli affari nel secolo xv ne sarebbe risultata assai piú completa. Ma in un'università con corsi accelerati per tutto l'anno, nel bel mezzo delle altre distrazioni che si impongono con prepotenza durante una guerra, è difficile trovare il tempo per valutare con cura gli antichi libri contabili, e per esaurire tutti i possibili significati delle lettere, pur avendole lette una prima volta. *Di doman non v'è certezza.* Ho deciso di pubblicare il lavoro fatto finora, poiché contiene le linee principali del rapporto di Andrea Barbarigo con la società – con la famiglia di cui costituiva un anello, con i mercanti con i quali commerciava e gareggiava per la conquista delle posizioni migliori, con la classe e con la città dalle quali dipendevano le sue fortune. In questa misura è un lavoro unitario e completo. Spero potrà servire agli studiosi del Quattrocento italiano, a chi si dedica alla storia antica degli affari e persino, forse, a un pubblico piú vasto cui interessi di collocare i problemi moderni su uno sfondo storico che non contenga soltanto principi e poeti, ma anche uomini d'affari.

Nella creazione del libro, il debito di riconoscenza maggiore è con Gino Luzzatto di Venezia. Una borsa di studio del Social Science Research Council, per la quale sono lieto di esprimere qui la mia gratitudine, mi ha consentito di risiedere a Venezia dal febbraio all'agosto 1939. Qui il professor Luzzatto mi ha offerto la sua amicizia, mi ha messo a disposizione molti dei suoi appunti, mi ha fornito molte preziose

---

e *passim* [trad. it., *La struttura dell'azione sociale*, Bologna 1968²], R. M. MacIver, pur preferendo una terminologia diversa – «molla nascosta dell'azione» sostituisce «motivazione» – opera quella che mi sembra essere la medesima distinzione tra il campo dello storico e quello del biografo. Le mie descrizioni degli affari di Andrea contengono molti esempi di giudizi che comportavano una decisione attiva. Non sono forse anche questi esempi di quella che MacIver definisce «valutazione dinamica», pur non essendo affatto esempi di quei giudizi di grande rilievo causale che costituiscono i maggiori problemi della sintesi storica? Cfr. R. M. MACIVER, *Social Causation*, New York 1942, capp. XI e XVII; e *History and Social Causation*, in *The Tasks of Economic History*, supplemento a «The Journal of Economic History», dicembre 1943.

indicazioni sull'ubicazione del materiale, aiutandomi a leggere le fonti e a comprendere con chiarezza i problemi da esse illuminati. Desidero esprimere con tutto il cuore la mia gratitudine per l'aiuto ricevuto, e il piú sentito apprezzamento per la sua amicizia. Con grande cortesia mi hanno offerto i loro consigli il direttore della Marciana e molti tra il personale dell'Archivio di Stato, in particolare Raimondo Morozzo della Rocca. Al Civico Museo Correr mi hanno facilitato la raffinata cortesia e la grande erudizione di Mario Brunetti. La guida e la collaborazione di questi studiosi veneziani mi hanno consentito di ritornare con il microfilm di molte fonti importanti. Oltre ai miei microfilm, ne ho potuti utilizzare altri grazie a Abbott Payson Usher, mentore sperimentato e amico fedele, e a Raymond De Roover e Florence Edler De Roover, che mi hanno offerto il loro aiuto in molti altri modi. Per gli strumenti di lettura dei film ringrazio la Johns Hopkins University Library e Vernon D. Tate degli Archivi Nazionali. La consultazione di libri contabili appartenenti a mercanti dell'antica repubblica di Ragusa è stata possibile grazie alla cortese attenzione dell'archivista Braumir Tuhelka, durante una troppo breve visita a Dubrovnik. Per avermi messo a disposizione i libri Medici nella Collezione Selfridge e altri documenti rari nella Biblioteca Baker, ringrazio Arthur H. Cole. Al professor Cole devo molto di piú, come vedranno chiaramente quelli tra i miei lettori che hanno avuto occasione di sperimentare di persona lo stimolo del suo continuo interrogarsi sul problema dell'imprenditoria.

I nostri debiti intellettuali sono spesso assai piú grandi di quanto noi stessi sappiamo, e assumono forme delle quali non siamo consapevoli. È impossibile tentare una biografia d'affari, comunque, senza prendere atto del debito nei confronti di N. B. Gras per la sua opera pionieristica in questo campo. Il manoscritto è stato letto dal collega George Herberton Evans Jr, compagno continuo e stimolante delle mie riflessioni sulle questioni di carattere economico incontrate nel corso del lavoro. Earl J. Hamilton, dopo aver letto una parte del libro, mi ha offerto molti utili suggerimenti. Per i loro incoraggiamenti, oltre che per le critiche, ringrazio Sidney Painter, Kent Robert Greenfield e molti altri che hanno partecipato con noi al Johns Hopkins Historical Seminar. Infine rendo omaggio con gratitudine alla precisione editoriale e alla pazienza di Lilly Lavarello.

II.

RICCHEZZA VECCHIA, RICCHEZZA NUOVA.

1. *Il commercio e la classe dirigente.*

L'attività commerciale in Europa schiuse le porte alle posizioni sociali piú elevate solo a partire dal secolo XIX o XX, ma già molto tempo prima fu tra i mezzi principali che consentirono di salire i gradini intermedi della gerarchia sociale. Coloro che si erano affermati con il commercio facevano parte dei nuovi ricchi; molto spesso, anzi, proprio da loro era costituito il grosso di questa classe. In alcuni luoghi ed epoche i nuovi ricchi e i vecchi conservarono posizioni sociali distinte. Se i proprietari terrieri feudali impedivano ai nuovi ricchi di esercitare un controllo sulle istituzioni politiche e sociali esistenti, questi creavano istituzioni proprie. In tal caso i mercanti ricchi ci appaiono come una classe distinta, quella dei capitalisti commerciali, che si potrebbe dire, in senso piuttosto metaforico, in guerra con altre classi. Si trattava piú di una alleanza, in realtà, che di una guerra di classe, perché nell'insieme i capitalisti commerciali europei costituivano una classe ereditaria soltanto in misura relativamente ridotta. Certo, i piccoli mercanti o bottegai costituivano uno strato sociale in cui per molte generazioni il figlio seguiva le orme del padre. Ma i mercanti molto ricchi imitavano gli investimenti della nobiltà terriera cosí come i suoi costumi. Le fortune veramente consistenti non rimanevano investite a lungo nel commercio. Il mercante «arrivato» acquistava per sé o per i suoi figli una tenuta di campagna, che in molti casi gli conferiva diritti feudali, o una carica governativa, o qualche immobile ben collocato in città. Queste forme di ricchezza non erano soltanto le piú rispettabili, proprio in quanto corrispondevano a quelle possedute dai vecchi ricchi; erano ritenute anche le forme piú sicure di investimento. Mano a mano che i mercanti di successo, o i loro figli o nipoti, si curavano sempre piú di conservare quanto possedevano invece che di aumentarlo, preferivano questi investimenti sicuri, entrando cosí a far parte della nobiltà della terra e delle cariche. Poteva passare soltanto una generazione, potevano passarne di piú, ma prima o poi la ricchezza gravitava verso la terra e le cariche governative. Si ritiene in genere che il commercio sia stato il creatore di una nuova classe; ma si può dire anche che esso fu il passaggio obbligato attraverso il quale si accedeva alle vecchie classi superiori.

In regioni come l'Inghilterra i nuovi ricchi imitarono sul piano individuale gli investimenti dei vecchi ricchi. All'interno della struttura politica e legale fornita dal potere regio, i ricchi mercanti acquistavano terreni, sposavano i loro figli ai figli della nobiltà, e furono cosí rapidamente assimilati, anche se, come è ovvio, l'assimilazione fu tutt'altro che unilaterale. In altre regioni, e in particolare in Italia, i nuovi ricchi si raccoglievano in comunità, e in quanto comunità erano assimilati ai costumi e alle forme di ricchezza caratteristici del modello feudale che li aveva preceduti. Furono molte le città-stato controllate da mercanti che diedero alle loro campagne un assetto legale teso a un sistema di possesso fondiario favorevole agli acquirenti urbani dei terreni. Conquistavano territori sufficienti a creare un buon numero di impieghi governativi, poi si trasformavano in principati, nei quali i discendenti dei cittadini mercanti apparivano nelle vesti di funzionari del governo o nobili latifondisti.

Prima che un'intera comunità fosse assimilata in tal modo al modello precedente di struttura sociale potevano passare anche dei secoli, e nel frattempo l'attività commerciale come professione passava di padre in figlio, per molte generazioni, all'interno di aristocrazie mercantili; anche in queste città, però, chi aveva ereditato la propria ricchezza tendeva a cercare, per sé o per i suoi figli, le forme di investimento piú sicure e tranquille. Nei grandi centri del commercio e dell'industria convivevano sempre ricchi vecchi e nuovi. I vecchi ricchi detenevano gran parte dei titoli di Stato, delle cariche e delle proprietà immobiliari in città e nel circondario. Talvolta monopolizzavano un settore del commercio nel quale la città aveva assicurato loro una posizione estremamente protetta. La parte maggiore dell'attività commerciale, comunque, rimaneva in mano a uomini le cui famiglie si erano arricchite in tempi relativamente recenti. I ranghi di questi capitalisti commerciali si assottigliavano di continuo, poiché una volta «arrivati» trasferivano i loro investimenti in forme piú sicure; ma fintantoché la città nel suo insieme continuava ad arricchirsi, l'ascesa di nuovi arrivisti sostituiva chi si era ritirato, colmando i vuoti nelle file dei mercanti attivi.

La città nazione di Venezia si formò per la fusione dei proprietari terrieri che fuggivano dalla terraferma con i barcaioli delle lagune. Il primo grande mercante di Venezia sulla cui ricchezza si conosca qualche dettaglio è Sebastiano Ziani, eletto doge nel 1172. Aveva fatto fortuna con il commercio, investendone gran parte nella terra[1]. Per molti se-

---

[1] G. LUZZATTO, *Les activités économiques du Patriciat vénitien*, in «Annales d'histoire économique et sociale», IX, 1937, pp. 29-30, e l'analisi complessiva della ricchezza veneziana cui Luzzatto

coli dopo la sua epoca la politica della città-nazione seguí gli interessi di uomini che cercavano nuove ricchezze nel commercio marittimo. All'interno di Venezia, era il commercio a offrire ricchezza e potere, e fu il commercio a elevare Venezia al di sopra delle comunità circostanti quanto a ricchezza e potere. Il rapporto non si conservò però in questi termini per tutta la storia della città-nazione veneziana. Nei secoli XVII e XVIII il governo era nelle mani di ricche famiglie fondiarie. Qualcuno faceva ancora fortuna col commercio, ma non veniva piú ammesso a far parte della classe dirigente.

A Venezia il cambiamento fu estremamente graduale. In un certo senso iniziò con la serrata del Maggior Consiglio, nel 1297. Da allora in poi chiunque non appartenesse alle vecchie famiglie incontrò gravissime difficoltà nell'accedere attraverso il commercio alla classe dirigente. Anche se si arricchivano, i mercanti non potevano ambire ad essere accolti a far parte della nobiltà privilegiata, e quando – di tanto in tanto – vi venivano accolti, si trattava di un provvedimento eccezionale. Nel contempo una serie di misure di politica commerciale facilitava ai nobili l'acquisizione della ricchezza, ostacolando invece i non nobili.

Il piú sostanzioso tra i privilegi economici della nobiltà veneziana consisteva nel diritto di praticare il commercio estero sotto il gonfalone di San Marco. Certo, questo privilegio era condiviso da una classe particolare di veneziani, i *cittadini*, a mezza via tra la nobiltà e la gente comune, il *popolo*[2]. I cittadini erano dediti soprattutto al commercio locale, ma godevano del diritto di prender parte anche a quello internazionale. Un immigrato straniero che volesse divenire cittadino, acquisendo cosí i diritti commerciali veneziani, doveva risiedere a Venezia – salvo casi particolari – per venticinque anni consecutivi[3]. L'immigrazione di artigiani e mercanti rivestiva notevole importanza, in quanto la peste e le altre epidemie croniche costringevano Venezia, come altre città medievali, a basare sull'immigrazione la sua stabilità demografica; era piú probabile però che l'immigrante vissuto a Venezia per venticinque anni si fosse affermato come mercante – datore di lavoro o proprietario di un'officina tessile che non come fortunato iniziatore di nuove imprese nel commercio estero[4]. I suoi figli, compiuto il venticinquesimo anno, potevano rivolgere la loro attenzione al commercio oltremare.

fa riferimento all'inizio dell'articolo. Cfr. inoltre G. PADOVAN, *Capitale e lavoro nel commercio veneziano dei secoli XI e XII*, in «Rivista di storia economica», VI, 1941, pp. 1-24.
  [2] LUZZATTO, *Les activités* cit., pp. 54-55; P. MOLMENTI, *Storia di Venezia nella vita privata*, vol. I, Bergamo 1927[7], cap. 2, e soprattutto pp. 58, 65-66, 71-77; vol. III, Bergamo 1926[6], p. 25 e nota.
  [3] MOLMENTI, *Storia di Venezia* cit., vol. I, p. 74 e note.
  [4] *Ibid.*, pp. 75-76.

I nobili, però, iniziavano a praticare il commercio estero già nell'adolescenza, e lo consideravano dominio della loro classe. Quando, nel secolo XIV, la concorrenza da parte di cittadini naturalizzati di recente cominciò a impensierire uno dei partiti della nobiltà veneziana, furono subito intraprese misure restrittive[5]. Oltre a colpire questo tipo di concorrenza, i nobili crearono per i membri della propria classe incarichi nella marina mercantile e diversi altri benefici che avrebbero reso loro piú facile l'arricchirsi con il commercio internazionale. Per non essendosi sbarazzati della concorrenza dei non nobili, i nobili avevano ottimi motivi per conservare gelosamente i propri privilegi commerciali[6].

Nell'ambito della classe nobiliare stessa c'era una vivace concorrenza commerciale, e molti passavano dalla ricchezza alla povertà, e dalla povertà alla ricchezza. Nei secoli XIV e XV a Venezia vivevano, secondo un calcolo molto approssimativo, circa 1500 nobili e forse mille *cittadini*, su una popolazione totale di circa centomila persone. Tra i 1500 nobili i molto ricchi erano qualche centinaia, mentre il grosso della nobiltà poteva considerarsi soltanto moderatamente benestante rispetto allo strato superiore, e alcuni erano decisamente poveri[7]. A un nobile che doveva la sua fortuna alla diligenza o alla buona sorte potevano seguire figli scialacquatori o sfortunati. In parte per le possibili perdite implicite nel commercio, specie se marittimo, in parte per le alterne vicende delle guerre o delle malattie, in parte ancora perché la politica finanziaria della Repubblica veneziana procurava ricchezza ad alcuni, ma mandava altri in rovina, già nel secolo XV cominciò a formarsi a Venezia una classe di nobili poveri. Il Senato, che era allora l'organismo dominante in fatto di politica sociale offrí da parte sua ai giovani nobili poveri particolari facilitazioni per recuperare le fortune di famiglia. Mentre alcune famiglie nobili decadevano nella povertà, altre si imponevano accumulando nuove ricchezze attraverso il commercio.

Oltre al commercio internazionale, fonte principale della loro ricchezza, i nobili veneziani disponevano di altre forme di investimento. Molti investivano in proprietà immobiliari in città, in titoli di Stato o in tenute di campagna sulla terraferma. L'acquisto di terreni nei territori italiani di recente conquista fu tanto intenso nel secolo XV da indurre alcuni a lamentare che la nobiltà stava abbandonando le buone

---

[5] R. CESSI, L'«*Officium de Navigantibus*» e i sistemi della politica commerciale veneziana nel secolo XIV, in «Nuovo archivio veneto», serie II, t. XXXII, 1916. Il testo del decreto 1363 citato a p. 130 dimostra che l'immigrato naturalizzato era uno tra i fattori del piú vasto movimento descritto da Cessi.

[6] LUZZATTO, Les activités cit., pp. 55-56.

[7] Ibid., pp. 32-34, 55, per gli estimi trecenteschi. Quanto si sostiene non è che un'approssimativa combinazione di cifre tratte da date diverse.

vecchie abitudini marinare di Venezia. Dal punto di vista economico la diserzione del mare non fu che una delle manifestazioni di una tendenza evidente a Venezia a partire dal secolo XII fino almeno alla fine del XVI – la pratica di investire nella terra, o nell'acquisto di redditizie cariche politiche, la ricchezza accumulata con il commercio. È la conferma di una tendenza diffusissima nella storia europea: i nuovi ricchi che imitano chi può vantare ricchezze dalla storia piú antica, la fusione cioè, all'interno della classe superiore, dell'elemento nuovo con quello vecchio.

2. *Andrea Barbarigo, restauratore delle fortune di famiglia.*

Un esempio di questo tipo di movimenti può essere seguito sui libri contabili lasciati da quattro generazioni di un ramo della famiglia Barbarigo[1]. Pur non facendo parte della potente famiglia Barbarigo che nel secolo XV diede a Venezia due dogi, i compilatori di questi libri contabili discendevano dalla vecchia nobiltà veneziana, ed erano stati tra le piú prestigiose famiglie di Creta[2]. Poi, all'inizio del secolo XV, il loro ramo precipitò all'improvviso nella povertà, a quanto pare per responsabilità di un certo Nicolò Barbarigo.

Costui era il comandante della flotta di galere di mercato che tornava da Alessandria nel dicembre 1417. Le galere di Alessandria trasportavano i carichi piú preziosi, partivano con oro e argento e ritornavano con le spezie; sul comandante incaricato di riportarle a casa sane e salve ricadeva dunque una grave responsabilità. Tra le regole che gli erano imposte per la sicurezza della flotta c'era la proibizione di navigare di notte attraverso gli stretti «canali» tra le isole rocciose della Dalmazia. Con carichi tanto preziosi questa concessione alla sicurezza era ritenuta

---

[1] [I registri Barbarigo (RB), citati in questo saggio sono in Archivio di Stato, Venezia (d'ora in poi ASV), Archivio Privato Barbarigo-Grimani, buste 41-44. Le prime due buste, 41 e 42, contengono i Mastri A e B e i Giornali A e B di Andrea Barbarigo. Per quanto la segnatura archivistica (regg. 1, 2, 3, 4) rispetti l'ordine indicato da Lane, la distribuzione nelle buste è oggi diversa rispetto a quella esistente quando Lane compí le sue ricerche. La busta 41, la prima, contiene il solo Mastro A, indicato da Lane come reg. 2; la busta 42 contiene il Mastro B (indicato come reg. 4), il Giornale A (reg. 1) e il Giornale B (reg. 3). Nelle note successive si conserveranno le indicazioni di Lane, ma il lettore che desiderasse risalire alle fonti originali dovrà tener conto della nuova collocazione. Per quanto riguarda le citazioni dai RB, si è risaliti alla fonte originale, modernizzando soltanto grafia e punteggiatura. I passi che potrebbero risultare di difficile comprensione per il lettore moderno vengono spiegati in nota].

[2] M. BARBARO, *Arbori de' patrizi veneti*, ms, ASV, Miscellanea codici 898, I, 185. Iniziato da Marco Barbaro, viene di norma definito «Il Barbaro». Una copia è in Venezia, Museo Civico Correr, Cod. Cicogna 510.

Erano imparentati anche con i Falier, poiché Bertuccio Falier, ambasciatore a Tunisi nel 1427, era zio di Andrea Barbarigo. *I libri commemoriali della Repubblica di Venezia, Regesti*, tomo IV, Venezia 1896, libro XI, n. 9; RB, reg. 2, Mastro A, c. 8.

prudente anche se rallentava il viaggio, rischiando di ritardare l'arrivo delle galere. Queste flotte avevano scadenze relativamente precise, da un lato perché dovevano trattenersi ad Alessandria fino al tardo autunno per caricare le spezie partite dall'India con i monsoni della primavera precedente, dall'altro perché avrebbero dovuto rientrare a Venezia in tempo per le «Feste di Natale». Accadeva spesso che non arrivassero a Venezia prima di gennaio. Piú di una volta i comandanti dovettero attraversare i canali dalmati, esposti al pericoloso vento invernale del Nord, mentre mercanti e equipaggio, incuranti del rischio, pretendevano a gran voce di arrivare presto, per timore di perdere il mercato. Avesse fretta per questo, o per altri motivi, resta il fatto che Nicolò Barbarigo, nel 1417, trasgredí alle regole e navigò di notte. All'uscita del canale di Zara la flotta incontrò una tempesta, e una delle galere si incagliò sull'isola di Ulbo. La galera naufragata accese immediatamente i fuochi di segnalazione, ma Nicolò Barbarigo, pur essendo la sua ammiraglia a non piú di due lunghezze, non tentò nemmeno di aiutare il vascello incagliato. Dopo aver gettato l'ancora in luogo sicuro inviò una scialuppa a controllare la sorte del vascello di conserva, ma invece di andare lui stesso a prestargli aiuto, riprese il viaggio verso Venezia. Avesse avuto paura di incagliare anche la propria galera, o fosse deciso a portare le spezie al mercato, o semplicemente ansioso di tornare a casa, questo i suoi accusatori non lo dicono. Comunque, per aver dato prova di indisciplina e disumanità fu condannato al pagamento di una multa di 10 000 ducati, una somma sufficiente ad annichilirlo[3].

Al momento in cui Nicolò Barbarigo precipitava cosí nella rovina e nella disgrazia, suo figlio Andrea aveva poco piú che diciott'anni[4]. Secondo la consuetudine veneziana diciott'anni erano l'età giusta per mettersi in viaggio, commerciare e imparare a conoscere il mondo. È molto probabile, quindi, che Andrea Barbarigo abbia iniziato la sua carriera mercantile nel 1418, a diciannove anni. Il suo capitale consisteva in 200 ducati, la somma, ricordava in un libro mastro degli anni successivi, datagli dalla madre per il suo primo imbarco[5].

---

[3] ASV, Avogaria di Comun, Raspe, reg. 7, parte I, ff. 25-26, 17 dicembre 1417; Senato Misti, reg. 52, f. 60.
[4] *Ibid.*, Balla d'Oro, f. 18. Senza alcun dubbio l'Andrea che qui risulta aver compiuti i diciotto anni è il medesimo Andrea Barbarigo che compilò i libri contabili rimastici, poiché corrispondono i nomi del padre, Nicolò, e della madre, Cristina, e uno dei nobili che garantirono per lui, Bertucci Falier, risulta dai libri contabili essere uno zio (RB, reg. 2, Mastro A, c. 8). Meno certo, ma probabile, è che il Nicolò che fu condannato fosse il Nicolò Barbarigo padre di Andrea. Stando a BARBARO, *Arbori* cit., il padre di Andrea fu frate della Carità. La sua rovina, e il ritiro dal mondo, spiegherebbero per quale motivo fossero gli zii materni a garantire per Andrea, e la sua contabilità non contenga traccia alcuna di un'eredità paterna.
[5] RB, reg. 2, Mastro A, c. 2.

I primi passi di Andrea Barbarigo furono tipici. Il governo aveva creato occasioni particolari proprio per i giovani nobili poveri come lui ordinando a tutte le galere mercantili di portare in viaggio un certo numero di «balestrieri della popa», e fu cosí che Andrea ottenne l'imbarco. Sebbene questi «balestrieri» nobili avessero a bordo la funzione implicita nel nome, e dovessero essere scelti alle esercitazioni di tiro a Venezia, il loro valore militare aveva importanza secondaria. L'incarico era una sorta di apprendistato socializzato al commercio e alla vita di mare. I giovani nobili si distinguevano dai balestrieri comuni perché sedevano alla mensa del capitano insieme con gli ufficiali e i mercanti. Da un giorno all'altro, dunque, si trovavano in compagnia di uomini piú anziani della loro stessa classe, abituati al mare e ai mercati stranieri. Nonostante il dubbio valore dei loro servigi, i giovani ricevevano un salario, di che mantenersi per il viaggio e il diritto di portare con sé un certo carico senza pagare il nolo[6]. Sia come sostegno finanziario, sia per la possibilità di conoscere il mondo, quel posto valeva molto per un giovane nella posizione di Andrea Barbarigo.

Che Andrea Barbarigo abbia navigato come balestriere su molte delle diverse linee veneziane, che spaziavano da Trebisonda a Bruges, non risulta dai documenti. Le lettere e i rendiconti degli anni successivi non accennano ad affari condotti di persona in quei porti; contengono invece professioni di ignoranza dalle quali si può dedurre che egli non visitò mai molti dei luoghi verso i quali avrebbe poi inviate le sue merci. Non v'è dubbio però che andò con le galere di mercato ad Alessandria[7], e fu forse durante questi viaggi che strinse rapporti di amicizia con gli zii e i cugini di Creta. Nel 1431 scriveva a molti di essi come se li avesse visitati di recente, conosceva per esperienza diretta le merci che essi trattavano ed era loro intimo amico[8].

Oltre all'apprendistato marittimo e commerciale in qualità di «balestriere della popa», Andrea Barbarigo praticò anche quella sorta di apprendistato del diritto che lo Stato riservava ai giovani nobili. Tra i venti e i trent'anni fu uno degli avvocati ordinari legati alla Curia di

---

[6] MOLMENTI, *Storia di Venezia* cit., vol. I, p. 173; ASV, Senato Misti, reg. 58, f. 77; reg. 52, f. 33, 1417. All'epoca questi nobili dovevano dimostrare di aver compiuto i vent'anni. La documentazione di queste «prove» è in ASV, Avogaria di Comun, prove di età, ma inizia soltanto nel 1430.
  Sembrerebbe che la carica fosse ambita (ASV, Senato Misti, reg. 52, f. 84, che proibisce a chiunque di occupare di nuovo l'incarico se non sono passati due anni dalla prima scadenza) ma spesso si trattava di nobili che, invece di partire, vendevano il posto. (Senato Misti, reg. 54, f. 82; Senato Mar, reg. 14, f. 6).
[7] RB, reg. 2, Mastro A, cc. 2, 4 nel conto di «Zan Falier».
[8] *Ibid.*, cc. 9, 10, 13. Al fondo del reg. 1, Mastro A, sono raccolte copie di lettere spedite da Andrea.

petizion, un attivissimo tribunale commerciale[9]. Chi si presentava a questo tribunale poteva anche avvalersi della consulenza di altri esperti, ma doveva comunque pagare l'onorario degli avvocati ordinari, assegnati al caso dai giudici. Di conseguenza agli avvocati ordinari non mancavano mai gli onorari e il loro incarico, cui venivano eletti dal Maggior Consiglio, divenne in pratica una sinecura. In genere il Consiglio eleggeva giovani che ancora non avevano terminato gli studi di diritto; erano dunque gli esperti avvocati aggiunti a prendersi cura dei casi veramente importanti. È probabile che molti degli avvocati ordinari eletti dal Consiglio lasciassero tutto in mano agli avvocati particolari, ingaggiati sul piano privato dalle parti in causa[10]. D'altro canto, però un giovane ansioso di farsi degli amici, di imparare a vivere e di considerare i contatti che potevano favorire una carriera politica, o commerciale, aveva molto da guadagnare interessandosi ai casi che gli venivano assegnati[11]. L'apprendistato legale poteva condurre direttamente alla carriera delle cariche politiche, ma Andrea Barbarigo rinunciò alla pratica del diritto prima di compiere i trentadue anni, e da allora in poi non ebbe cariche giudiziarie, né politiche. Gli interessavano di piú le opportunità offerte dal commercio. La conoscenza del diritto commerciale, e insieme del modo di procedere dei Giudici di petizion, gli fu assai utile sul piano personale, poiché piú avanti portò diverse cause di fronte a quel tribunale, senza contare che la cosa lo rese ancor piú indispensabile ai suoi soci d'affari.

Ma Andrea Barbarigo si apriva cosí la strada commerciando e dibattendo cause legali, un fratello Giovanni, a quanto risulta piú giovane di lui, si guadagnava anch'egli da vivere, e con i medesimi metodi. Andrea e Giovanni Barbarigo, però, non costituirono una società, come facevano invece molti fratelli nella nobiltà veneziana. I libri contabili di Andrea Barbarigo tengono sempre nettamente separati i suoi affari da quelli del fratello. Spesso Andrea funse da agente per il fratello, e lo stesso fece il fratello per lui, ma Andrea Barbarigo intratteneva rapporti d'affari altrettanto stretti con molti altri mercanti[12].

---

[9] Su questo tribunale, cfr. G. I. CASSANDRO, *La Curia di Petizion*, in «Archivio veneto», serie V, voll. XIX, XX, 1936-37. Sui contatti che ebbe con Andrea Barbarigo cfr. RB, reg. 2, Mastro A, c. 4, voce del conto di Andrea Bembo.

[10] CASSANDRO, *La Curia di Petizion* cit., vol. XIX, pp. 105-12; *Correzione Gritti, 29 aprile 1537, per nozze Bolaffio-Solda*, Venezia 1883; e M. FERRO, *Dizionario del diritto comune e veneto*, 10 voll., Venezia 1788, s. v. Secondo Ferro, all'epoca in cui scriveva agli avvocati era richiesta la laurea in giurisprudenza a Padova.

[11] CASSANDRO, *La Curia di Petizion* cit., vol. XIX, p. 107.

[12] Giovanni Barbarigo comparve di fronte alla Curia di Petizion in qualità di avvocato rappresentante di Coronea Cappello, futura suocera di Andrea (ASV, Giudici di Petizion, Sentenze a Giustizia, reg. 47, f. 20). Non mi è riuscito di trovare il nome di questo Giovanni tra quelli registrati nella Balla d'Oro tra il 1415 e il 1436, ma viene menzionato con Andrea sull'iscrizione della loro

L'attivo apprendistato nell'aula del tribunale e sulle galere di mercato fornì ad Andrea Barbarigo le basi essenziali della sua preparazione
nel campo degli affari – la conoscenza delle merci e degli uomini. Qualcosa, però, imparò anche dai maestri. Dagli insegnanti di professione,
a Venezia, non si imparava soltanto a leggere e scrivere; c'erano anche
i Maestri d'abaco, che insegnavano aritmetica e contabilità. Andrea Barbarigo diede prova di conoscere a fondo la contabilità a partita doppia,
imparata forse, almeno nei suoi aspetti formali o stilistici, proprio da
questi insegnanti di professione. Quanto al modo di usare la contabilità
dei profitti, delle perdite e del capitale, lo imparò forse dai maestri, o
forse anche da qualche collega mercante[13]. Che Andrea avesse comunque un certo gusto per l'educazione formale lo dimostra la sua disponibilità, anche passata la trentina, a pagarsi altre lezioni. Il 2 marzo 1431
annotava sul suo giornale il pagamento in contanti di 18 ducati a un
certo «Maistro Piero dela Memoria», insegnante appunto di memoria[14]. I sistemi di memorizzazione attraverso una serie di associazioni,
così come li avevano schematizzati Cicerone e Quintiliano, si conquistarono grande popolarità nell'Italia quattrocentesca[15]. Sarebbe interessante stabilire se questi sistemi fossero applicati soprattutto alle necessità dei mercanti che, non potendo controllare i prezzi sul giornale, dovevano ricostruire molte quotazioni in base alle voci raccolte a Rialto[16].

Oltre alla precisione aritmetica, e al solido possesso dei suoi principî,
di cui dà prova la contabilità di Andrea Barbarigo, i documenti fanno
risaltare qui e là altre qualità sue mentali[17]. Era il tipo di persona che
inventa un codice segreto per la corrispondenza, anche se la necessità di
ricorrere a un codice era assai remota[18]. Le lettere ai suoi agenti contengono sprazzi di linguaggio vigoroso, laddove si lascia trasportare dai sen

tomba (Venezia, Museo Civico Correr, Mss Cicogna, n. 10, numero nuovo 2008, *Iscrizioni nella
Chiesa di S. M. della Carità*, f. 2). Un Giovanni figlio di Nicolò dimostrò di avere più di vent'anni
il 27 settembre 1421, e nel 1430 venne nominato giudice (ASV, Avogaria di Comun, prove di età
per magistrature, vol. II – pur essendo in realtà il primo della serie –, f. 11).

Sia in questi registri che nel BARBARO, *Arbori* cit. sono numerose le persone registrate a nome
Andrea Barbarigo e Giovanni Barbarigo, e dunque l'identificazione è difficile. In una causa del
1445-46 (ASV, Giudici di Petizion, Sentenze a Giustizia, reg. 104, ff. 55-57) si parla persino di un
Andrea Barbarigo, con un fratello a nome Giovanni, da lui aiutato ad evadere dal carcere. Deve
trattarsi, a mio avviso, di un Andrea e di un Giovanni diversi, poiché i libri contabili di Andrea
Barbarigo non soltanto non contengono alcuna traccia di un'avventura del genere, ma non fanno riferimento alcuno nemmeno ad altre persone coinvolte nella causa, come ad esempio il padrino dell'altro Andrea.

[13] MOLMENTI, *Storia di Venezia* cit., vol. I, pp. 418-22.

[14] RB, reg. 1, Mastro A, alla data corrispondente.

[15] E. PICK, *Memory and Its Doctors*, London 1888, pp. 3-12.

[16] Certo, come risulta dalle lettere dei mercanti, finita la giornata di attività si distribuivano
anche liste dei prezzi di chiusura, ma dalle lettere di Andrea si deduce che veniva attribuito valore
particolare alle informazioni riservate per iniziati.

[17] Ho più volte verificato con la calcolatrice l'accuratezza della sua aritmetica.

[18] Il codice è stato scoperto tra le ultime pagine del Mastro A.

timenti, ma sono molti i passaggi dedicati a un'attenta valutazione delle condizioni, abbellita da frasi ben tornite, da manuale di stilistica. Come dimostrerà nei capitoli successivi la storia delle sue transazioni, non era alieno dal condurre le cose in modo tortuoso, in molti casi tendeva a tenere nascoste le sue attività, e tuttavia sembrava far sempre affidamento sulla buona volontà e la fiducia delle persone con cui aveva a che fare.

Gli anni in cui accumulò la sua prima riserva di capitale commerciale furono nel complesso buone annate per i mercanti veneziani. La città non era mai sembrata tanto prospera come al momento in cui il doge esaminò le condizioni della città-nazione in un famoso discorso del 1423. Il debito pubblico era stato notevolmente ridotto. La vicina terraferma era stata conquistata senza che la guerra comportasse spese troppo cospicue; l'impero coloniale – che comprendeva la Dalmazia, Corfú, Creta, Negroponte e molti porti della terraferma greca – sembrava sicuro, e il prestigio della marina militare veneziana era alle stelle. La marina mercantile era fiorente, e portava a Venezia merci sufficienti a fare della città il mercato piú fornito d'Italia, e forse d'Europa. Da Venezia si esportavano non soltanto i manufatti della città, ma anche prodotti d'oltralpe e da tutta l'Italia settentrionale. Persino la stoffa fiorentina arrivava in grande quantità a Venezia per l'esportazione. Gli insediamenti oltremare dei mercanti veneziani, in tutti i centri importanti, da Alessandria a Londra, ampliavano la gamma di opportunità commerciali aperte all'iniziativa di Andrea [19].

Dopo circa dodici anni di fatiche, nel 1431 – data in cui inizia il primo dei libri mastri che ci è stato conservato – Andrea Barbarigo possedeva circa 1600 ducati. Considerando il fatto che aveva iniziato l'attività con soli 200 ducati, e che nel frattempo si era dovuto mantenere, le cose non gli erano andate troppo male, ma per potersi ritenere saldamente attestato sul livello di vita richiesto dalla sua classe gli occorreva certo molto di piú; per ottenerlo investí nel commercio tutto quanto riusciva ad avere in mano. Vendette subito i titoli di Stato che la legge lo obbligava a sottoscrivere [20], e anche quelli della madre, che a quanto risulta erano l'unica proprietà di lei [21]. Invece di bloccare una parte del capitale in immobili, Andrea affittò una casa e i magazzini di cui aveva bisogno. La casa, o palazzo, in cui viveva con la madre era un

---

[19] H. KRETSCHMAYR, Geschichte von Venedig, vol. II, Gotha 1920, cap. xv sulla situazione generale, e ibid., pp. 617-19 per il testo del cosiddetto «testamento politico» di Tommaso Mocenigo cfr. G. LUZZATTO, Sull'attendibilità di alcune statistiche economiche medievali, in «Giornale degli economisti», xLIV, n. 3, marzo 1929, p. 126.

[20] RB, reg. 2, Mastro A, conti «Imprestidi» e «Camera».

[21] Ibid., c. 151. Alla morte della madre, nel 1446, Andrea aprí un conto spese per la malattia e la sepoltura di lei. RB, reg. 4, Mastro B, c. 179 .

immobile piuttosto grande, ed essi lo subaffittarono in parte per ridurre la spesa del canone²². Per i lavori domestici Andrea prese in affitto
uno schiavo²³. Soltanto piú avanti distolse dagli affari l'esigua quantità
di capitale necessaria a possedere gli schiavi indispensabili a consentirgli il tenore di vita che gli si confaceva. Alla concentrazione di tutte le
sue risorse Andrea aggiunse denaro preso a prestito, tanto che nel 1431
il suo fondo commerciale ammontava a circa 3300 ducati.

Ma la parte forse piú preziosa del bagaglio di Andrea non risulta
dai suoi bilanci. Era la tenacia. Pur essendo nel 1431 un nobile relativamente povero e oscuro, intratteneva stretti contatti d'affari con uomini assai piú ricchi, alcuni dei quali membri tra i piú influenti della comunità veneziana. I parenti di Andrea a Creta erano benestanti, era in
confidenza con i fratelli Balbi, grandi banchieri veneziani, e aveva intimi legami con un ramo prestigioso della famiglia Cappello. Fu su questi
contatti che Andrea poggiò le basi della sua fortuna.

I parenti cretesi, pur essendo proprietari terrieri piú che mercanti,
erano interessati a vendere a Venezia merci cretesi, una parte delle quali
erano forse prodotti delle loro tenute. Per conto di alcuni di loro Andrea vendette vino, kermes (colorante rosso) e formaggi all'ingrosso, e
gestí in proprio altre partite di queste merci cretesi. A prima vista potrà
sembrare commercio su scala ridotta, ma a Andrea fu molto utile come
inizio della sua carriera mercantile. Il fratello di Andrea, Giovanni, era
attivissimo nel traffico dei formaggi ancora nel 1433²⁴. Un cugino cretese, Marco Barbarigo, era interessato alla vendita a Creta di merci veneziane e stoffe mantovane, e Andrea gliele fece avere su commissione²⁵.
Ad altri cugini, e persino ad uno che aveva abbracciato la carriera ecclesiastica, Andrea si rivolse perché aiutasse dei mercanti diretti in Siria o
ad Alessandria come suoi agenti²⁶. Creta, sotto molti punti di vista, era
un punto di passaggio in cui era assai utile avere degli amici.

Non fu con la loro utilità nel procacciare contatti d'affari, però, che
gli amici cretesi diedero ad Andrea il maggiore aiuto. A lui o ai suoi discendenti essi lasciarono in eredità ricchi terreni. Queste tenute erano
dette *cavalarie*, feudi cavallereschi; quando, nel 1212 circa, i veneziani

²² RB, reg. 1, Diario A, 3 febbraio 1431 (1430, *more veneto*, poiché l'anno cominciava il 1° marzo); reg. 2, Mastro A, cc. 17, 31, 34, 99 e *passim* nel conto «Spexe di Casa». Un elemento di affitti
e subaffitti è nel risguardo di RB, reg. 1, ma la calligrafia è tanto sbiadita da renderlo in parte
illeggibile.

²³ RB, reg. 2, Mastro A, c. 17. Il pagamento per le prestazioni dello schiavo veniva effettuato
a Coronea Cappello, poi suocera di Andrea.

²⁴ RB, reg. 1, Diario A, diverse lettere del 1431, e settembre 1434 a Marco Barbarigo, 10 dicembre 1437 a Alessio Barbarigo; reg. 2, Mastro A, cc. 140, 143, 190.

²⁵ RB, reg. 2, Mastro A, cc. 6, 16, 41, 43, 58.

²⁶ RB, reg. 1, Diario A, memoranda dell'agosto 1431 a Alberto Dolceto e del 15 ottobre 1436
a Jacomo Caroldo per il suo viaggio sulle galere di Alessandria.

avevano acquisito diritti su Creta, avevano intrapreso un programma di colonizzazione feudale. L'isola era stata suddivisa in cavalarie e *sergentarie*, offerte poi ai veneziani disposti a contribuire alla sua difesa[27]. Le vecchie denominazioni erano sopravvissute fino al secolo xv. Andrea e il fratello Giovanni possedevano insieme una sergentaria, avuta probabilmente in eredità, e da loro venduta prima del 1431. Doveva trattarsi di una proprietà molto piccola, poiché dalla vendita i due fratelli ricavarono poco più di 200 ducati ciascuno[28]. I cugini di Andrea avevano proprietà assai più vaste e proficue. Alessio, o Alessandro, Barbarigo, possedeva due tenute, quella di Trabaxachi e quella di Ettea, entrambe cavalarie. Un altro cugino, Piero Masolo, aveva una cavalaria presso la Canea, e una casa in città. Erano uomini ricchi a paragone del giovane Andrea: soltanto in immobili potevano contare su proprietà per un valore di 6000 ducati ciascuno[29].

A quanto risulta per entrambi questi cugini, Alessio Barbarigo e Piero Masolo, Andrea fu una sorta di favorito personale; a sua volta egli era ansioso di rendersi utile, come dimostrano le lettere a loro indirizzate. Per conto di Piero Masolo Andrea pagò le tasse dovute a Venezia, e gli inviò abiti veneziani[30]. I servizi resi a Alessio Barbarigo riguardavano la tutela di una sua giovane figlia illegittima, Marcolina. Come condizione per la nomina a eredi di Alessio, Andrea e i suoi discendenti si impegnarono a trovare un buon partito per Marcolina, e di dotarla in modo adeguato[31]. Comunque, la decisione di nominarla loro erede si fondava probabilmente su qualche servigio personale di maggiore importanza reso da Andrea in gioventù.

Anche con il banchiere Francesco Balbi Andrea ebbe forse qualche legame precedente, che non risulta nella sua contabilità, né nelle lettere. Nel 1431 Balbi era nel pieno della sua carriera di figura dominante nel mondo degli affari veneziano. Aveva appena aperta la sua banca, e la posizione di banchiere lo collocava, insieme con tre o quattro altri colleghi veneziani, al centro dell'attività commerciale[32]. Possedeva molte na-

---

[27] F. C. HODGSON, *Venice in the Thirteenth and Fourteenth Centuries*, London 1910, pp. 47-48.

[28] RB, reg. 2, Mastro A, c. 45. Per annullare un fidecommesso imposto dal testamento di un proprietario precedente, fu necessaria l'autorizzazione del governo. Il governo diede l'autorizzazione a patto che i fondi ricavati venissero investiti in titoli di Stato. Poi Andrea e Giovanni ottennero l'autorizzazione a disporre liberamente dei titoli, subito li vendettero.

[29] Stando ai primi valori iscritti nei suoi libri dal figlio di Andrea, Nicolò, RB, reg. 6, c. 5. Il rapporto di parentela tra Piero Masolo e Andrea non risulta chiaro; quello con Alessio Barbarigo risulta dalle genealogie in BARBARO, *Arbori* cit.

[30] RB, reg. 2, Mastro A, cc. 9, 66, 87, 165; reg. 4, Mastro B, cc. 15, 152, 168, e in reg. 1, Diario A, la lettera del 10 dicembre 1437.

[31] RB, reg. 3, Diario B, 17 dicembre 1442; reg. 4, Mastro B, cc. 54, 80, 86, 87.

[32] Nel settembre 1429 si verificarono a Venezia alcuni gravi fallimenti di banche, che lasciarono «orfano» Rialto. *Cronaca di Antonio Morosini*, Venezia, Biblioteca Nazionale Marciana, Mss it., cl. VII, cod. 2049, vol. II, pp. 1010-19. Tra il novembre 1429 e il marzo 1430 si fondarono tre

vi, e partecipava personalmente al commercio di molti tipi di merce. Anni dopo, nel 1470, il cronista Malipiero scriveva di lui: «È morto Francesco Balbi, homo de 84 ani, el qual ha essercità la marchadantia fin in ultima, con bona fama, senza querela de nissun. Altre volte el tene banco, e un anno el spazzete tre galie in Fiandra; e del [14]43 el falite, quando Papa Eugenio armò alcune galie... Li danari [per pagarle] fo remissi da Roma nel so Banco, e fo tratti tutti in una mattina, de modo che el no havé da suplir a i altri credatori»[33].

Può darsi che la versione di Malipiero sul fallimento di Balbi non sia del tutto accurata, ma la sua testimonianza sul prestigio di cui godeva Balbi accettabile, ed è importante per dimostrare con che tipo di persona Andrea Barbarigo avesse a che fare all'età di trentuno o trentadue anni, quando Balbi ne aveva quarantaquattro.

L'amicizia di Balbi fu particolarmente utile a Barbarigo nei primi anni della sua attività. Disponeva allora di un capitale esiguo, e ciò nondimeno si andava inserendo nelle grandi correnti del commercio internazionale, importando stoffa dall'Inghilterra, cotone dalla Siria e lana dalla Spagna. Aveva urgente bisogno di crediti, e li ottenne soprattutto attraverso la mediazione di Francesco Balbi. Il suo conto presso la banca Balbi rimase spesso scoperto[34].

Oltre a permettergli scoperti sulla sua banca, Balbi lo aiutò trattando le cambiali che fornivano a Barbarigo un altro modo per ottenere prestiti. Ad esempio, nel 1434 Barbarigo pareggiò il suo conto in banca cedendo a Balbi lettere di cambio su Londra, che poi Balbi vendette ai Medici e ad altri commercianti internazionali[35]. Per Barbarigo la vendita delle lettere di cambio era un modo per ottenere prestiti, non avendo Londra il denaro per pagarle. Sapeva che i suoi agenti londinesi avrebbero onorato le sue lettere di cambio spiccando un'altra tratta su di lui, a Venezia. Nel 1434 prese a prestito, in questo modo, circa 1200 ducati. Quando le tratte ritornarono a Venezia, nella primavera 1435, furono nuovamente pagate attraverso trasferimenti sui registri della banca Balbi, anche se, per coprirli tutti, Balbi dovette concedere uno scoperto[36].

---

nuove banche: quella di Cristofor Soranzo e fratelli, quella di Francesco Balbi e fratelli e quella dei fratelli Garzoni, *ibid.*, pp. 1033, 1067, 1069.

[33] D. MALIPIERO, *Annali veneti dall'anno 1457 al 1500*, a cura di T. Gar e A. Sagredo, in «Archivio storico italiano», serie I, vol. VII, Firenze 1843, p. 659. Nel 1470 Malipiero aveva quarantadue anni. Spero di poter spiegare in modo più esauriente in uno studio a se stante sia le operazioni di Balbi che i metodi bancari veneziani quali risultano dai libri contabili di Barbarigo.

[34] Nel marzo-aprile 1433 lo scoperto fu tra i 400 e gli 800 ducati. Poi, per circa tre mesi – dall'ottobre 1433 al gennaio 1434 – fu scoperto per circa 400-600 ducati (RB, reg. 2, Mastro A, cc. 97, 105).

[35] O quantomeno, il pagamento di queste cambiali da parte dei Medici ed altri acquirenti andò alla banca Balbi per pareggiare il conto di Barbarigo. *Ibid.*, c. 119.

[36] *Ibid.*, cc. 161, 171, 175. Uno scoperto di circa 300 ducati.

Un terzo servizio di Balbi consisteva in una sorta di sconto sui conti di Barbarigo, esigibile in certi casi speciali. Dopo la vendita di alcuni consistenti lotti di lana spagnola importati da Barbarigo nel 1439, Balbi si assunse la riscossione dei debiti degli acquirenti e fece credito a Barbarigo delle somme dovute. Andrea poté disporne sotto forma di moneta di banca, e le utilizzò subito per acquistare lettere di cambio su Londra. Riuscí cosí a mantenere in movimento i suoi fondi[37]. La provvigione che Balbi presumibilmente pretese per l'operazione, cioè il tasso di sconto, è nascosta tra le pieghe dei tassi di cambio.

Nonostante che negli anni trenta Barbarigo avesse preso a prestito una quantità notevole di denaro, non soltanto da Balbi ma anche, per somme minori, da persone che non erano banchieri, nella sua contabilità non risulta alcun calcolo regolare degli interessi in termini di percentuali annue o mensili. Il costo di un prestito dipendeva sempre, in parte almeno, da certe condizioni fluttuanti, speculative, quali il tasso di cambio tra Londra e Venezia, il prezzo del pepe o il pagamento degli interessi sul debito pubblico[38].

In questo senso l'interesse era sempre nascosto, pratica questa piú che prevedibile nella maggioranza delle città europee, ma che sorprende a Venezia, dove già, da un secolo il prestito di denaro a tassi prestabiliti a fini commerciali era cosa usuale. Il 5 per cento era il tasso medio, e nel 1406 i giudici veneziani avevano obbligato un debitore a pagare a quel tasso quasi cinque anni di interessi arretrati[39]. Ma Andrea Barbarigo non calcolò mai un interesse regolare, né quando prestava denaro, né quando lo prendeva a prestito.

Cosa otteneva dunque in cambio Balbi, il suo principale appoggio finanziario? I tassi di cambio devono aver reso consistenti profitti a qualcuno; comunque è certo che costarono a Andrea Barbarigo «perdite» notevoli, che in realtà corrispondevano al pagamento di interessi. Per un prestito di poco piú di 1200 ducati per un anno, nel 1434-35, Andrea pagò una «perdita» di 140 ducati[40]. Per gli scoperti sulla banca Balbi, però, Andrea non pagò alcun onere direttamente collegato a questi prestiti. Le uniche transazioni in qualche modo simili a pagamenti

[37] *Ibid.*, cc. 252, 260.
[38] Per un prestito da rifondersi in base al prezzo del pepe, cfr. *ibid.*, c. 157. Per prestiti di titoli di Stato, per i quali fu il mutuante a pagare gli interessi, cfr. *ibid.*, c. 234, conto Bernardo Valier. Cfr. *ibid.*, c. 257, conto Francesco Balbi, e c. 250, conto Camera degli imprestiti.
[39] G. LUZZATTO, *La commenda nella vita economica dei secoli XIII e XIV, con particolar riguardo a Venezia*, Convegno internazionale di studi storici del diritto marittimo medievale, Amalfi 1934; *Mostra bibliografica e Convegno internazionale di studi storici del diritto marittimo medievale Amalfi luglio-ottobre 1934, Atti*, a cura di L. A. Senigallia, vol. I: *Relazioni e comunicazioni al Convegno*, Napoli 1934, pp. 159-60.
[40] RB, reg. 2, Mastro A, cc. 119, 161. Cfr. *ibid* , c. 209.

che mi sia riuscito di trovare sono dei semplici servigi, che si potrebbero definire favori resi in cambio di favori ricevuti. In un'occasione, almeno, Andrea agí come una sorta di «prestanome», e attraverso di lui Balbi organizzò dei prestiti sulla base di titoli di Stato [41]. Nel 1431-33 Andrea fu attivissimo nella raccolta, per conto di Balbi, di lettere di cambio esigibili attraverso la sua banca [42]. Per tutti gli anni trenta Andrea spedí una buona parte delle sue merci a nome di Balbi, mettendo dunque a disposizione di quest'ultimo una quantità di merci sufficiente a servire come garanzia per i prestiti. Barbarigo partecipò a molti affari in cui era coinvolto Balbi, e le sue lettere parlano di Balbi come di persona frequentata assiduamente, e della quale conosceva le segrete intenzioni [43]. Si può dire, anzi, che Balbi lo trattava come un giovane che in una contingenza passata aveva dato prova di particolare energia, affidabilità e acume negli affari.

Altrettanto importante per gli affari di Andrea fu l'aiuto ricevuto dai fratelli Vittore, Alban e Giovanni Cappello, che poi divennero suoi cognati. Erano loro i corrispondenti da Londra, ai quali si rivolgeva per ottenere fondi negli anni tra il 1430 e il 1440. Era sicuro che avrebbero pagato le sue lettere di cambio a Londra, girandone altre su di lui. Anche in questo caso Andrea doveva essere legato ad almeno uno dei tre fratelli da vincoli di amicizia che risalivano a fatti precedenti l'inizio dei libri contabili che ci sono conservati. È probabile che avessero suppergiú l'età di Andrea, e nulla vieta che fossero stati compagni di viaggio, un po' piú giovani, negli anni passati da Andrea sul mare. Mentre Andrea si sistemava a Venezia i Cappello cercavano ancora fama o fortuna in marina. Sia Vittore che Alban furono piú di una volta capitani di galere di mercato nel viaggio di Fiandra [44]. Per ottenere l'incarico occorreva sia una buona posizione nel mondo degli affari, per gli appoggi finanziari, sia una buona reputazione di affidabilità complessiva, per conquistare il voto del Senato, richiesto dalla legge. Piú avanti i fratelli Cappello si dedicarono alla carriera politica, conquistando posizioni di grande onore e fiducia. Vittore fu Capitano di Brescia nel 1451 [45]. Nel 1462 Alban fu Consigliere ducale [46], e Vittore Capitano generale della flotta veneziana che rimase a guardare senza intervenire – tali erano gli ordini – mentre i turchi ottomani consolidavano la loro potenza in Grecia [47].

[41] *Ibid.*, cc. 225, 227, 233, 234.
[42] *Ibid.*, cc. 25, 28, 83, 86; reg. 1, Diario A, voci sotto 15 gennaio 1433.
[43] Cfr. III, 3.
[44] Cfr. III, 4.
[45] *I libri commemoriali*, tomo V, in «Monumenti storici», vol. X, libro XIV, n. 247.
[46] *Ibid.*, libro XV, n. 90.
[47] MALIPIERO, *Annali* cit., pp. 11-12.

L'anno dopo Vittore fu Consigliere ducale, e diede prova della dignitosa fermezza che la carica richiedeva. Il Consiglio aveva deciso che il doge dovesse partire in persona con la flotta che, in quell'anno, doveva combattere il Turco, non soltanto osservarlo. Il doge si era detto d'accordo in linea di principio, ma quando giunse il tempo di preparativi, comparve una mattina di fronte al suo consiglio dicendo di averci ripensato, di avere comunque ben poca esperienza marinara, di essere troppo vecchio per mettersi in giro, e che insomma, gli dispiaceva molto, ma non poteva partire. I consiglieri insistevano, il doge ribadiva le sue giustificazioni. Poi, racconta Malipiero, si alzò Vittore Cappello, e con tono realistico gli disse che la sua partenza era necessaria, e che la patria non poteva fare a meno di usare la sua persona come mezzo per far fronte all'emergenza. Il doge dovette piegarsi alla ferma voce dell'aristocrazia[48]. Il suo viaggio non servì a nulla; nel 1466 Vittore fu rieletto Capitano generale e, con l'aiuto del fratello Giovanni, in qualità di capitano di galere e ambasciatore, combatté e negoziò senza successo fino a quando morí, di malattia o di crepacuore, nel 1466 o 1467[49].

Questi avvenimenti, cosí come tutti i disastri della guerra col Turco, non si verificarono che molto tempo dopo gli anni in cui Andrea Barbarigo affidava l'acquisto delle sue stoffe alla «Vittore Cappello e Fratelli di Londra e Bruges», ma dimostrano come Vittore Cappello appartenesse a una famiglia politicamente importante. Si evidenzia cosí il prestigio sociale degli ambienti in cui Andrea si muoveva, e nei quali scelse la sua sposa.

Prima di consacrare questi contatti col matrimonio, Andrea aveva già con molti membri della famiglia Cappello rapporti che andavano al di là della sfera degli affari. A capo di Ca' Cappello c'era la madre, Coronea Cappello; come Andrea Barbarigo, infatti, i tre fratelli Cappello avevano perduto il padre quand'erano ancora giovani[50]. Barbarigo si rese utile in molti modi alla madre, comprando per suo conto, ad esempio, il grano e il vino per il consumo domestico[51]. Da sua sorella, Cristina da Canale, Andrea prese denaro a prestito lui stesso, e trattò altri prestiti realizzati attraverso operazioni di cambio[52]. Condusse inoltre qualche transazione per conto di una figlia sposata di Coronea, Orsa Loredan[53], e per molto tempo curò i pagamenti delle tasse dello stesso

[48] Ibid., pp. 22-23.
[49] Ibid., pp. 37, 40-42, 44.
[50] BARBARO, Arbori cit.
[51] RB, reg. 2, Mastro A, cc. 11, 41, 49.
[52] Ibid., cc. 53, 82.
[53] Ibid., cc. 17, 74, 76, 92.

Vittore[54]. Tutte queste transazioni, e soprattutto quelli per conto di Coronea Cappello, sembrano piú accordi amichevoli che non affari nel senso stretto del termine, e il fatto che Coronea fosse disposta ad affittare ad Andrea l'uso di un paio di schiavi fu forse anch'esso un gesto di amicizia e un modo di prendersi cura di un probabile futuro genero. Finalmente, nel febbraio 1439, Andrea Barbarigo sposò l'altra figlia di Coronea, Cristina. Con lei ricevette una dote di 4000 ducati, 3000 a nome della moglie e 1000 a nome suo[55]. Si trattava di una dote relativamente cospicua[56], ed è molto probabile che Andrea Barbarigo, o meglio Cristina, si fossero assunti la responsabilità di assistere Coronea, ormai avanti con gli anni. Quando ella morí, nel 1445, Andrea pagò le spese della sua ultima malattia e della sepoltura, scaricandole sul conto della moglie[57].

Dopo il matrimonio di Andrea le spese per la sua casa a San Barnaba aumentarono[58]. Nel 1440 nacque un figlio, e nel 1443 un altro[59]. Acquistò degli schiavi propri, due donne e un uomo, ma non si trattò che di un investimento di 147 ducati[60]. La casa in cui viveva era ancora in affitto[61], e continuava ad impegnare quasi tutto il capitale in imprese commerciali. Non soltanto l'intera dote ricevuta per il matrimonio fu investita nel commercio, ma la moglie gli affidò anche 100 ducati delle sue proprietà personali da far fruttare[62]. A tal segno Andrea aveva puntato tutto quanto possedeva sugli affari che talvolta si trovò a corto di denaro spicciolo. Nel 1442, mentre aveva circa 10 000 ducati in circolazione tra l'Inghilterra e l'Egitto, dovette impegnare un anello per prendere a prestito 10 ducati[63].

Un po' alla volta, però, l'interesse di Andrea per il commercio diede segno di affievolirsi. Ora che disponeva di circa 10 000 ducati, poteva

---

[54] *Ibid.*, cc. 21, 32 e *passim*.

[55] G. GIOMO, *Indice per nome di donna dei matrimoni dei patrizi veneti*, ms, ASV, Miscellanea codici, 913, 914. Il versamento ad Andrea dei suoi 1000 ducati venne effettuato il 4 agosto 1439 (RB, reg. 2, Mastro A, c. 151). Il pagamento della dote della moglie fu versato alla banca Balbi, 1000 ducati il 7 novembre 1439, 1500 il 27 agosto 1440 e 250 sia il 2 che il 10 settembre 1440 (RB, reg. 1, Diario A, per le date d'agosto, e reg. 2, Mastro A, cc. 255, 267; reg. 4, Mastro B, c. 12).

[56] Cfr. le doti di cui si parla nella storia della famiglia Da Mosto, A. DA MOSTO, *Il navigatore Alvise da Mosto e la sua famiglia*, in «Archivio veneto», serie V, vol. II, 1927, pp. 176, 192, e la dote della moglie del figlio di Andrea, cfr. p. 30, nota 5.

[57] RB, reg. 4, Mastro B, c. 164.

[58] *Ibid.*, conti spese.

[59] *Ibid.*, risguardo.

[60] *Ibid.*, c. 21.

[61] *Ibid.*, c. 83.

[62] RB, reg. 2, Mastro A, c. 266.

[63] RB, reg. 3, Diario B, 15 marzo 1443. Il prestito era stato effettuato il 30 luglio 1442. Il conto Contadi in reg. 4, Mastro B non ne accusa ricevuta. Se ne deduce comunque che in quel periodo Andrea era a corto di liquidi.

permettersi qualche investimento nel campo degli agi ⁴⁴. Nel dicembre 1443 acquistò un terreno a Montebelluna, dove la pianura veneta comincia a salire verso le Prealpi ⁶⁵. Per molti anni, quando a Venezia infuriava la peste, Andrea si era rifugiato a Treviso ⁶⁶. Ora si costruí, nella vicina Montebelluna, una casa in cui passare l'estate. Gran parte della sua ricchezza viaggiava ancora, sotto forma di mercanzie o cambiali, nei mercati da Bruges a Damasco, ma sempre piú spesso egli affidava ad altri i dettagli della mercatura.

Come risulta chiaramente dal modo in cui trattava la stoffa inglese, divenne quasi esclusivamente un mercante all'ingrosso. Mentre certi tipi di stoffe venivano inviati in Levante, altre, di fattura piú pregiata, si vendevano in Italia, e l'importazione per la vendita in loco fu l'ingrediente piú costante nel crogiuolo variegato e mutevole degli affari di Andrea. Dal 1432 al 1436 controllò personalmente la vendita delle sue stoffe in piccole partite. Spediva un paio di panni a Ferrara o Verona, e a Venezia vendeva un panno a un cliente, un panno a un altro. Qualche panno veniva tinto prima di essere spedito o venduto. Qualche pezza veniva tagliata e venduta a metratura ⁶⁷. Il fatto di tagliare la stoffa immetteva definitivamente il venditore nel campo dei dettaglianti, dominio incontrastato dei drappieri. Nel periodo precedente il 1430, quando Andrea era forse ancora per mare, e per un paio d'anni dopo, le sue stoffe furono vendute al dettaglio da un drappiere che agiva su commissione, uno dei suoi padrini, Lorenzo da Vigna ⁶⁸. Dopo esservisi dedicato egli stesso, e con molto profitto, dal 1432 al 1436, Andrea tornò a vendere al dettaglio attraverso un drappiere quando, nel 1439, ricevette una nuova partita di stoffe. Da quel momento in poi affidò le vendite locali ad Alvise di Stropi, un drappiere al quale non era imparentato ⁶⁹.

Una maggiore indipendenza da quelli che erano stati gli appoggi e gli alleati di un tempo caratterizzò la maturità di Andrea. Dopo il 1440 le sue transazioni bancarie non furono piú tanto esclusivamente nelle mani di Balbi, e i Cappello cessarono di essere i suoi corrispondenti in Ponente. Da allora in poi trattò alla pari con mercanti coi quali non aveva legami di famiglia, o altrimenti compare come il protettore, il sostegno, di giovani agli inizi della carriera commerciale.

⁶⁴ In quanto riferita all'agosto 1440, la stima di 10 000 ducati comprende i 2500 portati in dote dalla moglie.

⁶⁵ RB, reg. 4, Mastro B, conto «Caxa nostra».

⁶⁶ RB, reg. 1, Diario A, lettera del 28 luglio 1432 ad Alberto Dolceto.

⁶⁷ RB, reg. 2, Mastro A, cc. 73, 100, 125, 181.

⁶⁸ Ibid., cc. 16, 25, 48.

⁶⁹ Ibid., c. 260 e reg. 4, Mastro B, cc. 23, 43, 66, 67, 100. La provvigione era di 3 ducati al panno.

Tra i giovani che assunse come agenti, i piú interessanti sono due cugini, Andrea da Mosto e Alvise da Mosto. Il secondo è lo scopritore delle isole di Capoverde, ed è piú noto col nome di Cadamosto. Mentre i rispettivi padri, due fratelli litigiosissimi, riuscivano quasi a rovinarsi a vicenda con le loro cause legali, questi due giovani dovevano farsi strada nel mondo con le proprie forze, cosí come aveva fatto Andrea Barbarigo vent'anni prima. Come Barbarigo si imbarcarono entrambi come «balestrieri della popa» [70]. Il viaggio nel quale funsero da agenti di Andrea Barbarigo fu la linea del Nord Africa, da poco rilevata dalle galere di mercato, controllate dallo Stato. Per gran parte dei mercanti veneziani le spedizioni in Barberia rappresentavano ancora una novità, e una impresa nuova per Andrea Barbarigo fu senz'altro quella del 1443 e del 1445, quando, insieme ad un socio, affidò a Andrea da Mosto stoffe, rame, spezie e cotone per un valore di 1500 ducati [71]. Da Mosto ritornò con seta e oro [72]. Nel 1446 Alvise da Mosto partí con un carico di stoffe e perline di vetro [73]. Sebbene fossero viaggi proficui, il Nord Africa non aveva per Barbarigo, l'investitore sedentario, il fascino che esercitava sui giovani di Ca' da Mosto [74]. Andrea da Mosto fece spesso il viaggio di Barberia, si arricchí e nel 1467 divenne console veneziano a Tunisi [75]. Ma non si spinse oltre i confini della geografia conosciuta. Soltanto Alvise, pronto a correre rischi grazie all'appoggio offertogli dal principe Enrico del Portogallo nel 1454, provò l'esotico piacere di mangiare cibi che nessuno dei suoi compatrioti aveva mai assaggiato, avvistando isole laddove si riteneva non ci fosse che mare, e puntando la prua verso fiumi non segnati sulle carte [76]. L'avventura gli fornì una storia da raccontare, anche se si dimostrò inutile per la ricerca della fonte di quell'oro di Barberia che lui e il cugino Andrea avevano acquistato nei porti dell'Africa mediterranea quando ancora viaggiavano come agenti dello zio Barbarigo.

[70] DA MOSTO, Il navigatore Andrea Da Mosto cit., pp. 157-87, e l'albero genealogico inserito a p. 260.
[71] RB, reg. 4, Mastro B, c. 84. Da molto tempo il commercio veneziano era importante a Tunisi, ma nel 1443 l'estensione a Ponente di un servizio regolare di galere rappresentava una novità (A. E. SAYOUS, Le commerce des Européens à Tunis, Paris 1929, pp. 60-85; L. LE COMTE DE MASLATRIE, Relations et commerce de l'Afrique septentrionale ou Magreb avec les nations chrétiennes au moyen âge, Paris 1886, p. 258). Nel 1437 la proposta di inviarvi una galera di questo genere era stata bocciata (ASV, Senato Misti, reg. 59, ff. 185, 191).
[72] Ibid., cc. 146, 164.
[73] Ibid., cc. 170, 190. DA MOSTO, Il navigatore A. Da Mosto cit., p. 187, indica una data sbagliata.
[74] L'unico investimento di Barbarigo in Barberia dopo il 1446 fu la spedizione nel 1448 di stoffe per un valore di circa 100 ducati, che ritornarono invendute. RB, reg. 4, Mastro B, c. 212.
[75] Cfr. DA MOSTO, Il navigatore A. Da Mosto cit., carta a p. 260, e i riferimenti ad Andrea da Mosto nel mastro di Nicolò, figlio di Andrea Barbarigo, ad esempio, conto «Viazo di Barbaria», 1458, RB, regg. 5 e 6.
[76] The Voyages of Cadamosto, a cura di G. R. Crone, London 1937.

Sebbene Alvise da Mosto avesse aperto nuovi orizzonti, conquistandosi la fama presso i posteri, per la famiglia Barbarigo il piú importante dei cugini fu Andrea da Mosto. Nei suoi ultimi anni Andrea Barbarigo affidò ad Andrea da Mosto la tutela di tutta una serie di dettagli dei suoi affari, e dopo la sua morte da Mosto divenne il consigliere d'affari della vedova[77]. Insieme con lo zio, Giovanni Barbarigo, Andrea da Mosto guidò le fortune della famiglia nell'intervallo che trascorse tra la morte di Andrea Barbarigo, nel 1449, e la maggiore età dei suoi giovani figli.

La ricchezza che Andrea Barbarigo lasciò alla sua famiglia superava certamente i 10 000 ducati. È probabile si avvicinasse ai 15 000, una somma degna di rispetto, per quanto non una delle grandi fortune dell'epoca[78]. Il valore di un ducato e il prestigio sociale che poteva derivare da 15 000 ducati saranno meglio compresi attraverso dei confronti quattrocenteschi, piú che non riferendoli alle fluttuanti unità di conto moderne. La seguente tabella dovrebbe aiutare il lettore a calcolare un moltiplicatore se desidera trasformare i ducati (o i fiorini, piú o meno equivalenti) in denaro moderno.

La fortuna di Cosimo de' Medici e di suo fratello nel 1440	235 137 fiorini[79]
La fortuna presunta di un ricco doge veneziano nel 1476	160 000 ducati
Le doti del doge per le sue figlie	6-7 000 ducati[80]
Il salario annuo in contanti (oltre a una casa e integrazioni di diverso genere) offerto nel 1424 per far venire da Creta un esperto costruttore di galere	200 ducati[81]
Il salario annuo ordinario per un ingegnere marittimo (capocarpentiere) di grande esperienza nel 1424	100 ducati[82]
La paga annua di un mastro carpentiere ordinario 1407-47 (lavoro altamente specializzato)	48 ducati[83]
La paga di un rematore che prestasse servizio per un anno intero su una galera da guerra in tempo di pace, 1420 circa	28 ducati[84]

---

[77] RB, regg. 5 e 6, i conti che aprono il diario e il mastro del figlio di Andrea, e reg. 6, c. 160.

[78] I 15 000 ducati ritenuti la cifra piú probabile per il 1449 comprendono 3000 ducati portati in dote dalla moglie.

[79] C. S. GUTKIND, Cosimo de' Medici, Pater Patriae, Oxford 1938, p. 196. Secondo la stima di Sieveking crebbe a 400 000 fiorini nel 1460. H. SIEVEKING, Die Handlungsbücher der Medici, in «Sitzungsberichte der Philosophisch-Historischen Klasse der Kaiserlichen Akademie der Wissenschaft», cl. I, Wien 1905, V Abhandlung, pp. 1-4, 11-12. Sia il fiorino che il ducato contenevano circa 3,5 grammi d'oro. Per le monete veneziane, la fonte piú autorevole è N. PAPADOPOLI-ALDOBRANDINI, Le monete di Venezia, 3 voll., Venezia 1893-1907.

[80] MALIPIERO, Annali cit., p. 666.

[81] F. C. LANE, Venetian Ships and Shipbuilders of the Renaissance, Baltimore 1934, p. 57.

[82] ASV, Arsenale, busta 566, Quaderno dei salariati, f. 13. Il salario annuo del sovrintendente alle riparazioni del Palazzo ducale nel 1483 fu anch'esso di 100 ducati. MALIPIERO, Annali cit., p. 674.

[83] LANE, Venetian Ships cit., pp. 177-78 note, calcolando 250 giornate lavorative all'anno, e che all'epoca 25 soldi di piccoli valevano 1 ducato (in realtà durante quegli anni il rapporto tra soldi e ducati variò; ibid., p. 252).

[84] ASV, Notatorio di Collegio, reg. 7, f. 189. In reg. 8, f. 58, si stabilisce un tariffario salariale

Anche se è impossibile calcolare con esattezza il valore sociale di un ducato del 1450 rispetto a un dollaro di oggi, possiamo dire che 15 000 ducati rappresentavano un'accumulazione cospicua per un uomo che aveva iniziato con 200 ducati, e che era riuscito a vivere in modo rispettabile anche dopo il matrimonio, spendendo in media circa 400 ducati l'anno [85]. Se i suoi figli fossero riusciti a conservare l'eredità, e a ricavarne una rendita del 5 per cento, avrebbero potuto vivere in modo piú che agiato.

3. La storia successiva della famiglia.

Se i regni soffrono in genere quando il re è bambino, anche le fortune private sono esposte a particolari pericoli quando gli eredi sono minorenni. Alla morte di Andrea Barbarigo, nel 1449, i suoi figli Nicolò e Alvise avevano soltanto nove e sei anni. Le sue sostanze dovettero essere affidate a tutori, e prima di giungere nelle mani dei figli avevano cambiato radicalmente carattere, e perduto molto del loro valore. Le tenute cretesi, che i figli di Andrea avevano ereditato da Alessio Barbarigo e Piero Masolo, valevano piú del capitale commerciale che ricevettero dal padre. Forse una parte dei beni commerciali lasciati da Andrea erano stati spesi per garantire la sicurezza di queste eredità cretesi; di questo non possiamo essere certi poiché non possediamo i libri contabili dei tutori [1]. Non v'è dubbio, però, che lo zio Giovanni si sia reso responsabile di qualche speculazione infelice. Le sue transazioni coi titoli di Stato si riducevano ad acquistare a margine nella speranza di un rialzo [2]. È possibile che questi buoni gli sembrassero a buon prezzo quando toccarono, nel 1451, un nuovo minimo di 24, ma scesero ancora a 20

---

per gli uomini imbarcati sulle galere da guerra in servizio di pattuglia nell'Adriatico. Specificando che le tariffe sono state computate sulla base di 1 ducato = 5 lire e 5 soldi di piccoli, si stabiliscono le seguenti cifre mensili: rematori, 13 lire; marinai comuni, 16 lire; balestrieri, 18 lire; marinai di prima classe, 20 lire; nostromo, 40 lire; secondo di bordo, 32 lire; carpentiere, 20 lire; calafato, 20 lire; medico, da 6 a 8 ducati.

[85] RB, regg. 2 e 4, Mastri A e B, conti Spese.

[1] Alla morte di Andrea Piero Masolo risultava dovergli, stando ai suoi libri, circa 500 ducati (RB, reg. 4, Mastro B, c. 168). Il testamento di Piero Masolo è in data 20 novembre 1459 (RB, reg. 14, risguardo in pergamena). Nicolò non accusò ricevuta della proprietà che il 1° luglio 1462 (RB, reg. 6, c. 5). Dalla disponibilità di Andrea a soddisfare i desideri di Masolo e ad anticipargli denaro in diverse forme si deduce che Andrea ebbe sempre quantomeno fondate speranze di esserne l'erede, ma è possibile che la decisione di Masolo non fosse divenuta operativa che dopo la morte di Andrea, nel 1449. È dunque possibile che Piero Masolo avesse ricevuto denaro del patrimonio di Andrea prima ancora di legare il suo patrimonio immobiliare, per un valore di 6300 ducati, ai giovani figli di Andrea.

[2] Mastro di Nicolò, RB, reg. 6, cc. 5, 10.

nel 1466, e ai 13 nel 1474[3]. Le guerre in Lombardia si univano all'avanzata ottomana tartassando la struttura finanziaria dello Stato veneziano,
e una parte della perdita ricadde sugli eredi di Andrea Barbarigo. Andrea stesso aveva fatto il possibile per evitare i titoli di Stato, tenendo il
suo denaro in merci e crediti commerciali. Non si poteva pretendere dai
tutori che mantenessero tutto nel commercio. Un po' alla volta i fondi
furono trasferiti verso investimenti meno impegnativi, alcuni dei quali
effettivamente piú sicuri del commercio mentre altri lo erano soltanto
in apparenza.

Il primo passo, e quello che probabilmente fu il piú saggio, nel ritiro
del capitale dal commercio alla ricerca di investimenti piú sicuri fu intrapreso da Cristina Barbarigo, la vedova. Quasi subito comperò la casa,
o il palazzo, che con Andrea aveva tenuto in affitto. Pur non essendo
grandiosa come i palazzi piú magnifici, questa abitazione, sul Canal
Grande, nei pressi dell'attuale Ca' Rezzonico, era un investimento cospicuo, e sarebbe stata la casa dei suoi figli, dei nipoti e dei bisnipoti[4].

Altri due investimenti immobiliari contribuirono senza dubbio al
rientro dei fondi che Andrea aveva usato per il commercio. Si acquistarono altri terreni presso Treviso, che andarono ad aggiungersi a quelli
già acquistati da Andrea nella zona, e una fiorentissima azienda cerea-
licola chiamata Carpi, nel veronese. Nel 1462, quando Nicolò Barbarigo, agendo come rappresentante della società costituita da lui e dal fratello, ne rilevò la gestione dopo la morte dello zio Giovanni, i beni-capitale dei fratelli erano i seguenti:

Tenuta veronese	950 ducati
Tenuta trevisana	975
Eredità di Alessio Barbarigo	4 400
Eredità di Piero Masolo	6 300
Investimenti commerciali	1 275
Titoli di Stato	1 300
Totale	15 200

Confrontata con gli investimenti lasciati da Andrea al momento della sua morte, questa distribuzione rappresenta un ripiegamento quasi

---

[3] G. LUZZATTO, *I prestiti della Repubblica di Venezia (secc. XIII-XIV), Documenti finanziari della
Repubblica di Venezia*, vol. I, parte I, Padova 1929, p. CCLXXV.
[4] Riferimenti agli atti notarili con i quali Cristina acquistava la «casa a San Barnaba» compaiono nei risguardi di RB, regg. 6 e 14, ma non mi è riuscito di trovarli negli archivi notarili.
Sulla collocazione della casa, cfr. p. 33, nota 18. Cristina pagò 1400 ducati per il titolo di possesso
su otto nomi della casa. Per un confronto, si tenga conto che il Palazzo donato dalla Signoria al conte di Carmagnola venne venduto all'asta dopo la sua esecuzione, nel 1433, per 6360 ducati. Venezia,
Biblioteca Nazionale Marciana, Mss it., cl. VII, cod. 788, f. 155.

totale dal commercio. Nella famiglia Barbarigo il passaggio a investimenti piú conservatori e meno impegnativi fu meno brusco grazie all'intervallo della tutela e all'inclusione delle tenute cretesi. Il successo di Andrea negli affari fu soltanto uno dei motivi che portarono ai suoi figli il possesso di quelle tenute. Da questo punto di vista la nostra storia dei Barbarigo non è la storia di una fortuna dalle origini puramente commerciali. Ma la carriera di Nicolò Barbarigo, il figlio maggiore di Andrea, può essere considerata tipica di molti uomini che ereditavano la ricchezza e si dedicavano al commercio a tempo perso. Disponeva di un certo capitale liquido, superiore di fatto a quello con il quale aveva cominciato suo padre Andrea, ma Nicolò aveva da altre fonti un reddito sufficiente a consentirgli il tenore di vita ereditato, e non aveva bisogno di guadagnare di piú con l'attività commerciale.

Anche senza profitti commerciali, anzi, era comunque prevedibile una certa accumulazione, sotto forma di ulteriori titoli di Stato, migliorie agli immobili e oggetti domestici. In questo caso, l'andamento delle nascite di quella generazione concentrò l'incremento nelle mani del solo Nicolò. Andrea non aveva lasciato figlie che dilapidassero con le loro doti, la ricchezza di famiglia. Quando Nicolò si sposò, la moglie gli portò 2437 ducati da aggiungere a quanto già possedeva[5]. Il fratello minore, Alvise, morí giovane senza lasciare eredi, e tutta la sua parte ritornò a Nicolò[6]. Alla morte della madre Cristina, anche tutte le sue sostanze passarono a lui; l'intera proprietà era dunque riunita nelle sue mani[7]. Quando morí, nel 1500, Nicolò lasciò una fortuna di 27 000 ducati, circa 12 000 in piú di quelli che aveva ricevuto col fratello nel 1462. Il palazzo acquistato dalla madre sul Canal Grande, che probabilmente era stato valorizzato, contribuiva per 3000 dei 12 000 ducati di incremento, mentre altri 2000 consistevano nell'aumento di valore delle sue altre proprietà. Una nuova emissione di titoli di Stato, il Monte Nuovo, che Nicolò aveva acquistati per obbligo di legge, ma che aveva conservati per scelta, e un'accumulazione di titoli non riscossi della vecchia serie coprono un altro paio di migliaia di ducati. Il resto dell'incremento era in parte in arredamenti, gioielli, abiti e altri effetti personali, in parte in merci commerciabili e in effetti attivi derivati da operazioni commer-

---

[5] Conto dote, in RB, reg. 6.

[6] La sua morte nel 1471 viene registrata nella calligrafia di Nicolò sul risguardo del Mastro B (RB, reg. 4) di suo padre.

[7] Il suo testamento, stilato nel giugno 1466, molti anni prima della morte, è in ASV, Archivio notarile, Notaio Tomei, busta 1238, Testamenti, n. 158. Da questo testamento e dai riferimenti ai fondi di lei nel mastro di suo figlio (RB, reg. 6, c. 160), risulta che oltre al palazzo Cristina possedeva altri beni.

ciali – è praticamente impossibile distinguere, nei documenti, tra i due tipi di voci in attivo – ma il fatturato medio delle imprese commerciali di Nicolò non superò mai le poche migliaia di ducati l'anno, e gli fruttò ben poco reddito.

Nicolò fece soltanto un viaggio, nella sua vita. Era molto giovane, nel 1459-60, quando si recò a Creta per sistemare alcune questioni relative alle cavalarie ereditate. Rispettò l'impegno assunto in base al testamento di Alessio Barbarigo, vendendo nel 1459-60 la meno ricca tra le due tenute lasciate da Alessio, quella di Trabaxachi, per poco piú di 2000 ducati; trovò poi marito alla figlia illegittima di Alessio, Marcolina, e le diede quella somma in dote[8]. Organizzò infine la cessione in affitto delle altre proprietà cretesi, in modo che i cessionari si assumessero tutte le obbligazioni, versandogli un reddito in contanti[9]. In diverse occasioni Nicolò tentò di ricavare qualche profitto commerciale da quei contanti, prima di intascarli. Ordinò ai suoi agenti di versarli a qualcuno imbarcato sulle galere dirette ad Alessandria, dove avrebbe acquistato spezie. Rivendendo le spezie quando le galere fossero tornate a Venezia Nicolò poteva fare ottimi guadagni – o subire gravi perdite[10]. L'attività saltuaria nel commercio delle spezie era un affare estremamente speculativo.

Piú frequenti, e piú proficui delle loro dilettantesche sortite nel mercato delle spezie furono gli affari di Nicolò e Alvise con l'oro di Barberia. Guidato dapprima da Andrea da Mosto, Alvise Barbarigo intraprese una fortunata serie di viaggi sulle galere di Barberia, esportando argento, e di tanto in tanto cotone o indaco. Ritornando portava seta spagnola da Granada o Valencia, ma soprattutto oro[11]. Quanto a viaggi Alvise fu il piú attivo dei fratelli. Se fosse vissuto piú a lungo, forse anche questa generazione della famiglia Barbarigo sarebbe stata rappresentata da un mercante-marinaio.

Dopo la morte di Alvise l'interesse di Nicolò si spostò verso la Siria, campo di attività piú convenzionale, verso il quale lo attirò, nel 1471, il suo matrimonio. Immediatamente dopo le nozze affidò ai nuovi cognati, Antonio e Nicolò Lippomano, una somma piú o meno equivalente alla dote che questi gli avevano appena versato. Per suo conto essi investirono il denaro in cotone, una parte del quale egli vendette subito, e con ottimo profitto, a Venezia; ma poi il mercato andò in ribasso, il

---

[8] RB, reg. 6, cc. 5, 6.
[9] Ibid., c. 36.
[10] Ibid., cc. 39, 40.
[11] Ibid., cc. 44, 55. Il conto Oro venne chiuso nel conto Impresa.

giro d'affari rallentò, ed egli prese a disinteressarsene [12]. Se piú avanti, tra il 1482 e il 1496, Nicolò speculasse audacemente sulle merci, o tentasse seriamente di arricchirsi col commercio, non è cosa che si possa affermare con sicurezza, in quanto i libri mastri conservati hanno una lacuna. Alla fine, comunque, nel testamento, da lui stesso redatto durante una malattia, nel 1496, esprimeva recisamente l'opinione che il commercio fosse un investimento poco redditizio. Ordinava ai suoi figli di non vendere o suddividere la tenuta nel veronese, di non alienarla in alcun modo se non in cambio di un'altra tenuta piú protetta dagli allagamenti. Consigliava loro «de tegnir quella una chaxa cum le altre de trivixana, et i miei imprestidi al Monte vecchio et novo, per non cumrispondere massime la marchadantia come la solleva» [13].

Situato com'è nel 1496, questo lamento sull'impossibilità di trarre lucro dagli affari come un tempo suona a dir poco prematuro, ma negli anni che attendevano i figli di Nicolò i nobili veneziani avrebbero incontrato grosse difficoltà nel garantirsi una qualunque fonte di reddito sicura. Per un certo periodo chi dipendeva dai canoni delle tenute di terraferma e dagli interessi sui titoli di Stato si trovò ridotto ancor peggio dei mercanti. Nel 1509 sembrò che lo Stato veneziano fosse sull'orlo dell'estinzione. La Lega di Cambrai che comprendeva la Francia, la Spagna, l'imperatore e il papato, aveva mosso guerra a Venezia con tale successo che quasi tutti i suoi possedimenti italiani erano stati occupati dal nemico. La tenuta dei Barbarigo a Carpi sfuggí al controllo della famiglia fino a dopo la conclusione della pace, nel 1516 [14]. Al momento del massimo pericolo per la Repubblica, quando tutte le entrate servivano ad arruolare soldati, il governo sospese totalmente il pagamento degli interessi anche sui titoli della nuova serie, cancellando cosí una delle maggiori fonti di reddito per la nobiltà [15]. Entrambi gli investimenti che secondo Nicolò i figli avrebbero dovuto conservare come sostegno principale delle fortune di famiglia si erano isteriliti come rami secchi.

---

[12] RB, reg. 6, cc. 125, 141, 152.

[13] «di aver cara quella casa, e le altre nel trevisano, e i miei titoli al Monte Vecchio, soprattutto perché la mercanzia non rende piú come una volta». Il testamento originale, nella medesima calligrafia del mastro di Nicolò, insieme con i documenti che lo convalidano, è in ASV, Archivio notarile, Notaio Antonio Marsilio, Testamenti, n. 861. Una copia è a fronte del mastro di suo figlio, RB, reg. 9, e un estratto, con tavola genealogica, è in un foglio a stampa inserito in RB, reg. 10.

[14] Nel 1517 i figli di Nicolò si appellavano alla Signoria per ottenere la restituzione della tenuta, la cui confisca era stata a loro avviso illegittima. M. SANUDO, I diarii, 58 voll., a cura di R. Fulin e altri, Venezia 1879-1903, vol. XXIV, coll. 250-51.

[15] Venezia, Museo Civico Correr, Ms PD, 235c, Diarii di Gerolamo Priuli, vol. V, ff. 346-47, 13 novembre 1510: «... tal essendo serrate li chamere d'imprestidi se poteva reputare una grande angaria a la citade per che la magiori parte vivevanno et se sustantavano de li pro di queste Camere quali se pagavano per giornate» (il corsivo è mio). Un esempio della tendenza di Priuli ad esagerare la portata della calamità.

In questo momento di crisi la composizione della famiglia contribuí in modo decisivo alla sua sopravvivenza. La moglie di Nicolò gli aveva dato undici figli nei quattordici anni trascorsi tra il matrimonio e la morte di lei, ma soltanto quattro sopravvissero al padre, ed erano tutti maschi[16]. Per un'altra generazione dunque (la terza, se contiamo come prima quella di Andrea, il mercante che aveva fatto fortuna) il patrimonio di famiglia dei Barbarigo era salvo dai saccheggi delle figlie, per dotare le quali si sarebbe forse dovuto attingere al capitale.

Nel 1509 i quattro figli sopravvissuti, Andrea, Giovanni Alvise, Vittore e Francesco avevano compiuto tutti l'età prescritta, e il padre li aveva lanciati nella carriera politica[17]. Il palazzo di famiglia, sul Canal Grande, divenne famoso per le sue feste; a Venezia i ricevimenti fastosi erano una sorta di campagna elettorale[18]. Negli anni in cui il persistere delle ostilità impediva l'esazione dei canoni dalle tenute in terraferma, nonché il pagamento degli interessi sulle obbligazioni governative, i fratelli Barbarigo si dedicarono assiduamente alla conquista delle cariche. Andrea, il maggiore, nel 1512 fu eletto Provveditore dell'Arsenale, dopo una fervida campagna di manovre di corridoio[19]. Giovanni Alvise, il cui cursus di cariche politiche è puntigliosamente registrato sia nella sua contabilità che in quella del figlio, ebbe o cercò di ottenere cariche in ogni anno, quasi, della sua vita dall'età di venticinque anni alla morte, a cinquantasette[20]. Francesco fu Capitano a Vicenza, Vittore Conte a Zara[21]. Non v'è dubbio che la caccia alle cariche fosse stimolata anche dalla sete di onori, ma i salari che ne ricevettero contribuirono certo in modo consistente alla sopravvivenza dei fratelli Barbarigo negli anni critici del primo Cinquecento, evitando loro di dissipare una parte cospicua dell'eredità. A un Provveditore dell'Arsenale spettavano 130 ducati l'anno, una residenza e probabilmente la legna da ardere[22]. Se ai quattro fratelli fosse stata necessaria un'indicazione sulla redditività delle cariche, l'avrebbero potuta trovare nel libro mastro del padre. Nei sedici mesi in cui era stato ufficiale pagatore della flotta questi aveva guadagnato 275 ducati[23].

---

[16] Nicolò li annotò in una pagina preliminare del suo mastro. RB, reg. 6.
[17] Nicolò ne annotò l'iniziativa alla vita politica sull'ultimo foglio del suo diario, RB, reg. 5.
[18] SANUDO, *Diarii* cit., vol. XXI, p. 124.
[19] *Ibid.*, vol. XIV, p. 239: «... per forza di practiche e pregerie».
[20] RB, regg. 8, 9 e 12.
[21] Su Francesco, cfr. SANUDO, *Diarii* cit., vol. XXI, *passim*; su Vittore, *ibid.*, vol. XI, p. 575; e vol. XXXIX, p. 215. Cfr. anche gli indici.
[22] ASV, Arsenale, busta 5, f. 94, 1443; Venezia, Museo Civico Correr, Ms, Archivio Gradenigo, busta 193, quadernetto «Arsenale», f. 3, 1557.
[23] RB, reg. 6, cc. 97, 106.

Nonostante i tempi duri in cui le era toccato di vivere, la terza generazione riuscí abbastanza bene a conservare il suo patrimonio. Le voci-capitale che aprono i libri contabili iniziati nel 1538 da un rappresentante della quarta generazione hanno un aspetto familiare[24]. Poiché ciascun nuovo libro si iniziava copiando i precedenti, per tre o quattro generazioni compaiono le medesime voci, collegando una contabilità all'altra in una catena apparentemente infinita di valori di registro. Di conseguenza nel conto capitale di Antonio Barbarigo, nipote di Nicolò, si trovano registrati gli immobili e i titoli di Stato acquistati dal nonno e dal bisnonno di Antonio. Le proprietà di questo tipo lasciate in eredità da Nicolò erano ancora controllate in comune dai suoi discendenti nel 1538, fatta eccezione per una voce di tutto rilievo. Le tenute cretesi nei pressi della Canea erano state vendute, forse per mantenere la famiglia durante la crisi della Lega di Cambrai, o forse – la possibilità era stata prevista dal testamento di Nicolò – per provvedere alle figlie, poiché ora, nella quarta generazione, c'erano due figlie da dotare[25]. Sia le tenute in terraferma, sia i titoli di Stato pur avendo deluse le speranze in essi riposte, erano stati conservati gelosamente.

Anzi, nel patrimonio di Antonio Barbarigo – della quarta generazione – questi due tipi di investimento non lasciavano in pratica alcuno spazio ad altri. Aveva ereditato non soltanto una parte di quanto lasciato dal nonno Nicolò, ma anche altre proprietà immobiliari acquistate dal padre, Giovanni Alvise. Il principale incremento portato da quest'ultimo al proprio capitale fu la dote ricevuta dalla moglie. Quando si era sposato il bisnonno, Andrea il mercante, la dote era stata pagata in depositi bancari o contanti. Lo stesso avvenne per Nicolò. Quando si sposò Giovanni Alvise, invece, la dote fu pagata in immobili, situati a Venezia e nella vicina terraferma. Inoltre Giovanni Alvise, lasciato il palazzo di famiglia, aveva acquistata una residenza separata a Venezia. Suo figlio Antonio vi abitò fino al 1565, riscuotendo un affitto dai membri della famiglia che utilizzavano la sua parte del palazzo sul Canal Grande. Piú avanti Antonio vendette l'unica grande proprietà cretese rimasta, e utilizzò quel denaro, e una parte della dote della moglie, per ingrandire le sue tenute in campagna e acquistare proprietà a Pa-

---

[24] RB, reg. 14.
[25] Nel foglio a stampa inserito in RB, reg. 10, si indicano due figlie di Vittore. Un fratello Girolamo, menzionato nella tavola genealogica, non compare invece qui; presumo sia morto giovane. Il testamento di Giovanni Alvise è in ASV, Archivio notarile, Notaio Giacomo Grassolario, busta 1184, Testamenti, n. 266.

dova. Con questo rappresentante della quarta generazione si completò il passaggio dagli interessi marittimi a quelli territoriali. Tutte le proprietà coloniali erano state liquidate, e Antonio non fece alcun investimento nel commercio internazionale[26].

L'unica forma di investimento che interessava ad Antonio, oltre agli immobili, erano i prestiti al governo veneziano. Le precedenti accumulazioni di titoli di Stato ad opera di Nicolò e dei suoi figli erano state volontarie soltanto perché essi avevano deciso di conservarli piuttosto che vendere a rimessa. La sottoscrizione del Monte Vecchio e del Monte Nuovo (la serie vecchia e la nuova dei titoli di Stato) era stata imposta dalla Repubblica a tutti i contribuenti benestanti. Avendo richiesto queste sottoscrizioni con troppa frequenza, ed essendo rimasto indietro col pagamento degli interessi, il governo aveva spesso fatto cadere il prezzo dei buoni sotto alla pari. Nel 1430, quando Andrea si faceva strada negli affari, i titoli di Stato della prima serie, il Monte Vecchio, si vendevano a 50 (pari 100). Andrea vendette anche a quel prezzo, una decisione saggia considerando che dopo il 1440 i buoni furono quotati tra 20 e 30[27]. Quasi tutte le cedole di Nicolò sul Monte Vecchio furono acquistate a questi prezzi relativamente bassi, per onorare contratti stipulati dallo zio Giovanni[28]. È assai probabile che Giovanni non intendesse fare un investimento in titoli, ma che sperasse invece in un rapido profitto prodotto da un rialzo del mercato, prima che si rendesse necessario onorare i contratti. I buoni, però, non aumentarono mai abbastanza da permettere di rivenderli con profitto. Nicolò onorò gli impegni, pagò i titoli e tenne duro mentre il prezzo cadeva a 13 nel 1474[29], e a 5¼ nel 1499[30]. Il governo ridusse il tasso d'interesse, e nel 1480 era ormai in arretrato di ventun anni sui pagamenti[31]. Abbandonato uno strumento di credito pubblico tanto screditato, nel 1482 la Repubblica iniziò l'emissione di una nuova serie, il cosiddetto Monte Nuovo, poi, come abbiamo già detto, fu costretta nel 1509 a bloccare anche i pagamenti degli interessi sulla nuova serie. Nel disperato sforzo di reagire alla Lega di Cambrai si crearono nuove e nuove serie, di volta in volta rapidamente abbandonate[32]. Tutte queste forme di debito governativo

[26] Queste conclusioni si basavano su un attento esame del suo mastro dal 1538 al 1580. RB, reg. 14.

[27] LUZZATTO, *I prestiti* cit., p. CCLXXV.

[28] Conti «Chamera d'imprestidi» in RB, reg. 6.

[29] LUZZATTO, *I prestiti* cit., p. CCLXXV.

[30] MALIPIERO, *Annali* cit., p. 717.

[31] LUZZATTO, *I prestiti* cit., p. CCLX.

[32] Per il periodo successivo al 1482 il debito pubblico non è stato oggetto di studi approfonditi, ma cfr.: *Bilanci generali*, in *Documenti finanziari della Repubblica di Venezia*, vol. I, tomo I, Venezia 1912; U. CORTI, *La francazione del debito pubblico della Repubblica di Venezia proposta da*

compaiono tra i beni-capitale di Antonio Barbarigo. Quali fossero i valori da registrare nei libri per i buoni decaduti, e quale valore assegnare
a interessi in arretrato per un periodo che andava da uno a quarantatre
anni furono problemi assillanti per i contabili dei Barbarigo, sono questioni spinose per lo studioso moderno [33]. Tenendo conto delle difficoltà
finanziarie in cui versava il governo, ci furono senz'altro momenti in cui
i titoli piú vecchi sembravano praticamente senza valore. Il fatto che
Nicolò avesse incluso il Monte Vecchio tra le proprietà che raccoman-
dava in modo particolare ai figli è una splendida testimonianza della
fiducia di questo nobile nel suo governo. I figli rispettarono questa fiducia, e Antonio ne raccolse i frutti. Tra il 1542 e il 1576 Antonio riscosse
gli interessi dovuti al nonno, maturati negli anni compresi tra il 1487 e
il 1503. Il resto gli fu rimborsato sotto forma di un'obbligazione del-
l'Ufficio del sale, dal quale Antonio riscosse un reddito regolare [34].

Con un precedente del genere nei suoi libri contabili, non stupisce
che Antonio considerasse la parola della Repubblica come un buon investimento. Certo, il valore del denaro era diminuito di molto tra il
1462 e il 1576, e dunque i ducati versati ad Antonio valevano assai
meno di quelli con i quali Nicolò e i suoi figli avevano pagato il Monte
Vecchio e il Monte Nuovo, forse la metà, o persino un terzo. Senza
dubbio quest'inflazione facilitò al governo il pagamento dei vecchi debiti, ma l'aumento dei prezzi fu dovuto a un fattore che sfuggiva al suo
controllo, e cioè alla maggiore offerta di metalli preziosi. Inoltre il governo abbandonò il sistema dei debiti forzosi a lunga scadenza, adot-
tando invece nel 1538 un sistema di prestiti volontari con tassi di interesse variabili [35]. In questi Antonio trovò una forma di investimento
che integrava il reddito delle sue proprietà immobiliari.

Ciò che consentí alla famiglia Barbarigo di non ritrovarsi dopo tre
generazioni al punto di partenza, finendo, come suol dirsi, in brache di
tela (o il suo equivalente in un'epoca in cui si portavano uosa e farset-
to) fu la stabilità della Repubblica veneziana, il successo del governo di
cui essi facevano parte. La storia della loro famiglia dimostra quanto
fosse importante per la nobiltà veneziana la sopravvivenza di Venezia

---

Gian Francesco Priuli, in «Nuovo archivio veneto», tomo VII, 1894, pp. 331 sgg. Sul valore del
Monte Nuovo nel 1497-1502, cfr. oltre, *I banchieri veneziani*, pp. 228 sgg.

[33] Nel 1521 si cominciavano appena a pagare gli interessi dovuti sul Monte Vecchio per il marzo
1478. *Bilanci generali* cit., vol. I, 1, doc. 152. Nei libri Barbarigo la valutazione dei titoli di Stato
variava. I dubbi risultano particolarmente evidenti nel conto «Cavedal» di Giovanni Alvise, RB,
reg. 9.

[34] RB, reg. 14, cc. 36, 106. Dei 1710 ducati che risultavano dovuti nel 1538, nel 1576 non ne
risultavano pagati che 777, la somma in obbligazioni. Riscosse anche i pochi pagamenti di interessi
maturati sul Monte Nuovo.

[35] CORTI, *La francazione* cit., pp. 339-41. Cfr. *Bilanci generali* cit., vol. I, 1, docc. 159, 162, 165.

alla guerra della Lega di Cambrai, nonché la misura totale in cui la prosperità di molti nobili dipendeva dallo Stato.

Anche per Andrea Barbarigo, il mercante e il riedificatore delle fortune di famiglia, la prosperità dello Stato di cui faceva parte era stata un requisito indispensabile al suo successo economico. Diversamente dai nipoti e dai bisnipoti, Andrea era stato un mercante in ascesa. Le istituzioni pubbliche che facilitano l'accumulazione di una fortuna possono essere del tutto diverse da quelle che difendono un'eredità, ma Venezia al suo apogeo le offriva entrambe. L'ascesa di Andrea Barbarigo non è meno tipica della sua storia di quanto lo sia la conservazione del patrimonio familiare da parte dei suoi discendenti.

Le istituzioni tese alla conservazione sono quelle che risultano piú evidenti nel loro funzionamento, e nella storia della famiglia Barbarigo. Le generazioni successive mantennero la loro posizione perché poterono integrare gli altri redditi con gli emolumenti delle cariche, perché riottennero i titoli di possesso sulle loro tenute dopo che Venezia ebbe riconquistati i suoi possedimenti in terraferma e perché, finalmente, il governo pagò consistenti utili sul denaro preso forzosamente a prestito. Tra i provvedimenti attraverso i quali lo Stato aiutava i nobili impoveriti a ricostruire i patrimoni familiari, alcuni funzionavano in modo semplice e diretto. Cosí, ad esempio, l'elezione di giovani nobili all'incarico di «balestriere della popa» o di avvocato ordinario. Piú importanti, però, erano le leggi e le consuetudini sulla navigazione e le società commerciali. Esse operavano indirettamente, attraverso i loro effetti sulle condizioni di mercato e le possibilità offerte ai piccoli mercanti di far concorrenza alle grandi aziende. Le istituzioni commerciali che fornivano vantaggi concorrenziali ai piccoli operatori, facilitando cosí la formazione di nuove fortune, risultano chiaramente da un esame piú particolareggiato degli affari di Andrea Barbarigo.

III.

PROTEZIONE PUBBLICA E INIZIATIVA PRIVATA.

1. *La protezione dei trasporti.*

L'«uomo d'affari» non si distingue dagli altri personaggi sulla scena della storia soltanto perché ha cercato di far soldi. Lo stesso hanno fatto certi soldati, preti o uomini politici. In tutti questi gruppi ci sono stati attenti calcolatori delle possibilità di guadagno. In genere però un capo militare non viene definito uomo d'affari per il semplice fatto di redigere i suoi piani tenendo conto della redditività relativa delle diverse occasioni di saccheggio. Qualora, nonostante la confusione implicita nell'uso di questo tipo di linguaggio, si volessero considerare un affare la pirateria o la guerra, allora, senza dubbio, molti pirati di Barberia, e molti condottieri italiani, furono fortunati uomini d'affari. Ma sia Miriam Beard, che prende in considerazione una gamma a dir poco notevole di attività poco raccomandabili, sia Gras, che insiste sui successi conseguiti con mezzi lodevoli, non attribuiscono alcun ruolo a questi uomini nelle loro storie[1]. La caratteristica che distingue l'uomo d'affari è il suo tentativo di ricavare profitto dal calcolo sui risultati della compravendita pacifica. Andrea Barbarigo fu un uomo d'affari in questa accezione del termine. Andrea e gli altri nobili veneziani che condussero il commercio della città nel secolo XV partivano, cosí come il mercante di oggi, dal presupposto che le operazioni che dovevano fruttar loro denaro sarebbero state pacifiche. Certo, molti di questi nobili erano esperti ufficiali di marina, e avevano navigato sulle flotte da guerra. Talvolta poi accadeva che i capitani o gli armatori di navi mercantili fossero chiamati con le loro navi a prender parte a operazioni militari. Come individui erano piú esposti al clamore delle armi di quanto non lo sia l'uomo d'affari moderno, cosí come erano piú esposti alla peste. Ma l'azione militare non era «affare» loro; era un'interferenza nella corsa al guadagno.

D'altro canto, però, la possibilità del ricorso alla forza fisica è alla base di tutti gli accordi economici. Quando l'uomo d'affari moderno pianifica le sue operazioni, parte dal presupposto che esistano determinati provvedimenti per la protezione della proprietà e per imporre il rispetto dei contratti, provvedimenti che dipendono dalla possibilità di ricorrere alla violenza fisica. Questo ricorso alla forza, però, quando divenisse necessario, esula dalla sfera operativa propria dell'uomo d'affari. Se il capo di una società che opera in una regione «arretrata» include nelle operazioni da lui progettate e dirette anche la tutela dell'ordine nella zona in questione, viene giustamente definito un «costruttore di imperi». In generale l'uomo d'affari trae profitto dagli acquisti e dalle vendite, dalle assunzioni e dai licenziamenti, nell'ambito di una

---

[1] M. BEARD, *A History of the Business Man*, New York 1938; N. S. B. GRAS, *Business and Capitalism: An Introduction to Business History*, New York 1939.

struttura politica che ha per lui importanza vitale, ma che presuppone come dato di fatto.

Anche Andrea Barbarigo operava all'interno di una struttura politica creata per delimitare e proteggere la sua attività. A Rialto, dove incontrava i colleghi veneziani e italiani, e di là dal Ponte di Rialto, dove trattava con i mercanti tedeschi nel loro Fondaco, poteva concludere accordi con la sicurezza che i tribunali di Venezia ne avrebbero imposto il rispetto. Poteva mettere in mostra le sue merci senza paura di perderle per atti di violenza, eccezion fatta per qualche furto di tanto in tanto. Fuori Venezia i suoi acquisti ad Alessandria o Londra, le sue spedizioni verso Bruges, o Beirut, o uno dei tanti porti intermedi, erano anch'essi pianificati come operazioni pacifiche, da espletarsi nel rispetto dei trattati commerciali stipulati dalla Repubblica. Quando però spediva le sue merci oltre i limiti dei domini veneziani, doveva informarsi sulle particolari misure di sicurezza di cui le città o i mari particolari verso i quali esse si dirigevano disponevano per la sua protezione. I viaggi piú lunghi arrivavano in zone dove né Venezia, né alcun altro singolo Stato, poteva affermare un suo monopolio della forza, o offrire protezione con regolarità. Il successo o il fallimento di molte delle iniziative di Andrea Barbarigo dipendeva dalle misure particolari intraprese da Venezia per la protezione della mercatura oltremare.

Certo, in quell'epoca le misure di protezione non si distinguevano dall'amministrazione degli affari in modo netto quanto sarebbe stato piú avanti. La Corona inglese, ad esempio, nei secoli xv, xvi e xvii non si assumeva la responsabilità di proteggere direttamente i mercanti e le navi inglesi ovunque si spingessero. Nel caso di molti viaggi lunghi, sia la possibilità di offrire protezione, sia il numero delle persone che la richiedevano erano assai limitati. Di conseguenza la soluzione del problema veniva lasciata ai mercanti e ai marinai interessati. Per facilitare la loro azione la Corona concesse brevetti a «compagnie» quali i Merchant Adventurers, la Compagnia del Levante, la Compagnia delle Indie orientali. Una delle funzioni piú importanti di tali compagnie era la protezione dei mercanti che agivano nel particolare ramo del commercio sul quale esse avevano giurisdizione [2]. Per regolare i tempi di navigazione, per riscuotere le quote e per spenderle arruolando soldati o armando navi da guerra era indispensabile un'autorità comune. Si trattava di funzioni politiche che però, in quei rami del commercio, ancora non si erano nettamente differenziate dalle funzioni dell'uomo d'affari. Nelle società per azioni, come la Compagnia inglese delle Indie orientali,

[2] E. LIPSON, *The Economic History of England*, London 1931, vol. II, pp. 193 sgg.

si giungeva alla confusione completa, e lo stesso consiglio d'amministrazione decideva il prezzo di vendita e la consistenza dell'esercito da distaccare. In alcune compagnie, quelle cosiddette «regolate», esisteva però una certa differenziazione. I direttori, che costituivano l'autorità comune necessaria a garantire la sicurezza, lasciavano in genere le decisioni puramente commerciali ai singoli mercanti. In queste compagnie regolate non era la compagnia ad acquistare e vendere, bensí i mercanti suoi membri, che agivano sul piano individuale.

La creazione di queste compagnie privilegiate limitava la libertà d'iniziativa. Una qualche limitazione della libertà individuale era conseguenza necessaria del fatto che non era possibile garantire la protezione senza un'azione collettiva, ed era assai probabile che l'azione comune tesa alla sicurezza si trasformasse in azione comune tesa a monopolizzare il mercato. Certo, la compagnia regolata era meno monopolistica della società anonima. Quando una compagnia privilegiata decideva di «commerciare con un unico fondo comune», come fece la Compagnia delle Indie orientali, limitava l'attività dei singoli mercanti, in quanto il Consiglio dei Governatori si arrogava il potere di decidere su acquisti e vendite, privandone tutti gli altri individui eccettuati loro stessi, i direttori della compagnia e i fattori alle loro dipendenze[3]. Si creava cosí un monopolio in cui soltanto la compagnia decideva quali merci andassero comperate, trasportate e vendute, e a quali condizioni. Forse i membri della compagnia gradivano il fatto di divenire, da mercanti autonomi che erano, azionisti o fattori, poiché speravano in maggiori guadagni, ma la forma azionaria delle compagnie ridusse il numero dei mercanti che agivano sul mercato come entità libere, comperando, trasportando e vendendo secondo le proprie opinioni. La compagnia regolata, invece, concedeva la massima libertà d'azione individuale compatibile con l'azione collettiva necessaria alla sicurezza. Cosí era in teoria, almeno; nella pratica c'era sempre la tendenza a costituire un ristretto circolo interno che controllava il commercio e sfruttava i privilegi della compagnia per ridurre la concorrenza[4].

A Venezia l'autorità del Senato impedì il formarsi di qualunque organizzazione permanente particolare che corrispondesse alle società regolate o a quelle anonime. Tutti i mercanti nobili di Venezia agivano come un'unica, grande società regolata il cui consiglio d'amministrazione era il Senato. All'epoca di Andrea Barbarigo esistevano a Geno-

[3] Cfr. le proteste contro il monopolio della compagnia di Moscovia, *ibid.*, p. 329.
[4] Cfr. le proteste contro i Merchant Adventurers, *ibid.*, pp. 226-27.

va e in Portogallo associazioni private o semiprivate attraverso le quali i mercanti potevano provvedere, con un'azione collettiva su vasta scala, alla difesa dei viaggi nei quali avevano interessi particolari, ma a Venezia no[5]. I veneziani ritenevano che il loro Senato fosse in grado di agire come una sorta di consiglio direttivo per ciascuna delle diverse aggregazioni di mercanti impegnate in modo massiccio nel medesimo viaggio, e che avevano bisogno di misure protettive comuni.

I provvedimenti del Senato per il commercio marittimo erano concepiti come aiuti alle imprese mercantili private, e non intendevano sostituirsi alla scelta individuale sugli investimenti. Paragonare il Senato veneziano al Consiglio di amministrazione di una società anonima, come è stato fatto, significa offrire una visione completamente distorta della libertà concessa al singolo mercante[6]. L'acquisto e la vendita, la decisione dei prezzi e la scelta delle merci da trattare erano cose lasciate al discernimento individuale. Non esisteva un fondo comune. Se fosse esistito si sarebbe sacrificato il commercio indipendente all'esigenza di una direzione unificata, ma la consuetudine veneziana provvedeva alla direzione unificata soltanto nella misura in cui era necessaria alla sicurezza, o per condurre le trattative con un monopolio straniero, come quello del pepe del sultano d'Egitto. A parte questo, i mercanti agivano in proprio. L'attività del Senato si proponeva di favorire il conseguimento dei profitti, non su un investimento governativo, né su alcun'altra forma di fondo comune, bensí sugli investimenti dei mercanti.

Certo, si poneva spesso il problema di quale tra i gruppi di mercanti avrebbe tratto maggior profitto da una particolare decisione del Senato. Anche i membri del Senato erano mercanti, e talvolta votavano a favore dei propri interessi mercantili personali. Vi furono casi in cui chi aveva sottomano spezie in abbondanza votò contro la decisione di inviare galere a importare altre spezie[7]. Gli armatori volevano che le tariffe di nolo fossero fissate a livelli relativamente alti. Come ogni altro sistema di regolamentazione governativa della vita economica, il controllo esercitato dal Senato veneziano sulla navigazione era sottoposto a tutta una serie di pressioni concorrenti esercitate dai diversi gruppi economici.

[5] H. M. A. FITZLER, *Portugiesische Handelsgesellschaften des 15. und beginnenden 16. Jahrhunderts*, in «Vierteljahrschrift für Sozial- und Wirtschaftsgeschichte», XXV, 1932. A Genova le *maone* e la Casa di San Giorgio erano per molti aspetti diverse dalle società regolate o anonime, ma si occupavano della protezione dei mercanti e dei loro investimenti oltremare. H. SIEVEKING, *Genueser Finanzwesen*, I: *Casa di San Giorgio*, in «Volkswirtschaftliche Abhandlungen der Badischen Hoschschulen», I, Freiburg 1898.

[6] H. F. BROWN, *Studies in the History of Venice*, New York 1907, vol. I, p. 336.

[7] SANUDO, *Diarii* cit., vol. IV, pp. 281, 420. Sanudo sostiene di aver fatto passare, nell'autunno 1502, la mozione di far partire le galere, nonostante l'opposizione di chi era contrario, per interesse privato, disponendo già di spezie.

Un aspetto fondamentale dell'intero schema di regolamentazione marittima era la distinzione tra navigli «armati» e «disarmati». In origine la distinzione si era basata sul numero degli uomini imbarcati. Le antiche battaglie navali erano essenzialmente combattimenti corpo a corpo, e dunque il numero degli uomini armati a bordo determinava la possibilità di difesa. Nel secolo xv, invece, la differenza tra navi «armate» e «disarmate» coincideva ormai con quella tra due tipi di naviglio: la galera, che utilizzava sia le vele che i remi, e la nave tonda, o cocca, che utilizzava soltanto le vele. Le galere, comprese quelle di tipo particolare elaborate dai veneziani per uso commerciale, richiedevano un equipaggio numeroso, non soltanto per la difesa ma anche per i remi, usati per entrare e uscire dai porti. I rematori non erano schiavi; erano uomini liberi salariati, cui si concedeva di praticare qualche scambio in proprio. Le galere grosse portavano sempre un certo numero di fanti di marina, o balestrieri, e navigavano in convoglio, agli ordini di un ammiraglio scelto dallo Stato. La nave tonda aveva un equipaggio assai meno numeroso, ed era in genere classificata come nave «disarmata».

Sebbene sulle cocche il trasporto costasse meno, era anche piú rischioso. Il Senato proibiva, in modo piú o meno rigoroso, ai mercanti di rischiare troppo ricorrendo alle cocche, piú economiche e meno sicure, e li obbligava a caricare le merci sulle galere grosse. Quando occorreva protezione armata per un viaggio in cui le galere grosse non erano disponibili in numero sufficiente a soddisfare le necessità dei mercanti, poteva accadere che si imponesse alle navi tonde di caricare uomini ed armi in misura maggiore, e di navigare in convoglio al comando di un ammiraglio nominato dallo Stato. Le limitazioni imposte dal Senato al trasporto marittimo variavano di anno in anno, e a seconda delle rotte e delle merci trasportate, ma il loro effetto complessivo fece sí che le galere grosse, rigidamente controllate, trasportassero le mercanzie piú preziose, lasciando alle cocche ampia libertà di movimento alla ricerca di carichi composti dalle merci meno costose e piú ingombranti[8].

Quando il Senato organizzava un convoglio, di cocche o galere grosse che fosse, stabiliva le tariffe di nolo per le merci principali, e imponeva

---

[8] Che la distinzione tra navi armate e disarmate sia tanto antica risulta evidente dalle rubriche dei registri del Senato andati perduti. G. GIOMO, *Le rubriche dei Libri Misti del Senato perduti*, in «Archivio veneto», XVIII, XIX, 1879-80. Per un esame generale del sistema di leggi sulla navigazione una volta completato cfr. J. SOTTAS, *Les messageries maritimes de Venise aux xive et xve siècle*, Paris 1938; e LANE, *Venetian Ships* cit., capp. I, II, e appendice II. Scorrendo la normativa anno per anno cosí com'è registrata in ASV, Senato Misti, Senato Mar e Incanti di galere – l'ho fatto per il periodo 1404-34 e 1480-1520 – si ricava l'impressione di un piano generale che potrebbe essere definito normale, per quanto non vi fosse in pratica norma alla quale non si derogasse in un qualche momento, né un anno che in qualche modo non fosse anormale.

ai capitani delle galere, i *patroni*, di caricare esattamente a quel prezzo. Essi non potevano rifiutare arbitrariamente di caricare le mercanzie di mercanti concorrenti. Le galere erano vettori comuni per merci specifiche cui era stata data la priorità rispetto ad altre merci. Le galere dirette in Inghilterra, ad esempio, dovevano caricare tutte le spezie che ne facevano richiesta, prima di poter caricare vino; se i patroni riempivano i vascelli di barili di vino tentando di limitare la quantità di spezie in partenza per Londra per ottenere un prezzo migliore dalle spezie proprie, ricevevano l'ordine di scaricare il vino per far posto alle spezie[9]. Lo stesso principio valeva per qualunque flotta, di galere o di cocche che fosse, che navigasse su una rotta stabilita dal Senato e trasportasse merci specifiche alle tariffe di nolo determinate dal voto del Senato. Non è altrettanto chiaro che cosa accadesse quando le merci privilegiate erano in quantità maggiore dello spazio a disposizione. Sebbene si stabilisse di caricare una parte proporzionale di ciò che ciascun mercante voleva spedire, è possibile che i patroni praticassero discriminazioni a proprio interesse contro alcuni di loro[10]. Forse alcuni dei nobili mercanti veneziani che votavano in Senato, o ne influenzavano i voti, preferivano le flotte relativamente piccole, per creare la possibilità di discriminazioni in proprio favore, ma a quanto appare in superficie le decisioni del Senato sulle dimensioni delle flotte erano motivate dal desiderio di far partire tutte indistintamente le merci che i veneziani avevano approntato.

Era dunque il Senato e non il mercato, l'interprete della domanda e dell'offerta. Non era la contrattazione tra i mercanti, espressione della domanda di spazio da carico, e armatori, rappresentanti dell'offerta disponibile, a determinare dove sarebbero andate le navi e a quali condizioni; la decisione spettava ai voti dei senatori. Di conseguenza il Senato, oltre ai pericoli e alla necessità di protezione, doveva considerare anche le prospettive di guadagno. Nel decidere il numero di navi da inserire in un convoglio, la rotta, e i noli che potevano richiedere, i senatori esaminavano, come potrebbero fare i direttori di una società commerciale, le condizioni del mercato a Venezia e nei punti d'arrivo. Nel-

[9] Un ordine di questo genere venne dato nel 1407, ASV, Senato Misti, reg. 47, f. 106. Le norme erano comprese nelle mozioni per l'incanto delle galere, e venivano modificate di anno in anno col presupposto che ogni norma che non fosse stata modificata andasse inserita nel contratto. Per quanto riguarda le galere di Fiandra, ad esempio, cfr. un contratto del 1477, Venezia, Museo Civico Correr, Codici Cicogna, busta 2987-2988/16, in cui si specifica l'obbligo di caricare tutte le merci offerte a Venezia, e l'ordine di priorità.

[10] Cfr. p. 62, nota 5. Per l'imbarco *pro rata* a Bruges e Londra di merci già prenotate prima dell'arrivo delle galere cfr. ASV, Senato Misti, reg. 51, f. 100.

la decisione entravano poi considerazioni di carattere puramente navale o fiscale. L'uso delle galere grosse costruite dallo Stato e date in affitto a un patrone diverso per ogni viaggio era collegato in modo imprescindibile alla politica navale e fiscale. Senza dubbio però i senatori non si sentivano in alcun modo tenuti a limitare il proprio ruolo all'offerta di protezione. Essi ritenevano loro compito decidere quale tipo di trasporto sarebbe stato piú adatto al benessere economico generale.

In momenti specifici, e lungo rotte particolari, il Senato indirizzò gli investimenti dei mercanti veneziani stabilendo la disponibilità dei trasporti. Nel caso della Compagnia inglese delle Indie orientali, un'organizzazione commerciale aggiungeva alcune attività di carattere politico alle sue funzioni nel campo degli affari; a Venezia, invece, un organismo di governo, il Senato, aggiunse alle proprie competenze politiche alcune attività nella sfera degli affari. In entrambi i casi l'azione collettiva, nata dalla necessità di protezione, limitava l'attività dei singoli mercanti; a Venezia però questa attività veniva soltanto canalizzata. E all'interno dei canali delimitati dal Senato, l'individuo poteva prendere le proprie decisioni e metterle in atto contrattando con altri mercanti sul prezzo e la qualità delle mercanzie. La responsabilità delle decisioni commerciali era ripartita tra il singolo mercante e lo Stato.

2. *Le imprese di Andrea Barbarigo dal 1430 al luglio 1431.*

Il modo in cui i veneziani operavano tale distinzione risulta evidente dalla storia delle transazioni condotte da Andrea Barbarigo tra il 1430 e il 1433. I suoi libri contabili e le sue lettere, oltre alla voluminosa cronaca di un contemporaneo, Antonio Morosini, rendono possibile un quadro insolitamente completo delle operazioni mercantili. Poiché quegli anni furono tormentati da difficoltà politiche, che rendevano necessaria l'azione collettiva, le fortune di Andrea dipendevano in modo indiscutibile dai trasporti protetti offerti dallo Stato. Essi determinavano il flusso di merci da un mercato all'altro, e dunque dominavano i prezzi. Nella maggior parte dei casi questi trasporti sfuggivano al controllo di Andrea in quanto uomo d'affari, ma costituivano uno dei fattori principali nei calcoli sull'avvenire sui quali egli riponeva le sue speranze di ricchezza.

La difficoltà piú grave, nel 1430, fu la tensione tra Venezia e il sultano d'Egitto. Attraverso la milizia mamelucca, della quale era il capo, questo sovrano governava la Siria e la Palestina, oltre all'Egitto. Di tutti i territori oltre l'Adriatico queste terre, che potremmo definire l'Oriente mamelucco, erano le piú importanti per il commercio veneziano. Erano i mercati principali delle esportazioni veneziane, e in cambio fornivano cotone, potassa e tutta una serie di altri prodotti. Per di piú tutte, in pratica, le spezie che arrivavano in Europa passavano per il Mar Rosso. Qualche anno prima del 1430 il sultano aveva deciso di aumentare i suoi redditi monopolizzando il commercio delle spezie. Aveva imposto a tutti i suoi sudditi arabi di vendere soltanto a lui, poi aveva chiesto ai veneziani, i maggiori acquirenti, prezzi quasi raddoppiati rispetto ai precedenti. Nonostante i trattati che garantivano protezione ai veneziani che commerciavano in Egitto e in Siria, chi si ostinava ad opporsi al sultano subiva l'arresto e la confisca.

I mercanti veneziani, a denti stretti, pagarono i prezzi richiesti, e allora il sultano cominciò ad estendere il medesimo sistema monopolistico al cotone coltivato in Siria. Si trattava di un'altra tra le voci principali del commercio veneziano, poiché molte città italiane e della Germania meridionale, quali Ulm e Augusta, acquistavano a Venezia il cotone da mescolare al lino per la fabbricazione di una stoffa leggera, il fustagno. Il cotone costituiva il grosso dei carichi che partivano dalla Siria sulle cocche veneziane.

Il sultano mirava ad impadronirsi di tutti i profitti sia del commercio delle spezie che di quello del cotone, e il Senato veneziano si preparò a intraprendere misure di rappresaglia. I mercanti furono incoraggiati a ritirare tutto quanto potevano dei fondi investiti nell'Oriente mamelucco. All'inizio del 1430 c'era a Venezia un'insolita abbondanza di merci levantine, poiché l'autunno precedente le galere grosse che avevano portato mercanzie da Alessandria e Beirut erano state dieci, invece delle consuete sei o sette [1]. I veneziani decisero allora che quella era la posizione migliore per costringere il sultano a scendere a patti. Il Senato proibí fino a nuovo ordine l'esportazione verso i domini del sultano di monete, lingotti o qualunque altro genere di mercanzia pregiata, se non a bordo di flotte comandate da ammiragli che avevano ordine severissi-

---

[1] W. HEYD, *Histoire du commerce du Levant au moyen âge*, Leipzig 1885-86, vol. II, pp. 474-477; Venezia, Biblioteca Nazionale Marciana, Mss it., cl. VII, cod. 2049, la *Cronaca di Antonio Morosini*, vol. II, copia con pagine numerate dell'originale, conservato a Vienna (citata d'ora in poi come *Cronaca Morosini*, II), pp. 1037, 1052, 1054; ASV, Senato Misti, reg. 57, ff. 117, 136-40, 181. La mia valutazione del numero consueto, che rifiuta la cifra piú elevata indicata per Alessandria da HEYD, *Histoire du commerce* cit., vol. II, p. 453, si basa sull'esame dei contratti d'incanto dal 1404 al 1434 in Senato Misti, non utilizzati da Heyd. A quest'epoca le *galee al trafego* non erano consuete.

mo dal Senato di non scaricare mercanzie fino a quando non avessero
ricevuto dal sultano esplicite assicurazioni sulla completa libertà di commercio. Sebbene il sultano avesse effettivamente inviato promesse ras-
sicuranti, esse furono ritenute insufficienti. La flotta di galere mercantili del 1430 ritornò da Alessandria senza aver scaricato le sue merci, né
caricato spezie, e dunque senza pagare nulla alle dogane del sultano. È
probabile che fosse stato tutto previsto, poiché pareva necessario dare
una lezione al sultano [2].

Andrea Barbarigo non aveva caricato nulla sulla flotta che fece questo viaggio infruttuoso. Era uno dei molti mercanti veneziani che avevano già ritirato i loro fondi dai domini del sultano [3]. È assai probabile
che avesse sottomano merci levantine a sufficienza, e che non desiderasse impegnarsi ancora in quel viaggio finché le acque non si fossero cal-
mate. L'interruzione del commercio col Levante è importante per la
storia dei suoi affari perché, quando piú avanti Barbarigo si decise a
entrarvi, le sue speranze di guadagno si appuntavano sulla situazione
creata dalla disputa. Inoltre, i suoi investimenti nel commercio oltremare del 1430 incontravano la concorrenza di molti altri mercanti che
tenevano anch'essi i propri fondi lontano dalle mani del sultano.

L'interesse principale della comunità mercantile veneziana nel 1430
era di smaltire la grande riserva di spezie immagazzinata a Venezia [4].
I possibili acquirenti possono essere suddivisi, a grandi linee, in tre
gruppi: i tedeschi, gli italiani e il Ponente, intendendo per Ponente tutti gli acquirenti situati, dal punto di vista veneziano, sull'altro lato del-
l'Italia o della Germania.

I tedeschi venivano ad acquistare a Venezia, eccettuati gli anni in
cui le guerre interrompevano il traffico sui passi alpini. Nel 1430 erano
attivissimi nell'acquisto delle spezie nonostante le proibizioni del loro
imperatore. L'imperatore Sigismondo, impegnato in un'aspra disputa
personale con i veneziani – soprattutto nella sua qualità di re d'Ungheria – aveva intrapreso nel 1415 un ambizioso progetto per rovinare Venezia interrompendone i commerci, ma non era riuscito nemmeno ad
imporre il decreto che proibiva ai suoi sudditi tedeschi di andare a Venezia. L'embargo imperiale, pur offrendo un pretesto alle scorrerie dei

---

[2] HEYD, *Histoire du commerce* cit., vol. II, p. 476. *Cronaca Morosini*, II, pp. 1090, 1094,
1098-99, 1110, 1114, 1132; ASV, Senato Misti, reg. 57, ff. 184, 186, 218-19, 223-33, 243-44, 247;
Notatorio di Collegio, reg. 8, f. 84.
[3] Che Andrea avesse ritirato il suo capitale dal Levante risulta evidente dai conti con cui si apre
il suo mastro. RB, reg. 2, Mastro A. Che in precedenza vi avesse condotti affari per mezzo di agenti
commissionari ad Alessandria risulta evidente dalla causa intentata a quegli agenti. ASV, Giudici
di Petizion, Sentenze a Giustizia, reg. 48, ff. 43-44.
[4] *Cronaca Morosini*, II, p. 1054.

cavalieri predatori, già prima del 1430 non era piú rispettato dalle città libere dell'Impero, quali Augusta, Norimberga e Ulm[5]. Mercanti di queste città si trovavano a Venezia anche nel 1430, e comperavano spezie nonostante i prezzi alti.

Quei prezzi elevati, tuttavia, avevano una base incerta, speculativa, e dunque i veneziani erano ansiosi di trovare un mercato piú vasto. Anche i mercanti veneziani, in Egitto, avevano pagato cara la merce, e non erano disposti a subire perdite, almeno fin tanto che l'atteggiamento del sultano rendeva incerti, per il futuro, gli arrivi dal Levante. Contemporaneamente, però, volevano vendere la merce a prezzi alti prima che la sottomissione del sultano facesse esplodere il mercato[6]. Di conseguenza era necessario accedere anche ai mercati italiani e occidentali. Gli acquirenti delle zone limitrofe venivano direttamente a Venezia, ma altre regioni italiane, cosí come il Ponente, ricevevano le spezie dalle galere veneziane. Tutto quello che i veneziani chiamavano il mercato occidentale veniva toccato in genere da flotte che lasciavano una parte del carico a Cadice e Lisbona, lungo la rotta verso il miglior mercato delle spezie d'Occidente, la città fiamminga di Bruges. Alle fiere di Bruges arrivavano compratori di spezie dalla Francia settentrionale, dall'Inghilterra e dalla Germania occidentale. A Bruges c'erano poi i mercanti anseatici, che cercavano spezie, seta e altre merci levantine da trasportare piú a nord, verso i territori baltici.

Certo, le merci potevano arrivare a Bruges anche via terra. Numerose aziende tedesche accettavano merci a Venezia o a Bruges per consegnarle a Bruges o a Venezia[7]. Tra le due città esisteva inoltre un servizio postale abbastanza regolare, e in genere le lettere coprivano la distanza in venticinque giorni circa. Ma se il percorso via terra era la strada piú veloce per inviare lettere o mercanzie nelle Fiandre, e poi in Inghilterra, il trasporto terrestre era assai dispendioso. Per di piú i veneziani non desideravano dipendere totalmente dai tedeschi, cosa piú che possibile se questi fossero riusciti a controllare il mercato occidentale, oltre al proprio[8]. Di conseguenza la comunità commerciale venexiana

---

[5] E. NÜBLING, *Die Reichstadt Ulm am Ausgange des Mittepalters, 1376-1556*, Ulm 1904, vol. I, pp. 105-60; H. HEIMPEL, *Zur Handelspolitik Kaiser Sigismunds*, in «Vierteljahrschrift für Sozial- und Wirtschaftsgeschichte», XXIII, 1930, pp. 145-56.

[6] *Cronaca Morosini*, II, p. 955 (nel 1429 il prezzo del pepe cadde da 57 a 55 quando si sparse la voce che il sultano era caduto); p. 1054 (si erano acquistate 700 *sporta* a 100-120 ducati a sporta, e agli inizi del 1430 i prezzi a Venezia erano alti); p. 1143 (novembre 1430, un tedesco compra a 60 ducati a *cargo*). 100 ducati per sporta equivale approssimativamente a 57 ducati per cargo.

[7] Lettere di Barbarigo a Bruges in RB, reg. 1, e riferimenti alle spese per i trasporti nel suo Mastro A, reg. 2, cc. 73, 77, ad esempio.

[8] R. CESSI, *Le relazioni commerciali tra Venezia e le Fiandre nel secolo XIV*, in «Nuovo archivio veneto», nuova serie, anno XIV, tomo XXVII, 1914, pp. 88-90, 106-7, serve ad evidenziare le difficoltà che nascevano dalla dipendenza dai tedeschi.

guardava con grande interesse alle opportunità che le si offrivano nel 1430 di trasportare merce a occidente via mare.

Non sembrava che questi viaggi potessero essere minacciati da particolari pericoli, ma i pericoli normali erano tali che il Senato organizzava in genere una flotta di galere di mercato per il trasporto delle spezie e altre mercanzie di valore. Partivano anche le cocche, e anch'esse potevano caricare spezie, a condizione di salpare abbastanza presto da non fare concorrenza alle galere. I viaggi verso la Manica esigevano le piú grosse, e dunque le piú difendibili, tra le cocche veneziane, navi che stazzavano circa 400 tonnellate, e portavano grossi carichi di vino cretese. Se un mercante faceva in tempo ad approntare le sue merci, e riusciva a trovare una di queste navi da vino disposta a caricarle, poteva decidere di correre il rischio utilizzando il trasporto piú economico offerto dalle cocche. In caso contrario poteva aspettare che il Senato provvedesse ai viaggi con le galere.

Andrea caricò una parte delle sue merci su una delle cinque cocche veneziane che salparono per l'Occidente nel 1430. Quattro di esse arrivarono sane e salve a Bruges[9], ma la quinta, la *Balba*, quella che portava anche il carico di Andrea, fu catturata da un pirata[10]. Andrea perdette cosí una fetta consistente del suo esiguo capitale, imparando a caro prezzo gli svantaggi delle spedizioni con le cocche.

Pur avendo azzardato la spedizione di una parte delle merci sulla *Balba*, Andrea aveva conservato la maggior parte del carico in attesa delle galere di mercato, assai piú sicure. Il viaggio fu messo all'incanto dal governo, ed erano le condizioni dell'asta a stabilire l'entità e il costo di questo tipo di trasporto. Diminuendo i noli e aumentando il numero delle galere disponibili per il viaggio, il Senato poteva por rimedio all'eccedenza di offerta a Venezia. Nel 1430 le opinioni dei senatori sulla misura in cui si dovevano aumentare i mezzi per il trasporto delle spezie a occidente erano divise. I noli non furono diminuiti, e, come di consueto, fu soltanto una la galera di Acque Morte inviata a rifornire i porti del Mediterraneo nordoccidentale. Il numero delle galere della flotta di Fiandra, comunque, passò da quattro a cinque[11].

---

[9] *Cronaca Morosini*, II, p. 1108, parla di quattro cocche veneziane e quattro genovesi giunte a Sluis, stando ai rapporti pervenuti a Venezia in agosto.

[10] RB, reg. 2, Mastro A, c. 8; Venezia, Biblioteca Nazionale Marciana, Mss it., cl. VII, Cod. 1275, *Cronaca Zancaruola*, II (cosí citata d'ora in poi), f. 625. Del corsaro genovese che prese la *Balba* parla la *Cronaca Morosini*, II, p. 1063. Alla perdita di altre cocche appartenenti ai Balbi si accenna *ibid.*, pp. 981, 1033 (1429). A quanto pare Andrea Barbarigo non aveva assicurato il carico perduto, poiché dalla sua contabilità non risulta alcuna riscossione assicurativa, e nel 1440 cancellava la perdita. RB, reg. 2, Mastro A, c. 153.

[11] La proposta passò per 61 voti contro 40; ASV, Senato Misti, reg. 57, ff. 186-87, 192-96. Sulle motivazioni sottese ai voti del Senato, cfr. *Cronaca Morosini*, II, pp. 1057, 1065. Una grossa mino-

Su una di queste galere di Fiandra Andrea Barbarigo caricò sei balle di pepe[12]. Mentre le galere attraversavano le acque spagnole l'efficacia della protezione che potevano offrire fu messa a dura prova, poiché incontrarono una flotta castigliana di dieci galere e ventisei altri vascelli. Le cinque galere grosse veneziane, se necessario, avrebbero potuto opporre una valida resistenza, ma avevano di fronte una forza nettamente superiore e, nonostante tutti i trattati c'era da aspettarsi che l'ammiraglio castigliano avrebbe trovato una scusa qualunque perché non se la cavassero tanto a buon mercato. E in effetti chiese loro se avessero a bordo merci appartenenti a catalani o siciliani, nemici del re di Castiglia. I veneziani risposero di sí – era consuetudine che le galere scaricassero una parte delle merci in Sicilia per caricarne altre – ma l'ammiraglio castigliano fu soddisfatto con un dono di scintillanti gioielli, e la flotta poté riprendere tranquillamente il suo viaggio. È probabile che i gioielli fossero in gran parte di vetro. Quindici giorni dopo, da Bruges, i mercanti veneziani scrivevano gongolando che il dono era costato ben poco; calcolando una media complessiva, si era trattato di un misero 0,2 per cento sul valore delle merci[13]. Il pepe di Andrea fu consegnato nelle mani sicure della Fratelli Cappello, che lo rappresentavano a Bruges[14]. Se l'ammiraglio castigliano avesse incontrato una cocca isolata le conseguenze per chi aveva merci a bordo avrebbero potuto essere ben piú gravi.

Andrea aveva spedito il suo pepe a Bruges, poiché quello era il mercato migliore del Ponente, ma prevedeva di ricevere, col viaggio di ritorno delle galere, una consegna di merci inglesi. Non c'erano difficoltà di trasporto, poiché due delle galere andavano direttamente a Londra, mentre le altre, toccata Bruges, si sarebbero fermate sulla via del ritorno a Sandwich per completare il carico[15]. Né c'èra alcuna difficoltà per trasferire da Bruges a Londra il denaro ottenuto dalla vendita del pepe

ranza di senatori, 43 su un totale di 96 votanti, approvava l'invio di due galere ad «Aquamorte». Per un caso in cui si ordinò che le spezie dirette a Ponente venissero imbarcate esenti da noli, cfr. il contratto d'incanto del 1422, ASV, Senato Misti, reg. 54, ff. 65 sgg.

[12] RB, reg. 2, Mastro A, c. 15.

[13] *Cronaca Morosini*, II, pp. 1116-17. Il costo dei gioielli viene indicato a 200 ducati, dunque il valore sul quale fu imposta l'avaria generale doveva aggirarsi intorno ai 100 000 ducati, una cifra esigua se confrontata con i valori indicata da Morosini per le flotte di Levante. Sull'interpretazione di questo incidente, cfr. Gran Bretagna, Public Record Office, *Calendar of State Papers, Venetian*, vol. I, n. 243.

[14] RB, reg. 2, Mastro A, c. 15.

[15] ASV, Senato Misti, reg. 51, ff. 100-1 (1415-16), e negli incanti successivi. A conferma del fatto che il grosso dei carichi di ritorno veniva imbarcato in Inghilterra, cfr. *ibid.*, reg. 47, f. 84. Nel 1434 Southampton si sostituí a Sandwich come porto di chiamata. Senato Misti, reg. 59, ff. 49, 79, 86.

di Andrea. Per garantirsi la mercanzia nel Levante musulmano Andrea doveva inviare merci o denaro nel luogo dal quale voleva ricevere il carico, ma nei territori cristiani il denaro poteva essere trasferito facilmente e rapidamente da un luogo all'altro per mezzo di cambiali. Di conseguenza Andrea non ebbe alcuna difficoltà nel pagare un carico da Londra costituito da ventitre barili di stoviglie di stagno o peltro e ventitre panni di stoffa inglese. In quel momento per Andrea si trattava di un investimento piuttosto cospicuo, che tutto compreso valeva un po' più di 1600 ducati [16].

Mentre questo carico era sulla via del ritorno, nella primavera 1431, le navi veneziane nel Mediterraneo occidentale si trovarono improvvisamente di fronte a un grave pericolo. Era iniziata una guerra tra Venezia e il duca di Milano, che governava anche Genova. La flotta delle galere di mercato era abbastanza forte per difendersi dai pirati, ma non da una flotta regolare da guerra genovese. Il Senato, di conseguenza, ordinò all'ammiraglio delle galere di Fiandra di evitare le consuete tappe in Sicilia, passando al largo dell'isola e dei genovesi. In aprile le galere giungevano sane e salve a Venezia [17].

Proprio mentre le rotte verso occidente si chiudevano, o divenivano pericolose, per la guerra con Milano, le possibilità di commerciare con l'Oriente mamelucco migliorarono. Lo stratagemma usato dai veneziani l'anno precedente, il rifiuto di scaricare le merci, aveva colpito le entrate doganali del sultano, costringendolo a scendere a patti. Finalmente soddisfatto dalle sue promesse di buona condotta, e probabilmente ansioso di mantenere in funzione qualche viaggio, il Senato era ora disposto a permettere nuove consegne di denaro e merci di ogni genere in Siria, Palestina e Egitto. Nel corso della primavera 1431, dunque, la situazione commerciale si era completamente rovesciata.

Durante l'estate successiva Andrea Barbarigo fu attivissimo nella vendita di ciò che aveva ricevuto dell'Inghilterra, e nei preparativi di carichi da spedire con le flotte del Levante. Qualche anno dopo, quando importava sulle galere di Fiandra i generi di merci inglesi richiesti nei mercati levantini, Andrea avrebbe fatto coincidere le due operazioni rispedendo i carichi ricevuti, ma nel 1431 aveva importato generi di stoffe e oggetti di peltro adatti al mercato locale.

Per mercato «locale» non si intende soltanto la città di Venezia, ma una vasta area che comprendeva l'Italia settentrionale e le rive dell'A-

---

[16] RB, reg. 2, Mastro A, cc. 15, 34, 35.
[17] ASV, Senato Misti, reg. 58, f. 47, l'ordine. RB, reg. 2, Mastro A, cc. 25, 26, sullo sdoganamento della merce.

driatico. I contatti commerciali veneziani, nell'ambito di quest'area, erano tanto piú estesi di quelli di altre città da fare di Venezia una sorta di metropoli dalla quale le altre città dipendevano per le forniture delle merci importate da lontano. Lo spiegamento di botteghe di stoffe nei pressi di Rialto attirava mercanti da luoghi vicini e lontani [18]. Andrea vendette dunque la maggior parte delle sue stoffe attraverso la bottega del suo padrino, Lorenzo da Vigna, riesportandone soltanto alcune pezze nelle città vicine. Il peltro fu venduto in parte a Francavilla, in Puglia, in parte nella vicina Ferrara, e in parte a un acquirente veronese [19].

Per queste operazioni nell'ambito del mercato locale Andrea non doveva attendere le decisioni del Senato. La struttura politica della zona era abbastanza stabile da permettere al mercante di far affidamento sulla protezione costituita. Nemmeno la spedizione via mare a Francavilla, considerata commercio di interesse locale in quanto all'interno della zona regolarmente pattugliata dalla marina militare veneziana, dipendeva dai trasporti organizzati dal Senato.

A causa della guerra con Milano e Genova il Senato proibí a qualunque nave di uscire dall'Adriatico se non aveva ricevuto istruzioni particolari [20]. In quest'occasione anche le cocche, oltre alle galere, dovevano essere armate di macchine da guerra, aumentare il numero dei soldati a bordo e navigare agli ordini di un ammiraglio scelto dallo Stato. Diversamente dalle galere di mercato, però, le cocche necessarie al viaggio non appartenevano allo Stato. Prima che Andrea potesse distinguere le opportunità commerciali che si sarebbero aperte in Levante, il Senato e gli armatori erano giunti a un accordo. La cosa non era stata facile, e aveva richiesto un periodo di energiche trattative. Il 27 giugno 1431 il Senato stabiliva le condizioni in base alle quali si sarebbero scelte per il viaggio sei cocche tra quelle offerte dagli armatori privati. Non vi fu nessun'offerta. O i prezzi di trasporto fissati dal Senato erano troppo bassi in proporzione ai rischi e alle spese necessarie al numero maggiore di uomini, alle macchine da guerra e al salario dell'ammiraglio, o invece, avidi di guadagno, gli armatori si erano alleati contro lo Stato per ottenere condizioni piú favorevoli. Il Senato non cedette su alcuno dei provvedimenti necessari alla difesa, ma aumentò i noli – 10 ducati invece di 8 per *milliarium* di cotone – e offrí un convoglio di due galere grosse

[18] R. CESSI e A. ALBERTI, *Rialto*, Bologna 1934, pp. 81-82, 245, 250.
[19] RB, reg. 2, Mastro A, cc. 25, 26, e le lettere copiate sul retro del reg. 1, Diario A, lettere a Ferrara e Francavilla, maggio 1431.
[20] ASV, Senato Misti, reg. 58, ff. 31 e 53; *Cronaca Morosini*, II, pp. 1157-58, spiega che la flotta prevista per la primavera del 1431 non fece vela data l'eventualità di una guerra con Milano. Cfr. ASV, Senato Misti, reg. 58, f. 45.

a maggior garanzia di sicurezza. Ancora una volta non si presentò nessun armatore. Il 3 luglio il Senato minacciò, se le sue condizioni non
fossero state accettate, di trovare il modo di utilizzare per il viaggio alcune delle navi precedentemente destinate ad uso militare. Gli ostinati
armatori non avrebbero avuto lavoro per tutto l'autunno. Dopo altre
schermaglie sui dettagli furono offerte dieci navi, tra le quali si scelsero
le sei piú grandi, da 400 a 450 tonnellate [21]. Dovevano puntare sulla Siria, facendo scalo nei porti consueti lungo la rotta, e visitare numerosi
porti della Siria e della Palestina che i veneziani avevano già utilizzato
spesso per caricare [22].

Oltre a questo convoglio di cocche, il Senato organizzò la partenza
delle tre flotte di galere di mercato inviate di regola in Levante. Una
flotta di tre galere fu destinata ad Alessandria, un'altra uguale a Beirut,
mentre la terza, forte di cinque galere, doveva toccare Costantinopoli e
i porti del Mar Nero. Quest'ultima flotta, le «galere di Romania» era
stata rafforzata in modo particolare – in genere tutti questi convogli
erano composti da tre galere – per dar spazio ad alcuni degli schiavi e
altre «merci pesanti» che sarebbero stati caricati a Tana dalle cocche
se avessero potuto fare il viaggio [23]. Il Senato, dunque, aveva cercato di
far corrispondere le dimensioni delle flotte al volume del commercio.

3. Dal luglio 1431 al dicembre 1432.

Tra le possibilità offerte dal piano di viaggi concordato in Senato nel
luglio 1431, Andrea Barbarigo scelse di fare una spedizione consistente verso la Palestina. Acquistò panni fiorentini dal ramo veneziano dei
Medici, panni inglesi del tipo *loesti*, quello esportato piú spesso in Siria,
pelli di pecora, tela (usata per imballare il cotone) e due borse di *grossi*, le monete d'argento coniate a Venezia per l'esportazione in Oriente.
Sebbene la mercanzia e il denaro fossero stati spediti in parte per cocca,
in parte per galere, entrambi i carichi furono affidati a uno degli amici

---

[21] ASV, Notatorio di Collegio, reg. 8, f. 99; *Cronaca Morosini*, II, p. 1237. ASV, Senato Misti,
reg. 58, ff. 60-64. Per garantire a queste navi noli piú consistenti, si proibí l'imbarco sulle due galere di convoglio di *havere capse*. Il 3 luglio fu approvata la mozione che proibiva l'imbarco a Venezia di ogni tipo di mercanzia diretta in Levante per quattro mesi dopo la partenza di queste navi,
e che in Siria si caricassero cotone, filo di cotone ed altre merci specificate dirette a Venezia per quattro mesi dopo la loro partenza. Chi non pagava il nolo a Venezia doveva pagarlo a Beirut, con la
maggiorazione di un quarto (*ibid.*, f. 63).
[22] Nella risoluzione non si parla di alcuno scalo palestinese, ma dalle lettere di Andrea si deduce che era quella la rotta delle navi.
[23] ASV, Senato Misti, reg. 58, ff. 59, 70-71.

e collaboratori di Andrea, Alberto Dolceto, che partiva con le navi per Acri, dove avrebbe lavorato come agente commissionario per conto di Andrea di diversi altri mercanti veneziani[1]. La lettera di istruzioni preparata per Dolceto ci offre il primo quadro diretto del modo in cui Andrea considerava le prospettive commerciali[2]. Da questo momento in poi le lettere permettono di seguire non soltanto i rapporti tra i suoi investimenti e la situazione generale, ma anche le sue speranze e timori personali.

Andrea Barbarigo prevedeva che il suo agente Dolceto sarebbe riuscito ad acquistare cotone, o ad acquisirlo per baratto, a prezzi d'occasione. Su quella flotta c'era soltanto un altro mercante veneziano diretto ad Acri, Alberto Franco. Poiché si presumeva che tutti i mercanti veneziani avessero abbandonato la regione durante le recenti dispute con il sultano, Franco e Dolceto sarebbero stati gli unici due veneziani e – tenuto conto della guerra – molto probabilmente gli unici due occidentali a fare offerte per il cotone e le spezie in vendita ad Acri. Poco dopo la partenza delle navi da Venezia, Andrea Barbarigo scriveva a Dolceto ricordandogli i vantaggi offerti da questa situazione. «Esiando soli voi e Alberto Francio se sare dacordo dovereti aver di gran derate»[3]. Alleandosi invece di farsi concorrenza, i due agenti avrebbero potuto spuntare prezzi favorevoli. Questa, almeno, era la speranza di Andrea.

In Andrea la sete di buoni guadagni si accompagnava al desiderio di un giro d'affari il piú rapido possibile. Sperava che le stesse navi che erano partite con la sua merce sarebbero potute ritornare col cotone. Pur non potendo aspettarsi un risultato cosí rapido dalla vendita delle stoffe, poteva però fidare in un rapido investimento del contante. Presupponendo che Dolceto sarebbe arrivato ad Acri prima delle galere che portavano il denaro, e che forse al suo arrivo avrebbe trovato prezzi favorevoli, Andrea gli suggerí di acquistare cotone, dilazionando il pagamento all'arrivo delle galere. Per stimolare il suo agente Andrea prometteva di inviare con la prossima flotta in partenza la stessa somma che avrebbe guadagnato al ritorno di quella con cui era salpato Dolceto. Era forse questa la formula usuale per suscitare in un agente la speranza di consegne piú cospicue in avvenire, inducendolo cosí ad acquistare subito.

---

[1] RB, reg. 2, c. 56, e i rinvii ivi indicati. La contabilità di Barbarigo fornisce i nomi delle navi sulle quali caricava, che possono essere identificate negli elenchi del Notatorio di Collegio e nella cronaca di Morosini.

[2] RB, reg. 1, Diario A, il copialettere in fondo, lettera dell'agosto 1431.

[3] *Ibid.*, lettera del 24 agosto 1431, scritta a Dolceto in Istria ma non pervenutagli. Andrea ritornò comunque sul tema nella sua lettera del settembre 1431.

Questi incoraggiamenti di Andrea al suo agente presupponevano un andamento normale della disponibilità di trasporti tra Venezia e la Siria. In situazioni normali si prevedevano due stagioni di navigazione all'anno, una in primavera e una in autunno. Queste stagioni di navigazione si chiamavano a Venezia *mude*, un termine dal significato elastico, riferito ora a una flotta, ora a un periodo di tempo trascorso il quale era proibito per legge alle navi di caricare, ora persino al giro d'affari di una stagione. In Siria l'imbarco di cotone e spezie era limitato a due stagioni, la muda di marzo e quella di settembre, purché gli eventi politici non interrompessero la regolarità dei viaggi[4]. Dolceto si era imbarcato sulle navi della muda del settembre 1431 e Andrea, scrivendo nell'agosto di quell'anno, parlava con grande ottimismo dei carichi che sperava di ricevere da quelle stesse navi poco dopo Natale. Prometteva di inviare merci per un valore corrispondente sulle navi che sarebbero partite da Venezia con la muda successiva, quella del marzo 1432.

Forse l'ottimismo di Andrea era sincero, ed essendo un mercante egli sulle prime considerò l'armamento della marina mercantile come una misura tesa soltanto a permettere alle flotte il trasporto sicuro delle merci e, come di consueto, a incoraggiare l'attività. Ma tra le navi da guerra e i mercantili non esisteva una distinzione stabile e sicura. Le flotte armate erano equipaggiate sí per evitare la cattura, ma anche per attaccare flotte o avamposti nemici. Quando le galere mercantili salparono, il 23 settembre 1431, Andrea si era ormai reso conto che le ostilità, o la prospettiva delle ostilità, avrebbero con ogni probabilità rallentato i viaggi, provocando la cancellazione della muda del marzo 1432. Nel complesso la prospettiva non era del tutto spiacevole. Alberto Dolceto sarebbe rimasto piú a lungo da solo ad Acri, con Alberto Franco come unico possibile concorrente. Poiché Andrea prevedeva che i due Alberti sarebbero giunti a un accordo, era piú fiducioso che mai nella vendita a prezzi alti delle sue stoffe, e nell'acquisto a poco prezzo del suo cotone.

L'incertezza dei viaggi futuri non faceva che aumentare in Andrea l'ansia di ricevere tutto il cotone possibile dalle navi che erano già salpate. Secondo i suoi calcoli quelle sei navi, se come previsto avessero caricato lo zucchero che le aspettava a Cipro, non avrebbero avuto posto per piú di 3000 sacchi di cotone (circa 670 tonnellate). Con la prospettiva di una fornitura tanto ridotta Andrea non vedeva alcuna possibilità di perdite. Se la pace avesse aperto all'improvviso i mercati della Lombardia e di quella parte dell'Europa centrale che appoggiava l'im-

[4] ASV, Ufficiali al Cattaver, busta 1, cap. 1, ff. 68-78; Senato Misti, reg. 57, f. 86.

peratore Sigismondo, si potevano prevedere ampi margini di profitto[5]. Con questa speranza autorizzò Dolceto ad acquistare per suo conto, oltre all'investimento del denaro e del ricavato dalle merci, 500 ducati da pagarsi all'arrivo in Siria delle navi della muda del settembre 1432. Con quella flotta, prometteva, avrebbe inviato il denaro[6].

Di fatto, però, nel 1432 non partí nessuna flotta. Le operazioni militari disorganizzarono i servizi di trasporto in Levante in misura ancora maggiore di quanto Andrea avesse previsto. Nell'autunno 1431 i veneziani ritennero di avere la possibilità di conquistare Scio, un avamposto da loro definito «l'occhio destro dei genovesi»[7]. Di conseguenza le flotte autunnali, e tra queste le navi che portavano la merce di Andrea, scaricarono a Creta e si unirono alla flotta militare d'Oriente. Prevedevano che la presa di Scio si sarebbe svolta senza difficoltà, poiché la flotta nemica principale era già stata sconfitta al largo della Riviera Ligure[8]. Catturarono il porto e i sette mercantili genovesi che lo difendevano, ma i genovesi respinsero gli attacchi contro la città costruendo dietro alle mura barricate di rinforzo con balle di cotone e sacchi di lana fissati da barili di pietre[9]. I comandanti delle galere mercantili e delle cocche veneziane dirottate, col pensiero sempre rivolto al commercio, cominciarono a brontolare per la perdita di tempo prezioso[10]. Dopo che il capitano della fanteria veneziana cadde in combattimento, e l'ammiraglio di piú alto grado fu leggermente ferito, il 18 gennaio 1432 i veneziani tolsero l'assedio. I mercantili ritornarono ai loro viaggi commerciali, con un ritardo di diversi mesi[11].

Le galere viaggiarono rapidamente, e all'inizio d'aprile erano già a Venezia cariche di spezie, sete e stoffa di cotone. Mentre i loro comandanti venivano subito incarcerati per l'atto di indisciplina commesso abbandonando Scio senza l'ordine del Senato, i mercanti gioivano. Chi aveva spedito ad Alessandria riceveva pepe acquistato all'equivalente

---

[5] L'accenno di Andrea al mercato «ungherese» del cotone si riferisce, presumo, alle regioni imperiali della Germania, oltre che dell'Ungheria, poiché le città tedesche erano un mercato importante per il cotone.

[6] RB, reg. 1, Diario A, lettera del settembre 1431.

[7] Cronaca Zancaruola, II, f. 635.

[8] Cronaca Morosini, II, pp. 1294, 1298, 1309, 1321-22; JOHANNES STELLA, Annales Januenses, in Rerum Italicarum scriptores, a cura di L. A. Muratori, vol. XVII, Milano 1730, col. 1306.

[9] Cronaca Zancaruola, II, ff. 634-35; Cronaca Morosini, II, p. 1323; e ibid., pp. 1278-79 sul blocco a Scio di tre cocche genovesi che stavano caricando spezie per le Fiandre al momento in cui seppero della sconfitta della loro flotta principale.

[10] Cronaca Morosini, II, pp. 1321-22, copia di una lettera di Lorenzo Morosini che descrive l'assedio e lamenta una perdita di 5000 ducati a causa del ritardo; era comunque deciso a compiere il proprio dovere, cosa che – sembra sottintendere – non si poteva certo dire per gran parte degli altri capitani di mercantili.

[11] Ibid., pp. 1335-36, 1339, 1342; e Cronaca Zancaruola, II, ff. 634-35; secondo STELLA, Annales Januenses cit., col. 1307, l'assedio durò dall'11 novembre al 17 gennaio.

di 40 ducati per *cargo*, e ora poteva venderlo a 50 [12]. Andrea però aveva spedito ad Acri, dichiarando esplicitamente al suo agente di interessarsi soprattutto al cotone. Di conseguenza Dolceto aveva acquistato, con una parte dei fondi di Andrea, ventisei sacchi di cotone [13]. Si trattava di un carico troppo ingombrante per le galere. Doveva viaggiare per cocca, e quello delle cocche fu un viaggio assai piú lento e sfortunato. Le operazioni di carico furono lunghe, e le navi non partirono dalla Siria prima della primavera.

Nel giugno 1432 i trasportatori di vino cretesi giunsero a Venezia con la notizia che le cocche erano sulla rotta del ritorno con carichi per un valore complessivo di 250 000 o 300 000 ducati, ma contemporaneamente arrivarono rapporti da cui risultava che i genovesi avevano armato una flotta per intercettarle. Il comandante genovese, Piero Spinola, aveva un conto economico personale da saldare. La sua nave, un'enorme cocca di 900 tonnellate, aveva sostenuto l'urto maggiore nel combattimento in cui i veneziani si erano aperti a forza il passaggio verso il porto di Scio. Il fatto che il suo vascello fosse andato a fuoco, con un carico che si riteneva valesse 100 000 ducati, aveva privato i veneziani di quel bottino, ma non era servito a consolare Spinola [14]. Che fosse tanto deciso a saccheggiare qualche nave della flotta veneziana di Siria può ben essere uno degli esempi di casi in cui pirateria e commercio si confondevano. È un esempio di come la linea di demarcazione tra le due cose potesse essere spezzata dalla tensione della guerra. Spinola attaccò Corfú, evitò la flotta veneziana distaccata da Creta per intercettarlo, poi si diresse lui stesso su Creta [15]. Nell'estate 1432 incontrò al largo della Canea la preda che attendeva, quattro navi veneziane separate dal convoglio. Tre dei vascelli veneziani sfuggirono all'inseguimento ma la *Miana*, sulla quale Dolceto aveva caricato metà del cotone di Andrea, si attardò e fu catturato [16]. Sulle tre navi che riuscirono a tornare sane e salve a Venezia quell'estate c'erano soltanto tre sacchi sui quali Andrea potesse avanzare pretese [17]. Il resto del suo carico era sulla *Navaier* e sulla *Alberegna*, due cocche che si erano separate dalle altre per ritornare a Creta quando avevano avuta notizia della perdita della *Miana*.

Mentre attendeva la merce da Acri, Andrea ricevette un piccolo ca-

[12] *Cronaca Morosini*, II, pp. 1348-49.
[13] RB, reg. 2, Mastro A, c. 89.
[14] *Cronaca Morosini*, II, pp. 1376, 1379-81, 1386; *Cronaca Zancaruola*, II, ff. 634, 640.
[15] Venezia, Biblioteca Nazionale Marciana, Mss it., cl. VII, cod. 791, *Cronaca Veniera*, ff. 127-128; *ibid.*, cod. 2034, f. 423; *Cronaca Morosini*, II, p. 1380 elenca le dimensioni delle cocche nella flotta di Spinola.
[16] *Cronaca Morosini*, II, pp. 1440, 1443.
[17] RB, reg. 2, Mastro A, c. 81, registrazione delle spese per i noli e lo sdoganamento.

rico da Costantinopoli. Sebbene nell'estate 1431 avesse concentrato la maggior parte dei fondi a sua disposizione sulle consegne a Dolceto, aveva puntato anche una piccola somma sulle fortune delle galere di Romania. Attraverso lettere di cambio aveva rimesso poche centinaia di ducati a Costantinopoli, dove dovevano essere usati per acquistare filo d'oro; inoltre un agente di Tana gli doveva una piccola somma di denaro [18]. Poiché nel 1431 le galere di Romania navigavano con un certo anticipo rispetto alle flotte di Siria e di Alessandria, non furono dirottate per l'attacco a Scio. Da Costantinopoli proseguirono per Tana, dove due galere furono saccheggiate e affondate dalla locale colonia genovese. Fino alla fine della guerra Andrea non riuscí a riscuotere il denaro che gli era dovuto [19]. Il resto della flotta, comunque, fece un viaggio assai proficuo, e al ritorno portò con sé il filo d'oro ordinato da Andrea. Nel marzo-aprile 1432 Andrea lo spedí in Inghilterra via terra [20].

Le piú importanti tra le nuove operazioni intraprese da Andrea nell'inverno 1431-32 rimasero però all'interno del mercato metropolitano di Venezia. Impegnato ancora nella vendita della stoffa e del peltro ricevuti dall'Inghilterra nel 1431, Andrea decise di investire una parte del ricavato nel commercio del grano. Uno dei suoi collaboratori piú stretti era un mercante a nome Troilo Pacaron, residente a Fermo, nelle Marche. Accettando una sua proposta, Andrea gli scrisse nel febbraio 1432 autorizzando l'acquisto di mille staia di frumento sul proprio conto. Contemporaneamente spediva a Pacaron tre lingotti d'argento, offrendosi di noleggiare qualunque nave Pacaron ritenesse necessaria a inviare il suo frumento o quello di Andrea a Venezia [21]. All'interno dell'Adriatico i trasporti non dipendevano dalle decisioni del Senato.

Sebbene le operazioni di Andrea sui mercati locali non fossero limitate da particolari esigenze di sicurezza, il commercio dei grani poteva essere influenzato da interferenze governative di altro genere. In quell'epoca nessuna città poteva affidarsi, per le forniture alimentari, alla libera azione della legge della domanda e dell'offerta. Era possibile che gli stati o le province confinanti proibissero le esportazioni proprio ncl momento del massimo bisogno per centri di consumo qual era Venezia. Ogni qualvolta sembrava probabile che le fonti di grano piú vicine scarseggiassero, i Commissari del Grano veneziani prendevano provvedi-

[18] RB, reg. 1, Diario A, lettere dell'agosto 1431; e reg. 2, Mastro A, c. 9.

[19] *Cronaca Morosini*, II, pp. 1232-33, 1292, 1299, 1487-88; *Cronaca Zancaruola*, II, f. 634; Venezia, Biblioteca Nazionale Marciana, cod. it., cl. VII, cod. 2034, f. 418.

[20] RB, reg. 2, Mastro A, c. 20. La voce nel mastro indica il nome della galera sulla quale giunse il filo d'oro, ed è fra quelle menzionate in *Cronaca Morosini*, II, pp. 1232-33 nell'elenco di questa flotta.

[21] RB, reg. 1, Diario A, lettere dell'11 e del 27 febbraio 1432.

menti speciali per incoraggiare i mercanti a volgersi verso fornitori piú inusitati e lontani[22]. Scrivendo a Pacaron Andrea accennava ai Commissari del Grano ma soltanto come possibili acquirenti del suo grano, non come importatori concorrenti. Andrea accennava inoltre di aver sentito dire che le importazioni di grano dalla Puglia sarebbero state proibite. Non prevedeva però che queste forme di interferenza del governo potessero avere effetti disturbatori o determinanti sul mercato. I calcoli di Andrea si basavano sul confronto tra i prezzi sui mercati concorrenti, su una valutazione della domanda e sul presupposto che il grano si sarebbe mosso per l'Adriatico sulla base di quei prezzi e per iniziativa di mercanti come lui. Scriveva a Pacaron che la domanda del mercato veneziano non sarebbe stata particolarmente grande perché molti erano partiti con la flotta e perché il commercio con Bergamo e Brescia, località che in genere facevano acquisti consistenti, era stato interrotto dalla guerra in Lombardia. D'altra parte calcolava che le forniture attese dalla Puglia sarebbero costate ai grossisti, alla consegna a Venezia, 3 lire e mezzo a staio. Pacaron scriveva che i prezzi in corso nelle Marche avrebbero permesso consegne a Venezia a sole 3 lire. I calcoli di Andrea richiedevano che il frumento pugliese fosse il fattore marginale dell'offerta, e che determinasse il prezzo a Venezia[23]. Il suo ordine di acquisto si basava sul rapporto secondo il quale le consegne di frumento da Fermo potevano essere effettuate a un prezzo inferiore.

Sebbene Andrea ritenesse valida questa conclusione nel febbraio 1432, due settimane dopo cambiò idea, quando gli giunse notizia dalle Marche che i prezzi erano saliti. A quanto risultava, ora il costo alla consegna a Venezia sarebbe stato di 3¾ lire a staio. È possibile che l'aumento fosse dovuto alla domanda delle città dell'entroterra, visto che Pacaron acquistava anche per spedire a Bologna. Andrea accettò di «contribuire» al costo dell'affare per un valore di 500 ducati, ma l'aumento dei prezzi aveva smorzato il suo interesse per il grano. Ora scriveva chiedendo che i suoi fondi, e il ricavato di altre spedizioni di lingotti d'argento, fossero investiti in un altro prodotto dell'entroterra commerciale di Venezia. Aveva sentito dire che nelle Marche e negli Abruzzi c'era una forte offerta di pellami del tipo chiamato *albertoni* (di capra o di capretto?), e chiedeva a Pacaron di organizzare per suo conto un acquisto di 25 milliaria, se i prezzi erano ragionevoli. Altrimenti,

---

[22] Cfr. ad esempio, MALIPIERO, *Annali* cit., p. 704 (1496); ASV, Notatorio di Collegio, reg. 35, ff. 96-106 (1550). A pratiche simili nel 1420 fa riferimento ASV, Senato Misti, reg. 53 (copia) f. 151.
[23] Ma nell'autunno-inverno 1432 Venezia si rifornì anche in Sicilia. *Cronaca Morosini*, II, pp. 1458, 1460. I prezzi sono espressi in lire di piccoli.

piuttosto che impegnarsi ancora con il grano, preferiva che il suo denaro gli fosse restituito[24].

Andrea voleva le pelli per spedirle nelle Fiandre. Mentre vendeva
stoffe a Venezia, valutava le prospettive del mercato del cotone e calcolava i prezzi del grano nell'Italia centrale, Andrea osservava anche le
condizioni dei mercati occidentali, e soprattutto di Bruges. Quel mercato aveva un ruolo fondamentale nei suoi calcoli perché alla compravendita dei panni inglesi dedicava la sua attenzione personale piú che a qualunque ramo particolare del commercio. I panni inglesi si potevano acquistare in Inghilterra o nelle Fiandre, ma la maggior parte dei pagamenti di Andrea per le stoffe passava per Bruges. Nel 1432 e nel 1433
anche le stoffe passarono per le Fiandre; finché durò la guerra con Genova il Senato respinse tutte le proposte di inviare galere mercantili nelle Fiandre[25]. Nel frattempo gli arrivi di panni inglesi dipendevano dai
servizi di trasporto via terra gestiti dai mercanti tedeschi, che nelle
Fiandre prendevano in consegna merci da consegnare a Venezia.

Da una di queste aziende di trasporto tedesche, quella di Johann
Keller di Memmingen, Andrea ricevette, in piena estate del 1432, venti panni fini di Londra[26]. Erano del tipo piú costoso, adatto al mercato
locale, e alla distribuzione lenta e graduale. Andrea, però, si era impegnato a rifornire Dolceto, e cercava stoffe inglesi del tipo loesti, che trovavano in Siria il mercato migliore. Prima dell'arrivo dei venti panni
fini, Andrea aveva ordinato al suo corrispondente in Ponente un acquisto di loesti. Nell'agosto 1432 gli scrisse ancora, ripetendogli il suo desiderio di stoffe da esportare in Siria e dichiarandosi disposto, purché
le merci si potessero acquistare ai prezzi delle ultime quotazioni, a comperare fino a duecento panni a credito, anche se per il credito avrebbe
dovuto pagare l'8 o il 10 per cento l'anno[27]. Proprio per far fronte a
questo debito (per il quale aveva dato istruzioni ai suoi agenti in Ponente) Andrea stava preparando la spedizione di pelli. I panni fini di
Londra erano stati pagati in parte con rimessa di lettere di cambio, in
parte inviando via terra il filo d'oro importato da Costantinopoli[28]. Sebbene fosse possibile pagare anche le stoffe con lettere di cambio Andrea
aveva evidentemente deciso che la spedizione delle pelli sarebbe stato
un modo piú proficuo di trasferire fondi. Tra il maggio e l'agosto 1432

[24] RB, reg. 1, Diario A, lettera del 13 marzo 1432.
[25] ASV, Senato Misti, reg. 58, f. 65.
[26] RB, reg. 2, Mastro A, cc. 73, 122; H. SIMONSFELD, Der Fondaco dei Tedeschi in Venedig und
die deutsch-venetianischen Handelsbeziehungen, Stuttgart 1887, vol. II, p. 62.
[27] RB, reg. 1, Diario A, lettera del 18 agosto 1432. Copia in un foglio volante inserito nel
Diario.
[28] RB, reg. 2, Mastro A, c. 73.

ne raccolse per un valore di circa 1000 ducati, acquistando a Venezia per integrare quanto aveva ricevuto da Pacaron, e affidò il carico a Johann Keller perché lo consegnasse alla Vittore Cappello e Fratelli, allora sua rappresentante a Bruges[29].

Giunse l'inverno, e nel dicembre 1432 il Senato cominciò a organizzare una nuova flotta di galere destinata a partire presto per il Levante; e ancora Cappello non inviava a Andrea notizie sulle stoffe ordinate. Correva voce di una pace con Milano, e con la pace sarebbero partite per il Levante anche le cocche. La crema del mercato se la sarebbe accaparrata chi fosse riuscito a spedire le sue merci sulle prime navi in partenza. Era un brutto momento per avere denaro bloccato a Bruges, senza la prospettiva di un carico di ritorno. E proprio in questa congiuntura, con i viaggi delle galere di Fiandra sospesi e l'urgente necessità di merci occidentali a Venezia, i trasporti via terra furono interrotti da atti di violenza e intrighi nell'alta valle del Danubio[30].

La rotta via terra da Venezia a Bruges risaliva l'Adige, piegava a nordovest attraverso il Tirolo e sbucava sull'altopiano bavarese a Füssen, sul fiume Lech. Invece di scendere il fiume verso Augusta, le merci destinate in Fiandra puntavano ad ovest, verso Kempten e il fiume Iller. Disceso l'Iller, superata Memmingen, arrivavano ad Ulm, dove la rotta piegava ad ovest, attraverso le foreste del Württemberg, fino al Reno[31]. Nell'autunno, o nella tarda estate, del 1432 sette carri carichi di merci veneziane arrancavano sulla strada tra Kempten e Memmingen, quando furono fermati da Heinrich von der Steffel, castellano imperiale. I suoi sgherri si impossessarono di quattro dei carri e ripiegarono verso il castello. Prima che vi giungessero, però la gente di Memmingen andò in aiuto dei mercanti, riprese i carri e li trascinò in città[32]. Erano riusciti a difendere la sicurezza della pubblica strada, ma Heinrich von der Steffel aveva amici nella grande città di Ulm, a quel tempo favorevole all'imperatore, e riuscì a difendere la sua azione appellandosi all'embargo imperiale contro Venezia. I borghigiani di Ulm riuscirono a imporre che i carri fossero portati in città, li sequestrarono e, per ordine dell'imperatore, li consegnarono al castellano. Venezia minacciò per rappresaglia

[29] *Ibid.*, cc. 65, 85.
[30] RB, reg. 1, Diario A, lettera del 18 dicembre 1432, a Alberto Dolceto, e del 19 febbraio 1433 a Vittore Cappello. Le lettere di Andrea confermano l'interruzione della rotta via terra, ma non ne forniscono il motivo.
[31] SIMONSFELD, *Der Fondaco dei Tedeschi* cit., vol. II, pp. 93, 97; J. MÜLLER, *Das Rodwesen Bayerns und Tirols im Spätmittelalter und zu Beginn der Neuzeit*, in «Vierteljahrschrift für Sozial- und Wirtschaftsgeschichte», III, 1905, pp. 365-70.
[32] SIMONSFELD, *Der Fondaco dei Tedeschi* cit., vol. I, p. 215, doc. 393. Pur appartenendo a nobili e residenti veneziani, le merci erano state affidate a «Girardum de Colonia».

di sequestrare tutte le merci giacenti di proprietà dei mercanti di Ulm [33]. Data la situazione era pericoloso spedire via terra altri carichi di merci veneziane.

4. Il 1433, una schiarita.

All'inizio del 1433 tutti in pratica i rami dell'attività di Andrea erano messi a repentaglio da difficoltà legate piú o meno direttamente alla protezione dei trasporti. Il cotone che già da un anno attendeva da Acri era ancora per mare, e con il precedente della perdita della *Miana* nessun carico si poteva considerare veramente in salvo finché non fosse stato in vista dei forti del Lido. Da Costantinopoli era in arrivo un altro piccolo carico di filo d'oro, su una nuova flotta di galere salpata nel 1432, ma queste galere di Romania si erano attardate per saccheggiare alcune navi genovesi. In quel momento erano bloccate tra le isole dalmate dalla neve e dai venti del Nord [1]. Sebbene le pelli inviate a Bruges fossero arrivate sane e salve, pareva che il carico di stoffe inglesi che Andrea attendeva in cambio fosse bloccato dalla disputa con Ulm.

Ad aggravare le preoccupazioni di Andrea all'inizio del 1433 c'era il piano di nuovi viaggi in Levante, che minacciavano di togliergli tutti i profitti dei fondi ancora fermi ad Acri nelle mani di Dolceto. Il Senato propose la partenza, per gennaio o poco piú tardi, di un'unica flotta di dieci galere di mercato destinate ai territori mamelucchi. Si sarebbe estratta a sorte una galera che puntasse su Acri, mentre le altre proseguivano per Beirut, Alessandria e altri porti [2]. Se questo piano fosse stato approvato, e se come temeva Andrea, non si fosse autorizzata la partenza delle cocche per tutto il 1433, la quantità di cotone esportato da Acri sarebbe stata limitata alle possibilità di carico di un'unica galera. Con un'esportazione tanto ristretta, anche agendo da solo, un mercante poteva conquistarsi il monopolio. Andrea temeva che sarebbe stato il mer-

---

[33] G. M. THOMAS, *Beiträge aus dem Ulmer Archiv zur Geschichte des Handelsverkehrs zwischen Venedig und der deutschen Nation*, K. Bayerische Akademie der Wissenschaften, München, «Sitzungsberichte», vol. I, München 1869, pp. 288-96; SIMONSFELD, *Der Fondaco dei Tedeschi* cit., vol. I, pp. 216-21. La datazione dell'episodio si deduce da quella della prima protesta, dell'8 ottobre 1432. Le minacce di rappresaglie divennero poi piú esplicite, ma già la primissima protesta veneziana vi si riferiva implicitamente parlando della sicurezza di cui godevano a Venezia i mercanti tedeschi. Cfr. NÜBLING, *Reichstadt Ulm* cit., vol. I, pp. 155-60.

[1] *Cronaca Morosini*, II, pp. 1371, 1449, 1459, 1465, 1487. Queste galere, come quelle dell'anno precedente, non riuscirono a portare aiuto ai veneziani di Tana, poiché il fiume si era ghiacciato, impedendo loro di arrivare alla città. *Ibid.*, pp. 1489-90.

[2] RB, reg. 1, Diario A, lettera del 18 dicembre 1432 a Dolceto; ASV, Senato Misti, reg. 58, f. 159.

cante al comando della galera ad appropriarsene, caricando soltanto le proprie merci senza lasciare spazio a quelle di Andrea. Naturalmente il *patron* della galera, pur detenendo il monopolio legale dell'offerta di trasporto, non aveva per legge alcun monopolio sull'uso che ne veniva fatto. Aveva il dovere di caricare tutte le merci offerte fino al completamento del carico. Soltanto acquistando lui stesso un carico completo in associazione con altri, e favorendo illegalmente quelle merci rispetto ad altre nelle operazioni di carico, il patron poteva monopolizzare l'*uso* del trasporto, divenendo cosí l'unico venditore a Venezia del cotone di Acri per quella «stagione». Nonostante ciò Andrea temeva che la cosa potesse accadere. Scrivendo a Dolceto di questo rischio, e del viaggio proposto, Andrea consigliava all'agente di non comperare affatto cotone, o altrimenti di comperarne tanto che il patron della galera, al suo arrivo, si trovasse nell'impossibilità di completare il carico senza la merce controllata da Dolceto [3]. A questo punto Andrea autorizzava Dolceto ad acquistare altri 1000 ducati di cotone a credito, che però erano del tutto insufficienti a consentire all'agente di trattare alla pari con il patron. L'unica speranza che Dolceto riuscisse a dominare il mercato del cotone si basava sul volume delle commissioni affidategli da altri veneziani [4]. Una possibilità alternativa, anch'essa proposta da Andrea, era che il carico fosse ripartito tra gli interessati in proporzione alla quantità di merce acquistata da ciascuno. Per far fronte a questa eventualità consigliava a Dolceto di cominciare subito a dare ai mercanti un'impressione esagerata del cotone da lui acquistato, in modo da riuscire a caricarne di piú [5]. Andrea operava su scala relativamente ridotta, e te-

---

[3] RB, reg. 1, Diario A, lettera del 18 dicembre. «... e credo non acadando altro, e una galia sola vegna, credo s'el patron de quela pora el vora far per lui, anche mal volentiera vora levare filadi per voi. Che seti delli, podeti considerare quanti sachi se truova de fati, siandone fati 250 [?], che gran fato piú non ne pora meter una galea, se ch'el patron non ne posi acatar da altri che da voi. L'acatar gotoni non seria raxonevellmente se veramente non ne fose fati tanti o ch'el patron non ne podese acatar d'altri che a voi o per vostro mezo...» («... se non accadrà qualcosa di nuovo, e arriverà una galera sola, credo che se il suo patron potrà, vorrà curare solo i propri interessi, e sarà poco disposto a caricare tessuti per voi. Voi che siete lí, potrete scoprire quanti sacchi pronti ci sono già, considerando che una galera non ne potrà caricare molto piú che 250, e far in modo che il patron non ne possa prendere da altri che da voi. Caricare cotone non sarebbe ragionevole se il carico non fosse completo, e il patrone non ne potesse ricevere da altri che da voi o per vostro mezzo»).

Degno di nota a proposito di questo monopolio del trasporto è il decreto del Senato del gennaio 1433. Rilevando che alcuni mercanti avevano trasportato il loro cotone dal Levante a Corfú a bordo di navi catalane, il Senato lo proibiva, riservando tutti i trasporti di quel genere alle galere predisposte. ASV, Senato Misti, reg. 38, f. 167.

[4] RB, reg. 1, Diario A, lettera del 18 dicembre. Ai precedenti accenni ad altri mercanti per cui Dolceto fungeva da agente, questa lettera aggiunge un riferimento al cotone «festi a Ser Bernardo Navaier e compagni».

[5] Piú avanti, nella medesima lettera del 18 dicembre. In alcuni punti la lettura è incerta. «Se pensati ch'el debi avanzar gotoni a rata, a bon ore date a intender Alberto Francho e ad altri marchedanti foste li, e chusi a queli vegnise per le galie, che aveti insachato atanto piú sachi de quelo avereti, e questo perché fazendose la rata tanto piú ne pore cargar» («Se pensate che il vostro cotone non basti a soddisfare la quota, date subito ad intendere ad Alberto Franco e agli altri mercanti che

meva sempre di rimanere schiacciato tra gli operatori piú grandi di lui, ma riuscí ad elaborare diversi modi per trarre profitto dalla stretta che poteva risultare dal viaggio protetto progettato dal Senato. Inviava le sue istruzioni a Dolceto sulle galere dei pellegrini, o su navi dirette a Creta, Rodi o altri porti di scalo, sperando che gli fossero poi inoltrate.

Quanto al cotone, ancora sulla via del ritorno con le cocche, e al filo d'oro sulle galere di Romania, Andrea non poteva che attendere e pregare. Sulla probabile limitazione dei trasporti da Acri poteva soltanto inviare a Dolceto informazioni e consigli dettagliati. Non gli era altrettanto impossibile, invece, per rimedio al blocco della rotta via terra verso le Fiandre. In linea generale il modo di risolvere la difficoltà era abbastanza ovvio. Occorreva organizzare il trasporto della stoffa attraverso la Germania affidandola a un tedesco che avrebbe garantito a chiunque lo chiedesse che le merci erano di sua proprietà. Cosí facendo la mercanzia non sarebbe stata esposta ai pericoli che minacciavano tutto ciò che si sapeva appartenere a veneziani.

Passato gennaio senza aver ricevuto notizie dai fratelli Cappello, i suoi agenti in Occidente, Andrea intraprese lui stesso i passi necessari. Al tedesco incaricato del sotterfugio occorreva attribuire titolo legale sulla mercanzia per tutta la durata del viaggio. Era dunque essenziale trovare una persona fidata, e al di là di ogni apparente affidabilità, era meglio impegnarla in modo tale che non potesse approfittare del titolo legale, scomparendo con la mercanzia. Andrea giunse a un accordo con un borghese di Monaco, Lorenz Schrench. Perché i suoi agenti di Bruges lo potessero riconoscere, Andrea lo descrisse con dovizia di particolari: un uomo grasso sui quarant'anni, con la barba fitta e larga, quasi nera in basso e biondastra alla radice. Questi avrebbe portato con sé un'obbligazione compilata da Andrea, valida però soltanto se consegnata ai fratelli Cappello. In base a questa obbligazione Lorenzo Schrench si impegnava a pagare ad Andrea Barbarigo 2000 ducati entro la prossima partenza delle galere di Romania, cioè nel corso dell'autunno successivo. Il piano, come scriveva Andrea in un'altra lettera sigillata, prevedeva che i fratelli Cappello stendessero un contratto di vendita che trasferiva a Schrench i diritti sulla stoffa. In cambio dovevano ricevere da lui una ricevuta, e una promessa di pagamento con la sua firma, o quantomeno trattenere l'obbligazione formulata da Andrea e da lui consegnata a Schrench. «E tuto vuol esser secreto, per che siando la cosa palexe el dito Lorenzo ne poria aver impazo».

fossero lí, e anche a quelli che arrivassero con le galere, che avete imballato tanti piú sacchi di quelli che avete in realtà, e questo perché al momento di stabilire le quote ne potrete caricare tanto di piú»). La lettera consiglia poi di preparare le balle di cotone piú grandi possibili.

Per indurre Schrench ad accettare, Andrea si impegnò ad affidargli venti carichi di mercanzia e a pagare una penale per ogni carico che non fosse riuscito a fornire. Si accordò poi con un altro nobile mercante veneziano, Marin Zustignan, e quest'ultimo scrisse al suo agente a Bruges, Giorgio Corner, autorizzandolo ad affidare merci a Schrench. Se questo non fosse bastato, si chiedeva ai fratelli Cappello di fare il possibile per fornire i venti carichi. A parte la merce pattuita, comunque, meno carichi passavano, piú Andrea sarebbe stato contento. Schrench portava con sé 2000 ducati che desiderava investire in proprio a Bruges. Pur avendogli promesso l'aiuto e la consulenza dei fratelli Cappello, Andrea scriveva loro: «parèndovi de darghe quel favor et conseio vi par non possa nuoxer a fati nostra, acatando di compagnia non acatando di compagnia. Quanto men pani verà, tanto sarà meio»[6].

Andrea non desiderava dare ai suoi concorrenti piú aiuto del necessario. Se fosse riuscito a far arrivare le sue merci, le difficoltà che altri potevano incontrare sulla rotta via terra potevano risolversi tutte a suo vantaggio. Innanzitutto gli avrebbero permesso di vendere meglio le sue pelli, gli albertoni. Quell'investimento cominciava a preoccuparlo. Le aveva pagate da 31 a 55 ducati per milliarium[7], e ora si sentiva dire che in Puglia i pellami della stagione successiva sarebbero andati sul mercato a 27 ducati. Andrea incitava i suoi agenti a scaricare tutto alla fiera di Bruges, se possibile, ma contemporaneamente li invitava a contare su un buon prezzo, scrivendo che i pellami di Puglia erano merce scadente e che la pericolosità della rotta via terra avrebbe ostacolato le spedizioni a Bruges dei concorrenti.

Le difficoltà che altri incontravano nel trasporto via terra avrebbero favorito Andrea anche perché i prezzi della stoffa sarebbero stati bassi a Bruges e alti a Venezia. Cosí egli spiegava nei dettagli ai fratelli Capello le sue valutazioni sui prezzi a Venezia: «siando meso ancora pani 2000 lovesti oltra quel che qui sono per fina a la fin de zugno, lovesti rezerà a contadi da duc. 5½ in 6, e plui s'acosterà a sie ch'a 5½. Vignandone men, tanto varà plui, e vignandone plui, tanto varà men. Staria anche se 'l segni la paxe, che meno valeria, e a che prexio sarano acatadi, et in man de chi sarano. Dicho navegar dover in Romania a tempi uxadi, come credo se farà»[8].

---

[6] «se vi parrà opportuno, di dargli l'aiuto e il consiglio che vi sembrerà non possa nuocere ai nostri affari, comperando in società, o meno. Quanto meno panni arriveranno, tanto meglio sarà». RB, reg. 1, Diario A, lettere del 19 febbraio 1433 a Vittore Cappello e Fratelli, Bruges.
[7] RB, reg. 2, Mastro A, c. 65.
[8] «se si spediscono (a Venezia) 2000 panni lovesti oltre a quelli che già ci sono, entro la fine di giugno, i lovesti spunteranno da 5½ a 6 ducati [la dozzina] al prezzo in contanti, ed è piú proba-

Se la guerra continuava a tener bassi i prezzi limitando le possibilità di esportazione verso l'Oriente, una breve interruzione del consueto traffico attraverso la Germania sarebbe stata di grande aiuto, purché naturalmente le stoffe di Andrea fossero arrivate sane e salve.

Tutte le restrizioni politiche che ostacolavano il commercio di Andrea rappresentavano difficoltà, ma anche opportunità vantaggiose. Aveva avuto sfortuna perdendo le merci imbarcate sulla *Balba* e sulla *Miana*, ma ora, nell'inverno e nella primavera 1433, la sorte cominciava a sorridergli. Il cotone da tanto atteso, quattordici dei ventisei sacchi spediti da Dolceto quasi un anno prima, arrivò nel gennaio 1433. La guerra tra Venezia e Genova aveva ridotto l'offerta al punto che il cotone si vendeva a più di 8 ducati al *centenario*. I prezzi sarebbero precipitati il 26 aprile 1433, quando a Venezia fu annunciata una pace che avrebbe riaperto il commercio oltremare, ma Andrea aveva venduto in marzo, quando il mercato era all'apogeo[9]. Anche tenendo conto della perdita di dodici sacchi su ventisei, il cotone gli rese un buon profitto[10]. I fratelli Cappello ricavarono un profitto altrettanto soddisfacente dalla vendita degli albertoni, in parte a Bruges e in parte a Londra[11]. La seconda partita di filo d'oro da Costantinopoli giunse a Venezia in febbraio, e fu fatta proseguire verso l'Inghilterra per contribuire al pagamento delle stoffe[12]. Infine, fatto ancor più importante, le stoffe ordinate dall'Occidente arrivarono in giugno, prima della partenza delle flotte per il Levante. Ora che si era conclusa la pace, il prezzo a Venezia di queste stoffe era di 7 ducati la dozzina e Andrea poteva scegliere tra vendere con

---

bile che siano intorno ai 5½. Se ne arrivano meno, varranno di più, e se ne arrivano di più, varranno di meno. Dipende anche dal fatto che si firmi o meno la pace, che diminuirà il valore, dal prezzo d'acquisto e dalla persona che li avrà in mano. Penso che le navi partiranno per la Romania al tempo consueto, e ritengo che così sarà». RB, reg. 1, Diario A, la lettera più lunga del 19 febbraio 1433.

[9] Secondo la *Cronaca Morosini*, II, pp. 1517, 1522, la notizia della pace giunse a Venezia il 26 aprile.

[10] Conto cotone in RB, reg. 2, Mastro A, c. 81. Sulle navi sfuggite al momento della cattura della *Miana* erano giunti due sacchi. I due sacchi vennero sdoganati nel novembre 1432. Altri quattordici sacchi giunsero il 22 gennaio 1433, dodici sulla *Navaier* e due sull'*Alberegna*. Quelli dell'*Alberegna* vi erano stati fortunatamente trasferiti dalla *Miana*, sostiene il conto, ed è presumibile che lo stesso fosse accaduto per i due sacchi arrivati in precedenza. Poiché i noli di tutte le navi erano raccolti in un fondo comune, questi trasferimenti non sorprendono affatto. Il cotone venne venduto tra febbraio e marzo, un sacco a Johann Fugger per 8¼ ducati a centenario, un altro a Lorenz Schrench per 8¼, dodici sacchi a Rigo Arze d'Alemagne a 8¾, un altro al medesimo per 8. L'altro sacco venne rilevato dal proprietario dei magazzini dove si era conservato il cotone, in parte come pagamento per sei mesi d'affitto dei locali, in parte per contanti. Sul conto cotone risultava dunque un profitto anche dopo avervi addebitati il costo dei ventisei sacchi spediti da Dolceto, e diverse altre spese.

[11] Contro «Albertoni», RB, reg. 2, Mastro A, c. 85, venne chiuso accreditandolo, e addebitando il «viaggio di Bruges» per il bilancio. Questo bilancio, L. 98, s. 18, p. 20 (*di grossi*) era quanto Andrea doveva ancora realizzare dagli albertoni per poter chiudere in pari. In realtà l'incasso netto sulla vendita degli albertoni, come risulta dai conti «viaggio di Bruges» (RB, reg. 2, c. 15), fu di lire 109, soldi 7, denari 0, piccoli 16.

[12] *Cronaca Morosini*, II, pp. 1488-90; RB, reg. 2, Mastro A, c. 86.

un buon margine di profitto a quel prezzo, come in parte fece, o spedire la merce verso oriente, alla ricerca di guadagni ancora maggiori [13].

La conclusione della pace nell'aprile 1433 fugò anche tutti i timori di Andrea di essere estromesso dal commercio del cotone. Data l'incertezza della situazione, le galere messe all'incanto in dicembre, e che a quell'epoca detenevano il monopolio del trasporto verso l'Oriente mamelucco, avevano piú volte rinviata la partenza, e al momento della pace, nell'aprile 1433, erano ancora a Venezia. Immediatamente il Senato riformulò il piano dei viaggi per quell'anno, ritornando alla consueta procedura dei tempi di pace; si inviarono flotte separate di galere verso la Siria, l'Egitto, la Romania e le Fiandre. Inoltre, e questa era la cosa piú importante per il commercio del cotone, sei cocche si apprestavano a fare il viaggio di Siria per caricare cotone, non ai 10 ducati richiesti durante la guerra, bensí a 6 ducati per milliarium [14]. La garanzia di un volume di trasporto tanto cospicuo dissipò in Andrea ogni timore sulla possibilità che qualcun altro monopolizzasse il settore a suo svantaggio.

Anzi, la scomparsa di ogni difficoltà politica minacciava ora di attirare verso il commercio in Levante una quantità tale di capitali da escludere ogni possibilità di profitto. Le galere che salparono in luglio verso Beirut e Alessandria portavano 150 mercanti e 460 000 ducati in contanti. Aggiungendo a questi le mercanzie del carico e il contante destinato a Creta ed altri porti di scalo, un contemporaneo calcolò che il valore totale delle esportazioni a bordo di queste galere, senza contare le altre mercanzie, l'olio, la frutta e il miele imbarcati sulle cocche, ammontava a 1 000 000 di ducati. Per uno spettatore esterno era questa una spettacolare dimostrazione della ricchezza di Venezia e della sua capacità di sopravvivere col capitale intatto a una guerra difficile [15]. Per Andrea Barbarigo, invece, il flusso di capitali verso Oriente era un preavviso della possibilità che i prezzi del cotone aumentassero ad Acri e diminuissero a Venezia. «Io credo ch'el vignerà dinari asa per queste gallie e nave, e sarà asa ordene de gotoni, e tegno che boni gotoni d'Acre non sostignerà duc. 6 ma piú tosto men». Di conseguenza, scrivendo a Dolceto nel giugno 1433, Andrea suggeriva che sarebbe stato piú prudente attendere la muda successiva, acquistando il cotone quando fosse

---

[13] RB, reg. 2, Mastro A, cc. 80, 92, 97, 101, 109.
[14] *Cronaca Morosini*, II, pp. 1457, 1477, 1496, 1517, 1522, 1529, 1541; ASV, Senato Misti, reg. 58, ff. 169, 172, 189, 190, 197, e per le sei navi prescelte, Notatorio di Collegio, reg. 8, f. 121, 26 luglio 1433.
[15] *Cronaca Morosini*, II, p. 1541. Dichiara esplicitamente che i suoi calcoli sul totale dei contanti esportati si basano sui registri doganali. Si prevedeva un ritorno di spezie tanto cospicuo che in giugno il Senato votò l'incanto di un'altra galera che doveva partire piú tardi per tentare di raggiungere le altre. *Ibid.*, pp. 1533-34; ASV, Senato Misti, reg. 58, ff. 213-14.

finita la corsa [16]. In agosto aveva già cambiato idea, e chiedeva che il cotone fosse acquistato e spedito immediatamente, poiché sembrava probabile che l'anno successivo i prezzi del cotone a Venezia sarebbero stati ancora piú bassi [17]. E infatti Andrea vendette in lieve perdita le successive partite che gli giunsero da Dolceto. Gli unici grossi profitti dell'impresa di Acri gli vennero dalla prima partita di cotone e dalla vendita delle stoffe e di altri generi esportati, e cioè da quelle operazioni in cui Andrea aveva tratto vantaggio dalle restrizioni imposte alla concorrenza dalle difficoltà politiche [18].

5. Monopolio contro libertà.

Nel corso dell'estate 1433 l'attività di Andrea Barbarigo divenne relativamente piú complessa, mentre le difficoltà politiche erano relativamente meno gravi. Sulle navi che salpavano per i viaggi finalmente aperti dalla conclusione della pace, Andrea spedí consegne a molti dei suoi agenti. Quanto abbiamo sinora raccontato sulle sue operazioni internazionali dovrebbe essere sufficiente, comunque, a fornire un'immagine complessiva dei suoi affari e a spiegare in quale modo le fortune di un singolo mercante veneziano fossero legate alla situazione politica entro la quale egli operava. Certo, quegli anni particolari furono insoliti, in quanto coincisero con una grande guerra tra Venezia e Genova, ma nel secolo XV il contrasto tra guerra e pace non era netto quanto lo sarebbe stato agli inizi del XX. La violenza, in qualsiasi forma, era tanto usuale che i provvedimenti per la protezione del naviglio mercantile erano improntati piú alla guerra che non alla pace. I regolamenti per il tempo di pace non erano che modificazioni di quelli per la guerra, e i viaggi delle galere di mercato erano sempre determinati dal voto del Senato. I mercanti dovevano sempre tener conto dell'eventualità che all'improvviso si imponessero restrizioni particolari anche sugli altri settori della marina mercantile.

Se fosse stato possibile garantire in modo regolare la protezione dell'intera area interessata al commercio veneziano, è probabile che l'attività economica sarebbe stata lasciata interamente all'iniziativa individuale. Lo Stato si sarebbe limitato a decidere le questioni relative al pat-

---

[16] «Credo che con queste galere e navi arriverà molto denaro, e ci saranno grosse ordinazioni di cotone, e a mio avviso ad Acri il cotone di qualità non terrà i sei ducati, ma semmai di meno». RB, reg. 1, Diario A, lettera di Dolceto, 30 giugno 1433.

[17] *Ibid.*, lettere dell'agosto 1433 a Lorenzo Soranzo e Dolceto.

[18] RB, reg. 2, Mastro A, cc. 56, 97, 89, 137, e riferimenti interni al Mastro.

tugliamento della zona. Le decisioni sui movimenti di merci piú oppor-
tuni sarebbero rimaste alla discrezione dei mercanti privati. Fatta eccezione per l'Adriatico e alcune parti dello Ionio, però, il controllo sui
mari nei quali i veneziani commerciavano nel secolo xv non era tale da
consentire una attribuzione netta delle funzioni protettive allo Stato e
di quelle economiche ai singoli individui. Nei mari piú lontani la protezione poteva essere fornita soltanto su rotte particolari in momenti particolari, e di conseguenza l'azione collettiva necessaria alla protezione
circoscriveva l'iniziativa individuale. Ciò non significa che al singolo
veneziano fosse impedito di fare a modo proprio, impegnandosi in qualche nuova impresa che non fosse proibita o regolamentata dall'azione
del Senato. Sono esempi di questo tipo di iniziativa privata un viaggio a
Delhi, in India, nel 1338 [1], e le attività in Nord Africa e a Napoli delle
galere di mercato private di Girolamo Morosini nel 1437-38. Quando
però un settore del commercio diveniva tanto importante da rivestire
interesse generale, era assai probabile che il Senato ne assumesse la direzione per garantire la sicurezza di tutti i veneziani che potessero esservi coinvolti.

In concomitanza con la protezione del commercio marittimo, il Senato si assunse il compito di regolare, tenendo conto delle condizioni dei
mercati, il costo e il volume dello spazio di trasporto disponibile in diversi viaggi. In pratica la regolamentazione senatoria del trasporto non
si limitava a fornire una struttura politica entro la quale l'uomo d'affari
poteva sperare di operare in pace. Il Senato determinava anche certe
questioni economiche che in condizioni di concorrenza piú libera avrebbero potuto essere decise dagli effetti dell'iniziativa individuale e dal-
l'azione del mercato. L'iniziativa economica individuale era delimitata
entro una sfera definita dalle deliberazioni del Senato.

La sfera cosí circoscritta, però, conteneva una grande varietà di operazioni mercantili possibili, e dunque lasciava al singolo mercante un'ampia gamma di scelte. Andrea Barbarigo e i mercanti suoi colleghi basavano queste scelte sul calcolo dei prezzi prevedibili per le diverse merci
nei diversi mercati. Poiché i prezzi erano in larga misura determinati
dal volume delle merci che si sarebbero spostate da un mercato all'altro,
e poiché questo movimento dipendeva dalle possibilità di trasporto,
Andrea guardava con attenzione alle decisioni del Senato, sia quelle già
prese che quelle ritenute probabili per il futuro. Come altre circostanze
che agivano sulla domanda e sull'offerta, i provvedimenti del Senato, sia

---

[1] R. S. LOPEZ, *European Merchants in the Medieval Indies: The Evidence of Commercial Docu-
ments*, in «The Journal of Economic History», III, 1943, pp. 174-80.

quelli passati che quelli in prospettiva, erano tra i fattori decisivi esaminati dal mercante al momento di prendere le sue decisioni individuali. La regolamentazione del Senato condizionava l'iniziativa privata, ma non si sostituiva ad essa.

Nella progettazione delle sue operazioni Andrea accoglieva con gioia o con timore i decreti del Senato, secondo che gli sembrassero favorevoli o contrari all'aumento dei suoi profitti. In quale modo Andrea Barbarigo e gli altri mercanti di Venezia potessero guadagnare profitti è questione che presenta molti aspetti diversi. Uno di questi, in particolare, è stato messo in luce dalla storia che abbiamo raccontato: le opportunità di profitto mercantile erano create dalle restrizioni spasmodiche imposte al commercio. Ad esempio, Andrea contava che l'interruzione dei trasporti tra Venezia e le Fiandre diminuisse la domanda di stoffe a Bruges, riducendone cosí il prezzo, mentre a Venezia diminuiva l'offerta e aumentava il prezzo. Per due volte, nel commercio del cotone, Andrea osservò che le restrizioni sugli scambi e i trasporti avrebbero permesso a qualcuno di trarre grande profitto da un monopolio, o da un oligopolio ristretto. Nel primo caso sperava di poter approfittare di un'alleanza tra gli unici due agenti commissionari sul posto, Alberto Dolceto e Alberto Franco. Nell'altro temeva la costituzione di un monopolio, dal quale lui sarebbe stato estromesso, ad opera di un mercante rivale in veste di patron di galera. La stessa attenzione che Andrea prestava nell'evitare di farsi danneggiare dai monopoli altrui la dedicava anche alla ricerca di opportunità per entrare a far parte di monopoli che potevano offrirgli profitti.

A prima vista queste occasioni di trarre profitto dai monopoli sembrerebbero il risultato delle decisioni prese dal Senato in merito ai trasporti. Concluderne che il sistema di navigazione veneziano conducesse al monopolio, però, significherebbe porre l'accento sul problema sbagliato. Da un esame piú attento risulta che la possibilità del monopolio nasceva da condizioni inerenti al pericolo della guerra, e che le decisioni del Senato non facevano che prendere atto di tali condizioni.

La tendenza al monopolio è implicita nello sforzo dei mercanti per conquistarsi la posizione contrattuale piú forte. In genere è ostacolata dal numero dei mercanti concorrenti e dalle loro dispute sul controllo del monopolio e sulla distribuzione dei profitti. E tuttavia i monopoli sono comparsi piuttosto spesso nei settori del commercio che si trovavano ad affrontare ostacoli politici o erano esposti ad attacchi militari. Ciò accade in parte per la contemporanea restrizione del volume delle merci e del numero dei commercianti che ne consegue, in parte perché il commercio in quelle condizioni richiede un'azione comune per garantire la particolare protezione necessaria, ed è probabile che l'azione comune si estenda fino a costituire un monopolio del mercato. Il costo della protezione ha sulla concorrenza il medesimo effetto del costo dell'attrezzatura.

Se il Senato non avesse esercitato un controllo tanto stretto sulle galere di mercato è probabile che i loro viaggi sarebbero stati controllati da monopoli privati forse in una rapida successione di monopoli effimeri. Alcuni dei viaggi che piú avanti divennero linee di Stato erano stati iniziati da gruppi di mercanti che agivano di propria iniziativa. Ad esempio, uno dei primi viaggi trecenteschi verso l'Inghilterra viene cosí descritto da un cronista: «Nel 1439. Furono fatte ne' Magazeni di Terranuova tre galere grosse pe' particolari... colle quali andarono in Fiandra, e tornarono in mesi otto e giorni sette, e guadagnarono assai. Onde fu preso che non si potesse piú far galere grosse pe' particolari, e fu preso di farle per conto della Signoria. E fattene tre, messe al viaggio di Fiandra... fecero il viaggio in mesi dieci e giorni ventitré»[2]. In questa descrizione è implicito un qualche tipo di accordo privato tra i patroni delle galere e i loro finanziatori. Per le normative del Senato vigenti nei secoli XV e XVI coloro che noleggiavano le galere costituivano associazioni per la compravendita degli acquisti comuni. In un senso molto rudimentale si trattava di società anonime[3]. Con un po' di incoraggiamento da parte dello Stato queste associazioni private si sarebbero probabilmente trasformate in società anonime vere e proprie, traendo profitto dai monopoli. Anche se i mercanti interessati non avevano costituito un capitale sociale di carattere relativamente permanente, anche se si erano attenuti al modello delle compagnie regolate, purtuttavia se lo Stato avesse concesso loro i poteri necessari a intraprendere un'azione comune per la protezione e il trasporto, sarebbe stato piú facile organizzare anche l'azione comune tesa a monopolizzare il mercato, o comunque a limitare la concorrenza. Nei secoli XV e XVI, quando sia l'opinione che la legge erano contrarie al monopolio, qualche mercante in effetti tentò di monopolizzare le merci conquistando il controllo sulle galere di una stagione. Un esempio piú significativo che non la piccola stretta temu-

---

[2] MARINO SANUDO, *Vitae Ducum Venetorum* (o *Vite de' Duchi di Venezia*), *Rerum Italicarum scriptores*, a cura di L. A. Muratori, vol. XXII, Milano 1733, col. 618. Di chi fosse l'iniziativa dei primi viaggi veneziani verso le Fiandre risulta poco chiaro. Le fonti sono scarse, e due autori moderni piú autorevoli non concordano sui dettagli: A. SCHAUBE, *Die Anfänge der venetianischen Galeeren-fahrten nach der Nordsee*, in «Historische Zeitschrift», serie III, vol. V, 1908, pp. 28-29; e CESSI, *Le relazioni commerciali* cit., pp. 14-17. Nel suo esame della ricostituzione dei viaggi delle galere sotto il controllo statale, Cessi, *ibid.*, pp. 71-96, non tiene conto del passo citato dalle *Vite de' Duchi* di Sanudo. Di fatto, anzi, non fa alcun uso delle cronache. Per quanto sia probabile un errore di datazione, il resoconto di Sanudo è tanto circostanziato – comprende anche, dove ho inserito i punti di sospensione, i nomi di tutti i patroni delle galere – che ritengo abbia un fondamento reale.

[3] Cfr. III, 1.

ta da Andrea ad Acri è dato da un tentativo cinquecentesco di accaparrare la lana inglese attraverso il controllo delle galere di Fiandra[4]. Nonostante le regolazioni del Senato i mercanti continuavano ad essere attratti dalla possibilità di monopolio inerenti alla limitatezza dei trasporti.

Per parecchi decenni prima della nascita di Andrea Barbarigo l'opposizione ai monopoli era stata tra le componenti piú vivaci della politica veneziana. Il secolo XIV vide a Venezia una lunga contesa tra la politica restrizionista e la tendenza opposta, che voleva il commercio piú intenso e piú libero[5]. Naturalmente i veneziani erano piú che disposti a costituire combinazioni monopolistiche per negoziare con i non veneziani, e talvolta giunsero al punto di rendere l'appartenenza a tali cartelli obbligatoria per legge[6]. Ma i cartelli costituiti da alcuni nobili veneziani a scapito di altri suscitavano opposizione. I nobili potenti e ambiziosi che tentavano di guadagnare profitti monopolistici assicurandosi concessioni preferenziali da governanti stranieri venivano accusati di agire contro gli interessi comuni[7]. I termini della contesa non sono chiari, ma il risultato complessivo è evidente: gli indirizzi restrizionisti, favorevoli al monopolio, furono alla fine sconfitti in Senato[8]. La vittoria del partito «liberale» nel corso del secolo precedente creò il sistema di navigazione entro il quale operò Andrea. Nel rispetto di questa tendenza il controllo governativo fu esteso in modo tale che le galere di mercato divennero vettori comuni, e nei limiti del possibile si impedí ai mercanti di utilizzare il controllo sulla navigazione come mezzo per monopolizzare il commercio di merci particolari. In questa misura nella sensibilità di classe della nobiltà veneziana prevalse la tradizione dell'egualitarismo corporativo.

Quale fosse, se pure ci fu, la filosofia economica sottesa all'opposi-

[4] Gran Bretagna, Public Record Office, *Calendar of State Papers, Venetian*, vol. IV, pp. 414-16.
[5] Roberto Cessi sottolineò questo conflitto tra partiti, da lui definiti protezionista e liberale, in *L'«Officium de Navigantibus»* cit., pp. 106-46. Sebbene i «protezionisti» pretendessero di voler escludere i capitali stranieri, Cessi dimostra che in realtà tentavano anche di eliminare i piccoli capitalisti (*ibid.*, p. 125). Successivamente mise in rapporto gli stessi partiti con la politica finanziaria e la creazione della linea marittima per Bruges (CESSI, *La regolazione delle entrate e delle spese*, in *Documenti finanziari della Repubblica di Venezia*, serie I, vol. I, parte I, Padova 1925). La questione non viene portata oltre il 1381, e la sua spiegazione del conflitto è per molti versi insoddisfacente.
[6] G. LUZZATTO, *Sindacati e cartelli nel commercio veneziano nei secoli XIII e XIV*, in «Rivista di storia economica», I, 1936, pp. 62-66.
[7] *Ibid.* L'esempio piú chiarificatore fra quelli forniti è l'opposizione al monopolio di Federico e Fantino Conner nel commercio con Cipro, 1355-74.
[8] CESSI, *L'«Officium de Navigantibus»* cit., pp. 130-33. In CESSI, *La regolazione* cit., pp. CCXXXII-CCXXXVIII, CCXLVI-CCLVIII, le note sono piene di accenni al fatto che le materie di conflitto tra i due partiti comprendevano anche i viaggi delle galere e i monopoli.

zione contro i monopoli privati non è chiaro; resta comunque il fatto
che all'epoca la pratica governativa veneziana era tutt'altro che impron-
tata al tradizionalismo puro e semplice. La politica adottata può ben
essere stata il frutto di calcoli razionali – in parte calcoli patriottici sulla
ricchezza della città, in parte calcoli degli interessi economici rappre-
sentati in Senato. All'interno della nobiltà veneziana c'erano molti operatori su scala ridotta. Oltre ai nobili mercanti in ascesa come Andrea
Barbarigo, vi furono in ogni epoca nobili come suo figlio Nicolò Barbarigo che investivano nel commercio soltanto una parte del loro capitale, e pur essendo uomini piuttosto ricchi in fatto di terreni o titoli
in quanto commercianti operavano soltanto su scala ridotta. Essi avevano ancor piú interesse che non Andrea alla soppressione dei monopoli, e a garantire che le galere funzionassero veramente come vettori comuni. Andrea Barbarigo era stato abbastanza accorto da inserirsi in alcuni, almeno, dei monopoli. Un commerciante saltuario come suo figlio
era quasi sicuro di rimanerne sempre tagliato fuori, e dunque non poteva non odiarli.

È assai probabile che il desiderio della libertà di commercio trovasse
sostenitori anche tra i nobili di un terzo tipo, diffuso quantomeno nel
secolo XIV, quando si affermò il sistema di navigazione fondato sulla galera grossa. Molti nobili effettuavano i loro investimenti nel commercio
attraverso prestiti su interesse, e non si impegnavano di persona nella
gestione dell'impresa commerciale [9]... Come chi possedeva esclusivamente immobili o titoli, questi nobili prestatori non avevano alcun interesse
commerciale particolare da difendere quando eleggevano i membri del
Senato, o quando, senatori loro stessi, votavano a favore o contro le regolazioni che governavano i viaggi. È possibilissimo che i loro voti esprimessero la concezione generale del benessere di Venezia, che ebbe formulazione ufficiale nel 1363, nella seguente dichiarazione. È tratta dalla
premessa a una delle leggi che allargavano la libertà di commercio a tutti
i cittadini e i nobili di Venezia: «Quia nihil est quod statum civitatis
nostre magis posit multiplicare et augere quam dare omnem largitatem
et causam per quam mercationes conducantur et fiant potius hic quam
alibi, quia istud cadit ad utilitatem comunis et specialium persona-
rum» [10].

---

[9] LUZZATTO, *La commenda* cit., pp, 143-59.
[10] «Poiché non vi è nulla che possa moltiplicare e accrescere la ricchezza della nostra città piú
l'agevolare e stimolare la conduzione della mercatura, che si facciano qui piuttosto che altrove,
poiché questo andrà a vantaggio del comune e delle private persone». CESSI, *L'«Officium de Navigantibus»* cit., p. 130.

Chi propugnava la politica piú liberale sosteneva le sue argomentazioni auspicando sia entrate doganali piú cospicue che una prosperità piú diffusa tra i nobili. E inoltre, a lungo andare, è possibile che i nobili mercanti piú ricchi, quelli veramente in grado di estorcere qualche effimero vantaggio da un monopolio, abbiano scoperto che la flessibilità e la diversificazione erano basi migliori per la loro stessa prosperità.

La politica commerciale della Repubblica di Venezia rifletteva gli stessi interessi e lo stesso spirito che si esprimevano nel suo governo. L'assenza di concentrazioni di molti poteri nelle mani di un individuo solo è uno degli aspetti piú cospicui dell'organizzazione politica veneziana. La possibilità di rivestire una carica era condivisa da un gran numero di nobili. Quando si attribuivano grandi poteri a un piccolo comitato, come nel caso del Consiglio dei Dieci, si trattava di un comitato i cui membri cambiavano continuamente. L'oligarchia di nobili mercanti che governava Venezia lo faceva per mezzo di istituzioni ostili al potere personale e alla specializzazione burocratica. Allo stesso modo anche le istituzioni commerciali erano ostili al potere personale troppo esteso e alle burocrazie aziendali, per quanto rozze potessero essere. Se i viaggi piú lunghi e la loro protezione fossero stati lasciati all'iniziativa di mercanti, liberi di organizzare a tale scopo qualunque forma di società desiderassero, si sarebbe sviluppata forse qualche forma di organizzazione commerciale «piú avanzata», quale la società per azioni privilegiata o a responsabilità limitata. I pochi mercanti che avrebbero controllato queste società avrebbero avuto a disposizione una gamma di scelte piú ampia. In questo senso l'iniziativa privata sarebbe stata piú libera, ma i pochi nobili mercanti che controllassero queste società avrebbero potuto a loro volta limitare le possibilità di altri mercanti nella scelta di quello che potevano acquistare, trasportare o vendere. Una minore interferenza da parte del Senato avrebbe portato alla limitazione della libertà per molti individui. La Repubblica di Venezia creò istituzioni commerciali il cui scopo era di consentire il commercio al massimo numero possibile di nobili, ciascuno per proprio conto, su mercati stranieri estesi e disparati.

IV.

1. *Compagnie, imprese a partecipazione congiunta e agenzie.*

Oggigiorno quando un uomo d'affari parla di libertà d'iniziativa si riferisce a una serie di prospere aziende in concorrenza l'una con l'altra. Chiunque riesca a inventare il modo per fare le cose meglio o con maggiore profitto dovrebbe poter utilizzare la sua idea per far carriera nella società per cui lavora, contribuendo al suo avanzamento, o dovrebbe avere un'equa possibilità di uscirne per mettersi in proprio – questo sarebbe l'ideale. Al centro di questa concezione moderna della libertà d'iniziativa sta il presupposto che il mondo degli affari non sia costituito soltanto dalla concorrenza degli individui, ma anche da quella delle aziende. In pratica, libertà di iniziativa significa una situazione in cui esistono molte aziende, e ci sono buone possibilità di costituirne di nuove. Per Andrea Barbarigo, invece, la libertà economica era una cosa piú semplice, piú diretta, e in un certo senso piú primitiva. Era la possibilità di acquistare e vendere di persona su molti mercati. Andrea, e molti mercanti come lui, non aveva bisogno di costituire un'azienda in cui numerosi dipendenti venissero addestrati a espletare insieme un certo compito, o a prestare un determinato tipo di servizi specializzati. Erano piuttosto dei mediatori, che operano su molti mercati senza essere costretti in un'organizzazione.

La protezione fornita dal Senato era indispensabile ad offrire ad Andrea le occasioni di cui aveva bisogno, ma da sola questa protezione non bastava. Certo, il mercante cui lo Stato forniva il trasporto protetto poteva, agendo individualmente per proprio conto, acquistare merci in un posto, accompagnarle per nave fino a un altro mercato, e lí venderle. Proprio questo aveva fatto il giovane Andrea Barbarigo, si può presumere, imbarcato su una galera di mercato come «balestriere della popa». Soltanto durante l'apprendistato, però, e di rado nella maturità i nobili mercanti di Venezia viaggiavano con le loro merci[1]. Alla fase del

---

[1] Un esempio, che risale addirittura alla metà del secolo XVI, è dato dai viaggi giovanili di Alessandro Magno. Per un riferimento al suo diario, cfr. oltre, *Il commercio delle spezie nel Mediterraneo*, pp. 195 sgg.

mercante viaggiatore era seguita quella del mercante residente[2]. Il commercio internazionale funzionava per l'azione comune di mercanti che risiedevano uno in un mercato, uno in un altro.

L'azione coordinata su due mercati diversi richiedeva una qualche forma di cooperazione, o di subordinazione, tra gli uomini d'affari. Lo stesso vale per i consorzi di capitale necessari ai grandi acquisti o al pagamento degli equipaggi piú numerosi. Lo Stato si occupava della cooperazione ai massimi livelli, ma rimaneva ampio spazio per le associazioni private. Era essenziale alla libera iniziativa di Andrea Barbarigo che le associazioni private costituite all'interno del ceto mercantile per soddisfare le esigenze che esulavano dall'azione del Senato fossero tali da offrire ai piccoli operatori una gamma di scelte reali nella compravendita internazionale.

La storia di Andrea dimostra che tra i mercanti veneziani questa condizione poteva dirsi in larga misura realizzata. Andrea, quantomeno, non perdette mai la sua libertà commerciale entrando a far parte di una grande azienda, né si costruí un'organizzazione abbastanza ben definita da meritare il nome di azienda. Il commercio internazionale, però, richiedeva molte forme di azione comune, e effettivamente anche alla sua epoca alcuni mercanti internazionali operavano attraverso grandi aziende fondate su una società, o costellazione di società, piú o meno permanente. Pur non appartenendo ad alcuna azienda, Andrea Barbarigo doveva far concorrenza a società di questo tipo, oppure lavorare cooperando con loro.

Alcune delle maggiori aziende erano dotate di un'organizzazione piú sistematica di altre. Le organizzazioni d'affari piú famose del secolo xv, come ad esempio quella di Cosimo de' Medici – con la quale Andrea intrattenne qualche rapporto – erano relativamente permanenti e relativamente accentrate. Una persona, proprietaria di grossi capitali, poteva sottoporsi i soci meno ricchi e potenti, e a questi si subordinavano poi i fattori, i contabili e gli scrivani. Sebbene i contratti di società che costituivano il tessuto legale della grande azienda Medici, e delle aziende fiorentine minori che si attenevano alle stesse usanze, specificassero gli anni della durata di una società, in genere i contratti venivano sempre rinnovati allo scadere dei tre o cinque anni previsti. I soci subordinati dirigevano a Venezia, Bruges, Milano ecc. i rami che costituirono per molti anni gli elementi della struttura d'affari medicea. Queste società arrivavano all'azione comune su larga scala soprattutto attraverso la costante

---

[2] GRAS, che nel suo *Business and Capitalism* cit., cap. III, ha magistralmente formulato il contrasto tra i due tipi, preferisce il termine mercante sedentario.

subordinazione di molte persone alle direttive di un personaggio autorevole, qual era Cosimo de' Medici, che prendeva tutte le decisioni importanti sugli investimenti e determinava la politica complessiva del-
l'intera azienda. Dal punto di vista amministrativo le aziende erano accentrate nella misura consentita dalla situazione dell'epoca[3].

Un altro tipo di organizzazione d'affari, altrettanto permanente ma
assai meno accentrata ai fini organizzativi pratici, era la società familiare
nella quale non esistesse una personalità dominante. La tipica azienda
familiare veneziana non era finalizzata esclusivamente agli affari, come
invece le società nelle quali i mercanti fiorentini e milanesi reclutavano
i loro subordinati piú autorevoli. Accadeva spesso che le società familiari non fossero in fondo che società basate sull'unità domestica, nate
dagli obblighi comuni di fratelli che vivevano insieme e finanziate con
l'intero patrimonio ereditato[4]. Quando uno o due dei fratelli andavano
all'estero per risiedere in altri centri commerciali, era facile che la società familiare si sviluppasse, forse senza nemmeno che i fratelli se ne ren-
dessero ben conto, divenendo una complessa organizzazione d'affari.
Dal punto di vista legale si potrebbe ritenere che la società familiare
fosse piú accentrata di quella del tipo usato dai Medici, perché era costituita da una società unica. Era probabile però che fosse piú elastica e
meno accentrata sul piano amministrativo. Ciascuno dei fratelli era un
agente legale, pienamente autorizzato e permanente di tutti gli altri, a
meno che non vi fosse una specifica indicazione del contrario[5]. Certo,
se uno dei soci aveva abbastanza forza e personalità, poteva prendere il
predominio sugli altri. La famosa azienda familiare tedesca dei Fugger
fu dominata da Jacob Fugger per tutta la durata della sua vita. Ma nella
pratica l'esistenza di un'unica società in cui tutti godevano degli stessi
diritti favoriva l'eguaglianza tra i soci. Il tipo di organizzazione preferito dai Medici, d'altro canto, era essenzialmente un metodo per reclu-

---

[3] F. E. DE ROOVER, *Francesco Sassetti and the Downfall of the Medici Banking House*, in «Bulletin of the Business Historical Society», XVII, 1943, pp. 65-66; ID., *Glossary of Mediaeval Terms
of Business, Italian Series, 1200-1600*, Cambridge (Mass.) 1934, pp. 335-47. Sull'organizzazione d'affari analoga di un altro mercante toscano, Datini, cfr. E. BENSA, *Francesco di Marco da Prato*, Milano 1928, soprattutto capp. III e IV. Dai documenti editi a cura di A. GRUNZWEIG, *Correspondence
de la filiale de Bruges des Medicis*, parte I, Bruxelles 1931, ad esempio il doc. 22, risulta evidente
che le filiali utilizzavano il nome dei Medici, per cui non capisco per quale motivo Grunzweig asse-
risca che non si trattava di vere e proprie società, ma soltanto di «à comandite». Un prezioso pano-
rama dell'organizzazione d'affari nel medioevo è R. DE ROOVER, *Money, Banking and Credit in Mediaeval Bruges*, in *The Tasks of Economic History*, supplemento al «Journal of Economic History»,
dicembre 1942, pp. 54-55. De Roover ha gentilmente consentito a leggere una prima versione del mio
esame sulle società commerciali, e mi ha dato preziosi consigli, per quanto, com'è ovvio, non abbia
nessuna responsabilità per il risultato finale.
[4] M. WEBER, *Zur Geschichte der Handelsgesellschaften im Mittelalter*, Stuttgart 1889, pp. 69-
73; C. FUMAGALLI, *Il diritto di fraterna nella giurisprudenza da Accursio alla codificazione*, Torino
1912, pp. 113-20.
[5] FUMAGALLI, *Il diritto di fraterna* cit., pp. 157; WEBER, *Zur Geschichte* cit., pp. 69-73.

tare direttori di filiali che fossero dei subordinati. Se la famiglia si trasformava in un'organizzazione su vasta scala, con molte filiali ciascuna delle quali diretta da un fratello diverso, dotato di autorità pari a quella degli altri, diventava difficile conservare una politica comune, e persino registri comuni. Era probabile che ne risultasse un'iniziativa mal coordinata e mal diretta.

Nonostante i suoi difetti, la società familiare decentrata era assai diffusa a Venezia[6]. I difetti risaltano chiaramente dagli affari di due delle aziende con le quali Andrea ebbe rapporti. Nell'azienda di Andrea e Zaccaria Bembo uno dei soci, residente a Venezia, riconobbe ad Andrea Barbarigo un debito che un altro socio, che era stato ad Alessandria, pretendeva di aver già pagato[7]. Forse, in questo caso particolare, la pretesa non era che un sotterfugio, ma il modo in cui fu avanzata dimostra quanto fosse probabile che all'interno di un'organizzazione d'affari familiare con un'amministrazione decentrata si verificassero malintesi di questo tipo. Un'altra difficoltà, che andava a scapito dell'efficienza pur con effetti deleteri piú lenti, era il mancato coordinamento della contabilità. I fratelli Soranzo, mercanti di cotone a Venezia e agenti commissionari di Barbarigo ed altri in Siria, tenevano una gran varietà di registri, alcuni in Siria e altri a Venezia, e li integravano con grave ritardo.

Nella pratica la distinzione tra organizzazioni accentrate e decentrate cui abbiamo appena accennato non era tanto netta[8]. Al centro della grande organizzazione medicea c'era una rigida società familiare, quella tra Cosimo e suo fratello. A Venezia le principali aziende della città, pur essendo aziende familiari fondate sulla cooperazione tra fratelli, acquisivano soci suppletivi e fattori salariati. La società familiare veneziana, la *fraterna*, quand'era costituita dai membri di una delle famiglie piú ricche, diveniva una sorta di combinazione tra un gruppo d'investimento e un gruppo di controllo. Come gruppo d'investimento, aveva una gamma assai diversificata di partecipazioni, dagli immobili, ai titoli di Stato, a molti tipi di mercanzie e a numerosi conti commerciali passivi. Non tutti i suoi impegni, però, si svolgevano sulla base di criteri di puro investimento quali la diversificazione; molti, e forse la maggioranza, erano tesi al coordinamento di operazioni diverse, o di parti

---

[6] I libri di Barbarigo fanno piú volte riferimento a soci che erano fratelli. Cfr. MOLMENTI, *Storia di Venezia* cit., vol. I, p. 456; A. PERTILE, *Storia del diritto italiano*, Torino 1894[2], vol. III, p. 282. Accadeva spesso che si costituissero contratti di fraterna tra fratelli non conviventi. Molti esempi sono in ASV, Cancelleria inferiore, Archivio notarile, Notaio Francesco Bono, busta 149, cfr. ad esempio, 1º marzo 1441.

[7] ASV, Giudici di Petizion, Sentenze a Giustizia, reg. 48, ff. 43-44.

[8] L'organizzazione dei maggiori banchieri milanesi all'epoca di Andrea, i Borromei, era una complicata mistura, G. BISCARO, *Il banco Filippo Borromei e compagni di Londra*, in «Archivio storico lombardo», serie IV, vol. XIX, anno XL, 1913, pp. 37-44.

diverse della medesima operazione. È in questo senso che esiste una corrispondenza tra la ricca fraterna veneziana e il moderno gruppo di controllo.

Alcune delle attività controllate in cui la fraterna collocava i suoi fondi erano relativamente permanenti, ma molte erano rigorosamente temporanee. Tra queste imprese a partecipazione congiunta temporanee le piú diffuse erano finalizzate all'acquisto di carichi o al noleggio delle galere di mercato. Poiché gli affari di Venezia dipendevano in tanta misura dal mare, la loro organizzazione verteva tutta intorno ai viaggi e ai carichi, e tutta una serie di accordi si scioglieva poco dopo il termine del viaggio, o la vendita del carico, cui si riferivano[9].

Le società familiari, invece, avevano un'aria di permanenza che attribuiva grande importanza pratica alla loro reputazione. Si offrivano a vicenda, o agli operatori minori, le migliori speranze di ordinazioni future, prestiti, impieghi e altre forme di favori nel campo degli affari. Tenuto conto della natura aristocratica della politica veneziana, era probabile che le famiglie ricche avessero influenza anche in campo politico, e che disponessero di qualche carica governativa. Le aziende familiari, o «case», erano centri sia di ricchezza che di prestigio, e ogni «casa» importante disponeva di un certo numero di dipendenti. Nel caso di una famiglia che costituiva una delle aziende d'affari piú importanti, come la Francesco Balbi e fratelli, tra questi dipendenti doveva esserci anche un numero consistente di soci, agenti o associati controllati, tutti organizzati all'ombra del potere della «casa» in modo piú o meno accentrato secondo le possibilità pratiche offerte dalle istituzioni commerciali e dalla personalità dei membri di maggiore spicco. Sia che l'organizzazione fosse rigida e formale, o elastica e informale, la sua forza dipendeva in definitiva dal valore della reputazione della «casa». Una famiglia potente sia dal punto di vista politico che da quello economico poteva chiedere favori perché era in grado di offrirli. In una di queste famiglie un fratello scriveva a un altro fratello assillato dalla concorrenza di un rivale, Matteo Bernardo, di ricorrere ai servigi di un funzionario commerciale di rango inferiore: «el dixidera farvi cosa agrata piu presto a voi che a Mafio perche spiere lui a chasa sua piu bin da chasa nostra che

---

[9] Cfr. oltre, *Società familiari e imprese a partecipazione congiunta*, pp. 237 sgg., uno studio basato sulla contabilità e le lettere di alcune ricche famiglie del primo Cinquecento, i Pisani, i Priuli, e i Da Lezze. Poiché non mi risulta l'esistenza di fonti che offrano uno scorcio analogo sulle operazioni delle grandi società familiari all'epoca di Andrea Barbarigo, come i Balbi, sono costretto a completare il quadro dei concorrenti di Andrea deducendolo dalla situazione quale sarebbe stata quasi cent'anni dopo. Le indicazioni fornite dagli affari di Andrea sulle grandi società del suo tempo sembrano comunque concordare con il quadro dell'epoca successiva.

da Mafio Bernardo»[10]. L'unico favore richiesto in quel caso era il silenzio, imposto d'altra parte dalla correttezza e dalla discrezione, riguardo alle merci caricate da una certa galera, ma la frase «spiere lui a chasa sua piu bin da chasa nostra» riassume uno dei principî fondamentali del mondo degli affari a Venezia.

Nel mondo di queste grandi unità familiari Andrea Barbarigo era un piccolo operatore indipendente. La sua attività era una proprietà individuale. Non fece parte di alcuna società formale o durevole; non impiegò mai un personale regolare di agenti o dipendenti salariati. Non poteva certo prendersi cura personalmente di tutto, ma le associazioni che costituí con altri mercanti riguardavano un'operazione particolare, al termine della quale si estinguevano automaticamente per legge.

I rapporti legali indispensabili al modo in cui Andrea conduceva gli affari erano due, l'agenzia e la proprietà consorziata; ad essi ricorrevano anche le grandi società familiari veneziane per organizzare i propri dipendenti o per costituire temporanee alleanze tra un'azienda e l'altra. Agenzie e proprietà consorziate potevano essere combinate sino a creare una rete assai complessa e flessibile di cooperazioni. Manipolati da una delle vigorose personalità che guidavano molte ricche società familiari, questi meccanismi legali erano forse sufficienti ad ottenere il massimo di accentramento nella direzione degli affari consentito nella pratica dalle condizioni del commercio internazionale dell'epoca. Anche Andrea Barbarigo, pur essendo un piccolo operatore indipendente, con questi strumenti era in grado di controllare in misura considerevole le operazioni condotte per suo conto in luoghi lontani come la Siria o l'Inghilterra.

La proprietà consorziata non creava una società reale, ma al massimo un'impresa a partecipazione congiunta. Di conseguenza i diversi proprietari avevano responsabilità limitate. In un certo senso, legale, la proprietà consorziata non era affatto un rapporto tra mercanti, bensí un rapporto tra ciascuno di essi e la cosa posseduta. È probabile che, in caso di necessità, fosse possibile suddividerla. Questa teoria trovava un certo riscontro nella realtà quando l'oggetto posseduto era un carico di grano, o di lana, o qualche carro di stoffe o pellami. Di fatto però accadeva raramente che la mercanzia fosse suddivisa: in genere uno dei proprietari fungeva anche da agente per conto dell'altro, o altri. Acquistava e vendeva per conto di tutti i proprietari, accreditando sui suoi registri le

---

[10] Lettera di Giovanni Francesco Badoer a Venezia al fratello Giovanni Alvise Badoer, patron di una delle galere di mercato in Inghilterra, 3 ottobre 1531. ASV, Miscellanea Gregolin, busta 12 bis.

quote degli utili corrispondenti alle quote di proprietà di ciascuno. Fintanto che esisteva la possibilità fisica della suddivisione era evidente che non poteva sussistere una società.

Esistevano però due casi, ai due estremi opposti, in cui le forme della proprietà a partecipazione congiunta potevano essere applicate alla caratura di iniziative avviate. La pratica veniva estesa sino a creare da un lato una sorta di società anonima, dall'altro una sorta di deposito per la spartizione dei profitti.

A Venezia le associazioni private che piú assomigliavano alle società anonime si costituivano al fine di noleggiare le galere di mercato dello Stato. Queste associazioni seguivano il modello di quelle costituite per la costruzione, la proprietà e la gestione delle navi, e cioè nel linguaggio legale, erano proprietà consorziate di un oggetto materiale, una nave. Come nelle associazioni armatoriali, la proprietà era ripartita in quote, i *carati*, i cui detentori si dicevano *parcenevoli*; la proprietà di queste associazioni, però, non era in realtà un oggetto materiale, bensí l'affitto o il nolo di una galera per un viaggio prestabilito. I proprietari comuni si spartivano le spese e i profitti sulla base del numero di quote possedute da ciascuno. I metodi per rastrellare capitali e suddividere i profitti corrispondevano a quelli di una società anonima, e a molte delle prime società anonime, assomigliava anche per il tipo di attività che ne avevano provocato la costituzione. Inoltre esisteva anche, in un certo senso, la responsabilità limitata. Le operazioni delle galere erano regolate tanto rigorosamente dai decreti senatori che i caratisti, pur se tenuti a provvedere a tutti i pagamenti necessari al completamento del viaggio, non potevano certo essere obbligati dal socio attivo, il patrone della galera, a contribuire per ciò che era estraneo al viaggio ammenoché non avessero espressamente autorizzate queste spese aggiuntive. D'altro canto, la legge impediva alle associazioni per il nolo delle galere di sopravvivere al viaggio particolare. Per quanto ho potuto vedere, esse non diedero vita né a una contabilità sociale separata, né a un capitale sociale, né a una ragione sociale[11].

In molti casi i caratisti mettevano in comune una parte del loro capitale non soltanto per noleggiare le galere e pagare gli equipaggi, ma anche per garantirne il carico attraverso acquisti di merci. Si costituivano

---

[11] Esisteva, certo, un libro contabile della galera, che in teoria doveva contenere tutte le spese sul conto della galera, oltre che tutti i noli riscossi, ecc. Era un documento semipubblico di cui si occupava un funzionario semipubblico, lo *scrivan*. Cfr. le dispute riguardo al suo contenuto nella causa tra Vittore Capello e un *patron* delle galere nel 1428. ASV, Giudici di Petizion, Sentenze a Giustizia, reg. 48, ff. 51-53, 81-83.

cosí associazioni per la proprietà consorziata delle merci da acquistare e caricare. Quando l'associazione comprendeva tutti i parcenevoli e *patroni* della flotta la si definiva *maona*. Col termine maona ci si riferiva collettivamente ai proprietari, o ai caratisti, di un'associazione di nolo, di una flotta. Di fatto gli investitori in questione non costituivano un'unica compagnia accentrata; anzi, erano reciprocamente legati da una variegata serie di accordi di proprietà consorziate e di rapporti di agenzia[12].

Il tipo di proprietà consorziata usato nella maona era in assoluto contrasto con quello che creava invece un deposito per la spartizione dei profitti. L'esempio migliore di quest'ultima pratica e il caso dei ducati affidati a Nicolò Barbarigo dalla sua vecchia balia perché li investisse per suo conto[13]. È probabile che la balia non abbia mai saputo, né che le interessasse di sapere, quali fossero le merci delle quali possedeva una quota; ricevette una parte dei profitti calcolati sul risultato complessivo di un'impresa in Nord Africa. Andrea, invece, quando gestiva il denaro altrui lo assegnava in genere a una merce o una cambiale specifiche, acquistate per conto terzi[14]. Si tratta però di casi limite: consideriamo, ad esempio, il denaro che, come abbiamo già visto, Andrea affidò a Troilo Pacaron, con l'incarico di acquistare e spedire grano da Fermo a Venezia a propria esclusiva discrezione, o i fondi che piú avanti mise nelle mani di agenti a Valencia, che li investissero nelle merci che avrebbero acquistato per sé, per poi spedirle da Valencia a Costantinopoli[15]. In entrambi i casi l'operazione ricorda da vicino un deposito con partecipazione agli utili, un modo cioè di investire in un'impresa in corso senza assumersi l'onere di tutti i rischi.

Com'è ovvio tutte queste forme di proprietà consorziata erano intimamente collegate al largo impiego, da parte dei veneziani, degli agenti commissionari. Gran parte degli affari di Andrea Barbarigo all'estero furono condotti affidando le merci ad agenti. Le tariffe vigenti attribuivano loro il 2 per cento del valore delle merci vendute, e l'1 per cento sugli acquisti e le riscossioni[16]. Andrea stesso agí per conto di altri, riscuo-

---

[12] Cfr. oltre, *Società familiari e imprese a partecipazione congiunta*, pp. 237-55.
[13] RB, reg. 6, cc. 33, 53. Cfr. anche l'accredito, a c. 53, del guadagno sulla quota di 100 ducati.
[14] RB, reg. 4, Mastro B, cc. 13, 55.
[15] Cfr. sopra, pp. 58-59, e oltre, p. 107.
[16] LUZZATTO, *Les activités* cit., p. 47 e nota. Le tariffe corrispondono a quelle indicate nel Mastro tenuto a Costantinopoli da Jacomo Badoer, 1436-38 (ASV, Cinque Saviinserie i, Diversorum, busta 958, c. 4), che si occupa soprattutto di contabilità d'agenzia, e nei libri contabili Contarini, Venezia, Museo Civico Correr, Archivio Tron-Donà. È possibile che la tariffa ufficiale variasse secondo la località.

tendo provvigioni [17], anche se non si fece pagare per molti affari condotti per conto di parenti o amici [18].

La consuetudine di pagare agli agenti una percentuale fissa sul giro
d'affari si era sostituita alla pratica, un tempo predominante in tutto il
Mediterraneo, di versare loro una quota sui profitti. Il sistema piú antico, quello basato sulla spartizione dei profitti, viene definito in genere
società di *commenda*, anche se a Venezia assumeva il particolare nome
locale di *colleganza* [19]. Nelle regioni piú frequentate, come la Siria, era
stata sostituita da un sistema di provvigioni un centinaio di anni circa
prima della nascita di Andrea Barbarigo [20]. Il passaggio alle provvigioni
non rientra dunque nel retroscena immediato degli affari di Andrea, ma
poiché gran parte delle analisi relative al commercio medievale dedicano
un'attenzione assai maggiore alle società di commenda che non agli agenti commissionari, e poiché Andrea non ricorse mai alla commenda, varrà
la pena di dedicare qualche riga a questo cambiamento [21].

La nascita dell'agente commissionario rientrò in quella rivoluzione
commerciale del medioevo della quale il mercante residente costituisce
la figura dominante [22]. Il ricorso agli agenti cominciò ad essere pratica
comune a Venezia nel corso del secolo XIV. Nella situazione dell'epoca,
dunque, dovevano sussistere motivi generali per i quali sia i mercanti
residenti a Venezia che i loro agenti oltremare erano portati a preferire
le commissioni alla spartizione dei profitti. Risultano subito evidenti due
motivi che esercitarono a lungo grande influenza, l'uno legato al diritto,
l'altro alla contabilità. La spartizione dei profitti sapeva troppo di socie-

---

[17] RB, reg. 2, Mastro A, c. 2. Conto «provisione che io trate de merchadantie»; cfr. anche
cc. 35, 36, 63. Andrea Barbarigo chiedeva il 2 per cento sia per gli acquisti che per le vendite, e ¼
dell'1 per cento per la riscossione di cambiali.
[18] Per Troilo Pacaron, ad esempio, effettuò acquisti e vendite senza chiedere provvigioni
(*ibid.*, cc. 6, 16, 41, 43, 53, 55).
[19] PADOVAN, *Capitale e lavoro* cit., pp. 1-24; R. CESSI, *Note per la storia delle società di commercio nel Medioevo in Italia*, Roma 1917 (estratto da «Rivista italiana per le scienze giuridiche»,
marzo 1917). La *commenda* o *colleganza* serviva non soltanto per impiegare gli agenti, ma anche come metodo per assicurarsi il capitale.
[20] LUZZATTO, *Les activités* cit., p. 47.
[21] Sulla priorità attribuita alla commenda, cfr. H. HEATON, *Economic History of Europe*, New
York 1936, pp. 179, 192; S. B. CLOUGH, *Economic History of Europe*, Boston 1941, pp. 75-76;
A. E. SAYOUS, *Le capitalisme commercial et financier dans les pays chrétiens de la Méditerranée occidentale depuis la première croisade jusqu'à la fin du moyen-âge*, in «Vierteljahrschrift für Sozial-
und Wirtschaftsgeschichte», XXIX, 1936, pp. 277 sgg. Per un'ulteriore discussione sulla documentazione, cfr. in questo capitolo.
[22] Uno schizzo brillante del cambiamento è delineato in R. DE ROOVER, *The Commercial Revolution of the Thirteenth Century*, recensione di N. S. B. GRAS, *Capitalism - Concepts and History*,
in «Bulletin of the Business Historical Society», XVI, 1942, n. 2, pp. 34-38. De Roover non si sof-
ferma sul passaggio dagli agenti con partecipazione ai profitti a quelli commissionari, probabilmente
perché si verificò piuttosto nel secolo XIV. Lo stesso vale però per altri elementi importanti di
quella «rivoluzione commerciale», ad esempio, gli enormi passi avanti della contabilità. Concordo
tuttavia sul fatto che, se dobbiamo usare l'espressione «rivoluzione commerciale», essa vale altrettanto bene per il secolo XIII come per il XIV.

tà, in questo caso una società in cui uno dei soci aveva responsabilità limitate, e i tribunali veneziani non guardavano di buon occhio le società con soci inattivi e responsabilità limitate. Se il problema fosse finito in tribunale, era probabile che venisse considerato come una semplice transazione creditizia, e cosí infatti i tribunali veneziani del Trecento consideravano le colleganza. Di conseguenza la legge non richiedeva la contabilità reale delle specifiche merci maneggiate [23].

Di fatto era assai difficile che il mercante residente riuscisse ad ottenere una contabilità adeguata sui fondi o le merci affidate a qualcuno sulla base della spartizione dei profitti [24]. Inoltre, se un mercante residente a Venezia spediva con regolarità mercanzie a un mercante residente all'estero, che le vendeva per suo conto, le dispute sul valore reale delle merci spedite potevano protrarsi all'infinito, e naturalmente l'entità del profitto dipendeva dalla stima, del valore originale delle merci. La spartizione dei profitti prevista dalla commenda era adatta a un'epoca in cui in genere l'agente partiva con le merci e ritornava con un altro carico, e i profitti venivano calcolati dopo la vendita del carico, o in base a previsioni sui possibili proventi della vendita [25]. Questo tipo di calcolo divenne sempre meno pratico mano a mano che diminuiva il numero dei mercanti e degli agenti che viaggiavano con le merci. Il mercante residente che ricorreva ad agenti residenti all'estero poteva seguire con maggiore accuratezza le attività degli agenti se le vendite fossero state effettuate a suo nome, su commissione. La contabilità degli agenti era dunque costituita da registri delle vendite (o degli acquisti) a prezzi specificati e in quantità specificate, nonché di addebiti relativamente esigui e prestabiliti con precisione, per le spese di gestione. Quando i contatti commerciali divennero tanto stabili da consentire la generale omologazione delle tariffe per la gestione e delle pratiche di trasporto, e quando i prezzi, stagione per stagione o persino giorno per giorno, divennero materia di comune conoscenza per la comunità mercantile, il mercante residente poté verificare con relativa precisione la contabilità dei suoi agenti commissionari.

La maggior facilità con cui si poteva calcolare la contabilità degli agenti quando questi venivano pagati non con una spartizione dei pro-

[23] CESSI, *Note per la storia delle società di commercio* cit., pp. 17-58; LUZZATTO, *La commenda* cit., pp. 149-60.
[24] LUZZATTO, *La commenda* cit., p. 149. Un esempio di contabilità relativamente efficiente è in F. E. DE ROOVER, *Partnership Accounts in Twelfth-Century Genoa*, in «Bulletin of the Business Historical Society», XV, 1941, pp. 87-92; sulle difficoltà piú consuete, cfr. LOPEZ, *European Merchant* cit., pp. 179-80.
[25] DE ROOVER, *Partnership Accounts* cit., p. 92; G. ASTUTI, *Rendiconti mercantili inediti del cartolare di Giovanni Scriba*, Torino 1933, pp. 38-39, 44-45.

fitti ma tramite provvigioni costituí probabilmente un vantaggio anche agli occhi degli agenti, oltre che a quelli di chi li impiegava. A sua volta questo vantaggio dipendeva dalla contemporanea evoluzione di un metodo piú chiaro nella contabilità delle agenzie e di servizi commerciali quali le polizze e le note di carico per le navi, e un servizio postale ragionevolmente affidabile. Tutti questi servizi erano ormai affermatissimi nel commercio veneziano all'inizio del secolo xv [26].

La misura in cui si era affermato il sistema delle vendite tramite consegne agli agenti trova piú volte conferma negli affari di Andrea Barbarigo. Nel 1437 inviò cotone a un mercante con il quale non aveva mai avuto a che fare in precedenza, residente a Trani in Puglia, dandogli carta bianca per la vendita in contanti o a credito, o per barattare, per reinvestire i proventi in merci, o per rimettergli il denaro a Venezia. La fiducia di Barbarigo in questo agente commissionario si basava, a suo dire, sulle ottime referenze ricevute dai «nobilomini di Ca' Vendramin»; per essere sicuro che l'agente lo servisse ancor meglio Barbarigo gli faceva capire di essere in rapporti di intimità con Casa Vendramin. Di fatto però i suoi rapporti con la famiglia Vendramin non erano particolarmente stretti, e dalla lettera si capisce piuttosto chiaramente che Barbarigo, all'epoca fornito di cotone in sovrabbondanza, aveva semplicemente sentito parlare della possibilità di vendere a buon prezzo a Trani, e si era precipitato a scovare il nome di un agente commissionario cui spedire la sua merce [27].

Per mezzo delle ben affermate consuetudini dell'agenzia commissionaria e della proprietà consorziata, Andrea Barbarigo, risiedendo a Venezia, poteva ottenere un minimo di cooperazione da altri mercanti residenti in altre città. Ma i contatti stabiliti in questo modo erano scarsamente vincolanti, e Andrea doveva operare in concorrenza con le grandi società familiari e molte altre società minori, piú o meno accentrate.

---

[26] Andrea Barbarigo accenna a una polizza di carico dopo aver iscritto nel suo libro la spedizione di due borse di denaro sulle galere di Beirut. Era stato Alberto Franco ad imbarcarle, dunque dopo averle addebitate sul conto corrispondente Barbarigo scriveva: «Nota che avi lettera de Puola dal deto Alberto e dise me aver cargar i didi gropi e paga el nolo e mandame la poliza del cargar». RB, reg. 2, Mastro A, c. 137.
Comunque sia, è impossibile dimostrare, sulla base della contabilità e delle corrispondenze veneziane da me esaminate, dimostrare che le polizze di carico vere e proprie, firmate dal comandante del bastimento sul quale si imbarcavano le merci, o dal suo agente, fossero molto comuni. Esistono invece molti riferimenti al libro o ai libri degli scrivani, i funzionari semipubblici incaricati di tenere la nota di carico della nave, e le cui attività, specie sulle galere, erano accuratamente regolamentate. Si inviavano regolarmente fatture, con pezze d'appoggio, che fornivano tutte le informazioni necessarie alla verifica sui registri degli scrivani. Un esame complessivo della questione è in BENSA, *Francesco di Marco* cit., cap. VI.
[27] RB, reg. 1, Diario A, lettera a Leonardo Arduin, 4 ottobre 1437. La lettera non fa cenno a provvigioni, ma non è possibile che si intendesse spartire i profitti, poiché non si stabilisce alcun costo o valore iniziale della partita.

I gruppi di soci o di agenti salariati fornivano a questi concorrenti organizzazioni d'affari assai piú solide di quelle che poteva costituire Andrea, poiché gli agenti commissionari attraverso i quali egli operava non lavoravano soltanto per lui, ma anche per conto di molti altri mercanti. Questi agenti commissionari non dipendevano dal salario e dalle promozioni che potevano venire da Andrea, come invece i fattori dai loro datori di lavoro. La loro lealtà al lucro di Andrea non era garantita dallo stesso tipo di spirito di autoconservazione che imponeva a un socio di occuparsi del benessere della società familiare. E tuttavia un mercante che, come Andrea, commerciante tra la Siria e l'Inghilterra non poteva aver successo senza assicurarsi i servigi leali e competenti degli agenti. La gestione di questi agenti commissionari costituivano una parte assai considerevole dei problemi decisionali che assillavano Barbarigo.

Il controllo del principale sugli agenti operava su due livelli, quello legale e quello pratico. Si poteva ricorrere alla legge nel caso che il valore del carico di ritorno inviato dall'agente non fosse eguale a quello del carico ricevuto in consegna. Furono almeno tre le circostanze di questo tipo in cui Andrea aprí una causa di fronte alla Curia di petizion – il tribunale di giurisdizione commerciale presso il quale lui stesso aveva fatto il suo apprendistato legale – e in tutti e tre i casi la corte gli diede ragione[28]. In uno di questi Andrea procedette poi a far sequestrare una parte del palazzo di famiglia del debitore[29]. Evidentemente Andrea aveva fatto bene, in quel caso, a impiegare un agente che aveva proprietà in Venezia.

Tra le prove accettate dal tribunale c'erano anche le lettere ricevute e i rendiconti. Erano piú convincenti che non la testimonianza orale. Al mercante poteva essere richiesto di sottomettere i suoi libri contabili all'esame dei giudici e si prevedeva, in assenza di ricevute formali, che potesse produrre delle lettere. La contabilità e la corrispondenza erano indispensabili all'azione legale tesa ad imporre agli agenti oltremare il rispetto delle obbligazioni contratte con mercanti residenti a Venezia[30].

[28] RB, reg. 4, Mastro B, cc. 181, 27, e ASV, Giudici di Petizion, Sentenze a Giustizia, reg. 48, ff. 43-44; reg. 105, f. 64. Sulla giurisdizione e la procedura di questo tribunale cfr. CASSANDRO, *La Curia di Petizion* cit.

[29] Si tratta della causa contro Carlo Cappello, che fu agente di Andrea a Costantinopoli. La voce di Andrea Barbarigo a questo proposito è nel suo Mastro B (RB, reg. 4, c. 181), e parla della causa e della confisca del palazzo. La documentazione della causa, nell'anno indicato da Andrea, è in ASV, Giudici di Petizion, Sentenze a Giustizia, reg. 105, f. 64.

[30] Se l'agente aveva consegnato un conto delle vendite effettuate per il principale, quest'ultimo poteva addurlo a prova delle proprie pretese. È presumibile che dei conti di questo tipo, che nel suo Mastro Andrea dice di aver ricevuto da Carlo Cappello, fossero alla base delle sue pretese in quella causa, nonché della prontezza con cui il rappresentante di Cappello ne riconobbe la validità. Per quanto non se ne parli specificamente in quella causa, in altre analoghe si accenna a conti conse-

Anche quando era ben lontano dall'idea di far causa, un esportatore e importatore qual era Andrea esaminava con grande attenzione la contabilità e le lettere del suo agente prima di decidere se affidargli altri affari o passare invece ad un altro agente[31]. In pratica, era proprio la possibilità di passare ad altri il maggiore stimolo per l'agente ad operare nell'interesse del principale. La paura del tribunale poteva indurre un agente ad attenersi alle istruzioni ricevute, ma la fedele esecuzione di compiti definiti con precisione non era la caratteristica di cui Andrea aveva maggior bisogno nella condotta dei suoi agenti. Se Andrea voleva ottenere profitti, i suoi agenti dovevano essere in grado di offrirgli la possibilità di approfittare delle situazioni di mercato, se e quando si creavano e l'agente sul posto ne veniva a conoscenza. Buon agente era quello che vendeva subito e reinvestiva a prezzi buoni, acquistando merce di alta qualità, e che scovava lo spazio di carico per spedire l'investimento. Era piú facile ad Andrea Barbarigo inviare esortazioni in merito a questi quattro desiderata – rapidità del giro d'affari, prezzi vantaggiosi, alta qualità e trasporti adeguati – che non istruzioni dettagliate. Molte decisioni dovevano essere lasciate all'uomo sul posto, al «fato», come diceva spesso Andrea. Il massimo che lui potesse fare era di scegliere un agente dotato del giudizio e dei contatti necessari ad organizzare le cose in modo vantaggioso, e poi scovare il modo per indurre l'agente a far uso del giudizio e dei contatti a favore di Andrea. Di conseguenza il rapporto con gli agenti, pur non implicando complessità legali, nella realtà pratica era tutt'altro che semplice.

Per conseguire i suoi obiettivi Andrea metteva a disposizione degli agenti il giudizio e i contatti di cui lui stesso disponeva, o prometteva di farlo, forniva loro informazioni sul mercato veneziano, e faceva balenare la prospettiva di ricevere da lui in futuro una mole di affari assai maggiore, e dunque provvigioni piú cospicue. Sfruttò fino in fondo anche i legami affettivi, sia fondati su amicizie personali che riferiti a pre-

gnati, ad esempio, ASV, Giudici di Petizion, Sentenze a Giustizia, reg. 106, f. 61 (Fratelli Balbi contro Giov. Contarini). Cfr. CASSANDRO, *La Curia di Petizion* cit., p. 134.
    Se l'agente non aveva consegnato un conto, e rifiutava di farlo su richiesta formale, si poteva ricorrere alle lettere e ai conti del principale. Non mi è riuscito di trovare, nei registri incompleti del tribunale, la causa di Barbarigo contro gli eredi di Troilo Pacaron, ma quale fosse stato il metodo da lui impiegato per vincerla risulta chiaro dalla voce del suo conto sul valore delle stoffe inviate a Pacaron: «Nota che i diti pani 36 bastardi mandi a Fermo a Ser Troilo Pacaron come apar in l'altro libro A e chome apar per sue lettere del rezever e per el registro de le letere io scrito a lui» (RB, reg. 4, Mastro B, c. 26). Le lettere di Pacaron servirono a dimostrare il prezzo a cui le aveva vendute (*ibid.*, c. 27). Un esempio tratto dai registri dei tribunali del ricorso alle lettere come prove è in ASV, Giudici di Petizion, Sentenze a Giustizia, reg. 58, ff. 45-47.
    [31] Come fossero le lettere dagli agenti non risulta dal cartolario Barbarigo (che dà l'immagine diretta di un lato soltanto del rapporto), né in alcun altro dell'epoca nella raccolta di lettere commerciali in ASV, Miscellanea Gregolin, ma appare chiaro delle lettere da Alessandria del 1495-96 e 1543-47, *ibid.*, busta 10 e busta 12 bis.

sunti vincoli familiari. Certo, le sue lettere d'affari contengono troppe proteste di amicizia personale per poterle prendere tutte sul serio. È probabile che gli agenti commissionari e i principali si esprimessero a vicenda la particolare devozione con la quale ciascuno di essi desiderava essere trattato lui stesso. I riferimenti convenzionali all'amorevole interesse per gli onori e i guadagni futuri dell'agente, che si riscontrano persino nelle succinte istruzioni ad agenti sconosciuti sino a quel momento, possono essere interpretati come promesse di affidar loro altri affari se la commissione in corso fosse stata gestita in modo soddisfacente[32]. Il maggiore dei legami che univano l'agente al principale non era un obbligo legale, bensí uno scambio di favori nel passato e l'attesa di favori futuri.

In che modo, dunque, Andrea Barbarigo, mercante solo e dotato di un capitale assai modesto, poteva far concorrenza alle ricche società familiari, che potevano offrire favori assai maggiori di quanto fosse in suo potere? Quando tentò di far loro una concorrenza diretta, in quanto operatore indipendente, il piú delle volte fallí. Poteva concentrarsi però sulle merci di valore inferiore o sui mercati di importanza secondaria. E in parecchie occasioni le grandi famiglie, impegnate a farsi reciproca concorrenza, ebbero bisogno di lui. Poiché a Venezia prevalevano gli accordi temporanei di proprietà consorziata, specie per il nolo dei viaggi delle galere e il finanziamento dei loro carichi, le grandi società familiari operavano per mezzo di associazioni sempre diverse. E in queste associazioni le capacità e il capitale di Andrea potevano venire utili. Anche quando il suo contributo era esiguo, veniva accettato senza chiedergli impegni che lo privassero dell'indipendenza, cioè della libertà di investire altrove e in un'altra associazione in un momento successivo. A Venezia l'indipendenza del piccolo operatore era piú facile da difendere per il fatto che le grandi società familiari trasferivano spesso i loro fondi da un'impresa consorziata all'altra.

Certo, non fu facile per Barbarigo fare profitti e insieme conservare la sua indipendenza. Fece del suo meglio per accentrare i suoi affari e indirizzarli verso tali obiettivi, ma decidere saggiamente a Venezia che cosa si dovesse fare in Siria o in Inghilterra, e provvedere poi acché le decisioni fossero effettivamente eseguite, era cosa che presentava difficoltà pratiche enormi. Queste difficoltà, e gli sforzi fatti per superarle, risultano chiaramente nella storia delle imprese oltremare di Andrea Barbarigo. Cosí come risulta dalle sue lettere, nella storia compaiono

---

[32] Nella lettera all'agente a Trani, cui scriveva per la prima volta, Andrea diceva di confidare in lui come fosse un caro fratello maggiore e che sperava di poter far qualcosa per suo «onore e profitto».

tre gruppi di agenti: 1) Alberto Dolceto e pochi altri che operavano nell'Oriente mamelucco; 2) Bertuccio Zorzi e i fratelli Venier a Valencia; 3) le aziende per mezzo delle quali Barbarigo operava a Bruges e Londra. Le sue transazioni con questi tre gruppi di agenti dimostrano che i rapporti d'affari stabiliti da Andrea attraverso l'agenzia e la proprietà consorziata erano flessibili, effimeri, e tuttavia proficui.

2. Gli agenti di Andrea Barbarigo in Palestina e in Siria.

Quando Alberto Dolceto partí per il Levante, nella primavera 1431, ricevette da Andrea Barbarigo un codice segreto[1]. Evidentemente Barbarigo prevedeva la necessità di inviare messaggi particolari, e senza dubbio supponeva che il suo conto avrebbe ricevuto un trattamento speciale. Andrea e Alberto lavoravano insieme da tempo[2]. Andrea diede a Alberto lettere di presentazione per i suoi parenti cretesi, che potevano aiutarlo nel viaggio[3], gli forní articoli di vestiario dei quali poteva aver bisogno in Siria, lo tenne informato sulle quotazioni delle spezie e del cotone sul mercato veneziano, si prese cura degli affari di Alberto a Venezia[4] e gli inviò notizie della moglie e della figlia. È probabile che queste ultime facessero parte della «casa» di Barbarigo; la moglie, Sentuzia, aveva aiutato il marito a convincere Andrea Barbarigo ad investire in quello che a suo dire era un viaggio nuovo e sconosciuto, quello verso il porto di Acri[5]. Dalle lettere di Andrea, anzi, risulta che in precedenza egli non si era occupato molto di cotone. Soltanto il desiderio di fare qualcosa «per l'onore e il profitto» del caro amico Alberto lo aveva indotto, protestava, a investire, e investire molto, in un mercato cotoniero secondario e pieno di trabocchetti. Dal punto di vista di Andrea il successo dipendeva in parte dalla fortuna, cioè dal raccolto o da fattori politici che sfuggivano al controllo di Andrea come di Alberto. Molto dipendeva però anche dall'abilità di Dolceto e dal fatto che questi fosse disposto a dare un trattamento di favore agli affari di Andrea.

Meno chiaro è il motivo per cui Dolceto voleva recarsi ad Acri. Molti agenti commissionari integravano le commissioni con i profitti di

---

[1] Trovato, come si è già detto, tra le ultime pagine del mastro A.
[2] Di Alberto Dolceto si dice che era «da Ferrara». Prima di recarsi in Palestina, Alberto aveva venduto panni o stagno per conto di Andrea a Ferrara, e aveva acquistato piccoli quantitativi di grano per Andrea Barbarigo e Coronea Cappello. RB, reg. 2, Mastro A, c. 14.
[3] RB, reg. 2, Diario A, copialettere in fondo al Diario, memorandum dell'agosto 1431.
[4] RB, reg. 2, Mastro A, cc. 59, 61, 129; reg. 1, Diario A, lettera del 26 agosto 1432.
[5] RB, reg. 1, Diario A, lettere del 9 maggio, del 28 luglio e del 18 dicembre 1432; reg. 2, Mastro A, cc. 59, 61.

commerci condotti in proprio, ma non era previsto che Dolceto vi si dedicasse. Dal viaggio non poteva trarre grandi guadagni a meno di gestire un volume d'affari maggiore di quanto si potesse ragionevolmente aspettare dal solo Andrea Barbarigo. A suo ordine Barbarigo inviò nel 1431 merci e contanti per un valore di poco superiore ai 1100 ducati. Ben presto autorizzò Dolceto ad assumere impegni a suo nome, acquistando a credito in attesa degli ulteriori 1000 ducati che sarebbero arrivati con la prossima flotta. A questo ritmo Dolceto poteva sperare di riscuotere provvigioni su un giro d'affari di 2100 ducati. Con l'1 per cento di provvigione per gli acquisti, e il 2 per cento sulla vendita di merci, e l'1 per cento sulla vendita di monete, in media l'agente riusciva a ottenere il 3 per cento su ciascun giro d'affari. Il 3 per cento di 2100, cioè 63 ducati l'anno, poteva bastare a pagare le spese vive dell'agente, ma era certo una ben magra ricompensa per i disagi e i pericoli del viaggio. Se i viaggi tra Acri e Venezia fossero proceduti con la massima regolarità, e se con ogni muda Barbarigo avesse spedito merci per un valore uguale a quelle ricevute con la muda precedente, e Dolceto fosse riuscito a vendere le stoffe e le altre mercanzie arrivate con una flotta, e a riscuotere prima dell'arrivo della successiva – se tutte queste condizioni si fossero realizzate, i 2000 ducati avrebbero potuto compiere due giri l'anno e le provvigioni di Alberto sarebbero state di circa 120 ducati. In caso contrario Alberto avrebbe dovuto cercare di lavorare anche come agente di altri mercanti. E in effetti, Andrea Barbarigo ne era al corrente, prevedeva di acquistare cotone anche per conto di Bernardo Venier[6]. Andrea non aveva nulla da eccepire, ma se Dolceto avesse cominciato ad acquistare per conto di molti mercanti diversi in un mercato ristretto come quello di Acri, era probabile che prima o poi con qualcuno di loro sarebbero sorte difficoltà.

Come risulta dagli avvenimenti successivi, l'agente commissionario che faceva acquisti per conto di molti principali poteva stabilire arbitrariamente – entro certi limiti – quella dei principali avrebbe ricevuto il cotone al miglior prezzo, o di qualità migliore, e quale il piú caro o scadente. L'agente acquistava cotone a diversi livelli di qualità e a prezzi diversi. Quando arrivava il momento di caricare, doveva decidere quale balla dovesse essere consegnata a ciascun principale. Se nel corso dei sei mesi precedenti aveva acquistato cotone di qualità approssimativamente omogenea a prezzi diversi, poteva spedire le balle col prezzo piú vantaggioso al principale che piú gli piaceva. Se aveva ricevuto piú ordinazioni di quanto fosse stato in grado di soddisfare, aveva la possibilità di

[6] RB, reg. 1, Diario A, istruzioni dell'agosto 1431.

decidere quale principale avrebbe ricevuto quanto aveva richiesto, e quale invece andava escluso accampando scuse. In questo caso è ovvio che Andrea Barbarigo prevedeva di essere il principale favorito da Alberto Dolceto, sia per la loro amicizia, sia perché era stato inizialmente il principale finanziatore di Alberto. Dolceto, d'altra parte, al di là dei sentimenti d'amicizia, aveva interesse in quanto agente a favorire qualunque principale gli prospettasse la maggior mole d'affari in futuro. Poiché nella comunità degli affari veneziana Andrea Barbarigo era un operatore relativamente piccolo, altri potevano offrire prospettive di grosse commissioni piú allettanti delle sue.

Questo conflitto latente di interessi tra il principale e l'agente fu messo a dura prova dall'interruzione, o dai ritardi nelle comunicazioni, dovuti alla guerra con Genova. Barbarigo aveva fornito a Dolceto lettere di presentazione per Creta che gli avrebbero permesso di passare da lí all'Asia. Poiché le navi e le galere erano state dirottate per l'attacco a Scio, Dolceto rimase in Palestina per quasi un anno prima dell'arrivo di qualche vascello che portasse un carico a Venezia. Barbarigo prendeva le cose con ottimismo, e pensava a questo periodo come una prolungata opportunità di commercializzare le sue stoffe[7]. È possibile che nell'inverno 1432 Dolceto abbia riflettuto sul fatto che l'interruzione dei viaggi offriva come prospettiva un unico giro d'affari in due anni. Con un ritmo del genere aveva senza dubbio bisogno di affari piú consistenti di quelli che poteva offrire Andrea. Quando finalmente, nella primavera 1432, arrivarono due navi per caricare cotone, gli interessi di Dolceto si trovarono ad affrontare un ulteriore pericolo. I comandanti delle navi volevano acquistare cotone in proprio, eventualità questa che Barbarigo aveva previsto. Tentarono di ottenere a credito il cotone offerto dal signore di Safed, un signorotto dei territori nei pressi del Mare di Galilea. In questo caso, però, Dolceto era in posizione di forza. Il signore di Safed non era disposto a concedere credito ai comandanti. Preferiva vendere a Dolceto, ma i due comandanti, a dire di questi, rifiutarono di caricare il cotone se a ciascuno di essi non fosse stata concessa una quota di un quinto. Di conseguenza Dolceto accettò di fungere da agente anche per loro conto. Acquistò tutti i 116 sacchi offerti dall'emiro di Safed, e ne consegnò due quinti ai due capitani. Per motivi che ci è dato soltanto di supporre, a due altri mercanti, Alberto Franco e Baldissare di Marco, andavano altri due quinti, e ad Andrea Barbarigo fu consegnato meno di un quinto del cotone. Scrivendo ad Andrea, Dolceto ne parlò il meno possibile. Non disse nulla del cotone acquistato per Al-

---

[7] *Ibid.*, settembre 1341. Per tutto il retroscena, cfr. II, 3.

berto Franco e Baldissare di Marco, limitandosi a far ricadere sui capitani delle navi la responsabilità dell'esigua consegna ricevuta da Andrea[8].

Questo era il cotone che Andrea Barbarigo attendeva con tanta ansia nell'autunno-inverno 1432, mentre altri suoi fondi erano bloccati in Fiandra, e da Creta e Corfú giungeva notizia di saccheggi dei corsari genovesi. Dei 116 sacchi soltanto 88 giunsero a Venezia, e di questi Andrea ne ebbe soltanto 16. Gli eccellenti profitti che Andrea ricavò da quei 16 sacchi gli fecero rimpiangere ancor piú amaramente il fatto che Dolceto non fosse riuscito a spedirne di piú[9]. E in effetti, come riferiva lo stesso Dolceto, sul conto di Barbarigo rimanevano da investire ancora 612 ducati[10]. Ma Barbarigo aveva avuto il sentore che sarebbe stato difficile trasportare il cotone, e in una lettera era giunto a proporre a Dolceto di vendere il cotone acquistando pepe e filo di cotone, merci che, contrariamente al cotone, potevano essere caricate sulle galere[11]. Quando Dolceto diede ai capitani delle navi la colpa per non essere riuscito a far fruttare appieno l'investimento di Barbarigo, questi, a quanto pare, accettò per buona la spiegazione e si astenne dal rimproverarlo[12].

Quando fu stipulata la pace, e le navi veneziane ripresero i loro viaggi regolari, nel giugno 1433 Dolceto ricevette da Barbarigo un grosso carico, inferiore però alle previsioni di Dolceto, e inferiore anche a quelle che Barbarigo avrebbe in realtà potuto inviargli[13]. Contemporaneamente, infatti, Barbarigo aveva spedito una parte delle sue stoffe occidentali a Lorenzo Soranzo, a Hama, il maggiore centro cotoniero della Siria[14]. Il valore della partita inviata a Soranzo era di soli 600 ducati, mentre le merci e i contatti spediti a Dolceto a Acri valevano circa 1700 ducati; non sembrerebbe dunque che Dolceto avesse motivo di dolersi presso Barbarigo per una diversificazione in questi termini dei suoi investimenti. Dalle lettere di Barbarigo risultava chiaro che egli era spaventato dal grande afflusso di merci verso est dopo la conclusione della pace. Non si trattava di sfiducia nei confronti di Dolceto, ma del timore che ad Acri ci fosse troppa stoffa in vendita, e troppi acquirenti che avanzavano offerte per il cotone di quella regione. Il suo candore, comunque, non fu assoluto, poiché la sua lettera a Dolceto del 30 giugno 1433 non

[8] Confronta la storia appresa piú tardi da Barbarigo, RB, reg. 4, Mastro B, c. 7, con l'ignoranza implicita nella lettera del 18 dicembre 1432, *ibid.*, reg. 1, Diario A.

[9] *Ibid.*, reg. 2, Mastro A, c. 89.

[10] RB, reg. 1, Diario A, lettere del 18 dicembre 1432, e 30 giugno 1433; reg. 4, Mastro B, c. 7.

[11] RB, reg. 1, Diario A, lettera del 7 maggio 1432. Piú avanti mutò di parere, 26 agosto 1432 e 30 giugno 1433.

[12] *Ibid.*, lettera del 18 dicembre 1432.

[13] *Ibid.*, lettere del 30 giugno 1433, agosto 1433; reg. 2, Mastro A, c. 97.

[14] *Ibid.*, c. 101; reg. 1, Diario A, lettera del 18 agosto 1433.

fa alcun cenno alle merci che stava spedendo a Hama, e dà invece l'impressione che Andrea stesse inviando a Dolceto tutto quanto gli era possibile. Giungeva persino a dire che anche quella spedizione era stata ardua da mettere insieme [15].

Nelle lettere di Andrea la prima nota evidente di scontento comparve nel novembre 1433, dopo l'arrivo di una partita di filo di cotone e pepe che Dolceto era riuscito a caricare sulla galera che riportava in patria i pellegrini dalla Terrasanta. Sebbene in una lettera precedente avesse consigliato l'acquisto di pepe e filo, Andrea Barbarigo aveva poi scritto che ad Acri il pepe non era conveniente. Certo, Dolceto aveva agito con buon diritto, poiché aveva pieni poteri, e forse la seconda lettera non gli era giunta in tempo; comunque col pepe Andrea ci rimise del denaro. Quanto al filo di cotone, Andrea lamentava che non fosse filato fine, come l'aveva descritto Dolceto, bensí decisamente rozzo. Concludeva questa lettera relativamente brusca invitando Dolceto a prendersi maggiore cura degli affari del suo principale e ne spedí sette copie via Creta e Alessandria, sperando cosí che almeno una arrivasse in tempo a mettere sull'avviso l'agente.

Oltre a lamentarsi, Andrea rivelava di non aver spedito a Dolceto – con la flotta precedente – tutto quanto avrebbe potuto destinargli; si vantava infatti del buon prezzo spuntato dalle sue stoffe a Hama [16]. Si può presumere che intendesse con questo incoraggiare Dolceto a vendere altrettanto bene ad Acri, ma la cosa poteva ottenere anche l'effetto contrario. Ora Dolceto sapeva che Barbarigo, nonostante tutte le sue proteste, non gli affidava piú tutti i suoi affari. Forse Dolceto ritenne di non essere piú tenuto a favorire in modo particolare gli interessi di Barbarigo. Da allora in poi Barbarigo vide in Dolceto un agente piú che insoddisfacente, e alla fine si convinse di essere stato truffato. Poiché non conosciamo la versione di Dolceto dobbiamo limitarci a osservare che esisteva forse un'altra campana, continuando invece a prender atto delle obiezioni, delle esortazioni e delle accuse di Andrea.

Andrea aveva chiesto che tutti i suoi fondi gli fossero restituiti sotto forma di mercanzia con la prossima muda, quella del marzo 1434 [17]. Gli arrivarono, ma in una forma che non lo soddisfece. Aveva chiesto cotone e gli era arrivato un cotone scadentissimo, 45 sacchi del quale erano costati piú di 2100 ducati [18]. «E per l'amor di Dio – scriveva Andrea

---

[15] Dei grossi per un valore di 500 ducati scriveva: «i qualli con gran afano ho regrovati [?]». RB, reg. 1, Diario A, lettera del 30 giugno 1433. Barbarigo si scusava per non averne inviati di piú, ma non rivelava di aver appena venduto a credito 160 dozzine di loesti (*ibid.*, reg. 2, Mastro A, c. 97).
[16] RB, reg. 1, Diario A, lettera del 19 novembre, spedita il 21 novembre 1433.
[17] *Ibid.*, 30 giugno, agosto 1433.
[18] RB, reg. 2, Mastro A, cc. 89, 166.

dopo aver ricevuto il cotone e aver tentato di venderlo – «non ve fidati de qui cani... che abendo mai [mali] gotoni è pena infernalle». Era il tormento eterno. Gli acquirenti non offrivano nulla se non baratti con altre merci scadenti, e «de la padela se salta nel fuogo». «El puol esser ch'el vi parerà da nuovo che tanto ve abi dito che i gotoni me aví mandati siano cativi, e non volio che uditi a me, ma uditi ad Alberto Francho che l'ha visti, e quando i vendí che i sono in Fontego, che per hognuno forno tenuti cativi e pessima roba, e queli de ser Alberto Francho a Ser Zane da Prioli non sono stati cativi, né anche queli se fexe anche Alberto per lui, né queli fexe Zorzi Francho per lui e per Ser Polo Contarini. Per che vi amo chomo fradelo dicho piú largamente a voi de quello farei per altri, anche per che ho dispiaxer che se avesse auto bona robba v'arei mandato piú dinari» [19].

Andrea non era soltanto disgustato dal tipo di cotone ricevuto, ma era anche deluso per il modo in cui Dolceto aveva venduto la sua stoffa, quella stoffa che a prezzo di tante preoccupazioni era riuscito a far passare sana e salva attraverso la Germania, e che avrebbe potuto vendere con buoni profitti a Venezia immediatamente dopo la consegna. Ad Acri Dolceto aveva ottenuto un prezzo inferiore a quello spuntato da Lorenzo Soranzo a Hama. Per giustificarsi Dolceto protestò che i panni erano corti. Andrea rispose di aver controllato lui stesso le operazioni di taglio, e di essere sicuro che erano della lunghezza giusta. «O seti inganato de la mixura con picol falso... o pur avei tenute i pani... in luogo umedo, che per dita raxon i viria a chalar, si che abiate ben risguardo» [20].

Nonostante queste espressioni brusche, Barbarigo era ancora disposto ad affidare a Dolceto una parte cospicua dei suoi affari. Forse Andrea non credeva alla vecchia massima «se diffidi di un uomo non dargli lavoro, se dai lavoro a un uomo non diffidare di lui»; o forse credeva ancora nella buona volontà di Dolceto, pur mettendo in dubbio il suo giudizio. Gli spedí circa 1200 ducati in stoffe e contanti sulle navi della muda dell'autunno 1434 [21], e contemporaneamente inviò circa 550 ducati a Lorenzo Soranzo a Hama [22], e filo di rame per un valore di circa

[19] «Può ben darsi che vi sembri vi abbia detto fin troppe volte che il cotone che mi avete mandato era di cattiva qualità; ma non vi chiedo di ascoltare me; ascoltate invece Alberto Franco, che li ha visti, e sappiate che quando li ho venduti in Fontego furono ritenuti da tutti merce cattiva e pessima. Quello di Alberto Franco per ser Giovanni da Priuli non era cattivo, e nemmeno quello comprato da Alberto per suo conto, e nemmeno quello comprato da Giorgio Franco per suo conto e per ser Paolo Contarini. Perché vi amo come un fratello vi dico questo con maggior franchezza che non a un altro, anche perché mi dispiace, ché se avessi avuto buona merce vi avrei potuto inviare piú contanti». RB, reg. 1, Diario A, lettera del settembre 1434.

[20] «O vi hanno ingannato con una misura col timbro falso... oppure avete immagazzinato i panni in un luogo umido, ed è per questo che si sono ristretti; sicché state bene attento» (*ibid*).

[21] RB, reg. 2, Mastro A, c. 137, descritto nella lettera testé citata in reg. 1.

[22] *Ibid.*, c. 101.

300 ducati, ottenuto per baratto, a un terzo agente, Bertuccio Zorzi a Damasco [23]. A Soranzo e Zorzi, ai quali ora affidava la direzione dei suoi affari in Levante, Barbarigo diede l'autorizzazione di trasferire le merci ricevute a Latakia, Beirut e persino Acri. Poneva però limiti ben precisi alla quantità di merci che era disposto ad affidare a Dolceto. «Mandando per Acre mandati ad Alberto Francho, e state avixo ch'io non volio dir Alberto Dolzeto, ma per Alberto Francho, e scriveti ch'el segui l'ordene de la mia recordaxon, et sarò contento Alberto Dolzeto non n'el senti nulla» [24]. A Alberto Franco, che partiva da Venezia con le galere dell'autunno 1434, Barbarigo aveva consegnato un memorandum riferito sia alle merci che Franco portava apertamente a Dolceto per affidargliene la vendita, sia alla segreta possibilità che anche a Franco si chiedesse di agire per conto di Barbarigo [25]. Nessuno doveva essere al corrente di questa eventualità. Barbarigo scriveva anche a Soranzo: «Fazando opinion del viazio d'Acre, ch'el mandati ad Alberto Francho. Dicho Alberto Francho e non Dolzeto, e avixelo che è mia raxon, ma che segni e cargi per nome di Misser Francescho Balbi e compagni. Questo vi prego scrivete a Bertuzi Zorzi, azio che scrivi per modo che Alberto Dolzeto non el senti, che lui l'avesse a malo» [26].

In un certo senso impiegare cosí due agenti nello stesso luogo senza mettere al corrente quello principale dell'esistenza dell'altro significava fare il doppio gioco, ma non sembra che la cosa fosse inconsueta, poiché Andrea non se ne scusava nelle lettere agli altri agenti, e le sue lettere offrono altri esempi del ricorso a due agenti, uno dei quali non ne era informato.

La cosa comunque non continuò per molto. Dolceto aveva accennato alla possibilità di rientrare a Venezia già nel 1432 o 1433, forse perché all'epoca era scoraggiato dal modo in cui la guerra aveva interrotto il commercio. In quell'occasione Andrea gli aveva consigliato di tener duro finché le cose non si fossero rimesse al meglio [27], ma quando nel 1434 Dolceto si disse intenzionato a rientrare con la muda del marzo 1435, Andrea si limitò a raccomandargli di concludere tutti i suoi affari ad

---

[23] *Ibid.*, cc. 138, 202; reg. 1, Diario A, lettera a Zorzi del settembre 1434.
[24] «Se spedite ad Acri spedite ad Alberto Franco, e badate bene che non intendo Alberto Dolceto, ma proprio Alberto Franco, e scrivetegli che si attenga alle istruzioni che gli ho mandato. Vi sarò grato se Alberto Dolceto non ne saprà nulla». RB, reg. 1, Diario A, lettera del settembre 1434, «per le galie» a Zorzi.
[25] *Ibid.*, memorandum per Franco alla medesima data.
[26] «Se pensate bene del viaggio di Acri, spedite ad Alberto Franco. Dico Alberto Franco, e non Dolceto, e ditegli che è sul mio conto, ma che marchi e carichi la merce a nome di Messer Francesco Balbi e Compagnia. Questo vi prego di scrivere a Bertuccio Zorzi, che scriva in modo da non farne sapere niente ad Alberto Dolceto, che non se ne abbia a male». *Ibid.*, lettera a Soranzo alla medesima data.
[27] *Ibid.*, lettera del 30 giugno 1433.

Acri prima di partire [28]. Con le navi di marzo Andrea spedí a Dolceto soltanto contanti e un po' di quella tela, facile da vendere, che si usava per imballare il cotone; al loro ritorno le navi riportarono ad Andrea tutti i suoi fondi, sotto forma di cotone. Lo vendette lentamente, con mediocre profitto [29].

Cosí finí l'attività di Alberto Dolceto come agente di Andrea, ma non l'irritazione di quest'ultimo per l'impresa di Acri. Già nell'inverno 1434-35 Andrea aveva cominciato a riscontrare nella contabilità di Dolceto degli errori, cosí almeno li aveva considerati allora. Dopo il 1440 Andrea decise di aver motivo di ritenere che la contabilità di Dolceto fosse fraudolenta.

Il fatto che nel 1432, quando a Venezia il prezzo del cotone era assai alto, Dolceto non fosse riuscito a caricare una prima partita piú cospicua era stata una grave delusione. Quanto era realmente accaduto in Palestina nell'estate del 1432 apparve sotto nuova luce intorno al 1440, quando Alberto Dolceto si trovò implicato in una controversia con l'armatore Bernardo Navaier. La loro disputa fu sottoposta a un arbitrato privato. Poiché gli arbitri, Bernardo Venier e Vittore Cappello, erano amici intimi di Andrea Barbarigo, questi poteva parlare con cognizione di causa di quanto era stato dimostrato di fronte ad essi, e cioè che i capitani non avrebbero potuto acquistare il cotone di Safed senza l'aiuto di Dolceto, e che Dolceto, se lo avesse voluto, avrebbe potuto consegnare a Barbarigo un quinto in piú di quella partita di 116 sacchi. Come scriveva Andrea nel suo mastro: «E ser Zorzi Loredan e ser Bernardo Navaier dixe al cargar fo sempre ad libertà. Ma sia come se voia, almen un quinto di Baldissera de Marcho, o de Zorzi Francho el me podeva dar. Non havendo fato m'ha ingannado la raxon» [30].

Il futuro cui guardava Dolceto era probabilmente la prospettiva di ottenere provvigioni piú ricche come acquirente per conto di Navaier, Franco o uno degli altri grandi mercanti o armatori. È certo che piú avanti Dolceto condusse affari per conto di Navaier, e dedicò maggiore attenzione ad altri interessi che non a quelli di Andrea.

Di fronte a una condotta a suo avviso sleale, Andrea ripassò tutti i conti e le lettere ricevuti da Dolceto, ammassando contro l'agente infedele tutte le accuse possibili. Il risultato, cosí come lo formulò Andrea Barbarigo nel suo libro mastro, è un lungo elenco dei modi in cui un

[28] *Ibid.*, settembre 1434.
[29] RB, reg. 2, Mastro A, cc. 89, 137, 163, 166, 176, 205.
[30] «E ser Giorgio Loredan e ser Bernardo dicono che c'è sempre stata la possibilità di caricare. Sia come sia, poteva darmi almeno un quinto, quello di Baldissera di Marco, o di Zorzi Franco. Che non l'abbia fatto significa che ha contraffatto il mio conto». RB, reg. 4, Mastro B, c. 7.

agente commissionario poteva imbrogliare il principale. D'altra parte indica anche i mezzi attraverso i quali un principale poteva sperare di cogliere in fallo l'agente infido, costruendo un'imputazione tale da permettergli di rifarsi in tribunale.

In primo luogo, in merito alla mancata consegna a Barbarigo da parte di Dolceto della quota dovuta sui 116 sacchi di Sadef, nel 1434, Andrea riconosceva che non avrebbe potuto far nulla contro Dolceto, al quale aveva conferiti pieni poteri, se questi avesse semplicemente dichiarato di non aver ritenuto opportuno l'acquisto del cotone. E tuttavia, come Andrea si premurava di annotare dopo un'accurata analisi delle lettere di Dolceto: «non me scrive non aver fato la mia investida del mio perché non l'abi paresto oportun, o 'l non abi trova gotoni, perché el par el se faza opinion cara... ma perché non esser stà el cargar in libertà, quela dixe ser stà la raxon»[31].

L'obbligo per Dolceto di consegnare a Andrea una quota dei 116 sacchi di cotone di Safed sufficiente a coprire il valore dei fondi affidatigli fu dunque considerato valido sulla base di affermazioni fatte da Dolceto in lettere precedenti, nelle quali sosteneva di ritenere la cosa un buon affare, da realizzare subito non appena si presentasse la possibilità di farlo. La causa con Navaier dimostrava che questa possibilità era effettivamente esistita. Di conseguenza Andrea elaborò nel suo libro mastro una richiesta di rimborso contro Dolceto calcolata nei seguenti termini: su 116 sacchi 88 erano arrivati sani e salvi, e di questi 88 Andrea riteneva di aver diritto ad un quinto in piú di quanto aveva ricevuto, e cioè 18 sacchi. I 16 sacchi effettivamente ricevuti gli avevano fruttato 820 ducati netti, mentre 18 sacchi avrebbero reso 920 ducati, e cioè un profitto di 300 ducati in valuta di Acri. In conclusione, «el de dar per tal raxon, come apar provati da le sue letere e per el mio registro, e per le raxon predite... duc. 300»[32]. Subito dopo questo, nella lista delle doglianze di Andrea, veniva il divario tra i prezzi di cui Dolceto parlava nelle sue lettere e quelli dichiarati dai suoi rapporti formali definitivi sulle merci acquistate e vendute. Ad esempio, in una lettera giunta a Venezia il 6 marzo 1434, Dolceto scriveva che il cotone si vendeva a 11½, 12 e 12¾, di averne acquistati 65 sacchi e di essere in procinto di acquistarne altri, dei quali Andrea avrebbe ricevuto una quota. Qualche tempo dopo scriveva che i 40 sacchi di Andrea sarebbe-

[31] «Non mi scrive di non aver investito del mio perché non gli è parso opportuno, o perché non ha trovato cotone, perché è chiaro che [del cotone] aveva un'ottima opinione... ma dice che il motivo è che non c'era possibilità di carico» (*ibid.*).
[32] «mi deve per tale motivo, e per le ragioni predette, come risulta dimostrato dalle sue lettere e dal mio registro, ... ducati 30» (*ibid.*).

ro costati 12½-12¾. All'atto del rendiconto, però, aveva registrato un prezzo di 13¼, una grossa differenza che ora Andrea addebitava sul conto di Dolceto [33].

Differenze di questa entità non erano necessariamente esempi di disonestà da parte di Dolceto; la falsificazione intenzionale della contabilità non è l'unica spiegazione possibile. Sembra piú probabile che Dolceto avesse ceduto alle tentazioni che gli offriva la sua posizione, riferendo aspetti diversi della realtà nei diversi momenti. Se acquistava cotone a singhiozzo per tutto un anno era naturale che pagasse prezzi diversi secondo il periodo. Se negli acquisti effettuati nel periodo compreso tra due viaggi, quando c'erano in loco pochi acquirenti, gli riusciva di spuntare prezzi bassi, era naturale che riferisse il prezzo basso a Barbarigo e agli altri mercanti veneziani che voleva incitare a spedirgli con la flotta successiva la maggior quantità possibile di mercanzie, in modo da aumentare il volume delle sue provvigioni. Quando arrivavano le navi, portando altri compratori, era naturale che il prezzo del cotone salisse. In tal caso Dolceto, come qualunque altro agente che si fosse lasciato andare all'entusiasmo nelle sue lettere precedenti, convincendo troppi mercanti della possibilità di acquistare cotone a prezzi bassi, doveva certo trovarsi in una posizione imbarazzante. Aveva comprato del cotone al prezzo basso, 11, ma per soddisfare tutte le ordinazioni era stato costretto a pagare di piú, persino 13¼. Doveva per forza deludere qualcuno dei principali. In questo caso Dolceto aveva deciso di far pagare il prezzo alto a Andrea.

Una delle questioni per le quali Andrea protestava era chiaramente il risultato della diversità dei costi nei diversi momenti. Dolceto riferiva che gli ultimi 50 sacchi di cotone spediti nel marzo 1435 erano costati 982 *diremi* a *cantaro*, ma Andrea sapeva che altri mercanti avevano ricevuto su quella muda cotone a 850 diremi, e nelle lettere precedenti Dolceto aveva affermato che sarebbe riuscito a spuntare un prezzo anche inferiore acquistando quando in porto non ci fossero navi. Tra i due arrivi, però, Dolceto era andato a Damasco per condurre degli affari con un agente di Bernardo Navaier. Non ritornò che dopo l'arrivo delle navi della muda primaverile, e poiché non aveva lasciato alcun ordine per l'investimento dei fondi di Andrea durante la sua assenza, doveva ora acquistare il cotone al prezzo piú alto, prodotto dalla presenza della flotta. Andrea si sentiva autorizzato ad addebitare a Dolceto il

[33] RB, reg. 2, Mastro A, c. 89.

costo aggiuntivo provocato dal fatto di non aver acquistato prima, pur avendo già ricevuto i fondi di Andrea [34].

È assai probabile che proprio in questo senso Andrea interpretasse le discrepanze sulle quali trovava da eccepire, non si trattava cioè di vere e proprie menzogne, ma di esempi di negligenza e di favoritismo verso altri invece che verso di lui. Che Dolceto avesse fatto in modo di comperare e vendere a condizioni piú favorevoli per altri che non per lui poteva ben apparire ad Andrea, tenuto conto degli aiuti che aveva dato a Dolceto all'inizio della sua attività, un vero e proprio tradimento, e un motivo sufficiente per appigliarsi a qualunque cosa gli fosse riuscito di trovare da criticare nella contabilità di Dolceto. Protestava per il tasso di scambio al quale Dolceto aveva convertito la valuta di Acri in valuta veneziana, lo accusava di aver venduto le stoffe inviategli a un prezzo superiore a quello registrato, di aver addebitato le spedizioni di lettere quando queste erano state tutte inviate via nave, e dunque non c'era nulla da addebitare, di aver esagerato le spettanze versate al locale consolato, di non aver regolarmente registrati tutti i pacchi di merci ricevuti, né la metratura completa delle stoffe, di aver gonfiato il peso delle merci inviate a Venezia, e di aver dedotte perdite per spreco laddove non poteva sussistere spreco. Le prove erano costituite dalla contabilità di Barbarigo e dalle lettere di Dolceto in genere. A dire di Andrea, se si fossero verificati sprechi, o se le partite di Andrea non corrispondevano a quanto specificato nelle lettere ad esse riferite, Dolceto avrebbe dovuto riferire subito, mostrando i difetti al console veneziano [35].

Assommando tutti i casi in cui riteneva di essere stato defraudato, Andrea giunse a pretendere da Dolceto il risarcimento di circa 800 ducati [36]. Comunque non riscosse mai tale somma, e si può dubitare che abbia tentato di farlo attraverso il tribunale. Il conto risultava ancora aperto nei libri di Andrea al momento della sua morte, nel 1449. Poiché non è possibile conoscere la versione di Dolceto, non possiamo sapere se le proteste di Andrea fossero fondate, in termini legali o in quelli dell'etica vigente nel mondo degli affari. Forse Barbarigo non aveva fatto per Dolceto tutto quanto avrebbe potuto. Non v'è dubbio comunque sul fatto che Dolceto non offrí a Barbarigo il particolare trattamento privilegiato dal quale dipendevano le sue speranze di profitto in quell'impresa.

Ad Acri Barbarigo aveva tentato di costituire un'agenzia che sarebbe

[34] RB, reg. 4, Mastro B, c. 52.
[35] Ibid., cc. 7, 52, 53.
[36] Circa 1330 ducati d'Acri, convertiti in ducati veneziani al tasso indicati ibid., c. 53.

stata soprattutto sua, offrendogli particolari vantaggi negli acquisti e nelle vendite, ma la cosa non gli era riuscita. Negli altri mercati siriani si accontentò di utilizzare agenzie ben consolidate dalle quali non poteva pretendere favori particolari. I profitti che gli riusciva di spuntare per loro tramite gli venivano soprattutto dalla sua abilità nello scegliere le merci da esportare da Venezia[37]. A questi agenti accordava ampi poteri, autorizzandoli persino a inviare le sue merci ad altri agenti ancora, dei quali non sapeva nulla. Al centro di questa rete c'era Lorenzo Soranzo. In una lettera del 18 agosto 1433 Andrea lo autorizzava a spedire a Damasco, o ovunque ritenesse opportuno, della stoffa da vendere, lasciandogli la libertà di scegliere a quale agente rivolgersi. Pur concedendogli pieni poteri Barbarigo consigliava a Soranzo un'agenzia di Damasco, quella di Alvise e Giovanni de Martini, e anche ad essi scriveva attribuendo pieni poteri, se le merci fossero state affidate a loro, di vendere e reinvestire o di spedire tutto a chiunque desiderassero a Beirut. Quando Lorenzo Soranzo gli comunicò la sua intenzione di tornare a Venezia, Barbarigo gli chiese di concludere prima tutti i suoi affari, ma lasciava la cosa al discernimento di Soranzo; nel caso le merci fossero rimaste invendute, lo autorizzava ad affidarne la vendita e il reinvestimento a chiunque gli fosse piaciuto[38]. La disponibilità a ricorrere ad agenti sconosciuti significa che le tariffe di gestione erano ben definite, che a Venezia si era ben al corrente dei prezzi a Hama, Damasco e Beirut, e che in Siria c'erano molte agenzie commissionarie con ottime reputazioni.

3. In Spagna.

Dopo il 1435 le spedizioni di Andrea in Siria diminuirono, e i suoi investimenti principali si spostarono verso la Spagna. Uno dei motivi del cambiamento fu forse il fatto che gli agenti che Andrea conosceva meglio, Lorenzo Soranzo e Bertuccio Zorzi, si erano ritirati dalla Siria, ma esistevano anche altri motivi di per sé piú che sufficienti. Nel giugno 1436 Andrea aveva ormai piú di 3000 ducati investiti in cotone, una

---

[37] RB, reg. 2, Mastro A, cc. 101, 167, sulle spedizioni a Hama. Quanto alle partite di ritorno da Hama, Barbarigo ottenne un profitto del 2 per cento circa sul cotone ricevuto nel giugno 1434 (ibid., cc. 127, 169), un profitto del 14 per cento circa su quello ricevuto nel gennaio 1435 (ibid., cc. 144, 164), una perdita del 19 per cento circa su quello ricevuto nel giugno 1435 (ibid., c. 199), e una perdita dell'1 per cento circa sul conto unico del cotone ricevuto da Soranzo nel gennaio e nel giugno 1436 (ibid., cc. 194, 215, 220), e una perdita del 4 per cento circa sul cotone ricevuto nel giugno 1436 da un altro agente, Fantin Rodeli (ibid., c. 198).

[38] RB, reg. 1, Diario A, lettere agli agenti in questione, 1433-35.

somma per lui molto elevata da tenere bloccata in un'unica merce[1]. Un altro incentivo a cercare nuovi campi di investimento fu fornito dal sultano Boursbai, che agli inizi del 1436 aveva sequestrati ancora una volta i mercanti veneziani in Egitto, chiedendo loro di acquistare il pepe al suo prezzo[2]. Di nuovo i veneziani tentarono di commerciare ad Alessandria senza sbarcare dalle navi. Andrea arrischiò 1000 ducati da investire in questo modo sulle galere che partirono per Alessandria nell'autunno 1436[3], ma la maggior parte del contante che riceveva dalla lenta vendita del suo cotone veniva rimessa via lettera di cambio a Valencia, a Bertuccio Zorzi, trasferitosi nel 1436 da Damasco a Valencia. Per tutto il tempo in cui Zorzi fu a Valencia, 1436-39, fu lí che Andrea investí il grosso del suo capitale, circa 4000 ducati[4].

Bertuccio Zorzi era genero di Francesco Balbi, prestigioso banchiere e grande uomo d'affari. Mettendo i suoi affari nelle mani di Zorzi è probabile che Andrea Barbarigo stesse tentando, in modo piú che intenzionale, di attaccarsi al carro di Balbi. In passato aveva lavorato per lui e ne aveva ottenuto dei prestiti. A quanto pare si era trovato bene a trattare con Balbi, e riteneva che con Bertuccio Zorzi sarebbe stato lo stesso. È possibile che la decisione di quest'ultimo di trasferirsi per un po' a Valencia, dato che l'Oriente mamelucco offriva ormai pochi profitti e molti disagi, sia stata il motivo per cui anche Andrea collocò a Valencia i suoi successivi investimenti piú importanti. Nella primissima lettera a Zorzi scriveva di inviargli fondi da investire soprattutto per compiacere Messer Francesco suo suocero, oltre che per il suo «onore e profitto»[5]. Questa professione di disinteressata preoccupazione per l'onore e il profitto dell'altro è troppo trita per essere presa sul serio, ma è certo possibile che Barbarigo stesse affidando a Balbi e Zorzi affari dei quali essi erano felicissimi di occuparsi, non soltanto per le provvigioni, ma anche perché li aiutavano a effettuare acquisti piú consistenti e a completare i carichi delle eventuali galere da loro noleggiate. In cambio Andrea pretendeva, se non un trattamento di favore, quantomeno il tipo di servigi che un grande uomo d'affari doveva poter fornire ai suoi amici piú fedeli: rapido giro d'affari, buoni prezzi, alta qualità e organizzazione accurata dei trasporti.

In Spagna ancor piú che in Siria era probabile che i contatti personali con un buon agente si rivelassero di importanza vitale. Gli agenti

---

[1] RB, reg. 2, Mastro A, cc. 194, 198, 199, 215.
[2] Venezia, Biblioteca Nazionale Marciana, Mss it., cl. VII, cod. 2034, f. 441.
[3] RB, reg. 1, Diario A, sul fondo, istruzioni all'agente Jacomo Caroldo, in data 15 ottobre 1436.
[4] RB, reg. 2, Mastro A, cc. 214, 218, 235, 244.
[5] RB, reg. 1, Diario A, lettera del 27 ottobre 1436.

commissionari veneziani vi erano meno numerosi, le loro pratiche erano meno omogenee, e i pesi e le misure che utilizzavano erano meno conosciute a Venezia. Al principale era dunque piú difficile controllare l'attività del suo agente. Certo, a Valencia era piú facile un rapido giro d'affari, poiché la remissione di lettere di cambio da e per la Spagna era piú agevole che tra Venezia e le città siriane: perché il principale non subisse perdite dal trasferimento di fondi effettuato in questo modo, però, l'agente che riscuoteva e spiccava le lettere di cambio doveva dar prova di grande acume, per evitare al suo principale tratte su debitori insolventi. Anche i trasporti dipendevano in larga misura dall'agente. Poiché non erano molte le navi da e per Valencia – com'erano invece le galere di mercato e i convogli del cotone di Levante – che fossero vincolate da norme governative ad agire come vettori comuni, caricando tutto quanto veniva loro offerto di una data merce, l'agente doveva dar prova di maggiore spirito di iniziativa per reperire spazio di carico. In tutto ciò bisognava fare affidamento sulla sua discrezione e intraprendenza.

Alla verifica dei fatti, comunque, l'esperienza di Barbarigo nelle spedizioni ad Acri e a Valencia sono in netto contrasto. Era soltanto una la galera di Stato che caricava a Valencia, quella di Acque Morte, che si dedicava al commercio con la costa occidentale italiana e con la Spagna tanto quanto a quello con la Francia meridionale. I viaggi delle galere di Barberia verso Valencia, passando per la costa settentrionale africana, ancora non erano diretti dallo Stato[6]. La maggior parte delle merci spagnole arrivava a Venezia su navi tonde fornite dall'iniziativa privata, che il Senato lasciava libere di viaggiare quando volevano, e di caricare ciò che volevano. La lana, l'olio e la seta di Valencia non erano sottoposte dai veneziani a normative analoghe a quelle che limitavano a stagioni specifiche i periodi in cui determinati prodotti levantini potevano essere caricati sulle navi veneziane. In tempo di guerra poteva accadere che le navi ricevessero l'ordine di navigare in convoglio, ma gli anni in cui Zorzi risiedette a Valencia furono anni di pace. Anche se nel 1437 ripresero le ostilità tra Venezia e Milano, Genova non entrò nel conflitto[7]. Il Senato dunque non ritenne necessario occuparsi delle scadenze o delle destinazioni delle navi tonde.

Poiché il governo non si interessava all'organizzazione e alla regolamentazione dei convogli, né obbligava le navi a caricare tutte le merci offerte, il mercante che desiderasse ricevere merci dalla Spagna doveva

---

[6] ASV, Senato Misti, reg. 59, ff. 165, 184, 185, 191.
[7] Genova si affrancò dalla signoria viscontea nel dicembre 1435. C. CIPOLLA, *Storia delle signorie italiane dal 1313 al 1530*, in *Storia politica d'Italia scritta da una società d'amici*, a cura di P. Villari, vol. IV, Milano 1881, parte I, p. 360.

accordarsi con un agente marittimo o con un comandante prima che la nave partisse da Venezia, oppure noleggiare una nave propria, oppure ancora fidare nella capacità del suo agente in Spagna di reperire sul posto una nave dal carico incompleto. La possibilità di Barbarigo a Venezia, e di Zorzi a Valencia, di trovare posto sulle navi per le loro merci dipendeva da due condizioni: il commercio nel suo insieme doveva essere dotato di spazio di carico maggiore rispetto alle merci da spedire, e Barbarigo e il suo agente dovevano disporre del controllo di una nave in modo da poter barattare lo spazio di carico di quella con lo spazio su un'altra nave.

Nel 1437 c'era grande disponibilità di spazio, e perché Andrea potesse conquistarlo bastava che Zorzi agisse con diligenza, ma nel 1438 il volume degli investimenti veneziani nel viaggio di Valencia minacciava di equivalere allo spazio di carico disponibile. All'epoca Zorzi era impegnato nella spedizione di ingenti quantitativi di una merce ingombrante, l'olio, e dunque il piú importante dei mercanti per conto dei quali agiva, il banchiere Francesco Balbi, noleggiò una nave, la *Soligo*. Poiché Andrea Barbarigo si considerava tra gli amici di Balbi, ed era su consiglio di questi che effettuava acquisti a Valencia, prevedeva di poter caricare sulla *Soligo* anche le sue merci. Inoltre, il fatto che Zorzi controllasse la *Soligo* poteva essere utilizzato per ottenere trasporti rapidi e sicuri su altre navi.

Ci fosse o meno spazio sulla *Soligo* per tutte le sue merci, Andrea voleva suddividerle in diversi vascelli, in modo da non caricare su ciascuna nave un valore superiore a 1000 ducati, per evitare di perdere tutto in un solo naufragio. Certo poteva, e intendeva, assicurare le merci sulla *Soligo* per un valore di 500 ducati, ma nella misura del possibile preferiva evitare le spese assicurative. Di conseguenza andò di persona a informarsi tra comandanti e agenti marittimi se c'era qualcuno disposto a barattare dello spazio sulla *Soligo* con lo spazio sulla propria nave, e presumeva che Zorzi avrebbe condotto per lui trattative analoghe a Valencia[8].

<hr/>

[8] RB, reg. 1, Diario A, lettere del 1° febbraio, 8 febbraio, 8 marzo, 15 marzo e 19 aprile. In un momento Barbarigo riteneva che nella *Soligo* vi sarebbe stato spazio anche per la merce di altri mercanti; poi si convinse che gli acquisti di Zorzi, Balbi, degli altri soci e suoi sarebbero stati piú che sufficienti a riempire la nave. Il 26 aprile cosí riassume le sue precedenti istruzioni: « Dobiatj meter la mia raxon sopra piú nave podí, dito parendovi o posendo. Stimo al *Basa* mancarà ¼ del suo cargo, et il suo soracargo che la fa molzar m'a dito andrà da voj. Se li voré dare cargo azeterà volentierj, si che parlandoli per tempo non mancherà chi torà robe de mia raxon. Par le altre credo areti modo de cargar anca lore piaza esendo vuoda, e senza dando la vostra piaza sopra al *Soligo* non mancharà poder cargar sul altre » (« dovrete metter la mia merce su quante piú navi potrete. Credo che la *Basa* non sarà a carico completo, e il suo soprastante, che controlla il carico, mi ha detto che si rivolgerà a voi. Se vorrete dargli carico, lo accetterà volentieri, sicché se gli parlerete per tempo non mancherà chi caricherà merci sul mio conto. Per le altre navi, credo avrete modo di caricare

Come prevedeva fu servito bene, poiché in quei tre anni furono molte le navi impegnate in quel commercio. Nel 1437 Andrea indicava almeno undici, e forse quindici, navi o galere da prendere in considerazione per i trasporti dalla Spagna a Venezia, e le sue merci gli arrivarono su sei navi diverse. Anche nel 1438 indicò otto navi, e ricevette merci da cinque di esse. Da questi dati risulta un traffico sorprendentemente intenso di navi veneziane nel Mediterraneo occidentale. E infatti in quegli anni il tonnellaggio del naviglio impegnato tra Venezia e la Spagna fu piú o meno equivalente a quello tra Venezia e la Siria in tempi normali. Quegli anni, però, furono tutt'altro che tipici. Le ripetute confische del sultano Boursbai avevano allontanato molti veneziani dal commercio siriano, e per di piú i veneziani disponevano di cotone in abbondanza. Molte tra le navi menzionate nel commercio spagnolo nel 1437 e nel 1438 sono le stesse che in altre stagioni viaggiavano sulla rotta di Siria[9]. Le condizioni di trasporto del commercio spagnolo erano dunque favorevoli a un piccolo mercante che non controllava navi proprie, né era disposto a noleggiare un intero vascello. Certo, Andrea operava sotto l'ala protettrice di Balbi; e anche se le condizioni di trasporto non fossero state eccezionalmente favorevoli poteva sempre contare sulla *Soligo*, o sullo spazio ottenuto per via di baratto. Ma cosa avrebbe fatto Zorzi se avesse dovuto scegliere tra caricare le merci di Balbi o quelle di Barbarigo? Si potrebbe tirare a indovinare, ma non servirebbe a molto. Poiché non fu necessaria alcuna decisione del genere, Zorzi, Balbi e Barbarigo beneficiarono tutti di quell'associazione: Barbarigo ebbe il servizio di trasporto che desiderava, Zorzi ottenne grosse provvigioni, e Balbi ebbe la garanzia di carichi completi sulle navi noleggiate per il viaggio.

Se dipendeva da Zorzi o Balbi per il reperimento o l'offerta di trasporti, Barbarigo dipendeva dall'agente anche per acquistare a prezzi favorevoli. Certo, Andrea poteva stabilire un prezzo e obbligare l'agente a non superarlo, e effettivamente in una lettera del 1438 indicava un prezzo, relativamente basso, che si diceva disposto a pagare; piú avanti nell'anno, però, prevedendo che Valencia fosse invasa da veneziani che facevano acquisti folli, Andrea fece come in altre occasioni, e lasciò alla discrezione di Zorzi di decidere se il prezzo era troppo alto da rendere poco oculato l'acquisto[10]. Quando, nel gennaio 1438, Zorzi riferí di

---

anche su quelle, essendoci spazio vuoto, e se non ce ne fosse, se darete in cambio lo spazio vostro sulla *Soligo* potrete certo caricare sulle altre»).

[9] La *Navaier*, ad esempio, cui si accennava sopra, cap. II, nel 1431-32 era stata destinata in Siria. Altri nomi compaiono negli elenchi in ASV, Notatorio di Collegio, n. 8. Cfr. LANE, *Venetian Ships* cit., p. 255.

[10] RB, reg. I, Diario A, 18 gennaio 1438, acquistare a 5,20; 8 marzo: «essendo garbino et

aver deciso di far acquistare lana fuori, sulle montagne, avendo trovato
una persona di fiducia che l'avrebbe acquistata per suo conto, Barbarigo
si congratulò con lui: «per molti ho intexo che aver persona leale a far
acatar de fuori porta gran avantazo de pexo e buona roba, et cum van-
tazo de prexo». L'agente di Zorzi ritornò in marzo con l'opzione su un
grosso quantitativo di lana nel distretto di Molina, e Andrea accettò di
acquistarne 1500 *rove* su 3500 [11]. Quando, un mese dopo circa, Zorzi
scrisse di aver ricevuto da Molina meno lana del previsto, Andrea accettò il cambiamento per forza di cose, tanto piú volentieri perché la ripresa della guerra in terraferma e i successi militari del duca di Milano
avevano nel frattempo ristretto il mercato italiano sul quale contava di
vendere [12]. Con dichiarata soddisfazione si affidava al discernimento e
all'intelligenza di Zorzi per la scelta di questo o quel tipo di lana, chiedendo soltanto che ciò che si acquistava per suo conto fosse della qualità
migliore nel suo genere, perché la merce di qualità superiore era sempre quella che permetteva l'utile piú rapido.

Quanto all'alta qualità che desiderava per le sue mercanzie, Barbarigo talvolta vi accennava appena, talaltra, senza motivi evidenti, entrava nei minimi dettagli. Una serie di questi dettagli, comunque, era evidentemente destinata ad aiutare Zorzi: si trattava di un'analisi sull'olio
di Valencia. Non si tratta della convenzionale richiesta del principale,
che vuole sempre il meglio di tutto; e uno sforzo da parte di Barbarigo
di rendersi utile, e di fare un favore in cambio dei favori che si aspettava di ricevere.

È assai probabile che Zorzi, acquistando a Valencia olio per il mercato veneziano, stesse tentando operazioni pionieristiche in un nuovo
ramo del commercio. Nessuno dei manuali commerciali fiorentini, né
quello di Di Paxi – che alla fine del secolo xv compilò un'elaborata guida ai paesi e alle misure usati nel commercio veneziano – fa cenno a olio
esportato da Valencia [13]. Se è vero che si trattava di un commercio inso-
lito, il fatto che Zorzi ignorasse gli equivalenti veneziani delle misure

danno quaxi da tuti altri viazi, io imazino ziostra molti ordeni de lane, e poria ocore se fazese pazie»;
5 aprile: fate come vi parrà meglio.

[11] «Da molti ho sentito dire che l'aver persona leale che si occupi degli acquisti fuori offre
grossi vantaggi quanto al peso e alla qualità, oltre che sul prezzo» (*ibid.*, 1° marzo, 19 aprile, «del
incapara auto fata de lane in tera de Molina»).

[12] *Ibid.*, 1° giugno, 10 luglio, 19 luglio 1438.

[13] FRANCESCO BALDUCCI PEGOLOTTI, *La pratica della Mercatura*, a cura di A. Evans, Cambridge
(Mass.) 1936; BARTHOLOMEO DI PAXI, *Tariffa de pexi e mesure*, Venezia 1503, s. p. Di Paxi fornisce
le misure per l'olio di Siviglia e Maiorca, e quelle per la seta, lo zafferano, il grano e il legname di
Valencia, ma non le misure per l'olio di Valencia. GIOVANNI DI ANTONIO DA UZZANO, *Della mercatura*, in GIOVANNI FRANCESCO PAGNINI, *Della decima e delle altre gravezze*, tomo IV, Lisbona e Lucca
(Firenze) 1766, p. 164. *El libro di mercatantie et usanze di paesi*, a cura di F. Borlandi, Torino 1936,
pp. 86-87, 125.

valenciane dell'olio diviene piú comprensibile. Senza dubbio Zorzi aveva dubbi in proposito, e aveva chiesto esplicitamente ad Andrea dei chiarimenti [14]. La questione era piú complessa di quanto si potrebbe supporre, poiché in genere l'olio veniva spedito in giare, e occorreva tener conto del quantitativo che le giare avrebbero assorbito [15]. Inoltre, poiché a Valencia l'olio si comperava a peso, e a Venezia si vendeva in misure liquide prima di poter convertire la misura liquida in peso occorreva un confronto tra il peso specifico dell'olio valenciano e quello del piú comune olio pugliese.

Andrea dovette ridurre le rove, usate a Valencia per misurare l'olio, in libbre veneziane, calcolando il tutto in base alle misure della lana. Nel descrivere il procedimento, però, si confondeva; pur avendo affermato che l'olio valenciano era un po' piú leggero, dai calcoli di Andrea risultava un po' piú pesante [16]. Fortunatamente per entrambi né Andrea Barbarigo né Bertuccio Zorzi si fidavano molto dei risultati di un calcolo con tanti passaggi. Prima di ricevere la contraddittoria stima di Barbarigo, Zorzi scrisse di aver rinviato gli acquisti di olio in attesa di sapere cosa pensavano i suoi soci veneziani dell'olio da lui acquistato l'anno precedente. Andrea non aveva bisogno del suggerimento; non appena ricevuto una parte dell'olio spedito nel 1437 aveva preso una misura di olio valenciano e l'aveva pesata. Aveva poi rettificato i suoi calcoli, riferendo a Zorzi che 55 rove di Valencia equivalevano a un *mier* veneziano [17].

Il mistero della misura valenciana dell'olio è un buon esempio dei dettagli minuti e complessi che richiedevano l'attenzione anche dei mercanti su larga scala, impegnati in imprese di ampio respiro. Andrea Barbarigo non riteneva certo che la soluzione di quel tipo di mistero fosse cosa troppo vile per occuparsene, e si può dubitare che nemmeno i grandi mercanti dell'epoca si permettessero di ignorare quei noiosi dettagli. Francesco Balbi e Bertuccio Zorzi erano grandi mercanti, nel senso che

---

[14] RB, reg. 1, Diario A, lettera del 17 febbraio 1438.

[15] *Ibid.*, 5 aprile.

[16] *Ibid.*, 8 febbraio: «dal rappoder quel pexo nostra mexura, per quel intendo rove 54 fa qui un miaro. La raxon sia che L. 30¼ al grosso de olio de Pulia rende qui uno miro, e 40 miri fa uno miaro. Dise che l'olio de Valenza è piú lieve, qual che se posa estimar L. 31 ala grossa debj render uno nostro miro. [H]o avixo che rove 30 grose de quele se pexa la lana fa L. 1000 ala grosa, e rove 36 de quele se vende l'olio a Valenza torna rove 30 de quele se vende la lana. Per questa raxon rove 54 deve tornar miaro 1» («quanto al rapporto tra quel peso e la nostra misura, a quel che sento 50 rove corrispondono a un nostro miaro. Il motivo è che 30 libbre al grosso di olio di Puglia equivalgono a un miro, e 40 miri equivalgono a un miaro. Dicono che l'olio di Valencia è meno spesso, dunque si può stimare che 31 libbre alla grossa corrispondano a un nostro miro. So che 30 rove grosse, di quelle per pesare la lana, equivalgono a 1000 libbre alla grossa, e 36 rove di quelle che misurano l'olio a Valencia corrispondono a 30 rove di quelle per misurare la lana. Per questo motivo 54 rove dovrebbero corrispondere a 1 miaro»).

[17] *Ibid.*, 8 marzo, 5 aprile. Cfr. i campioni pesati da Pegolotti, in *La pratica* cit., p. XXI.

trattavano carichi interi e gestivano affari di grande portata. Fu Zorzi
in persona a controllare le cifre di Barbarigo? Sembra piú probabile che
per compiti di questo tipo disponesse di scrivani. D'altra parte, però, è
ragionevole attribuire a Zorzi in persona la decisione di chiedere a Barbarigo informazioni esaurienti sull'olio, e la cosa fa balenare un aspetto
interessante del rapporto che spesso doveva esistere tra il principale e
l'agente quando era quest'ultimo il mercante piú ricco e importante.

Qualunque mercante che operasse in modo esteso nel commercio internazionale aveva grande bisogno di informazioni – informazioni fre-
sche e attendibili su molti mercati. In una società familiare come quella
dei Soranzo i fratelli si informavano a vicenda, e dovevano passare parecchio tempo a scriversi lettere a questo scopo, nonostante i loro affari
fossero relativamente specializzati, e non avessero molti settori di cui
occuparsi. Nelle società piú grandi il compito della corrispondenza poteva divenire molto oneroso, se non si assumevano scrivani e apprendisti
che si prendessero cura del grosso del lavoro a tavolino [18].

Dalla corrispondenza di Andrea Barbarigo risulta un altro modo in
cui un mercante che operasse nel commercio internazionale poteva orga-
nizzarsi un proprio servizio di informazioni. Inviando e ricevendo su
consegna merci da vendere a provvigione il mercante poteva instaurare
nei centri commerciali piú importanti rapporti con una serie di corrispondenti che gli avrebbero fornito informazioni esaurienti e accurate
sulla situazione nei rispettivi luoghi. Pur non dipendendo da lui come i
fattori o i soci subalterni, essi potevano essere spinti a curare i suoi interessi dalla speranza di vedersi affidare i suoi affari in futuro e da quella
che, nel maneggiare le loro merci, il mercante avrebbe usato particolari
riguardi.

A quanto risulta era proprio un sistema di servigi reciproci come
questo a legare Andrea Barbarigo a Francesco Balbi. L'organizzazione
commerciale che dipendeva da Balbi doveva essere piuttosto vasta. Le
lettere di Barbarigo non ci offrono che scorci indiretti del modo in cui
operava in quanto organizzazione, ma i dati di cui disponiamo indicano
un'organizzazione elastica, fondata su vaghe aspettative di futuri favori.
Zorzi era il rappresentante spagnolo del gruppo, e negli anni 1437-39
una delle funzioni di Barbarigo nell'organizzazione fu quella di fornirgli
informazioni sul mercato veneziano. È probabile che Zorzi avesse a Venezia numerosi altri clienti, ma per un motivo o per l'altro, forse perché
come Francesco Balbi avevano troppo da fare, o forse perché non erano

---

[18] A. SAPORI, *Il personale delle compagnie mercantili del Medio Evo*, in «Archivio storico italiano», XCVII, 1939, pp. 124, 143.

abbastanza «addentro» alle cose, su questi clienti non si contava per le informazioni di cui Zorzi aveva bisogno. Di conseguenza Barbarigo fu l'informatore di Zorzi per il mercato veneziano.

Per quanto grande fosse la dipendenza di Barbarigo dall'organizzazione Balbi nella sua impresa spagnola, il rapporto non fu del tutto unilaterale. La ricchezza e i contatti di Balbi e Zorzi risolvevano ogni possibile difficoltà di trasporto, e rendevano possibile l'acquisto di grosse partite direttamente alle fonti dell'offerta. I sostanziosissimi profitti di Andrea Barbarigo, piú di 1000 ducati sulla sola importazione di lana, furono forse dovuti in parte alla situazione politica e commerciale generale. Le continue riprese della guerra con Milano non permisero l'apertura della strada verso i mercati di Brescia e Bergamo nei tempi rapidi sperati da Andrea, ma d'altronde c'erano abbastanza mercati italiani aperti da consentire la stabilità dei prezzi[19], e l'offerta di lana era diminuita per il naufragio, nell'autunno del 1437, di due galere di mercato del viaggio di Fiandra – un avvenimento rarissimo[20]. Se l'impresa spagnola sembra essere stata favorita dalla fortuna, il suo successo fu però in gran parte dovuto all'intraprendenza e al giudizio di Zorzi[21]. D'altro canto anche Andrea aveva fatto la sua parte nell'interesse dei soci affidando loro qualche migliaio di ducati da usare nell'organizzazione di grandi acquisti e dei carichi della nave, e fornendo a Zorzi le informazioni di cui questi aveva bisogno.

Quando Zorzi tornò a Venezia, Barbarigo continuò ad investire in merci spagnole attraverso un'altra alleanza con operatori piú grandi di lui, Francesco Venier e fratelli. Questi nuovi alleati in affari erano parenti acquisiti di Francesco Balbi. Oltre ad usarli semplicemente per gli acquisti in Spagna e le spedizioni a Venezia, Andrea affidò loro quello che in pratica era un deposito con partecipazione ai profitti, da utilizzare per l'acquisto di qualunque merce comprassero anche per sé da spedire sulla loro nave, la «Zorzi Pulese», da Valencia alla Romania[22]. Si trattava però di un investimento relativamente esiguo, tra i 600 e

---

[19] RB, reg. 1, Diario A. Cfr. le lettere del 28 settembre 1438, dell'8 novembre 1438, del 1º aprile 1439; CIPOLLA, *Storia delle Signorie* cit., vol. I, pp. 359-67.

[20] Venezia, Biblioteca Nazionale Marciana, Mss it., cl. VII, cod. 2034, f. 48; cod. 786, f. 164; cfr. LANE, *Venetian Ships* cit., p. 25, nota 41.

[21] La chiusura finale dei conti corrispondenti è nelle pagine rovinate del Mastro A (RB, reg. 2), ma sembra probabile un profitto consistente, stando al bilancio del conto Lana principale in c. 285 e al totale del conto Profitti e Perdite, riportato a c. 151. Per altri buoni profitti su conti Lana, cfr. cc. 266, 245, 243, 225; per un buon profitto sulla seta spagnola, cfr. c. 221; per un piccolo profitto sui cambi, cfr. c. 257. Il profitto sull'olio fu insignificante, circa 20 ducati su olio per un valore di 700 ducati. Cfr. cc. 242, 243.

[22] RB, reg. 1, Diario A, lettere a Venier del 19 settembre 1439, 9 luglio 1440.

gli 800 ducati. A quel tempo, il 1440, i principali investimenti di Barbarigo erano ormai in merci inglesi[23].

La natura elastica delle organizzazioni d'affari veneziane, formate in genere per un'unica occasione, e pronte a sciogliersi alla fine di ogni impresa, facilitavano a Barbarigo il passaggio da un agente spagnolo all'altro, e inoltre lo spostamento dei suoi investimenti principali dalla Spagna all'Inghilterra. In Inghilterra poté trarre profitto ad un tempo dai suoi contatti con i grandi operatori e dalla sua capacità di acquistare e vendere in modo indipendente da loro.

4. A Bruges e a Londra.

La vendita e Venezia di stoffe inglesi fu una delle piú costanti e proficue tra le attività di Andrea, ma i quantitativi e i generi di stoffa da lui trattati furono assai vari, e cosí dunque anche le dimensioni dei suoi investimenti in Ponente. Dopo quelli relativamente cospicui che tanto lo avevano preoccupato nell'inverno e nella primavera 1432-33, Andrea non effettuò altri grossi acquisti in Ponente prima del 1439.

Sia nel 1432 che nel 1439 utilizzò come agenti i fratelli Cappello, divenuti suoi cognati proprio nel '39. Poiché Giovanni, Alban e Vittore erano molto conosciuti tra i mercanti di Londra e di Bruges – sia Alban che Vittore erano stati piú di una volta comandanti sulle galere di Fiandra – la soluzione piú ovvia e piú semplice era che Andrea rimettesse loro i suoi affari in Inghilterra cosí come aveva fatto con Bertuccio Zorzi in Spagna. I Cappello avrebbero tratto profitto dalle provvigioni, e dal fatto di disporre di fondi di Barbarigo da investire in mercanzie che avrebbero contribuito a riempire le loro galere. Andrea, anche se le sue merci non fossero state acquistate a prezzi particolarmente bassi, poteva ricavare profitti curando personalmente la vendita della stoffa, dello stagno, del peltro e delle altre merci ricevute.

Questa via piú semplice avrebbe forse soddisfatto un mercante meno ambizioso, ma ad Andrea non bastava. La colonia veneziana a Londra contava quaranta membri e piú[1], e dunque c'era ampia scelta di agenti. Pur sfruttando al massimo il contatto con i Cappello, Barbarigo non gli permise di distoglierlo dall'approfittare di ogni occasione di avvantaggiarsi su di loro e di rendersi indipendente dai ricchi cognati.

Un passo fondamentale nella campagna di Barbarigo per la conquista della sua indipendenza fu la scelta di un'altra compagnia che lo ser-

[23] RB, reg. 4, Mastro B, c. 1, *conto saldo* del 1° settembre 1440.
[1] BISCARO, *Il banco Filippo Borromei* cit., p. 369.

visse a Bruges. Poiché il ramo dei Cappello a Bruges, cui Barbarigo aveva scritto nel 1432, dopo il 1436 si era ritirato dall'attività, Barbarigo affidò i suoi affari a Bruges a Alvise e Girolamo Bembo. Cercò di interessarli al suo esiguo conto parlando con fare allettante delle grandi ordinazioni che avrebbe presto effettuato[2]. Riuscí a sfruttare i contatti con Vittore Cappello assicurandosi l'arbitrato di una disputa tra questi e Girolamo Bembo[3]. L'aver reso loro un tale favore gli dava maggior ragione di aspettarsi favori dai suoi agenti di Bruges.

Erano soprattutto due i tipi di servigi che Barbarigo dovette chiedere ai fratelli Bembo. Entrambi riguardavano merci di categoria inferiore, specialità che Barbarigo trattava di persona. Spediva piuttosto spesso a Bruges partite di pellami chiamati albertoni, e aveva bisogno di agenti che sapessero venderli con rapidità e perizia. Abbastanza regolarmente, inoltre, spediva piccole e preziose cassette di filo d'oro. Queste non si dovevano vendere a Bruges, proseguendo invece per Londra; assicurarsi un passaggio tranquillo per queste merci da Bruges a Londra, però poteva essere un problema, e nel 1436 Barbarigo voleva un passaggio non soltanto sicuro, ma che fosse anche all'insaputa dei fratelli Cappello. A Londra utilizzava un agente che non era la Fratelli Cappello, tale Bertuccio Contarini, e non voleva che i Cappello lo venissero a sapere. Chiedendo a Bembo di occuparsi con particolare cura delle 288 spolette di filo d'oro inviategli, Barbarigo gli chiedeva di nascondere ai Cappello chi ne fosse il proprietario; per tema, scriveva, che la prendessero a morte e tentassero di danneggiarlo[4].

Il pericolo che i Cappello potessero danneggiarlo aumentò nel 1436-1437 perché Alban Cappello era patron di una delle galere veneziane dirette a Bruges e Londra. Andrea sperava che quando il suo filo d'oro fosse giunto a Bruges vi avrebbe trovata una delle altre galere veneziane, che lo facesse proseguire tranquillamente per Londra nonostante i pericoli creati dalle ostilità anglo-francesi. D'altra parte, però, la galera Cappello poteva essere l'unica rimasta ancora a Bruges. Se la cassetta di filo d'oro doveva essere affidata allo stesso Alban, Bembo aveva l'ordine di togliere il sigillo sul quale Andrea aveva stampigliato il suo stemma, o di sovrapporvi un altro sigillo, di modo che Alban non scoprisse di chi era quella merce. Andrea scriveva anche a Bertuccio Contarini che «Per che i Capeli non avese ados[o] perché non fazi cum loro, e cum questa sua galea me noxese, arò caro i non senti de fatj miei»[5]. Quali

[2] RB, reg. 1, Diario A, lettere del 30 agosto 1436, del 5 gennaio e dell'8 marzo 1440.
[3] Ibid., lettera del 5 luglio 1440.
[4] Ibid., lettera del 30 agosto 1436 a Bembo.
[5] «Per evitare di farmi nemici i Cappello, per non aver trattato con loro, che mi potrebbero

danni potessero arrecare i Cappello ad Andrea con la loro galera non viene specificato, ma Andrea chiedeva a Contarini di spedirgli delle stoffe con quella flotta, e forse temeva che Alban Cappello potesse rifiutare di caricarle, o che le caricasse a bella posta nel punto in cui c'erano maggiori probabilità che fossero danneggiate dal sole o dalla salsedine.

Ad Andrea sembrò necessario trovare una scusa per aver spedito il suo filo d'oro a Contarini invece che ai Cappello. Il motivo dichiarato a Bembo era che condivideva l'affare con un amico, col quale aveva concordato di consegnare la merce a Contarini[6]. Il mastro di Andrea, comunque, non conferma quanto dichiarato a Bembo. Anzi, dimostra invece che il filo d'oro apparteneva al solo Andrea; non spartì con nessuno il profitto che ne ricavò[7]. È significativo che Andrea ritenesse necessario giustificarsi per aver nascosto la spedizione ai Cappello, e che inventasse una scusa che non corrispondeva esattamente ai fatti. Perché non comunicare a Bembo il vero motivo? Forse perché Barbarigo si era avvicinato troppo alla linea di demarcazione tra le buone consuetudini mercantili e il doppio gioco? Forse Andrea non voleva far sapere a Bembo di essere il tipo di mercante che trattava a quel modo i suoi agenti.

Il vero motivo per cui Andrea non affidò la vendita del suo oro ai Cappello è rivelato dalla lettera di Andrea a Bertuccio Contarini. Dopo avergli comunicato gli ottimi prezzi che sperava di spuntare col suo filo d'oro, data la scarsità di quell'anno, Andrea scriveva: «Et per che poderé fare meior deliberation, cum la nave porta el mio a questa nostra, porta a Ser Domenego Michiel fo q. Ferigo zircha L. xx. El dito non sa del mio, e anchora non voio ch'el sapia, ma el m'a dito e chusí credo el vol zerchare de venderlo qui, e questo per el dubio che viazo de mandarlo da Bruza a Londra. S'el deliberasse de mandarlo, so ch'el lo manderà in vostre mani, si che segondo ziò che serà porí governarvi. Avendo solo el mio, non essendo de altri chomo stimo, credo el venderej a che prexio vereti. O solo che aveste quel del Michiel, sarea pur in vostra man, non ne farà guasti. Se pur lo chadesse, che non el credo, ve fusse del altro in altre mani, faré segondo ve parerà»[8]. In questo passo com-

---

danneggiare con questa loro galera, vi sarò grato se non sentiranno parlare dei miei affari» (*ibid.*, lettera del 30 agosto 1436 a Contarini).

[6] *Ibid.*, lettera del 30 agosto 1436 a Bembo.

[7] RB, reg. 2, Mastro A, cc. 206, 209. In precedenza Andrea aveva spedito filo d'oro per conto di Vielmo Querini, ma l'oro spedito nel 1436 e nel 1437 era suo. Il conto era intestato «Oro... de mia raxon». Tutto il profitto venne inscritto nel conto Profitti e Perdite di Andrea; in nessun luogo una parte di esso viene accreditata a qualcun altro.

[8] «E per consentirvi di decidere meglio, vi dico che la nave che ha portato il mio in questa nostra [città], ne porta a Ser Domenico Michel circa venti libbre. Lui non sa del mio, e ancora non voglio ne sappia nulla, ma mi ha detto, e ci credo, che vuol cercare di venderlo qui, e questo per i pericoli del viaggio per mandarlo da Bruges a Londra. Se decidesse di mandarlo, so che lo manderà

pare quello stesso interesse ad eliminare le offerte concorrenziali di cui Andrea aveva già dato prova scrivendo a Dolceto ad Acri. Contarini, sperava Andrea, sarebbe stato l'unico offerente in quanto rappresentava entrambi gli speditori, sia Michiel che lo stesso Andrea.

Due anni dopo, quando Andrea fece un'altra spedizione di filo d'oro, ancora una volta lo consegnò a Bertuccio Contarini, pur prevedendo che non sarebbe stato l'unico agente a metterlo in vendita. Sapeva che molti altri ne avevano inviati grossi quantitativi, e tra questi gli stessi Cappello, che avevano spedito filo d'oro sulle galere partite da Venezia nella tarda primavera o agli inizi dell'estate 1438[9]. In marzo Andrea spedí via terra, sperando di riuscire a far vendere la sua merce prima che i prezzi si abbassassero con l'arrivo della grossa offerta con le galere. Stando agli accenni di Andrea sulle ampie fluttuazioni causate anche da piccole partite, il mercato del filo d'oro era assai sensibile. Il motivo per cui quell'anno non consegnò il suo filo d'oro ai Cappello è ovvio. Erano proprio loro i concorrenti che temeva, ed erano loro che tentava di battere nella corsa al mercato spedendo via terra. Per compiere operazioni di questo genere Andrea aveva bisogno di indipendenza, che poteva conquistare soltanto ricorrendo a un altro agente a Londra, procurando che l'altro agente gli dovesse gratitudine per le consegne passate e sperasse in nuovi affari futuri. Andrea faceva balenare a Bertuccio grandi prospettive: «Fradel carissimo, da poi partisti fin questo dí pensai far cosa da vostro honor e profito, ma le condizion del Levante et le novità de qui m'a confuxo che non ho preso parti. Se nostro Signor piazerà aconzar la cosa, farò lo remedio...»[10].

Quando però la situazione cambiò, e Andrea decise ancora una volta di affidare una quantità cospicua di denaro ai suoi agenti in Ponente, ricorse di nuovo all'alleanza con i Cappello. Forse il contratto del matrimonio di Andrea con Cristina Cappello, nel febbraio 1439, comprendeva una clausola in base alla quale i fondi trasferiti a suo nome come dote sarebbero stati immediatamente reinvestiti a favore all'impresa in Ponente nella quale era allora impegnata la famiglia Cappello[11]. Poiché

---

a voi, sicché potrete regolarvi secondo i casi. Se avrete solo il mio, perché come ritengo non ce ne sarà di altri, credo lo venderete al prezzo che vorrete. O se aveste soltanto anche quello di Michiel, essendo in vostre mani non potrà far danno. E seppure accadesse, come non credo, che qualcun altro ne avesse a disposizione, farete come vi parrà opportuno». RB, reg. 1, Diario A, lettera del 30 agosto 1436. Il corsivo è mio.

[9] *Ibid.*, 26 marzo 1438.

[10] «Fratello carissimo, da quando partiste fino ad oggi ho pensato di fare qualcosa per vostro onore e profitto, ma la situazione in Levante e i tobidi qui mi hanno tanto confuso da impedirmi ogni decisione. Se piacerà a nostro Signore di riportare ogni cosa all'ordine, farò in modo di farmi perdonare» (*ibid.*, 26 settembre 1438).

[11] RB, reg. 2, Mastro A, cc. 255, 267.

metteva il suo denaro nelle loro mani, la cosa migliore era di fare tutto
il necessario per garantirsi la loro buona volontà, collocando in quell'impresa anche qualche migliaio dei ducati che Andrea andava riscuotendo
con le vendite dell'olio e della lana di Valencia. Nel 1439-40 i suoi investimenti in Ponente ammontarono in tutto a una cifra compresa tra
i quattro e i cinquemila ducati.

Gran parte della somma fu inviata in Ponente per mezzo di lettere
di cambio riscuotibili da Giovanni Cappello, il fratello residente a Londra, ma un po' più di mille ducati furono usati per l'acquisto di pepe,
caricato poi sulle galere con le quali Alban Cappello salpò – in qualità di
patron – nell'agosto o settembre 1439[12]. Le istruzioni di Andrea ad Alban lasciavano a quest'ultimo un ampio margine di discrezione. Poteva
vendere il pepe in qualunque scalo intermedio dove gli si offrissero 70
ducati per cargo, il prezzo che Andrea prevedeva di spuntare a Londra.
Doveva inoltre disporre nel modo migliore possibile di una preziosa pezza di seta che Andrea aveva ricevuto dalla Spagna anni prima, e che non
era ancora riuscito a vendere. Alban ebbe inoltre pieni poteri di reinvestire i fondi nel caso fosse riuscito a vendere[13]. Di fatto il pepe non fu
venduto prima che le galere giungessero in Inghilterra, e anche a quel
punto Andrea dovette lasciare ad Alban la decisione se si potesse spuntare un prezzo migliore attendendo o vendendo immediatamente dopo
l'arrivo. In entrambi i casi aveva facoltà di vendere a qualunque prezzo
offrisse il mercato. Andrea non poteva far altro che inviare consigli o
bollettini informativi come questo: «Desirej del piper mio, e chusí ve
replicho: el parer mio seria parendo mejo zircha la fin de zenaro se no
avanti meteste fin al dito piper, e massime alzando da denar 13 in suxo,
benché Vetor nostro zudega el debi valer d. 15. Ricordandovj se crede
per chatalani ne sia poco moso a Ponente, e se fiorentini ne condurà serà
molto tardj. Per zenovesj no so far prevision per siguro. Credese de
Romania ghe sarà de carghi più de mile a Modon; in Candia e Rodi molte
sie bone derate. Per le galie no credo ne sera trato soma, perché el Soldan el tor per so merchadante in Alesandria. Zionte armadi, che non

[12] Nel giugno 1439 Barbarigo cominciò ad acquistare lettere di cambio su Londra con i proventi della vendita della lana e dell'olio spagnoli. In questo modo rimise circa 3000 ducati a Cappello a Londra, e li ricevette indietro tutti a Venezia nell'estate 1440. RB, reg. 2, Mastro A, cc. 259,
272, 277. Cfr. reg. 1, Diario A, 3 agosto 1439, e le lettere di luglio, agosto e ottobre 1439. Dopo
queste operazioni di cambio dovette di nuovo acquistare lettere di cambio su Londra, o pagarne di
tratte su di lui, per poter pagare l'ordinazione di stoffa di cui si parla più sotto.
Il 18 agosto 1439 Andrea investí 1000 e più ducati acquistando il pepe da lui spedito a Ponente
in quell'anno. Il pagamento per il pepe fu versato il 7 novembre 1439, quando Andrea ricevette
1000 ducati da Cappello in conto della dote. RB, reg. 1, Diario A, alla data indicata, e reg. 2, Mastro A, c. 262.
[13] RB, reg. 1, Diario A, istruzione del 19 agosto 1439, tra le lettere.

serà inanzi febraro o qualche mexe dopo, credo piper sarà forse zircha 45 in 50 duc. Tuto [h]o dito sopra serà per ricordarvj mia opinion, ma volio dito mio piper el posatj vender quando a voj parerà a contanti, o a zorno, o a barato. De prexi laso de vostre libertà, confidando me faré tanto ben porí» [14].

Altrettanto totale era la dipendenza di Andrea dal giudizio di Alban per quanto riguardava l'acquisto di stoffe, scopo principale di tutta l'impresa. Certo, parlando di stoffe Andrea indicava con maggior precisione i prezzi, e entrava piú nel dettaglio in merito alla qualità che non quando si trattava di spezie. Nonostante le esortazioni, comunque, per la scelta della merce di qualità migliore Andrea doveva fidarsi del giudizio dell'agente sul posto. La qualità della stoffa era a discrezione dell'agente piú che non nel caso della lana, dell'olio, delle spezie, dello stagno e forse persino del cotone. Per ottenere la qualità migliore non si trattava soltanto di scegliere bene tra le stoffe in mostra, si doveva assicurare la partita contrattandola in anticipo con i manifattori. E dunque l'acquirente doveva sapere quali manifattori potevano garantire la qualità del prodotto finito [15].

A quanto risulta sia la vendita del pepe che l'acquisto della stoffa furono condotti in modo soddisfacente per Andrea. Il pepe rese un buon profitto, e Andrea ricevette degli ottimi panni «bastardi» e carisee commissionati, anche su proposta di Andrea, a un certo E. Weber [16]. La tendenza di Andrea a pretendere forse un po' troppo dagli agenti si rivela in questo caso soltanto in merito al trasporto delle stoffe. Non soltanto chiese ad Alban di assicurarsi che le sue stoffe non venissero danneggiate dall'acqua salsa, ma anche di caricarle in una delle casse collocate nelle cabine o nei magazzini, in modo da potervi accedere

[14] «Volete sapere del mio pepe, e cosí vi rispondo: la cosa migliore mi parrebbe che vi sbarazzaste del detto pepe intorno alla fine di gennaio, se non prima, specie se si alzasse da 13 denari in su, benché il nostro Vettor giudichi che debba valere 15 denari. Vi ricordo che si crede che i catalani ne portino poco a Ponente, e se anche i fiorentini ne porteranno, sarà molto tardi. Per quanto riguarda i genovesi, non sono in grado di fare previsioni sicure. Si crede che dalla Romania ci saranno piú di mille carghi a Modone, e che a Candia e Rodi ci sia molta merce di buona qualità. Non credo che le galere ne porteranno in gran quantità, perché il Sultano l'ha fatto acquistare dal suo agente ad Alessandria. Quando arriverà la flotta [da quel porto] – e non sarà prima di febbraio o qualche mese dopo – credo che [qui] il pepe varrà forse 45-50 ducati. Tutto quanto ho detto sopra è per comunicarvi la mia opinione, ma desidero che vendiate il mio pepe quando vi parrà, a contanti, a credito o a baratto. Quanto al prezzo vi lascio libertà, sicuro che farete del vostro meglio» (ibid., 27 ottobre 1439).

[15] Già al momento della sua lettera del 9 settembre 1439 Andrea spiegava quali panni riteneva avrebbe potuto volere, per quanto allora dicesse che avrebbe inviato ordini piú specifici con il viaggio delle galere; effettivamente le sue ordinazioni piú specifiche sono in una lettera scritta il 5 gennaio, dopo l'arrivo di una lettera spedita da Alban a Bayonne il 12 dicembre, e dopo aver ricevuto notizia che le galere erano giunte a Sandwich.

[16] RB, reg. 2, Mastro A, c. 263; reg. 1, Diario A, lettera a Marcanuovo, 20 agosto 1440, dove raccomanda i panni fabbricati da E. Weber. In precedenza Weber aveva promessi dei panni a Giovanni Cappello (ibid., 27 gennaio 1440).

facilmente se si fosse presentata un'occasione di vendita favorevole in
uno dei porti di scalo durante il viaggio [17]. Queste casse fuori dalla stiva
erano una delle maggiori fonti di reddito per i comandanti delle galere,
e pare che Alban non volesse aderire alla richiesta, ma Andrea gli scrisse: «Che volio mie robe sian carge per lo modo v'o scrito, non me par
ve debi doler, per che non è di vostro in cargo. Stimo perhò molto esser
utele, ocorando i tempi, per mio avantazo» [18]. Una parte delle stoffe di
Andrea fu caricata nelle casse [19].

Una conferma del fatto che in quella stagione Andrea avesse collocati fondi consistenti nelle mani dei cognati ci viene dalla sua partecipazione a una quota della *roza gropa*, probabilmente una pietra o una sab-
bia usate come zavorra, che si acquistava a Bruges e si rivendeva con ottimi profitti a Venezia, forse ai vetrai. In qualità di comandante di una
delle quattro galere, Alban Cappello dové provvedere a un quarto del
totale necessario, e Barbarigo accettò di far acquistare per proprio conto
con i suoi fondi la metà di questo quarto [20]. Per qualche tempo parlò di
un acquisto consistente, sufficiente non solo per le galere ma anche per
una nave tonda, la *Contarina*, ma il naufragio della *Contarina* lo costrin-
se a cambiare i suoi piani. Le modalità dell'investimento e del pagamento restavano a completa discrezione degli agenti in Ponente, autorizzati
da Andrea a rimettere per questo scopo a Bruges i fondi ottenuti col pepe, a ordinare a Bembo, a Bruges, di spiccare una lettera di cambio sul
conto di Barbarigo a Venezia, o a spiccarla loro stessi su Barbarigo a Venezia, rimettendola poi a Bruges, secondo quanto sarebbe parso piú vantaggioso [21].

Con il ritorno di Alban e della sua galera a Venezia, nella primavera
1440, gli affari di Andrea – su sua indicazione – furono affidati a Bertuccio Contarini. Nessuno dei fratelli Cappello era rimasto a Londra, e dunque non c'era motivo per cui Andrea non potesse dir loro apertamente,
come infatti fece nella primavera del 1440, di voler condurre i propri
affari per mezzo di Contarini [22]. In giugno, comunque, Barbarigo aveva

[18] «Il fatto che vi chieda di caricare le mie merci nel modo che vi ho scritto non mi sembra
debba dispiacervi, perché nel carico non c'è nulla di vostro. Credo invece che, secondo le circostanze, la cosa potrebbe rendermi assai bene» (*ibid.*, 2 aprile 1440).
[19] RB, reg. 1, Diario A: una voce del 23 luglio accusa ricevuta di 15 *panni mostovalieri* degli
stazi della *Cappella*. Una voce del 26 luglio dice che i medesimi 15 panni erano stati presi «de 3
scrigni sula galea Capela». D'altro canto, però, dalle voci del 29 e 30 luglio risulta che i *bastardi*
di Barbarigo erano, in parte almeno, confezionati in balle.
[20] RB, reg. 1, Diario A, lettera a Cappello, 14 ottobre 1439.
[21] *Ibid.*, lettere del 5 gennaio 1440 e dell'8 marzo 1440 a Bembo, e del 5 gennaio e del 2 aprile
1440 a Cappello.
[22] *Ibid.*, 1° febbraio 1440.

già cambiato idea, affidando gli affari ad un'altra delle aziende veneziane che agivano a Londra, quella di Giovanni e Lorenzo da Marcanuovo. Il motivo del cambiamento non fu, è presumibile, l'insoddisfazione di Andrea per aver trovato errori nella contabilità di Contarini. Errori ne trovò ma li ritenne di scarsa importanza [23]. Si trattava invece della possibilità di approfittare di un accordo stipulato da Giovanni da Marcanuovo con i comandanti delle galere dell'anno successivo. Trasferendo i suoi affari ai Marcanuovo, comunque, Andrea pretendeva, e di fatto ottenne, una sorta di agevolazione sui noli per le stoffe che trattò nel 1441. Gli fu concesso un anno e piú di dilazione sul pagamento. Questi, almeno, furono i motivi che Andrea addusse a propria giustificazione con Bertuccio Contarini [24].

E certo le scuse dovevano sembrargli necessarie. Proprio quando i Cappello si erano tolti di mezzo, e nessuno di loro era a Londra, e proprio in un momento in cui Andrea aveva molto denaro da investire – compresi i 2000 ducati della dote di sua moglie – proprio in questa congiuntura trasferiva i suoi affari a un nuovo agente. È sorprendente, tuttavia, che Andrea non ritenesse sufficiente limitarsi a spiegare che cambiando contatto avrebbe potuto guadagnare di piú. A quanto risulta Andrea desiderava lasciare Contarini rimanendo in buoni rapporti, forse perché riteneva che la sua amicizia potesse venirgli utile in qualche affare futuro, o forse perché teneva all'amicizia di Contarini in quanto tale. Disse dunque di dover affrontare forti spese, fino a 1000 ducati l'anno comprese le tasse, e di aver grande bisogno di guadagnare i 100 ducati in piú che riteneva di poter ottenere con Marcanuovo. «Il mio bixogno mi sforza per questa volta a far con luj, et questa è la raxon... per l'avegnir farò al remedio, per che vj amo con tuto el cuor» [25].

Nei nove anni che gli rimanevano da vivere Andrea Barbarigo ebbe rarissimi contatti d'affari con Bertuccio Contarini, anche se è presumibile che questi continuasse ad operare a Londra, dove fu console veneziano dal 1456 al 1460 [26]. Nemmeno i Cappello ripresero le loro funzioni di suoi agenti a Londra o Bruges [27]. Per qualche anno furono i Marca-

[23] Ibid., lettera a Contarini del 9 agosto 1440, dove si parla di un «erariolo»; reg. 2, Mastro A, c. 248; reg. 4, Mastro B, c. 24.

[24] Ibid., lettera del 9 agosto, e reg. 3, Diario B, voci al 7 febbraio 1443.

[25] «La necessità mi obbliga per questa volta a trattare con lui, ed è questo il motivo... per l'avvenire mi farò perdonare, perché vi amo con tutto il cuore». RB, reg. 1, Diario A, lettera del 9 agosto 1440.

[26] Gran Bretagna, Public Record Office, Calendar of State Papers, Venice cit., vol. I, p. cxxx.

[27] RB, reg. 4, Mastro B, cc. 24, 25. Numerosi trasferimenti al conto Profitti e Perdite dovuti alle divergenze tra il suo calcolo e quello di Cappello in merito ai tassi di cambio fecero sí che nel Mastro di Andrea il conto Cappello si bilanciasse soltanto in modo approssimativo. Il conto fu lasciato aperto, ma senza alcuna delle annotazioni critiche che, come nel caso del conto Dolceto, manifestavano il rancore tra Barbarigo e l'antico collaboratore.

nuovo ad occuparsi dei suoi affari, ma intorno al 1445 Andrea cominciò ad impiegare un altro agente ancora, Marco Barbarigo de Messer Francesco[28]. A Bruges passò da Girolamo Bembo al proprio giovane cugino, Andrea da Mosto[29].

Nel 1440, quando finisce il suo copialettere, Andrea Barbarigo si era conquistato una solida indipendenza; le sue importazioni di stoffe dal Ponente non si svolgevano piú sotto l'ala protettrice della società Cappello. Non esistono copie delle sue lettere successive che ci raccontino la storia segreta dei suoi rapporti con i fratelli Marcanuovo, che ci dicano se Andrea cominciò a costruire un'organizzazione propria della quale fosse lui il principale favorito, o se scrivesse con uno stile nuovo, piú paterno, ad agenti giovani e inesperti come Andrea da Mosto. Fortunatamente la storia rivelata dalle lettere che rimangono ha una certa unitarietà. Al momento in cui cessa la documentazione, Andrea Barbarigo era un mercante affermato, che poteva scegliere a suo piacimento, spostando i suoi affari da un'azienda di agenti commissionari all'altra, sicuro che esse sarebbero state ben liete di averlo come cliente, ora che trattava somme considerevoli.

5. Decisioni imprenditoriali e profitto.

Anche quand'era un piccolo operatore Andrea Barbarigo riuscí sempre a conservare la libertà di dirigere le grandi linee delle sue operazioni secondo il proprio giudizio. Era in grado di prendere decisioni di importanza vitale nell'adattare il commercio ai cambiamenti a breve termine. In questo senso si può dire che fu un imprenditore, e che raccolse profitti o perdite imprenditoriali, conseguenti dal successo o dal fallimento delle sue decisioni operative.

Si dovevano investire fondi in Siria o in Spagna? Si dovevano inviare i fondi spedendo pepe o attraverso lettere di cambio? Rispondere a queste domande significava esercitare un controllo decisionale. Da questo dipendevano le scelte successive, tra un panno di stoffa o un altro in base alle differenze di lavorazione, tra vendere a un cliente o a un altro che con ogni probabilità avrebbe pagato con ritardo, tra insistere sui contatti o concedere credito. Alban Cappello non si sarebbe occupato del luogo in cui caricare le stoffe di Andrea, né del prezzo che riusciva a spuntare col pepe, se lo stesso Alban e i suoi fratelli, Andrea Barbarigo

[28] *Ibid.*, cc. 157, 178.
[29] *Ibid.*, c. 191.

e probabilmente qualche altro mercante non avessero precedentemente concordata una decisione di maggior respiro, e cioè di impegnarsi insieme nell'impresa di Ponente. Una volta accettato di investire denaro in un'impresa di Ponente, però, diveniva necessario lasciare alla discrezione di Alban le scelte che rimanevano. Se i mercanti veneziani residenti come Francesco Balbi e Andrea Barbarigo non avessero deciso di affidare fondi a Bertuccio Zorzi, questi non sarebbe stato in grado di contrattare lo spazio di carico con i comandanti a Valencia, né di inviare nell'interno della Spagna un compratore che cercasse la lana piú conveniente. Se Andrea Barbarigo non avesse presa, nel 1431, la decisione iniziale di inviare stoffe e monete d'argento a Acri, Alberto Dolceto e i suoi clienti non avrebbero potuto litigare sul prezzo o la lunghezza delle stoffe, né Dolceto sarebbe stato nella condizione di decidere se comperare il cotone in luglio o in settembre, e se pagarlo in contanti, né tantomeno avrebbe avuto la possibilità di investire il denaro di Barbarigo in cotone scadente. In questo senso molte decisioni in fatto di mercatura dipendevano da quello che ho definito il «controllo decisionale» sugli investimenti.

A sua volta il controllo decisionale di Barbarigo dipendeva dai provvedimenti del Senato sulla navigazione – l'abbiamo già visto esaminando i suoi affari tra il 1430 e il 1433. Cosí come le scelte specifiche sui prezzi e la qualità dipendevano da decisioni di investimento di maggiore respiro, le decisioni piú importanti prese dai mercanti privati erano a loro volta limitate alle alternative esistenti in un ambito definito dal voto del Senato. Esistevano nella pratica tre livelli decisionali: in primo luogo le decisioni del Senato sulla navigazione, alcune puramente permissive, altre con effetti quasi vincolanti; in secondo luogo il controllo decisionale sugli investimenti nell'ambito delle alternative concesse dal Senato; infine, le decisioni in merito ai dettagli della mercatura.

Andrea Barbarigo partecipò in qualche misura a tutti e tre i livelli decisionali. Pur non essendo senatore, faceva parte dell'elettorato che sceglieva i senatori, e i suoi desideri corrispondevano a quelli di una parte dell'opinione pubblica che influiva sull'azione del Senato. All'estremo opposto, gestiva direttamente e di persona molti dettagli della mercatura, informandosi sugli equivalenti dei pesi e delle misure stranieri, e scegliendo sul posto molti degli acquisti. La parte piú importante della sua attività si svolgeva nella sfera decisionale media. Si trattava degli spostamenti di capitale da un impiego all'altro, da un agente o mercato a un altro agente o un altro mercato. La sua partecipazione al momento decisionale su tutti e tre i livelli seguiva un modello inequivocabilmente quattrocentesco, e veneziano.

È questo modello che distingue Barbarigo e altri nobili mercanti veneziani del Quattrocento dai mercanti tipici di altri luoghi e altre epoche. Il tipico mercante di Venezia può essere definito un tipo di imprenditore prudente, interessato alle scadenze brevi piuttosto che a quelle lunghe. In genere preferiva evitare di lanciarsi da solo in iniziative in cui si giocava il tutto per tutto. Anche se l'economia veneziana contemplava operazioni dalle quali derivavano grandi profitti o grandi perdite, e che non si sarebbero potute realizzare senza un massiccio ricorso alla potenza, i nobili mercanti di Venezia preferivano non assumersi sul piano individuale tutta la massa di rischi, dei profitti e del potere connessa all'andamento di tali iniziative. Molta della responsabilità imprenditoriale veniva lasciata al Senato. D'altro canto, però, il tipico nobile-mercante non era un semplice amministratore, o un dettagliante che si occupasse soltanto della routine e dei dettagli della mercatura. A lui spettavano le funzioni imprenditoriali connesse all'adattamento degli investimenti commerciali ai cambiamenti a breve scadenza. Di conseguenza raccoglieva almeno un tipo di profitti imprenditoriali.

I profitti ricavati dall'adattamento a emergenze temporanee costituivano una fonte di reddito importantissima per Andrea Barbarigo e i suoi contemporanei, in quanto il commercio veneziano fu costantemente influenzato dalle vicende politiche. Ciascun mercante aveva in genere una sua specialità, come le spezie, o i tessuti di seta, e dedicava gran parte del suo tempo a trattare quella particolare mercanzia. Naturalmente buona parte dei suoi profitti gli sarebbero venuti dalla mercanzia che conosceva meglio e alla quale dedicava tanto del suo tempo, ma anche quando si trattava della sua specialità i profitti più cospicui arrivavano soltanto quando la situazione internazionale era complessivamente favorevole. Per ogni tipo di merce, o quasi, esisteva la probabilità di un'improvvisa chiusura del mercato; ogni fonte di offerta poteva improvvisamente inaridirsi, mentre altrove un'altra se ne apriva. Per poter trarre vantaggio da questa situazione i mercanti dovevano essere pronti a spostare i loro fondi con frequenza e rapidità da un settore del commercio a un altro.

La libertà di effettuare tali spostamenti dipendeva da una vasta rete di conoscenze di mercanti e mercanzie, e il modo migliore per costruirla consisteva nella diversificazione degli interessi. Il mercante che delimitasse troppo rigidamente la propria attività, venditore di stoffe o cotone, ad esempio, correva il rischio di perdere ogni reddito non appena le condizioni della domanda e dell'offerta producevano una stagnazione della sua specialità. Il mercante che specializzasse a tal punto le sue conoscenze da essere capace di trattare un unico tipo di mercanzia, o che immobilizzasse in una bottega, nei magazzini o in conto attivo tanti dei suoi fondi da non poter ricorrere a un altro tipo di commercio, o che acquistasse tanto a credito da non disporre in realtà di fondi da ritenere propri – quel mercante perdeva ogni potere in fatto di controllo decisionale. Era facile che finisse per dipendere da altri mercanti piú rapidi di lui nell'adattare la propria posizione agli improvvisi cambiamenti del mercato. Certo, un minimo di specializzazione aveva i suoi vantaggi. Andrea Barbarigo era assai piú esperto dei modi di tingere e tagliare le stoffe occidentali per il mercato orientale che non in fatto di scelta e pulizia delle spezie, e di conseguenza guadagnò somme notevoli trattando la stoffa. Si trattava però di una specializzazione delle capacità personali, non degli investimenti; quanto a questi, Andrea Barbarigo non si specializzò mai. Facendo in modo di acquisire una conoscenza abbastanza vasta degli uomini e delle mercanzie, Andrea evitava la perdita di libertà risultato di un'eccessiva specializzazione. I profitti gli venivano dalla capacità di mantenere fluida la sua ricchezza.

La mobilità, o la fluidità, era uno dei fattori piú importanti per i profitti commerciali di tutta la nobiltà veneziana. Andrea Barbarigo non fu certo l'unico a operare rapidi passaggi da un ramo del commercio all'altro. In alcuni casi, come quello del filo d'oro, i profitti gli venivano dall'essersi mosso in anticipo rispetto agli altri mercanti, ma le sue proficue spedizioni in Siria, e gli altrettanti proficui acquisti in Spagna erano stati effettuati muovendosi insieme con tutta la comunità. Un gran numero di mercanti veneziani faceva come lui, spostando il loro capitale dapprima verso le merci occidentali, poi nel viaggio di Levante, poi nei prodotti spagnoli, e via dicendo, secondo le difficoltà politiche o commerciali del momento. Queste difficoltà, e le fluttuazioni dei prezzi che ne derivavano, portavano profitto ad alcuni e perdite ad altri. La mobilità consentiva ai mercanti internazionali di seguire i profitti, lasciando le perdite ai manifattori, o ai produttori agricoli, o ai mercanti specializzati. Era inevitabile che questi ultimi attraversassero periodi in cui il loro mercato era morto, o l'offerta aveva prezzi esorbitanti. Gli acquirenti tedeschi di cotone, di Ulm o Augusta, i venditori di cotone in Siria, i mercanti della lana inglese e i mercanti-imprenditori che controllavano la produzione di stoffe a Venezia o in altre città italiane non potevano adattarsi al mutare delle condizioni con la stessa rapidità dei mercanti veneziani dotati di contatti internazionali. I mercanti di Venezia potevano passare da un commercio all'altro, muovendosi col gruppo, e non necessariamente in anticipo rispetto ad esso, e guadagnare comunque profitti, perché nel suo insieme il gruppo veneziano era avvantaggiato in fatto di mobilità rispetto agli altri gruppi di mercanti coi quali commerciava.

Questa mobilità dei veneziani fu soltanto in parte un dono di natura. La posizione della città fu sfruttata attraverso una politica di navigazione, diretta dal Senato, che approfittava del mutare delle opportunità. Quando, per un motivo qualunque, un tipo di commercio non rendeva in modo adeguato, il Senato rispondeva agli interessi dei mercanti organizzando flotte che offrivano opportunità alternative. I viaggi delle galere veneziane sono una sorta di incarnazione dell'idea mercantilistica, attribuita a Napoleone, secondo la quale lo Stato doveva far marciare il commercio meglio di un reggimento. Certo, gli ordini venivano dagli stessi mercanti che costituivano il reggimento, e non era questa l'idea di Napoleone, ma la manovrabilità dei veneziani lasciava ben poco a desiderare. La costituzione delle società d'affari fu adattata a questa esigenza di mobilità. Il ricorso alle imprese a partecipazione congiunta piuttosto che a società d'affari piú solide consentiva ai mercanti veneziani di conservare facilmente la liquidità dei capitali. Le grandi società familiari non avevano difficoltà a diminuire il proprio impegno in un tipo di commercio, impiegando invece i loro fondi in altri settori, perché operavano per lo piú attraverso accordi elastici, temporanei, di proprietà consorziata. La flessibilità delle unità d'affari veneziane consentiva rapidi adattamenti al mutare delle condizioni.

I vantaggi della flessibilità possono essere il motivo principale che portò alla resa delle tendenze al monopolio privato di fronte alla politica della regolazione senatoria. Le società private dedite allo sfruttamento di un monopolio su un qualche ramo del commercio si sarebbero specializzate in modo eccessivo. Non avrebbero potuto mutare le proprie operazioni in modo da adattarsi alle incertezze dell'epoca, come invece facevano le forme piú elastiche di organizzazione d'affari. A lungo andare anche i mercanti piú importanti ricavavano vantaggi dai viaggi regolati dallo Stato, perché questa attività del governo consentiva loro una maggiore flessibilità.

Quelle stesse istituzioni che favorivano i mercanti veneziani nel loro insieme aumentandone la mobilità, all'interno del gruppo veneziano servivano anche a offrire opportunità ai piccoli commercianti dotati di ambizione e spirito d'iniziativa. Come Andrea Barbarigo, questi potevano entrare e uscire dalle operazioni delle grandi famiglie, assicurandosi favori ora in un luogo, ora in un altro, e spostando rapidamente i loro fondi commerciali dalle merci inflazionate a qualunque altra mercanzia offrisse migliori prospettive di profitto. Il modo di condurre gli affari scelto da Andrea Barbarigo fu favorito dalla regolazione del Senato della navigazione veneziana e dai noli organizzati per le singole occasioni dalle organizzazioni d'affari. Questi istituti veneziani consentivano l'accesso a economie esterne ai piccoli operatori; favorivano insomma il commerciante saltuario. Anche se la sua eredità era esigua, un nobile mercante della Venezia quattrocentesca aveva ottime possibilità di esercitare con profitto il proprio spirito d'iniziativa, cercando di acquistare a poco prezzo e di rivendere caro non soltanto a Venezia, ma su tutti i grandi mercati compresi tra Londra e Hama.

Ritmo e rapidità di giro d'affari
nel commercio veneziano del Quattrocento

I.

Uno dei metodi per studiare la rapidità del giro d'affari nel medioevo consiste nell'esaminare la velocità del servizio postale e dei trasporti [1]. Per quanto riguarda Venezia, la conoscenza dei mezzi di trasporto,
anche se soltanto approssimativa, può veramente fornire il punto di partenza nel valutare la rapidità del suo commercio internazionale. Le partenze regolari delle galere di mercato e di alcuni gruppi di navi disarmate, creavano una norma ben definita di movimento commerciale. Il
ritmo dei trasporti si comunicava a tutta la vita commerciale della città.
Benché Venezia si potesse chiamare la città dalla fiera continua, cosí come lo fu, piú tardi, Anversa, nel senso che tanto il commercio, quanto
la riscossione dei pagamenti potevano aver luogo per tutto il corso del-
l'anno, pure l'intensità del commercio variava. Gli arrivi e le partenze
delle navi si concentravano in certe stagioni determinate. Gl'intervalli
fra queste stagioni erano i periodi in cui il commercio era piú attivo; e
sono questi che chiameremo, adoperando la parola «fiera» in senso generale, i periodi di fiera.

In questo senso esistevano due «fiere» principali. A dire il vero, un
trattato di commercio scritto al principio del Quattrocento, ne nomina
tre; dice che il denaro era caro a Venezia perché durante questi tre periodi appunto si facevano tanti acquisti, anche a credito. Il primo andava
da metà gennaio al 10 febbraio; periodo in cui si compravano le merci
per imbarcarle sulle navi che salpavano in febbraio per la Siria. Il secondo, di minore importanza, era in aprile, quando si effettuavano gli
acquisti da caricare sulle galere dirette in Fiandra. Il terzo periodo andava da luglio sino a settembre, il piú importante di tutti, in cui il denaro scarseggiava, si compravano allora le merci da imbarcare sulle galere di mercato dirette in Siria e ad Alessandria. A quanto risulta, il

[1] G. LUZZATTO, *Storia economica dell'età moderna e contemporanea*, parte I, Padova 1932,
pp. 36-51; A. SAPORI, *Studi di storia economica medievale*, Sansoni, Firenze 1946[2], pp. 685-87.

secondo non era meno importante degli altri due[2]. Alcuni anni piú tardi, esso si spostò e si fuse, piú o meno, con il periodo estivo, quando la partenza delle galere di Fiandra fu fissata per il 15 luglio. La tabella ufficiale delle partenze, dalla quale ovviamente vi furono molte deroghe nella pratica, era approssimativamente questa[3]:

10-15 febbraio	Partenza per la Siria delle navi a vela disarmate
1-15 marzo	Partenza per Tunisi e Tripoli delle galere *al trafego*
22 aprile - 8 maggio	Partenza delle galere di Barberia e di Acque Morte
15 luglio	Partenza delle galere di Fiandra
25 luglio	Partenza delle galere di Romania
luglio e principio d'agosto	Partenza per la Siria delle navi a vela disarmate
24 agosto	Partenza delle galere per Beirut
30 agosto	Partenza delle galere per Alessandria.

Una parte degli acquisti per l'esportazione via mare si protraeva dunque per tutta la primavera, cosí come quelli, di enorme importanza, effettuati dai tedeschi, per l'esportazione oltre le Alpi non appena cessava il maltempo che bloccava i passi. Vanno comunque distinti due periodi di commercio principali: uno invernale, che terminava con la partenza in febbraio della flotta primaverile diretta in Siria; e uno estivo, che terminava con la partenza in luglio e in agosto tanto delle navi disarmate quanto delle galere di mercato, dirette tanto al Levante quanto alla Manica.

La distinzione tra i periodi invernali e quelli estivi di commercio intenso diviene ancora piú chiara quando venga riferita all'arrivo delle flotte a Venezia. Il periodo invernale si apriva con il ritorno delle tre flotte di galere partite per il Levante nell'autunno, delle navi che avevano salpato per la Siria a metà dell'estate e delle galere al *trafego*, di Barberia, e di Acque Morte di ritorno dalle loro crociere annuali intorno al Mediterraneo. Nel Trecento, quando le galere di Fiandra partivano in marzo, anch'esse erano attese di ritorno prima della fine di quell'anno; a metà del Quattrocento, però, generalmente non ritornavano sino

---

[2] *El libro di mercatantie et usanze di paesi*, a cura di F. Borlandi, Documenti e studi per la storia del commercio e del diritto commerciale italiano, VII, Torino 1936, p. 167.

[3] Per quanto riguarda le galere, questa tabella si rifà a ASV, Senato, Incanti Galere, reg. 1, 1480-89; per le navi alle molte indicazioni in ASV, Senato Mar, regg. 16 e 17. Cfr. anche il mio *Venetian Ships and Shipbuilders of the Renaissance*, Baltimore 1934, pp. 46, 136. Non è sostanzialmente diversa dalle tabelle per gli anni 1441-50, elaborate nella tesi di laurea di Gino Giomini, 1934, al R. Istituto superiore di scienze economiche e commerciali, relatore Gino Luzzatto (che ringrazio per avermi consentito di consultarla), se non per il fatto che nel 1441-50 la data di partenza prevista per le galere di Fiandra fu spostata dal 15 marzo al 25 giugno.

alla primavera dell'anno seguente, anche piú tardi. D'altra parte, molte navi che partivano da Venezia in primavera per la Spagna o per il Mar Nero tornavano in porto in autunno; la stagione commerciale invernale veniva dunque rifornita da varie parti. La sua caratteristica principale consisteva, naturalmente, nella presenza delle spezie e di altri carichi preziosi portati indietro dal Levante al principio dell'inverno, ed era preoccupazione speciale del Senato veneziano che queste flotte fossero di ritorno in tempo per la «fiera». Il periodo che può dirsi di fiera invernale andava dall'arrivo delle galere e delle navi all'inizio dell'inverno sino a febbraio, quando le navi ripartivano[4]. Benché la legge non ne definisse rigidamente i limiti, si trattava di un periodo di intenso scambio di merci e di riscossioni di pagamenti.

Per definire il periodo estivo in base agli arrivi è necessario chiedersi quando arrivassero le galere di Fiandra, e a che data fossero attese di ritorno le navi che erano andate in Siria nella primavera. In ambedue i casi si sperava che arrivassero alla fine di maggio, benché il loro arrivo in realtà avesse luogo piú tardi[5]. In conseguenza, giugno, luglio e agosto costituivano quel periodo di scambi intensi che possiamo chiamare la fiera estiva.

Il fatto che le scadenze dei viaggi fossero stabilite in modo da concentrare il commercio in questi due periodi permetteva un giro d'affari relativamente rapido per alcuni prodotti fondamentali. Gl'investimenti in cotone, per esempio, si potevano girare due volte all'anno. Il cotone portato dalla Siria con le navi che arrivavano a Venezia in giugno o in luglio, si poteva vendere per monete d'argento oppure per stoffe che, a loro volta, potevano essere esportate sulle navi che partivano in luglio o agosto. Al ritorno di queste, in dicembre, il cotone che portavano poteva essere rivenduto, e alla primavera seguente era possibile una nuova spedizione in Levante. In breve, nel commercio del cotone i viaggi consentivano al mercante di girare il suo capitale due volte all'anno.

Nel commercio delle spezie, il ritmo dei viaggi permetteva soltanto un giro di capitale all'anno, ma esso poteva essere completato in meno di mezz'anno, purché s'investisse in argento in agosto, subito prima della partenza delle galere per Alessandria, e si vendessero poi le spezie a gennaio, subito dopo l'arrivo delle galere a Venezia. Lo scambio delle

---

[4] Di «fiere» si parla nelle deliberazioni del Senato riferite alla regolazione dei viaggi, ASV, Senato Mar, reg. 11, f. 129; reg. 16, f. 1.
[5] Queste generalizzazioni approssimate si basano sui numerosi accenni agli arrivi nelle diverse cronache, e nei diari, specialmente nei *Diarii* di Marino Sanudo. Vedi anche il mio *Venetian Ships and Shipbuilders of the Renaissance* cit., p. 46.

merci di Alessandria con quelle di Londra si poteva effettuare entro
due anni, sulla base della seguente tabella di navigazione:

Gennaio dell'anno I	Arrivo a Venezia con carico di spezie
Luglio dell'anno I	Partenza per Londra con carico di spezie
Maggio dell'anno II	Ritorno con carico di stagno oppure altra merce da Londra
Agosto dell'anno II	Partenza per Alessandria con carico di stagno
Gennaio dell'anno III	Arrivo a Venezia con carico di spezie

Per un mercante l'investire nel ciclo completo di scambi tra Alessandria e Londra, significava dunque vincolarvi il capitale per un periodo di due anni.

I decreti con i quali il Senato veneziano istituiva questa tabella di
viaggi e faceva eccezioni e modifiche a seconda delle circostanze, dimostrano chiaramente come il Senato fosse convinto che un giro d'affari
regolare e rapido fosse elemento essenziale della prosperità cittadina.
L'istituzione della *muda* non si basava sul fatto che in convoglio le navi
fossero piú sicure, giacché soltanto saltuariamente era fatto obbligo alle
navi della stessa muda di viaggiare insieme; essa aveva bensí lo scopo
di portare a Venezia, il piú presto possibile, tutti i prodotti che alla data
stipulata si trovassero pronti nelle *scale* levantine. L'istituzione di periodi fissi di carico era diretta, ritengo, contro la tendenza dei comandanti delle navi a rimandare sino all'ultimo momento la partenza nella
speranza di completare i carichi, e contro il desiderio dei mercanti di
rinviare gli acquisti sino all'ultimo momento nella speranza di un ribasso di prezzi. Il Senato non intendeva permettere che questi interessi
individuali venissero a conflitto con i benefici che la comunità intera poteva ricavare dalla puntualità dei viaggi[6]. Si mostrò consapevole dell'importanza di tenere in movimento il capitale. In questo senso chiede
prova di aver compreso il famoso aforisma capitalistico di Benjamin
Franklin: «Il tempo è denaro».

II.

Ma davvero le merci affluivano da e per Venezia alla velocità massima consentita dalle scadenze dei viaggi? E i mercanti avevano davvero

---

[6] Parte di una deliberazione del Senato del 1° giugno 1420, dice: «niun altra cossa e de plui
utilitade alla mercadantia che conservar le mude» ecc. Senato Misti, reg. 53 (doppio), ff. 115-16.
Cfr. Senato Mar, reg. 11, f. 129, 1492 e reg. 16, f. 1, 1503. Alcune modifiche alle consuete regole
delle *mude*, dalle quali risulta che l'obiettivo era il movimento regolare delle merci verso il mercato
veneziano, non il viaggio in convoglio, Senato Misti, reg. 57, f. 86, 29 marzo 1429; reg. 47, ff. 63, 64,
74, luglio e agosto 1406.

tanta fretta di trasformare il tempo in denaro? E il mercato era davvero abbastanza rapido da consentir loro una vendita immediata eppure proficua? Queste domande trovano parziale risposta nei libri contabili dei mercanti.

Alcuni di essi facevano girare una parte del capitale seguendo le scadenze del sistema dei trasporti. Un esempio relativamente semplice nel campo del cotone ci è offerto dal libro contabile di Nicolò Barbarigo, un patrizio veneziano che non si occupava molto di commercio, sicché non è difficile considerare separatamente i suoi vari investimenti. Nel gennaio del 1472 inviò 600 ducati in monete in Siria, riebbe indietro quella stessa estate 15 sacchi di cotone, dispose prontamente di 11 di questi sacchi e ottenne in cambio circa 500 ducati in monete e stoffe che rimandò in Siria con le navi che partivano in agosto.

Piú difficile è trovare un esempio altrettanto chiaro di un ciclo completo di due giri d'affari in cotone effettuato nell'arco di dodici mesi. Dopo la spedizione del secondo investimento di Nicolò Barbarigo, nell'agosto 1472, le navi da e per la Siria subirono ritardi rispetto alle scadenze prestabilite. Sino al marzo successivo nemmeno una parte del capitale spedito in agosto ritornò in forma di cotone. Il cotone non andò tutto venduto che in novembre. Il secondo giro del capitale, 600 ducati, impiegò dunque circa sedici mesi. In agosto, inoltre, Nicolò aveva raddoppiato l'investimento inviando altri 600 ducati circa. Fino al febbraio 1474 non realizzò alcun guadagno su questa somma vendendo il cotone ricevuto, e poiché la vendita fu effettuata concedendo credito per un anno non ebbe denaro liquido a disposizione per una nuova spedizione in Siria sino al febbraio 1475, tre anni dopo il suo investimento [1].

Il libro mastro di Lorenzo Soranzo e fratelli offre indicazioni piú significative sulla velocità del giro d'affari nel commercio all'ingrosso del cotone, poiché essi importarono regolarmente cotone per circa trent'anni. Nel loro mastro aprirono un conto separato per il cotone di ciascuna stagione o muda. Per esempio, un conto del cotone della muda del marzo 1416 registra il cotone ricevuto con le navi partite dalla Siria nel marzo del 1416 e giunte a Venezia prima del 12 giugno 1416. Per estensione, la parola muda si applicava spesso alla flotta, ma in gergo legale significava il periodo di tempo durante il quale era permesso caricare in determinati porti levantini. Come regola generale, la muda per i porti di Siria era marzo e settembre, ma quando le partenze erano ritardate dalla guerra o dalle condizioni metereologiche, un voto speciale del Senato

[1] RB, reg. 6, cc. 122, 125, 132, 141, 152.

aveva il potere di cambiare il periodo della muda per quell'anno. Perciò quando il contabile dei Soranzo chiamava parte del cotone, cotone «della muda di marzo 1418», permane ancora qualche dubbio sul momento in cui il cotone fu effettivamente caricato, o in cui effettivamente giunse a Venezia. Soltanto un attento studio comparativo dei decreti del Senato, delle cronache contemporanee e della contabilità riferita ai pagamenti per sdoganare la merce, consentirebbe di datare con precisione i movimenti effettivi di ogni partita. Ai nostri fini però, di giungere cioè a una valutazione preliminare del ritmo del commercio e del giro d'affari a Venezia, occorre confrontare le date della vendita del cotone con quelle in cui, stando alle scadenze regolari dei viaggi, la merce avrebbe dovuto essere caricata in Siria. È quanto si è fatto, per i sei anni tra il 1416 e il 1421, nella tabella 1. La tabella mostra che, dal 1416 al 1417, una parte considerevole del cotone importato dai fratelli Soranzo fu venduto alla «fiera» estiva o a quella invernale immediatamente dopo essere stato ricevuto. La vendita nel 1417 fu abbastanza rapida da permettere che due terzi del cotone importato dalla flotta di marzo fosse venduto prima che le navi ripartissero in settembre per caricare altro cotone, e quasi tutto quello che ritornò nell'autunno fu venduto durante l'inverno. Di conseguenza, quell'anno i Soranzo poterono girare quella parte del loro capitale due volte. Inoltre, durante il 1416 e il 1417 nessuna balla di cotone rimase in magazzino per piú di un anno. Questi anni dimostrano, cosí come il primo investimento di Nicolò Barbarigo nel 1472, che due giri di affari in un anno non erano solo un miraggio. A volte i mercanti riuscivano veramente a far muovere parte delle loro merci con la rapidità consentita dalle scadenze regolari dei viaggi.

Nel 1418, il giro d'affari dei Soranzo rallentò; lo schema che abbiamo mostrato nella tabella 1 cambia bruscamente. Causa di questo cambiamento fu la guerra commerciale dichiarata a Venezia dall'imperatore Sigismondo, re d'Ungheria, che giunse all'apice della sua relativa efficacia tra il 1418 e il 1422 [2]. L'elemento piú importante del mercato del cotone era costituito dai tedeschi che venivano a fare acquisti al Fondaco dei Tedeschi o, come dicevano allora i veneziani, al *fontego*. Ma nel luglio 1418 la ditta Soranzo scrisse ad uno dei suoi agenti: «Di gotonii el vene que le nave di Soria sacii 5400 di qual ne restava meio de sacii 1500 si che insuma se atrova de qui: de sacii 6900 che son gran suma. Ancor non esta fato per non esser mercadanti in fontego ma pur en Realto...»; e ad un altro: «Fin qui non e sta fato di gotton di alguna

    [2] H. SIMONSFELD, *Der Fondaco dei Tedeschi in Venedig und die deutsch-venetianischen Handelsbeziehungen*, Stuttgart 1887, vol. II, p. 45.

sorta per non de esser vegnudi mercadanti in fontego per non essere i canaii seguri per le novitadi di fare d'Ongaria...»[3].

Cosí il cotone dei Soranzo continuò ad accumularsi sino al 1422, quando si presentarono dei compratori, a quanto pare, giacché quell'anno ne vendettero 140 sacchi.

Un contrasto simile tra giro d'affari rapido e giro d'affari lento si riscontra nelle operazioni di Andrea Barbarigo (padre di quel Nicolò cui

[3] ASV, Miscellanea Gregolin, busta 13, carteggio Soranzo, nelle lettere a L. Bembo e Piero Soranzo.

Tabella 1.
Vendite di cotone (in sacchi) effettuate dai fratelli Soranzo: periodo di carico confrontato al periodo di vendita[a].

Periodo di carico in Siria	Periodo di vendita[b]							
	estate dell'anno di carico	autunno dell'anno di carico	inverno dopo il carico	primavera dell'anno seguente a quello di carico	estate dell'anno seguente a quello di carico	autunno dell'anno seguente a quello di carico	inverno dell'anno seguente a quello di carico	piú tardi
1416								
marzo	18	6	37	5	0	0	0	0
settembre	–	–	0	31	0	0	0	0
1417								
marzo	48	0	24	0	0	0	0	0
settembre	–	–	57	3	0	0	0	0
1418								
marzo	0	0	39	90	0	0	0	0
settembre	–	–	0	27	1	30	45	0
1419								
marzo	0	0	21	1	0	0	2	45
settembre	–	–	24	0	0	0	0	48
1420								
marzo	0	0	5	4	27	9	1	31
settembre	–	–	nessuna importazione					
1421								
marzo	0	0	0	0	0	9	0	0
settembre	–	–	0	0	0	4	2	2

[a] La tabella è stata compilata dai fotofilms dei conti cotone corrispondenti nel libro reale nuovo dei Soranzo, in ASV, Miscellanea Gregolin, busta 14, registri commerciali. Sarebbe interessante possedere uno studio piú completo di tutti gli affari dei fratelli Soranzo. Cfr. *Andrea Barbarigo* cit.
[b] Periodi di tre mesi: inverno significa dicembre, gennaio, febbraio; primavera, marzo, aprile, maggio; ecc.

abbiamo accennato), mercante di svariati interessi e contemporaneo dei fratelli Soranzo. I suoi primi investimenti in cotone, nel 1431-33, tornarono indietro molto lentamente. In questo caso fu una guerra con Genova a disturbarne il ritmo ideale[4]. D'altra parte Andrea Barbarigo ricevette nel giugno 1435, e vendette nei due mesi seguenti, 25 sacchi di cotone, che costituivano il ricavo di un investimento, una parte del quale aveva inviato in Siria nell'inverno dello stesso anno. Spedí altre merci in Siria con le navi che partivano nell'agosto 1435 e ricevette altro cotone sulle navi che arrivarono nel gennaio 1436[5]. Ma le varie operazioni di Andrea Barbarigo sono cosí intricate che io esito ad affermare che le due partite e le due vendite rappresentassero lo stesso capitale.

Gli esempi che abbiamo considerati, tratti dalle operazioni di tre mercanti diversi, indicano l'esistenza di un'effettiva correlazione tra la regolarità dei viaggi e la rapidità del giro di capitale. Certo, di tanto in tanto i trasporti venivano interrotti, e le merci rimanevano bloccate per due o tre anni. Se queste interruzioni non avvenivano e se le condizioni metereologiche si mantenevano normali, era possibile che il giro d'affari avesse luogo due volte all'anno, ma, in media, il giro d'affari di un grossista di cotone non si svolgeva con questo ritmo. Era consueto che una parte del cotone rimanesse da una stagione all'altra. Gli esempi che abbiamo esaminato mostrano che una parte del capitale investito nel commercio del cotone – forse metà o la quarta parte – non veniva girata piú di una volta all'anno anche in tempi «normali». E tuttavia valeva la pena tentare di girare il capitale due volte all'anno, giacché un numero sufficiente di mercanti riusciva a farlo abbastanza spesso; tanto il Senato nella regolamentazione dei viaggi, quanto il singolo mercante nella sua attività, lo potevano considerare un obiettivo ad un tempo vantaggioso e realizzabile.

Se ai libri contabili rivolgessimo queste stesse domande in merito agli altri settori principali del commercio all'ingrosso veneziano – spezie, lana, rame e via dicendo – è possibile che per ciascuna merce troveremmo una risposta piuttosto diversa. Ma sarebbe comunque impossibile giungere a conclusioni piú precise. Si trovano esempi di pepe, venduto a contanti alla fiera «d'inverno», immediatamente dopo il ritorno delle galere, ed esempi, d'altra parte, in cui le importazioni di un certo anno furono vendute gradualmente durante un periodo di parecchi anni. Il massimo che si possa dimostrare con questi esempi è che il giro d'affari

[4] Cfr. *Andrea Barbarigo* cit., pp. 61-75 (in questo volume, pp. 52-65).
[5] RB, reg. 2, Mastro A, cc. 194, 199, e le lettere nella reg. 1, Diario A, lettera a Lorenzo Soranzo, 2 agosto 1435. Cfr. il mio *Andrea Barbarigo* cit., p. 112 nota (in questo volume, p. 99, nota 37).

era meno rapido quando i viaggi regolari venivano interrotti. Quando i viaggi rispettavano le scadenze stabilite, c'erano mercanti che talvolta giravano una parte del capitale alla velocità massima consentita dai viaggi, altri che non lo facevano. Ma i libri contabili non forniscono nessuna base statistica in base alla quale stimare la rapidità media del giro d'affari di un determinato prodotto. Per calcolare questa media sarebbe piú utile raccogliere numerose valutazioni sull'ammontare dell'avanzo di anno in anno, deducendole dalle lettere dei mercanti.

III.

Esiste un altro modo di affrontare il problema. Non esistevano forse mercanti che univano il commercio al dettaglio con quello all'ingrosso? È possibile che i mercanti nobili conservassero intenzionalmente un avanzo di merci nei magazzini dei loro palazzi proprio perché sceglievano di tenere riserve in quella forma? La diversificazione non era forse la norma generale? E come poteva da solo un mercante raggruppare nelle sue operazioni i molteplici ritmi di giro d'affari delle varie merci in cui trafficava? In breve, quale sarebbe il quadro generale del giro d'affari visto in seno a un determinato commercio?

I modi per tentare di rispondere a queste domande sono determinati dalle fonti, e in particolare dai libri contabili. Un esame della rapidità del giro d'affari nel commercio moderno potrebbe iniziare dal confronto tra il capitale circolante di un'azienda o gruppo di aziende e il volume totale di un anno di affari. Dividendo il volume degli affari per il capitale usato a questo scopo si giunge a stabilire la velocità del giro d'affari. Un'attività imprenditoriale moderna ha dei bilanci che rendono possibili tali calcoli. Anche la contabilità delle società a breve termine fiorentine era di natura tale da suggerire la possibilità di applicare lo stesso metodo nello studio dei loro affari. Invece i metodi usati dai mercanti Veneziani nel fare il bilancio dei loro conti non offrono cifre riguardanti la somma totale delle compre o delle vendite effettuate nell'arco di un anno, o di qualunque altro periodo di tempo. Persino il determinare la somma totale del capitale investito presenta delle difficoltà. La forma di contabilità d'impresa utilizzata a Venezia può rivelare la rapidità del giro d'affari soltanto laddove è possibile seguire lo svolgimento di un'impresa, o di un gruppo di investimenti, che costituisca il grosso dell'attività di un mercante[1].

---

[1] Per uno sguardo generale alla storia della contabilità, cfr. l'articolo *Ragioneria*, parte I, di Gino Luzzatto, nell'*Enciclopedia italiana*. La mia analisi della contabilità veneziana trovasi in *An-*

Una simile analisi è possibile per gli affari di Andrea Barbarigo. Lo si può considerare come un esempio tipico, forse, dei nobili che investivano nel commercio quasi tutto quello che avevano, si dedicavano assiduamente agli affari di Rialto, e riuscivano cosí ad accumulare un capitale considerevole. Andrea Barbarigo, rispetto a molti altri nobili veneziani, non era ricco, ma avendo cominciato quasi dal nulla, nel 1440 disponeva di un capitale di circa 10 000 ducati[2]. Di questi, la maggior parte era investita nel commercio, quasi nulla in titoli di Stato (monti) o beni stabili. I suoi investimenti commerciali erano assai diversificati, svolgeva scambi in molti articoli, e in molti paesi, e vendeva sia all'ingrosso, sia, per mezzo di agenti, al dettaglio. Il ramo d'affari cui si dedicava personalmente, oltre le cambiali, era l'importazione e vendita di panno inglese.

Un buon punto di partenza per studiare il suo giro d'affari è l'arrivo a Venezia, alla fine di maggio 1441, di una partita di merci inglesi del valore di circa 5500 ducati. Le merci, ed il loro costo al momento dell'imbarco sulle galere in Inghilterra, erano le seguenti[3]:

Panni mostovalieri	pezze 16	730 ducati
Panni bastardi	pezze 100	1335
Panni loesti	dozzine 500	2030
Panni carisee	pezze 50	339
Stagno, pezze 67,1	18 489	986
Totale		5420

Al loro arrivo a Venezia queste merci erano state quasi completamente pagate. Oltre a questo considerevole investimento, quasi due terzi del suo capitale, Barbarigo aveva circa altri 3000 ducati investiti in «merci occidentali», e cioè panno inglese ricevuto prima, e olio e lana di Spagna[4].

Per semplificare, consideriamo solo il capitale rappresentato dalle merci che Andrea ricevette da Londra nel 1441, e cominciò a sdoganare negli ultimi giorni di maggio. Quanto tempo avrà impiegato a rivendere o a rispedire la mercanzia? Quando avrà potuto ottenere il ricavato li-

---

drea Barbarigo cit., pp. 153-80, e, con alcuni diagrammi, nel mio articolo *Venetian Accounting in Medieval Business Management*, in «Bulletin of the Business Historical Society», XIX, n. 5, novembre 1945, pp. 164-35.

[2] *Andrea Barbarigo* cit., pp. 184-85.

[3] RB, reg. 4, Mastro B, c. 28. Da questo punto di partenza, i dati sui quali si basa la seguente analisi furono trovati seguendo i richiami che accompagnano ogni voce nel mastro. I dati furono raccolti a Venezia nella primavera del 1939, e non ho potuto verificarli in dettaglio dopo di allora, giacché il seguire questi richiami su fotofilm è lavoro assai penoso.

[4] Calcolato dal *conto saldo* con cui si inizia il Mastro B e dall'esame di molti di questi conti.

quido o in merci da inviare a Ponente in modo da ottenere un'altra spedizione di pari dimensioni?

Le vendite e le rispedizioni erano rapide. Entro tre mesi Barbarigo si era disfatto dei tre quarti della partita. Questi mesi costituivano precisamente il periodo che andava dal ritorno delle galere di Fiandra e delle navi di primavera del Levante, fino alla partenza di galere e navi per il viaggio autunnale al Levante – in breve, il periodo estivo di «fiera». In questa «fiera» – in effetti prima del 6 agosto – Andrea vendette i panni «loesti» e la maggior parte dei carisee, e spedí una parte dello stagno ad Alessandria, una parte dei panni bastardi a Costantinopoli, e un'altra a un agente a Fermo. Se veramente l'attività di Barbarigo fu caratteristica dell'epoca, questi mesi erano dunque periodo di intensi scambi commerciali, e la rapidità del giro delle merci era pari quasi a quella indicata dai programmi di viaggio delle galere.

La maggior parte di quello che Barbarigo non vendette durante la fiera estiva era destinato alla distribuzione locale e al minuto. L'unica eccezione è costituita da 20 pezze di carisee che furono vendute a Piero e Lorenzo Soranzo nel gennaio 1442, proprio in tempo per la partenza delle navi di quell'anno. Barbarigo le aveva trattenute per sei mesi, forse perché non aveva potuto trovare un compratore di sua soddisfazione durante la ressa degli affari estivi, o forse perché si aspettava prezzi piú alti alla «fiera invernale, o forse anche perché, in un primo tempo, aveva destinato tali merci a qualche altra *scala*. Alla partenza delle flotte d'autunno, però, delle importazioni destinate ai mercati levantini, Barbarigo trattenne soltanto merci per un valore pari al 4 per cento del totale, e l'inverno successivo, prima dell'arrivo di un'altra flotta di Fiandra con nuove forniture, anche quel 4 per cento partí per l'Oriente.

La parte piú lenta a muoversi delle importazioni di Barbarigo era formata dai tipi di stoffe piú cari, e da quella parte di stagno che aveva deciso di vendere a Venezia. Ne vendette a stagnini e peltrai circa 12 000 libbre, in partite comprese tra le 200 e le 3600 libbre. Era prevedibile che questo tipo di vendita all'industria locale richiedesse piú tempo che i traffici di commercio internazionale, ma per lo meno con queste vendite ritardate Barbarigo ottenne prezzi piú favorevoli. Lo stagno che inviò ad Alessandria nell'agosto 1441 era stato valutato a soli 90 ducati la miera. Per quello che vendette dal gennaio al maggio 1443, Barbarigo ricevette 100 ducati la miera[5] (cfr. tab. 2).

I tipi piú fini di panno non furono venduti personalmente da Andrea ma da un «drappiere», Alvise di Stropi, ed Andrea non registrò la

---

[5] Il conto stagno in RB, reg. 4, Mastro B, c. 45.

vendita fino a che Stropi non gliene diede un rendiconto. In questo caso dunque le cifre della tabella 2 potrebbero indurre in errore. Metà della cifra registrata come: «Vendite dal settembre al gennaio e febbraio 1443» si riferisce a vendite di stoffe fatte dallo Stropi e registrate a tali date. Ma poiché egli cominciò i pagamenti prima di allora, è probabile che Stropi avesse venduta la maggior parte delle stoffe prima di rendere i conti. Probabilmente le stoffe gli erano state affidate pochissimo tempo dopo il loro arrivo nell'estate del 1441, per essere tinte, rifinite e vendute a piccoli lotti, ma Stropi le vendé a poco a poco durante i due anni seguenti[6].

Per riassumere il movimento delle merci: quelle destinate ad essere rispedite in grosse partite da Venezia ad altri mercati, circa due terzi, si mossero rapidamente: nel giro di tre mesi la quasi totalità di queste fu rispedita direttamente da Barbarigo, o venduta ad altri, in tempo per rispedizione; l'altro terzo della partita, quello destinato alla vendita a piccoli lotti in Venezia, si mosse assai più lentamente.

Quando abbandoniamo lo studio del giro delle merci per volgerci al giro del capitale di Barbarigo, ci troviamo a dover risolvere la questione del tempo impiegato a riscuotere i pagamenti. Nel compilare la

---

[6] RB, reg. 4, Mastro B, i conti Alvise di Stropi che cominciano a c. 33. Sulla base di questi conti ho calcolato la somma pagata a Barbarigo per la stoffa affidata per la vendita a Stropi. La stoffa ricevuta da Andrea nel 1441 completò le prime partite affidate a Stropi. I pagamenti versati ad Andrea per le partite successive furono sempre più lenti, ma dai suoi conti è impossibile stabilire se la cosa fosse dovuta alla lentezza delle vendite, oppure semplicemente al fatto che il debito di Stropi con Barbarigo si andava ingrossando.

Tabella 2.

Vendite o rispedizioni fatte da Andrea Barbarigo delle merci ricevute con le galere di Fiandra nel maggio 1441, e riscossione dei pagamenti per le stesse con valore secondo i periodi.

	Valore[a]	
	vendite o rispedizioni[b]	pagamenti riscossi[b]
Fino al 1° settembre 1441	571. 13. 1. 13	26. 16. — —
1° settembre 1441 - 28 febbraio 1442	21. 4. 11. 20	38. — — —
1° marzo 1442 - 1° settembre 1442	21. 13. 3. —	58. 17. 10. 19
1° settembre 1442 - 28 febbraio 1443	212. 4. 9. 16	379. 19. 3. 29
1° marzo 1443 - 1° settembre 1443	60. 9. 4. 14	199. 1. 11. 26
Più tardi		164. 14. 2. 0
Totali	887. 5. 5. 31	867. 9. 4. 10

[a] In lire di grossi; 1 lira = 10 ducati.
[b] Lire, soldi, denari, piccoli.

tabella 2, ho considerato come «pagamenti riscossi» quelle transazioni che appaiono nei libri di Andrea come debiti per contanti, a banche ed a conti personali che prima erano bilanciati a credito. Questi ultimi rappresentano solo una piccola parte del totale. La forma piú comune di pagamento, anche per gli stagnini, era un accredito presso una delle quattro banche veneziane del tempo, quella di Nicolò Bernardo, quella di Luca di Soranzo, quella di Bernardo Ciera, e specialmente quella di Francesco e Bernardo Balbi.

La lentezza con cui Andrea riscuoteva i pagamenti è in netto contrasto con la rapidità con cui egli mosse la merce nell'estate del 1441. Dei 5717 ducati di merce di cui si era immediatamente disfatto, ne vendette per un valore di 3389 ducati, e il resto lo spedí. Di questi 3389 ducati di merce venduta, Barbarigo al momento ricevette solo 268 du-cati, dei quali solo 110 ducati in contanti, il resto a saldo dei suoi debi-ti. Durante i dodici mesi seguenti, le riscossioni continuarono ad essere esigue, costituite soprattutto da ciò che lo Stropi gli rimetteva in acconto per la merce a lui affidata. Nel maggio 1442, Barbarigo realizzò anche qualche cosa sulla spedizione dell'anno precedente ad Alessandria. Per lo stagno spedito a quel porto, ricevette una consegna di zenzero e can-nella. Quando vendette una parte di quelle spezie, ne ricevette pronto pagamento. Ma dopo quindici mesi la somma totale delle sue riscossioni rappresentava solo il 20 per cento del capitale investito nella partita ri-cevuta nel maggio 1441.

Durante i sei mesi seguenti riscosse una somma assai piú considere-vole, e ciò specialmente nei mesi di gennaio e febbraio 1443. I «panni loesti», che aveva venduti cosí rapidamente nell'estate del 1441, erano stati venduti a credito a lunga scadenza, fino alle «navi del gennaio 1443». In effetti la maggior parte di questi conti gli fu saldata tra il 12 gennaio e la metà di febbraio, benché alcuni pagamenti non fossero fatti sino al marzo 1443[7]. Nella primavera del 1443 Barbarigo ricevette pu-re il saldo della vendita a piccole partite di stagno e panno e riscosse anche su un'altra parte della cannella ricevuta da Alessandria. In tutto, gli incassi fino al settembre 1443 furono considerevolmente piú vistosi del costo totale delle merci ricevute nell'estate 1441. Non solo erano maggiori del costo iniziale, ma erano tanto grandi da coprire anche tutte le altre spese incorse nel frattempo in relazione a tali merci. Ciò che restava da riscuotersi, due anni e piú dopo l'arrivo delle merci, era tra il 18 per cento e il 19 per cento del ricavo totale da questo ciclo d'affari, e rientrava tutto nel profitto (cfr. tab. 3).

[7] RB, reg. 4, Mastro B, cc. 44, 46, 47.

Rimanevano da liquidare, tra l'altro, un po' di cannella spedita ai suoi agenti di Londra, ma non ancora venduta, e altri due investimenti sui quali occorre soffermarsi. Uno di questi riguarda il «Viaggio a Costantinopoli», l'altro il «Viaggio a Fermo». Ambedue illustrano l'estre-

Tabella 3.

Profitti e perdite in rapporto diretto con le importazioni di Andrea Barbarigo da Londra nel 1441, e con il ritorno dei fondi a Londra[a].

	Profitti[b]	Perdite[b]
Panni bastardi	30. 18. 6. 27	
Stagno	54. 13. 2. 19	
Panni loesti	71. 1. 5. 16	
Partita di stagno inviata ad Alessandria		4. 6. 7. 25
Zenzero	9. 18. 8. 2	
Cannella, lunga	17. 2. 11	
Cannella, grossa		7. 11
Partita inviata a Londra	1. 13. 11. 6	
Panni, mostavelieri[c]	20.	
Panni, carisee[c]	18.	
Partita di cannella inviata a Londra[e]		4.
Partita di panni bastardi inviata a Costantinopoli[e]	31. 10. 8. 11	
Partita inviata a Fermo[d]	16.	
Debito insolvente per la vendita a Costantinopoli		48. 18. 10. 22
Totali	254. 13. 8. 28	57. 6. 1. 28
Profitto netto[e]	197. 7. 7. 0	

[a] Alcuni di questi profitti e perdite dimostrano che per calcolare il profitto su un investimento occorre esaminare un intero ciclo di transazioni. Una parte del profitto sullo stagno risulta dal fatto che, al momento di caricarla sul «viaggio di Alessandria», la merce fu valutata a 90 ducati la miera. Il costo iniziale era solo di 54 ducati la miera. Se questo valore corrispondesse al prezzo corrente del mercato a Venezia a quel tempo, è difficile a dirsi. Ad ogni modo, questo valore era cosí alto che, su questa base, lo stagno non avrebbe potuto vendersi con profitto ad Alessandria. Questa è la ragione per cui, sui registri di Barbarigo, appare un maggior profitto per lo stagno, ma una perdita per il «Viaggio ad Alessandria». Vi sono altri casi nei suoi registri in cui le merci importate da una *scala* erano valutate a prezzo di costo quando erano esportate ad un'altra scala. (Per esempio, Mastro A, c. 92). In quel caso non vi era alcun profitto nei conti merci, ma un buon profitto nei conti viaggio. Lo stadio delle operazioni da cui risultava un profitto veniva dunque determinato in base a valutazioni di carattere puramente contabile. Soltanto seguendo tutto, o quasi, un intero ciclo di investimento è possibile stabilire con precisione le fonti del profitto.

[b] In lire di grossi; 1 lira = 10 ducati.

[c] Questi sono conti non saldati, ma il profitto o la perdita sono chiari, anche se non indicati esattamente dalle voci già iscritte nel conto.

[d] Una stima approssimata, vedi il testo.

[e] La differenza tra il costo iniziale della spedizione, 5420 ducati, ed i prezzi totali di vendita, 8873 ducati come da tabella 2, era dovuta solo in parte a profitto; un'altra parte era costituita da spese di operazione. Se contiamo queste spese di operazione come parte dell'investimento, avremo un investimento totale di 6999 ducati. Ma solo una frazione di queste spese rimase investita per un periodo che possa approssimarsi in due anni. Ritengo dunque che una cifra tonda di 6000 ducati rappresenti presso a poco l'investimento su cui Andrea Barbarigo guadagnò, in cifra tonda, 2000 ducati.

ma complessità dell'attività commerciale di Barbarigo, e la difficoltà di stabilire con precisione il momento in cui un investimento risultava liquidato, e un giro d'affari completato.

L'agente di Costantinopoli, Carlo Cappello, cui Barbarigo aveva spedito una parte dei «panni bastardi» inglesi, era riuscito a vendere la merce, ma invece di riscuoterne il pagamento da sé, aveva trasferito a Barbarigo l'incarico di riscuotere a Venezia dal cliente piú importante. Barbarigo riuscí a riscuotere solo parte della somma a lui dovuta, e solo nell'ottobre 1545, in tutto 400 ducati. Il resto lo cassò e lo considerò perduto. Oltre all'incarico di riscuotere da un cliente che si rivelò insolvente, Barbarigo ricevette da Carlo Cappello, nella primavera del 1443, una partita di pepe, seta e fiorini ungheresi. Queste merci rappresentavano in parte il rimanente del ricavo sui drappi inglesi di Barbarigo, ed in parte il ricavo su altre merci, specialmente su olio che era stato spedito a nome di Barbarigo da Valencia a Costantinopoli. Di conseguenza è impossibile determinare con certezza matematica quale porzione di questa partita fosse un profitto sulle stoffe inglesi, e quale sull'olio di Valencia, e cosí via. Però, giacché Andrea cambiò immediatamente il pepe ed i fiorini in 700 ducati in moneta di banca, e giacché in quel momento da Costantinopoli gli erano dovuti solo 260 ducati in conto dei panni «bastardi», quest'ultima cifra è stata inclusa nei pagamenti ricevuti nella primavera ed estate del 1443.

Per il panno inglese spedito a Fermo, Andrea non ricevette pronto pagamento a causa della morte del suo agente locale, Troilo Pacaron. Questo agente era un corrispondente fidato che per molti anni aveva combinato affari per Barbarigo nelle Marche, mentre Barbarigo si occupava dei suoi interessi a Venezia. Alla morte di Pacaron l'intrico dei loro affari era assai complesso e Barbarigo fu costretto a fare causa agli eredi di Pacaron per giungere a un compromesso. Il tribunale riconobbe i diritti di Barbarigo, ed in conseguenza nel 1448 egli registrò nel suo mastro un profitto considerevole per le sue spedizioni a Pacaron, ma è impossibile determinare con certezza quanto di tale profitto venisse dal panno inviato nell'estate del 1441 e quanto da altre partite[8].

Date queste difficoltà, inerenti alla natura della contabilità di Barbarigo, la cifra della tabella 2 relativa ai pagamenti ricevuti dopo il settembre 1443, è di necessità molto approssimata. Ciò nonostante serve ad indicare con correttezza che una parte considerevole delle riscossioni per il carico ricevuto dall'Inghilterra nella primavera del 1441 non fu

---

[8] Riguardo alla complessità dei conti di Pacaron, vedi qui il saggio *Andrea Barbarigo*, pp. 57 sgg. Per rintracciare le riscossioni di Barbarigo nei rapporti con la maggior parte degli altri mercanti è stato necessario consultare, rifacendosi ai richiami e all'indice, numerosi conti del Mastro B.

liquidata fino a quattro, cinque e financo sette anni dopo. La somma cosí vincolata era solo una piccola percentuale del capitale in ballo, ma era piú di tre quarti del profitto che Barbarigo avrebbe avuto su quella partita.

Benché i suoi profitti assumessero la forma di conti attivi a lunga scadenza, in due anni Andrea aveva liquidato per lo meno abbastanza della sua partita da pagarne un'altra delle stesse proporzioni. Infatti le galere che giunsero a Venezia da Ponente nell'estate del 1443, gli portarono una nuova partita di merci inglesi per il valore di 5460 ducati, pari quasi a quello della spedizione ricevuta due anni prima[9].

L'arrivo di questa nuova grossa spedizione ci indica superficialmente che il ciclo di investimento di Barbarigo era stato completato, e che nei due anni aveva fatto fare un giro completo al suo capitale. Per essere assolutamente sicuri di questo bisognerebbe rifare il cammino dei fondi mandati a Londra a pagamento delle merci. La cosa è facile soltanto nella misura in cui Barbarigo si costituí un deposito a Londra inviandovi mercanzie. Con le galere partite da Venezia nel 1442 aveva mandato a Londra parte della cannella ricevuta da Alessandria in cambio di parte dello stagno contenuto nella consegna del 1441[10]. Solo nel caso che Barbarigo avesse poi rispedito a Ponente, solo in questo caso, i suoi conti indicherebbero in modo diretto che la spedizione del 1443 era stata pagata con il ricavato dal carico del 1441. In realtà, però, quasi tutte le somme ricavate dal carico del 1441 appaiono prima o poi, nei conti di banca di Barbarigo. I fondi, per la maggior parte, venivano spediti a Londra con lettere di cambio, ed è difficile stabilire se queste rappresentino esattamente gli stessi fondi in precedenza vincolati nella partita del 1441. Ciò nonostante due considerazioni ci fanno sospettare che fosse proprio cosí. Anzitutto, c'è una stretta relazione tra l'ammontare dei fondi riscossi tra il settembre 1442 e il settembre 1443 e il volume delle rimesse a Londra durante questo periodo. In secondo luogo, un esame delle altre imprese di Barbarigo durante questi due anni ci indica che gli altri suoi fondi erano impiegati in altri investimenti, tanto nell'estate 1443 che nell'estate 1441. Essi non avrebbero potuto dunque esser impiegati per pagare il carico in arrivo nell'estate del 1441. Quello che non risulta chiaro è per quale ammontare Andrea Barbarigo ricevesse credito o facesse credito ai suoi agenti di Londra[11].

---

[9] RB, reg. 4, Mastro B, c. 104. Andrea ricevette le merci dalla dogana il 9 luglio 1443. Vedi il suo giornale (reg. 3) in tale data.

[10] RB, reg. 4, Mastro B, cc. 28, 63, 64.

[11] Vedi i vari conti del Mastro B, di «Zuane e Lorenzo di Marchanovo», «per conto proprio», «per conto de danar d'imprestidi», ecc.

Dopo questa scorsa, a titolo di prova, su una porzione degli affari di Andrea Barbarigo, possiamo concludere che egli fece fare un giro completo al suo capitale nell'arco di due anni circa. Nel 1443 aveva liquidato per reinvestirla la somma che aveva ricevuto in merci di Ponente nel 1441, benché i profitti sull'investimento fossero ancora vincolati, anche se non proprio in modo improduttivo, sotto forma di debiti non pagati, o articoli di non facile smercio, venuti in sua mano nel corso della liquidazione delle merci. Nell'insieme, però, queste conclusioni sulla riscossione dei debiti di Andrea Bàrbarigo, mi sembrano assai meno solide e assai meno significative del resoconto nella tabella 2 riguardante la velocità con cui egli aveva piazzato le merci.

IV.

In che misura questo esempio particolare ci consente una generalizzazione? Prima di tutto, per quanto riguarda il mercante Andrea Barbarigo, gli anni 1441-43 debbono essere considerati piú o meno caratteristici di tutto il suo stile d'affari. In generale, oserei dire che questi anni sono piuttosto tipici. Tutta la storia delle sue trattative con gli agenti nel periodo precedente, e cioè dal 1430 al 1440, indice un ritmo abbastanza simile: due anni per liquidare un impegno e per essere pronto a scegliere liberamente un nuovo investimento [1].

Ma in qualsiasi contabilità complessa, è difficile essere sicuri di quanto si trovi in debito il mercante o della misura in cui viene finanziato da altri. Un mercante che avesse buone relazioni e godesse di buona reputazione poteva permettersi operazioni finanziarie con denaro preso in gran parte a prestito, cosí come fece di tanto in tanto Andrea [2].

Sarebbe bello poter evitare le complicazioni che sorgono quando si prendono in considerazione l'acquisto a credito, la concessione di credito all'atto della vendita, e altre forme di mutuazione. Ma naturalmente è indispensabile considerarle se vogliamo calcolare i profitti del mercante e confrontare il successo di un mercante con quello di un altro.

---

[1] *Andrea Barbarigo*, specialmente il cap. III.
[2] Nel 1433, ordinando ai suoi agenti a Londra un acquisto di stoffe, Andrea scriveva: «avixandavi non credo trovarme su denari, e diti pani me convira pagar del trato de si over far qualche torno. Passando setembro penso Messer Francesco me servira fino a Nadal» («vi avverto che non credo avrò disponibilità di liquidi, e mi converrà pagare detti panni con il ricavato dalla vendita degli stessi, ovvero far qualche giro di crediti. Dopo settembre, credo che Messer Francesco mi concederà credito fino a Natale»). RB, reg. I, Giornale A, copia-lettere, lettera del 17 febbraio 1432 (*more veneto*) a Vettor Cappello e Fratelli. E di fatto tra l'ottobre 1433 e il gennaio 1434 il conto di Andrea presso la banca Balbi rimase scoperto per una somma compresa tra i 400 e i 600 ducati. *Andrea Barbarigo* cit., p. 25 e nota; cfr. *ibid.*, pp. 73-76 (in questo volume, pp. 21, 22 e 63-66).

Un tentativo di stabilire l'ammontare del profitto di Andrea Barbarigo nel giro d'affari biennale descritto piú sopra è presentato nella tabella 2. Se ne conclude che in quei due anni da un investimento di 6000 ducati circa Andrea ricavò un profitto di quasi 2000 ducati, pari a poco piú del 15 per cento all'anno. La somma non si discosta molto dal tasso medio dei suoi profitti sul capitale nell'intero periodo 1431-45 [3].

Sarebbe pericoloso, però, basandosi sull'analisi delle operazioni di un solo individuo o di poche transazioni, giungere a qualsiasi conclusione circa il tasso di profitto che poteva considerarsi usuale a Venezia nel Quattrocento. D'importanza piú generale, mi sembra, è l'osservazione fatta accidentalmente da Barbarigo ad uno dei suoi agenti piú importanti all'effetto che non era difficile ricavare il 12 per cento all'anno sul capitale. La cifra appare sorprendentemente bassa, specie se si considera che parrebbe comprendere il compenso per il tempo e l'abilità del mercante, cosí come quello che oggi chiameremmo l'interesse sul suo capitale. Ma questa stima si trova in una lettera in cui Barbarigo confronta i vantaggi offerti dal pagamento in contanti con il pagamento a scadenza in cui il rischio sia poco o nullo. Inoltre, benché alcuni autori moderni parlino di profitti molto piú alti, fino al 50 per cento, di rado indagano a fondo sulla durata del periodo di investimento necessario a conseguire profitti di tale entità. La lettera di Andrea Barbarigo che abbiamo citato prova piú chiaramente di qualsiasi altra informazione offerta dalla sua contabilità che si sta parlando di profitti annuali; dice infatti: «avadagnar al ano piu di 12 per cento» [4].

La conclusione, dunque, che traggo da questo tentativo di adoperare i libri contabili nello studio sulla rapidità del giro d'affari a Venezia nel Quattrocento, è che vanno studiati insieme alle lettere dei mercanti del tempo e alla documentazione sui viaggi delle principali flotte mercantili. Le frasi in cui i mercanti traggono dalla loro esperienza conclusioni generali circa quello che poteva considerarsi un profitto ragionevole, hanno piú valore di cifre ottenute a fatica dai conti dei profitti di alcune determinate transazioni. Le frasi in cui i mercanti riassumono quanto hanno appreso a Rialto circa l'ammontare delle importazioni e dell'avanzo di un'annata ordinaria, costituiscono una base piú solida per stimare

---

[3] *Ibid.*, pp. 183-86.

[4] RB, reg. 1, Mastro A, copialettere, agosto 1440. Parlando della stoffa mandata a Pacaron, Barbarigo gli scrisse: «crede valera al tempo di 6 mexi duchati 30 e a contadi 28, e quando non li podesti vender per duchati 2 de men a contadi che al termene anche me piaxeria avanti i vendesti a danari 3 men del uno che a termene, perché di danari ne saperia avadagnar al ano piú di 12 per cento...» («credo che vendendolo a credito, a termine di sei mesi, spunterebbe 30 ducati, e in contanti 28 ducati, e se a contanti non riusciste a vendere a due ducati in meno che a credito, mi andrebbe bene che vendeste anche a 3 ducati in meno, perché dal denaro saprei come ricavare piú del 12 per cento all'anno»).

la media del giro di merci nel commercio all'ingrosso. L'utilità dei libri contabili è soprattutto marginale, come conferma del fatto che le frasi nelle lettere dei mercanti e le norme del Senato che considerano il giro d'affari rapido un obiettivo raggiungibile, vanno prese sul serio. Che le galere mercantili e le «navi di Siria» rispettassero i programmi di viaggio contribuiva in modo decisivo al rapido giro degli investimenti. E poiché la nostra tesi, che i mercanti di Venezia si rendevano conto dell'importanza del giro d'affari rapido, trova conferma sia nelle lettere che nella contabilità, è ragionevole credere che il Senato fosse influenzato da simili considerazioni quando dichiarava, come fece spesso, che l'osservanza delle mude e l'arrivo regolare delle navi in tempo per le fiere erano della massima importanza per la prosperità della Repubblica.

La contabilità di impresa nella conduzione degli affari nel medioevo

Sin dai suoi esordi la contabilità si è informata alle esigenze dell'uomo d'affari, influendo a sua volta sulla gestione dei problemi che questi doveva affrontare. L'esempio migliore è nel contrasto tra il sistema di contabilità che compare nei libri mastri dei manifattori tessili fiorentini e quello che si riscontra nei mastri dei mercanti veneziani nei secoli XV e XVI [1]. I manifattori tessili, come ad esempio il ramo cadetto dei Medici, strutturavano le diverse voci suddividendole in conto salari, conto lana, conto vendite dei panni, e cosí via, perché il loro interesse principale stava nel seguire con cura l'andamento dei materiali o delle obbligazioni. I veneziani, che erano soprattutto importatori ed esportatori, si occupavano soprattutto di seguire le merci spedite, quelle ricevute e le somme dovute a, o dagli agenti. Di conseguenza i conti fondamentali tipici dei libri veneziani erano *a*) i conti aperti per ogni tipo o partita di mercanzia ricevuta e *b*) i conti addebitati all'atto di spedizione delle merci. Questi ultimi possono essere meglio definiti come conti di spedizione, o di impresa. Ad esempio, quando un mercante veneziano acquistava stoffa fiorentina da spedire a Costantinopoli, apriva un conto stoffe fiorentine in cui registrava come addebiti tutti i costi delle stoffe, compresi quelli dell'imballaggio e della spedizione. All'atto di spedire le stoffe al suo agente a Costantinopoli chiudeva il conto stoffe fiorentine trasferendo il saldo al lato addebiti di un conto detto *viazo* a Costantinopoli, affidato a Carlo Cappello (o a chiunque fosse l'agente). In questo conto di spedizione, o di impresa, segnava a debito tutte le merci inviate a un particolare agente in un particolare luogo, o quantomeno tutto ciò che era stato spedito sulla medesima flotta. Poiché i mastri erano indicizzati, la voce *viazo* dell'indice consentiva al mercante veneziano una rapida e completa verifica delle sue spedizioni.

Oltre al conto di spedizione c'era quello dell'agente oltremare – ad

---

[1] Sulla contabilità industriale fiorentina cfr. R. DE ROOVER, *A Florentine Firm of Cloth Manufacturers*, in «Speculum», XVI, 1941, pp. 3-38; sui libri contabili veneziani discussi piú oltre cfr. *Andrea Barbarigo* cit.

esempio, quello intestato a Carlo Cappello, per l'agenzia di Costantinopoli. Il conto di spedizione, però, rendeva superfluo segnare a debito il conto dell'agente ogni volta che si spedivano merci. Il ricorso ai due conti, quello di spedizione e quello dell'agente, serviva a separare la registrazione di quanto dovuto dall'agente dalla registrazione delle spedizioni.

I veneziani operavano una corrispondente separazione anche tra i registri dei crediti dovuti all'agente e quello degli arrivi delle sue spedizioni, ma a questo scopo non occorreva una contabilità particolare. Quando un agente spediva merci da Costantinopoli a Venezia, la prima indicazione che risulta dai libri del consegnatario era l'apertura di un conto per la mercanzia ricevuta – ad esempio, un conto per la seta di Costantinopoli – e in genere la prima voce di questo conto per la seta era l'addebito dei pagamenti per sdoganare le merci. Questa voce dava una completa descrizione delle merci, riproducendo la fattura e constatandone gli eventuali errori. Seguivano poi gli addebiti per i noli pagati e altre spese, e gli accrediti sul conto per la vendita della mercanzia. Piú avanti, quando arrivava un rapporto dell'agente che specificava con precisione il costo delle merci, la somma in questione veniva addebitata sul conto della seta e accreditata su quello dell'agente. Il conto dell'agente si fondava dunque esclusivamente sulla documentazione da lui stesso fornita, ed era in tutto indipendente dai registri delle spedizioni dirette da o per lui.

I mercanti veneziani, dunque, seguivano l'andamento delle loro importazioni o esportazioni attraverso un ciclo di contabilità simile a quelli schematizzati nelle figure 1, 2 e 3. Ogni freccia indica un addebito sul conto successivo e un accredito su quello precedente. Se per «banche» si intendono i depositi bancari, e per «conti personali» i conti passivi, dai diagrammi risulterà non soltanto il ciclo della contabilità, ma anche le successive trasformazioni attraversate dal capitale del mercante. La successione non seguiva esattamente l'ordine che abbiamo illustrato, ammenoché nei suoi acquisti il mercante non pagasse sempre in contanti anticipati, vendendo invece sempre a credito. Anche se di fatto gli accadeva il piú delle volte di concedere e ottenere una dilazione nel pagamento degli acquisti, i diagrammi raffigurano effettivamente, sia pure se approssimativamente, i cicli di investimento, oltre ad indicare con precisione il ciclo della contabilità.

In molti casi in cui le merci ricevute da un agente in Levante non venivano vendute a Venezia, ma erano rispedite a un agente in Ponente, o viceversa, il ciclo seguiva lo schema della figura 2.

Figura 1.
Ciclo della contabilità con registrazione dell'acquisto, dell'esportazione, dell'importazione, della vendita e ricevuta del pagamento.

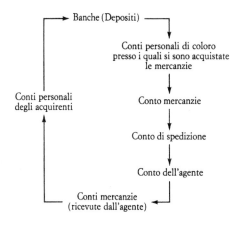

Figura 2.
Ciclo della contabilità con registrazione dell'acquisto, dell'esportazione, dell'importazione, della riesportazione, dell'importazione, della vendita e ricevuta del pagamento.

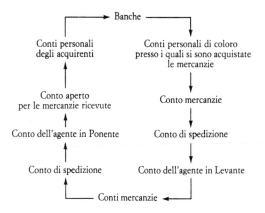

Talvolta si apriva un nuovo ciclo, senza passare attraverso i conti bancari, come nella figura 3; in tal caso le merci importate venivano barattate con quelle da esportare. Ad esempio, accadeva che il cotone ricevuto dalla Siria andasse venduto a un tedesco che pagava in rame, il quale veniva rispedito per la vendita in Siria.

Anche se in origine la causa dei conti di spedizione fu soltanto l'esigenza di separare le registrazioni delle mercanzie da quelle dei debiti dell'agente, consentendo cosí al mercante di sapere con sicurezza quanto doveva e quanto gli era dovuto, una volta istituiti questi conti, la loro esistenza prese il sopravvento tra i metodi utilizzati per determinare i profitti e le perdite. I veneziani non calcolavano i profitti pareggiando i registri una volta all'anno, o attraverso una qualunque forma di consolidamento che consentisse una verifica dell'attività nel suo insieme a intervalli regolari. Ricorrevano a un metodo relativamente semplice, prodotto dall'esistenza di questi conti mercanzia e di spedizione. Nei cicli che abbiamo illustrato i conti personali e quelli delle banche andavano tutti in pareggio, se non c'erano, non appena completato il movimento del capitale. I conti mercanzie e di spedizione, d'altro canto, non si potevano pareggiare nemmeno quando il ciclo di investimento fosse stato interamente compiuto, ed erano questi i conti sui quali lavorava il mercante per stabilire se l'investimento era stato proficuo. La faceva non

---

Figura 3.
Ciclo della contabilità con registrazione dell'acquisto, dell'esportazione, dell'importazione, del baratto, e della riesportazione.

appena portata a termine la transazione d'affari, trasferendo su un conto profitti e perdite la differenza tra le due colonne dei conti mercanzie e di spedizione, non pareggiati.

Assai diverso era il metodo per il calcolo dei profitti usato dai fiorentini. I mercanti fiorentini pareggiavano i loro libri a intervalli relativamente regolari, calcolando i proventi guadagnati sull'attività nel suo insieme. Per poterlo fare chiudevano un conto nell'altro. Nella contabilità industriale dei Medici il conto salari si chiudeva nelle spese di manifattura, e queste nelle vendite di stoffe. L'attività dei manifattori tessili fiorentini era nel senso reale un'impresa unica, e per questo il conto stoffe finito poteva essere utilizzato per sommare tutti gli altri.

L'attività della gran parte dei mercanti veneziani richiedeva invece una serie di imprese separate: il successo di una spedizione a Costantinopoli e quello di una spedizione ad Alessandria erano in genere indipendenti l'uno dall'altro. Di regola, dunque, ciascun conto di spedizione e ciascun conto aperto per la mercanzia ricevuta veniva chiuso in un conto profitti e perdite indipendente. È giusto chiamare questo sistema contabilità di impresa, poiché per suo mezzo le operazioni dei mercanti erano suddivise in imprese, e nel calcolo dei profitti e delle perdite ogni impresa era considerata come unità a se stante.

Oltre ai molti conti mercanzie e di spedizione, i veneziani ricorrevano a numerosi altri tipi di conti che andavano chiusi in quello profitti e perdite. Il mastro conteneva conti separati degli investimenti nelle società commerciali, nelle botteghe, nelle quote di navi (conti *carati*) o di società che gestivano galere mercantili. Per registrare le operazioni condotte con lettere di cambio si ricorreva talvolta a conti cambiali vendute o cambiali acquistate, evitando cosí di confondere i debiti degli agenti e i guadagni e le perdite che potevano venire dalla fluttuazione dei tassi di cambio o dal ricorso a cambiali tratta per prestare denaro o per prenderlo a prestito.

Le caratteristiche principali del sistema di impresa si riscontrano in tutti i libri contabili veneziani tuttora esistenti, e in quelli di Ragusa (sulla costa orientale dell'Adriatico) ma, com'è naturale, i diversi mercanti lo maneggiavano in modo diverso secondo le rispettive capacità e i diversi problemi incontrati. I piú antichi libri contabili veneziani (1406-1436) sono quelli della famiglia Soranzo, quattro fratelli interessati soprattutto all'importazione di cotone, e che si recavano a turno in Siria per effettuare gli acquisti. Il fratello in Siria, finché vi risiedeva, fungeva da agente commissionario per conto di altri mercanti veneziani, oltre che della sua società. Di conseguenza i fratelli Soranzo si trovavano di fronte ad almeno due grossi problemi di contabilità: in che modo coordinare l'attività dei fratelli e in che modo registrare i profitti e le perdite sull'importazione e la vendita del cotone? Il primo problema, quello cioè di riunire in un unico registro le attività di soci diversi in luoghi diversi, non fu risolto nel modo migliore. A quanto pare la famiglia Soranzo conseguí una sorta di primato, nel corso di trent'anni, per il numero di registri aperti e di mastri non pareggiati. I registri delle importazioni di cotone, però, erano tenuti accuratamente, in un ottimo adattamento del sistema di impresa al loro problema specifico. Poiché importarono per anni la stessa merce dallo stesso agente, se avessero iscritte le ricevute in un medesimo conto cotone non avrebbero avuto altro modo di stabilire, nel procedere delle operazioni, l'entità del profitto delle vendite di cotone se non attraverso un inventario. L'incertezza delle valutazioni e i fastidi dell'inventario furono evitati aprendo un nuovo conto mercanzie per le importazioni di ogni stagione. C'erano conti distinti per il «cotone ricevuto con la flotta del marzo 1419», per il «cotone ricevuto con la flotta del settembre 1419» e cosí via. Ognuno di questi veniva chiuso in un conto profitti e perdite non appena terminata la vendita della merce ricevuta in quella stagione.

Uno dei mercanti residenti a Venezia che impiegò come agenti in Siria i fratelli Soranzo fu Andrea Barbarigo, i cui libri contabili (1431-49) sono i piú completi e illuminanti tra quelli rimasticí. Andrea Barbarigo inseriva nel medesimo conto cotone tutte le partite di cotone provenienti dal medesimo agente, anche se le consegne si susseguivano per diversi anni, ma non importò cotone dallo stesso agente abbastanza a lungo da crearsi gravi difficoltà nel calcolo dei profitti. Nell'importazione della sua merce preferita, le stoffe inglesi, apriva nuovi conti per ogni partita ricevuta, e di conseguenza non aveva nemmeno bisogno di un inventario per stabilire i profitti, in quanto poteva chiudere il rispettivo conto una volta venduta la partita.

Il libro mastro di Andrea Barbarigo offre una documentazione completa di tutto il sistema della contabilità di impresa che abbiamo sinora descritto. Un altro scorcio del sistema in quella stessa tornata di tempo e da un'angolatura diversa, ci viene dal mastro di Jacomo Badoer, riferito al periodo in cui fu agente commissionario a Costantinopoli (1436-40). Particolarmente degno di nota nei metodi di entrambi i mercanti è il ricorso a un conto spese mercanzie specificamente adattato alle esigenze della contabilità di impresa. Il conto spese mercanzie dei Medici era costituito quasi interamente da addebiti, e veniva pareggiato trasferendone il totale su un altro conto, come quello della vendita stoffe. Se i veneziani avessero utilizzato questo tipo di conto la cosa avrebbe ostacolato il calcolo separato dei profitti di ciascuna impresa. I conti spese mercan-

zie di Andrea Barbarigo e di Badoer, invece, erano costituiti quasi interamente da accrediti. Le spese incontrate spedendo e ricevendo le merci
venivano addebitate sul rispettivo conto mercanzie e di impresa, alla data
in cui la spesa era stata effettuata o riferita. Una volta pagata la spesa,
veniva addebitata sul conto spese, e il credito corrispondente veniva assegnato al contante o a una persona, forse al banchiere che aveva effettuato il pagamento[2].

Questo tipo di conto spese non ostacolava il calcolo separato dei profitti di ciascuna impresa. Ma perché mai si decise di utilizzarlo? A quanto
risulta la sua funzione era quella di registrare le spese passive, indipendentemente da ciò che era stato effettivamente pagato, o dalla forma in
cui si era effettuato il pagamento. Badoer, essendo un agente commissionario che gestiva le consegne e le spedizioni di merci per conto di molti
mercanti, ritenne forse piú agevole compilare con grande chiarezza la
registrazione di tutte le provvigioni che gli spettavano, addebitate sui
conti dei suoi corrispondenti, senza dichiarare nelle stesse voci le modalità precise del pagamento.

Oltre ai conti ratei passivi generici di questo tipo, in alcuni dei fram-
mentari libri mastri veneziani compaiono anche due altri tipi di conto
rateo passivo particolare: uno riferito a un certo genere di imposta e l'altro per i noli. Anche in questi conti si segnava un accredito quando si
incorreva nell'imposta o nel nolo, e un addebito all'atto del pagamento.
I conti di questo tipo erano utili alle grandi società, come la potente
azienda Pisani all'inizio del secolo XVI, che condusse molte transazioni
con il governo, e oltre a spedire molte mercanzie sulle galere mercantili
si incaricò spesso della loro conduzione. In alcuni casi i Pisani pagavano
noli e imposte, in altri li riscuotevano in base a un accordo con il governo, compensando i debiti con le riscossioni: di conseguenza la registrazione separata delle spese di questo tipo offriva loro notevoli vantaggi.

Uno dei tanti modi in cui il sistema della contabilità di impresa poteva essere adattato alle esigenze particolari di una particolare azienda
si deduce dall'esame delle attività di Nicolò e Alvise Barbarigo tra il 1463
il 1473 circa. In quei dieci anni i due fratelli limitarono le loro operazioni commerciali all'esportazione di merci, e in particolare di argento,
da Venezia all'Africa settentrionale, dove ne scambiavano la maggior parte con oro. Seguendo il consueto procedimento, che abbiamo già delineato, ogni anno aprivano un conto argento, un conto di spedizione o

---

[2] Sebbene l'intestazione non li distingua dai conti spese attive, questi «conti spese» erano fon-
damentalmente registrazioni delle passività, piú che delle spese, simili in questo ai nostri ratei o
conti passivi.

di impresa, un conto per Alvise nella sua funzione di agente – era lui in genere il fratello che partiva con le galere di Barberia e trattava direttamente le merci – e un conto oro ricevuto. Ma il conto argento non era l'unico a chiudersi nel conto di impresa; anche il saldo del conto oro e quello del conto di Alvise, data la possibilità di addebitare le spese alla società familiare, venivano trasferiti sul conto di impresa. Nei libri di Nicolò e Alvise Barbarigo il conto «viazo» non è semplicemente un conto di «spedizione», ma più propriamente un conto di «impresa», poiché riusciva quasi a fornire il risultato netto delle operazioni di ciascun anno, il risultato cioè del viaggio di Barberia nel suo complesso.

Questo consolidamento riusciva relativamente facile per Nicolò e Alvise Barbarigo, che non effettuarono quasi mai spedizioni su più di un viaggio per volta. Viceversa il padre, Andrea Barbarigo, aveva tenuto in movimento contemporaneo merci dirette alle destinazioni più disparate, e in molti casi gli sarebbe stato assai difficile stabilire dove finisse un'impresa e dove ne iniziasse un'altra. Molti altri mercanti, però, ritenevano forse più pratico ricorrere al conto viazo, come facevano Nicolò e Alvise Barbarigo, per chiudere alcuni dei conti mercanzie in modo da sommare anche le operazioni mercantili ad essi connesse.

Oltre al commercio, a Venezia era importante anche la manifattura, sia pure su un piano inferiore, e di conseguenza ai mercanti veneziani occorreva adattare il loro sistema di contabilità di impresa per tener conto anche delle operazioni industriali. Andrea Barbarigo, che faceva tingere a Venezia una parte delle stoffe importate dall'Inghilterra, teneva la contabilità registrando tutti i costi delle operazioni industriali sui rispettivi conti stoffe. Questo metodo aveva il difetto di confondere i profitti e le spese dell'importazione con quelli della manifattura, ma poiché quest'ultima era un aspetto decisamente secondario dell'attività di Andrea Barbarigo, un accessorio della mercatura, questi i difetti, non furono probabilmente ritenuti troppo gravi.

Un altro metodo utilizzato dai veneziani per inserire la contabilità industriale in quella di impresa consisteva nell'apertura di un conto merci in lavorazione. Nei libri della grande società cinquecentesca dei Pisani c'erano conti intestati «lana data in lavorazione» o «stoffe date in lavorazione». È probabile che questo stesso procedimento fosse in uso già da cent'anni presso le aziende veneziane le cui operazioni erano tali da rendere necessari conti di questo tipo, dato che a Ragusa – dove le pratiche della contabilità erano più o meno analoghe a quelle veneziane – nel 1438 si ricorreva a simili conti per registrare la manifattura della cera. Per utilizzare un conto merci in lavorazione, però, occorreva discostarsi dal modello consueto della contabilità di impresa. È possibile che il conto merci in lavorazione si chiudesse – come indica un conto di questo tipo nel mastro tenuto in stile veneziano da un tipografo di Anversa nel 1565 circa – con il trasferimento a un conto merci immagazzinate, che a sua volta veniva verificato con un inventario per stabilire il profitto. L'uso dell'inventario, però, implicava una cospicua deroga alle pratiche consuete della contabilità di impresa, che tra i suoi vantaggi più importanti aveva proprio quello di evitare la necessità dell'inventario.

All'assenza, nei libri veneziani che ci sono conservati, di qualunque accenno agli inventari è da far risalire, in definitiva, la chiusura assai rara e imperfetta dei mastri veneziani. La pratica più efficiente tra quelle rimasteci è quella di Andrea Barbarigo, che compilò una sorta di bilancio di verifica nel 1431, nel 1435 e nel 1440, per poi lasciare che la contabilità procedesse senza bilanci fino alla sua morte. Suo figlio, invece, andò avanti per vent'anni senza mai stendere un bilancio d'esercizio. Il quadro che possiamo farci della pratica veneziana è forse asimmetrico, perché nessuno dei registri rimastici apparteneva a una società a breve termine; sono tutti libri di proprietari personali o di società familiari; se pure, però, a Venezia esisteva qualche esempio di quelle società a breve termine che dai libri dei Medici risultano come la regola a Firenze, caratteristica di Venezia è proprio la prevalenza delle società familiari. A giudicare dalla campionatura consentita dai documenti, queste aziende familiari ritenevano di poter procedere per decenni senza tentare un bilancio d'esercizio. Gran parte delle famiglie più abbienti possedevano grandi quantità di titoli di Stato e qualche immobile in città, in campagna o nelle colonie; il commercio non era il loro unico mezzo di sostentamento. Il possesso di altre fonti di reddito costante può forse spiegare l'evidente indifferenza ad un calcolo periodico dei guadagni e delle perdite commerciali complessivi. E inoltre occorre tener conto del fatto che i mercanti, la cui ricchezza, in qualunque momento dato, si trovava per la maggior parte oltremare, non potevano mai effettuare con precisione una stima complessiva.

Se giudichiamo un sistema di contabilità sulla base del suo successo nel conseguire quello che è oggi il suo obiettivo riconosciuto – e cioè la determinazione regolare e periodica dei tassi di profitto sul capitale investito – è indubbio che la contabilità veneziana intorno al 1500 risulterà inferiore a quella fiorentina. Se poi ripensiamo alla prima formulazione della partita doppia, intorno al 1320, sulla base dei documenti oggi a disposizione, dobbiamo attribuire la palma a Genova, poiché in quella data non esiste documentazione sull'uomo a Venezia della partita doppia. E tuttavia Venezia, più di Genova e Firenze, godeva della reputazione di maestra per tutta l'Europa in fatto di registrazione e contabilità. Di questa reputazione sono ben noti due dei motivi. A Venezia gli insegnanti professionali di contabilità erano giunti ad un elevato grado di raffinatezza nella stilizzazione delle voci e nella loro strutturazione nel modo piú chiaro, che rendeva piú facili i riscontri e il calcolo aritmetico. Fu a Venezia che si pubblicarono i primi manuali di contabilità, fatto questo che però, oltre alla fama dei suoi mercanti, attesta l'importanza di Venezia nel commercio dei libri. A questi motivi della popolarità del «metodo veneziano» possiamo aggiungerne un terzo. Il sistema di contabilità di impresa usato a Venezia era la forma piú pratica per dei mercanti la cui ricchezza era in gran parte sempre in viaggio per mare. Poteva essere modificato per adattarsi a molte situazioni, come dimostrano, per quanto siano pochi, i libri contabili veneziani esistenti. Era un sistema flessibile che consentiva al mercante, mentre teneva una registrazione chiara e accurata delle sue obbligazioni e dei suoi debitori, di calcolare senza regolarità, ma in modo semplice e realistico, i profitti e le perdite.

La contabilità a partita doppia e i mercanti residenti

I.

Basil Yamey ha efficacemente confutato la pretesa che la contabilità a partita doppia «abbia avuto una funzione importante nel liberare, attivare, stimolare o accentuare la "corsa razionalistica al profitto illimitato", elemento essenziale dello spirito del capitalismo»[1]. Piú recentemente, ma conservando la medesima impostazione, ha messo in dubbio l'opinione che la contabilità a partita doppia abbia contribuito alla transizione, tra il 1200 e il 1400, dal mercante viaggiatore o itinerante a quello residente o sedentario[2]. Confutando l'associazione tra partita doppia e corsa razionalistica al profitto, Yamey sottolineava 1) quanto siano scarsi nei primi esempi di partita doppia, i calcoli del tasso di profitto per mezzo di bilanci di esercizio o di conti profitti perdite o capitale; 2) in quale misura tali calcoli, se dovevano avere una qualche utilità, dipendessero da informazioni (quali ad esempio gli inventari) estranee alla contabilità a partita doppia, 3) quanto fosse facile effettuare questi calcoli anche senza ricorrere alla partita doppia. Con argomentazioni piú o meno analoghe Yamey sostiene che la partita doppia in quanto tale non contribuí nemmeno al controllo esercitato dai mercanti residenti sugli agenti oltremare.

È probabile che un approccio puramente negativo uccida anche quel poco di interesse per la storia della contabilità che è stato stimolato dalle esagerazioni di Werner Sombart. Sebbene l'uso troppo disinvolto dell'etichetta «partita doppia» si presti a critiche, i conflitti suscitati dal fatto di usarlo invitano a continuare l'analisi della funzione della contabilità nella genesi del capitalismo. A parte i suoi diretti legami psicologici con lo «spirito del capitalismo», in quanto strumento di gestione la contabilità ebbe un ruolo notevole nel trasformare la struttura del-

[1] B. S. YAMEY, *Accounting and the Rise of Capitalism: Further Notes on a Theme by Sombart*, in *Studi in onore di Amintore Fanfani*, vol. VI, p. 833.
[2] ID., *Notes on Double-Entry Bookkeeping and Economic Progress*, in «The Journal of European Economic History», IV, 3, inverno 1975, pp. 717-23.

l'organizzazione d'affari. Scopo di questa nota è di esaminare un aspetto di quel ruolo.

Sul fatto che tra il 1200 e il 1400 si verificarono cambiamenti nei metodi commerciali e nell'organizzazione degli affari il consenso è unanime. Raymond de Roover li caratterizzò come la rivoluzione commerciale del secolo XIII. Anche se per tradizione il termine «rivoluzione commerciale» viene riferito all'espansione oceanica del commercio che precedette la «rivoluzione industriale»[3], e oggi, come ad esempio nel lavoro di Robert Lopez, viene usato per definire i cambiamenti piú profondi che accompagnarono l'espansione del commercio nell'ambito dell'Europa occidentale nei secoli XI e XII[4], non sarà ingiustificato riferirlo anche ai cambiamenti del tardo Duecento e del primo Trecento, purché lo si faccia stabilendo nel modo piú chiaro che la «rivoluzione» cui si accenna non fu un cambiamento radicale della struttura sociale come si verificò nell'Europa occidentale dei secoli XI e XII, bensí una «rivoluzione» delle pratiche commerciali. Fu un cambiamento interno all'organizzazione degli affari, caratterizzato da N. S. B. Gras come la nascita, dal grembo del piccolo capitalismo, del capitalismo commerciale, quando il mercante sedentario soppiantò quello viaggiatore – come suggerisce lo scattante titolo di Benjamin Kedar: *From the Poop to the Desk*[5]. Cosí, con grande chiarezza, Raymond de Roover riassumeva il concetto[6]: «Per rivoluzione commerciale intendo un cambiamento completo o drastico dei metodi di conduzione degli affari, o dell'organizzazione dell'impresa d'affari, proprio come per rivoluzione industriale si intende un cambiamento completo nei modi di produzione, ad esempio con l'introduzione delle macchine a vapore. La rivoluzione commerciale segna l'inizio del capitalismo commerciale o mercantile, mentre quella industriale ne segna la fine».

Una delle cinque nuove tecniche elencate da Raymond de Roover

---

[3] Ad esempio: H. E. BARNES, in *Economic History of the Western World*, New York, 1942, p. 229.

[4] Prima in *The Cambridge Economic History of Europe*, vol. II, Cambridge 1952, p. 289; piú recentemente in R. S. LOPEZ, *La rivoluzione commerciale del medioevo*, Torino 1975. L'etichetta precedente, «la rinascita del commercio», sottintendeva una concezione dell'«evo oscuro» non piú accettabile nel 1952.

[5] N. S. B. GRAS, *Business and Capitalism: An Introduction to Business History*, New York 1939, cap. III; e ID., *Capitalism – Concepts and History*, in *Enterprise and Secular Change: Readings in Economic History*, a cura di F. C. Lane e J. C. Riemersma, Homewood 1953, pp. 72-75 (ristampe da «Bulletin of the Business Historical Society», XVI, 1942, n. 2, pp. 21-34). B. Z. KEDAR, *Merchants in Crisis: Genoese and Venetian Men of Affairs in the Fourteenth-Century Depression*, New Haven e London 1976, cap. II.

[6] R. DE ROOVER, *The Commercial Revolution of the Thirteenth Century*, in *Enterprise and Secular Change* cit., p. 80. Cfr. il capitolo di DE ROOVER, *L'organizzazione del commercio*, in *Storia economica Cambridge*, vol. III: *La città e la politica economica nel Medioevo*, Torino 1977; e Y. RENOUARD, *Les hommes d'affaires italiens du moyen âge*, Paris 1949, pp. 173-76 [trad. it. *Gli uomini d'affari italiani del Medioevo*, Rizzoli, Milano].

come cause delle nuove forme assunte dall'organizzazione degli affari è il perfezionamento della contabilità. «Una contabilità dai metodi efficienti era essenziale, – scriveva, – per consentire a due persone residenti in città diverse, che intrattenevano continue relazioni d'affari, di tenere i conti in ordine»[7]. La seconda parte di questo saggio cercherà di stabilire se i «metodi efficienti» erano «vera partita doppia» e se, in caso affermativo, era proprio il fatto di essere a partita doppia che li rendeva efficienti. Per evitare però che la discussione sembri riferita puramente ai significati di un termine tecnico, sarà opportuno soffermarsi dapprima su alcuni aspetti del modo in cui i mercanti tenevano e utilizzavano la propria contabilità.

II.

Il tipo di contabilità meglio documentato dai libri dei mercanti veneziani all'inizio del secolo xv viene definito contabilità di impresa, in quanto stabiliva separatamente il profitto o le perdite di ciascun investimento o impresa. Gli investimenti commerciali vi venivano registrati per mezzo di conti mercanzie, in cui si addebitavano le merci acquistate o ricevute dagli agenti oltremare. Le imprese finanziarie del cambio traiettizio vi venivano registrate in conti cambiali. Inoltre, si utilizzavano conti di «viaggio» o di spedizione, dove si addebitavano le merci inviate a un luogo e un agente specifici, e la stessa somma veniva poi accreditata sul conto mercanzie corrispondente. La somma realizzata con la partita in questione veniva accreditata sul conto di viaggio e addebitata su quello personale dell'agente. I conti di viaggio venivano poi chiusi in un conto profitti e perdite. Il conto personale dell'agente veniva chiuso accreditandogli le partite da lui inviate o le rimesse[1]. È anche sulla base di questo sistema di contabilità a partita doppia per impresa che poggiano le rivendicazioni dell'importanza della partita doppia; ho sostenuto, ad esempio, che «questo modo di raggruppare e verificare i registri di ogni transazione facilitava al mercante residente un accurato controllo di ciò che facevano i suoi soci o agenti». Secondo Yamey queste affermazioni, e quelle simili fatte da Hermann Kellenbenz, «non reggono ad un esame approfondito». A suo vedere nessun sistema di contabilità è di per sé in grado di offrire al mercante informazioni su ciò che fanno i soci o gli agenti all'estero; sono loro stessi a

---

[7] In *Enterprise and Secular Change* cit., p. 81.
[1] LANE, *La contabilità di impresa nella conduzione degli affari nel medioevo.*

fornirgli le informazioni sul modo in cui hanno trattato i beni loro affidati, sulla solidità dei debiti in giro e sull'acquisto di beni per conto
del mercante. E conclude che «il particolare sistema di contabilità da
lui adottato non ha in questo contesto alcuna importanza»[2].

Sono dispostissimo a concedere che un mercante residente a Venezia dipendeva dall'agente oltremare per conoscere i prezzi ai quali era
stata venduta la sua partita, e quelli pagati per la merce inviatagli in
cambio; ma se il suo agente gli forniva un conto pareggiato, con cifre
precise sotto le voci specifiche delle spese o delle ricevute, poteva confrontare l'uno con l'altro i rapporti dell'agente, e con quelli di altri
agenti. Ciò presuppone, naturalmente, – e lo si affermava nella stessa
pagina che contiene la frase contestata da Yamey – che «un flusso costante di lettere» consentisse ai mercanti di Venezia di essere «sufficien-
temente informati sui prezzi per poter inviare istruzioni ai loro agenti,
e controllare poi quanto vantaggiosamente gli agenti avessero commer-
ciato per loro conto»[3]. Occorre menzionare inoltre le indicazioni sulle
tariffe vigenti offerte dai manuali di mercatura. La contabilità di impresa non impediva a un agente o socio di fornire informazioni false sui
prezzi e le spese, ma nemmeno i metodi moderni utilizzati dalle grandi
aziende contabili piú prestigiose riescono ad impedire la falsificazione
degli inventari. Anche se l'associazione professionale dei ragionieri non
andasse a controllare nelle stive se l'olio c'è veramente, né verificasse
il peso dell'acciaio destinato, spedito o consegnato ai cantieri navali, la
cosa non basterebbe a dimostrare che la contabilità non contribuisce alla
moderna conduzione degli affari.

Perché dovrebbe essere sbagliato sostenere che un sistema di contabilità può dare il suo contributo quando ferma l'attenzione su ciò che va
verificato su fonti esterne alla contabilità stessa? Cosí facendo può rivelare non soltanto gli errori di matematica, ma le discrepanze, le mancate
corrispondenze, le falsificazioni. Il tipo di contabilità di impresa utilizzato a Venezia nel secolo xv mi sembra aver corrisposto a questi scopi,
e chi è piú addentro di me nella contabilità delle società toscane sostiene la medesima ipotesi[4]. Accettando la dichiarazione di Yamey, secondo
cui «l'efficacia del controllo del mercante su suoi fattori all'estero dipende, a sua volta, dalla scelta oculata dei fattori, dall'addestramento
loro fornito e dalle sanzioni che è in grado di applicare *ex post facto*»[5],

[2] YAMEY, *Notes* cit., p. 718.
[3] F. C. LANE, *Storia di Venezia*, Torino 1978, pp. 165-66.
[4] F. MELIS, *Aspetti della vita economica medievale*, in *Studi dell'Archivio Datini di Prato*,
vol. I, Firenze 1962, p. 432; e cfr. p. 165, nota 11 e p. 167, nota 17.
[5] YAMEY, *Notes* cit., p. 718.

tenterò di dimostrare in quale modo la contabilità usata dai veneziani contribuiva all'addestramento dei fattori, alla scelta dei migliori tra essi e all'applicazione delle eventuali sanzioni.

Sappiamo ben poco sull'addestramento dei giovani mercanti veneziani, al di là del fatto che si trattava di lavorare alle dipendenze di uomini piú anziani, per lo piú parenti, di viaggiare e di frequentare le «scuole d'abaco», che oltre all'aritmetica insegnavano anche la contabilità[6]. I conti mercanzie e quelli di viaggio seguivano modelli fissi, mentre piú diversificato era l'uso dei conti profitti e perdite, dei conti spese e di quelli dei ratei attivi. Ma le analogie tra i registri di Andrea Barbarigo, di Jacomo Badoer e di altri mercanti veneziani, tutti del primo Quattrocento, indicano un grado elevato di standardizzazione nei conti piú utili alla gestione degli agenti, e cioè: i Conti Viaggio, che registravano le partite di uscita, i Conti Mercanzie che registravano quelle ricevute e i conti personali degli agenti o dei soci che spedivano o ricevevano[7]. Indipendentemente dal fatto che il destinatario fosse un socio a pieno titolo, o il socio che contribuiva, il lavoro in una collegantia (commenda), o invece un agente commissionario pagato a percentuale sul giro d'affari da lui trattato, la forma utilizzata nella contabilità delle spedizioni era piú o meno la stessa.

La contabilità di impresa era particolarmente adatta alla gestione degli agenti commissionari (che in genere ricevevano il 2 per cento sulle vendite e l'1 per cento sugli acquisti), e soddisfaceva anche le esigenze degli agenti stessi. Nei libri mastri Barbarigo e Badoer i conti delle persone utilizzate come agenti commissionari hanno una posizione di primo piano, e cosí, soprattutto nel mastro Badoer, quelli che registrano le attività del titolare stesso come agente commissionario. Dai mastri risalta la frequenza con cui la persona che in una transazione era il principale, in un'altra divenisse l'agente. Per una serie di transazioni la contabilità veniva tenuta partendo da un punto di vista, per l'altra serie si partiva dall'altro. Nell'ambiente veneziano cui appartenevano sia il

---

[6] Sulla cultura dei mercanti in generale cfr. A. SAPORI, *La cultura del mercante medievale*, in ID., *Studi di storia economica medievale*, Firenze 1946[2], pp. 297-310.

[7] Per una panoramica complessiva di questi libri contabili, e la bibliografia ad essi riferita cfr. R. DE ROOVER, *The Development of Accounting Prior to Luca Pacioli according to the Account Books of Medieval Merchants*, in ID., *Business, Banking and Economic Thought in Late Medieval and Early Modern Europe*, a cura di J. Kirschner, Chicago 1974, pp. 161-64. Cfr. anche T. ZERBI, *Le origini della partita doppia: Gestioni aziendali e situazione di mercato nei secoli XIV e XV*, Milano 1952, pp. 369-412. Estratti dai Libri Soranzo e Barbarigo si trovano in S. SASSI, *Sulle scritture di due aziende mercantili veneziane del Quattrocento*, Napoli s. d. e, con dotte spiegazioni, in F. MELIS, *Documenti per la storia economica dei secoli XIII-XVI*, Firenze 1972, docc. 137 e 138. Sul libro mastro Badoer cfr. p. 158, nota 10. Alcuni libri precedenti, e un quaderno di una fraterna Giustinian, sono menzionati in R. C. MÜLLER, *The Role of Bank Money in Venice, 1300-1500*, lavoro presentato alla Settima settimana di studi a Prato, 1975.

principale che l'agente esisteva un «linguaggio contabile noto a tutti»[8].

Ciascuno sapeva che cosa avrebbero dovuto contenere i registri dell'altro in merito alla transazione in cui entrambi erano impegnati. Entrambi usavano l'ordinamento degli addebiti e degli accrediti in colonne parallele, gli addebiti, a sinistra, gli accrediti a destra, chiarendo le doppie voci con rimandi all'addebito o accredito corrispondente accanto a ciascuna voce. Entrambi utilizzavano la contabilità di impresa. La partita doppia usata per pareggiare i conti facilitava l'integrazione dei risultati riferiti dall'agente nei sistemi di contabilità usati dal principale nel suo mastro. Quando maneggiava le merci di un corrispondente, il destinatario apriva un conto mercanzie per ciascuna partita ricevuta. Vi si accreditavano le somme dovute per le vendite, si addebitavano le spese e si pareggiava addebitando su un «trato neto». L'agente accreditava il trato neto sul conto della persona dalla quale, o per conto della quale, aveva ricevuto la partita, o altrimenti si atteneva alle sue istruzioni. Rientrava nei compiti dell'agente inviare al principale una copia del conto mercanzie, come dichiara esplicitamente il trattato paciolano di Jan Ympyn, di epoca piú tarda, citato da Yamey[9]. Il principale accredita quindi sul corrispondente conto di spedizione l'ammontare del trato neto, addebitando all'agente la stessa somma. L'esame dettagliato dei conti mercanzie aperti dall'agente per le merci ricevute forniva al principale gran copia di informazioni sulle quali meditare per decidere se la scelta dell'agente era stata saggia, o se invece occorreva rivolgersi a un altro.

Ad esempio, a Costantinopoli Jacomo Badoer aprí un conto Vino di Messina per 160 o 169 botti di vino, delle quali un quarto apparteneva al capitano della nave che le trasportava, Todar Vatazi di Messina, e tre quarti a Piero Michiel e Marin Barbo di Venezia[10]. Le prime sette voci addebitate, in data 20 agosto, si riferivano a spese che i principali, compresi Michiel e Barbo che presumibilmente erano a Venezia, potevano verificare facilmente: 1) l'imposta per botte dovuta al bailo; 2) il costo del profitto fino al magazzino; 3) la parcella di un perito (un assaggiatore?) che aveva assistito alla vendita; 4) la parcella del mediato-

---

[8] Sebbene Yamey (*Notes* cit., p. 722) concluda che non esisteva nessun «linguaggio contabile comune» tra i mercanti inglesi del secolo XVI; la documentazione sulla Venezia quattrocentesca fa pensare che lí quel linguaggio già esistesse.

[9] *Ibid.*, p. 723.

[10] GIACOMO BADOER, *Il libro dei conti*, Costantinopoli 1436-40, testo a cura di U. Dorini e T. Bertelè, in *Il Nuovo Ramusio, raccolta di viaggi, testi e documenti relativi ai rapporti tra l'Europa e l'Oriente*, Roma 1956, cc. 98 e 132. Il Mastro nel suo insieme descritto in T. BERTELÉ, *Il libro dei conti di Giacomo Badoer*, in «Byzantion», XXI, 1951, pp. 126-29. Sull'attività di Badoer, e sulle decine di nobili veneziani con i quali svolse affari, cfr. G. LUZZATTO, *Storia economica di Venezia dall'XI al XVI secolo*, Venezia 1961, pp. 172-79; sugli aspetti legali, G. ASTUTI, *Le forme giuridiche delle attività mercantili nel libro dei conti di Giacomo Badoer (1436-1440)*, in «Annali di storia del diritto», XI-XII, 1968-69, pp. 69-85.

re; 5) il costo del trasporto per botte; 6) l'imposta all'imperatore greco; 7) la provvigione di Badoer che comprendeva, a suo dire, il salario pagato al giovane che custodiva il magazzino. Possiamo dubitare che Badoer avesse effettivamente pagate le cifre esatte dell'elenco; i suoi libri indicano che talvolta soddisfaceva i creditori, ricorrendo a diversi espedienti, pagandoli ad esempio con vino scadente che faceva risultare a prezzi speciali. Le spese elencate erano comunque quelle che gli spettavano di diritto, essendo ai tassi legali o vigenti. E questi tassi legali o vigenti erano abbastanza ben noti ai mercanti che risiedevano a Venezia, non soltanto grazie al costante flusso di lettere, ma anche per mezzo degli appunti o dei manuali di mercatura. Il piú noto è quello di Pegolotti, ma ne furono compilati molti, piú o meno completi, non soltanto in Toscana e a Genova, ma anche a Venezia[11]. Anzi, alcuni tra i primissimi esemplari sono proprio veneziani. Il costo dei noli tra Messina e Costantinopoli era probabilmente variabile, ma in questo caso poteva essere verificato attraverso il capitano, che intratteneva una serie di altri rapporti d'affari con Michiel e Barbo.

Gli accrediti su questo conto vino di Messina, che vanno dal 28 agosto al 4 novembre, registrano la vendita della merce in 22 lotti piú piccoli e uno grosso di 87 botti, indicando in ciascun caso la quantità, il prezzo per «zentener» e le diverse condizioni di pagamento. Gli accrediti assommavano a 2867 perperi, 3 carati. Deducendo da questi il totale degli addebiti per le spese suddette – 1210 perperi, 19 carati – rimanevano 1656 perperi, 8 carati: il trato neto, che pareggiava il conto vino.

Tre quarti di questo trato neto furono accreditati sul conto non di Michiel e Barbo bensí di un mercante messinese al quale Badoer doveva versare, su istruzione di Michiel e Barbo, i pagamenti a loro intestati. Anche l'altro quarto fu pagato secondo le direttive del capitano, Todaro Vatazi. In entrambi i casi gli accrediti su quei conti furono utilizzati per saldare debiti di altre transazioni. Ad esempio, al mercante di Messina, tale Nofrio da Chalzi, risultava un addebito sui libri di Badoer per delle spedizioni di pepe e schiavi che aveva ricevuto da quest'ultimo[12].

Prima di esaminare l'utilità della contabilità di impresa veneziana nel seguire l'andamento di queste compensazioni, proviamo a considerare in quale modo il conto merci tenuto da Badoer come agente com-

---

[11] A cambiamenti simili accenna F. BALDUCCI PEGOLOTTI, *La pratica della mercatura*, a cura di A. Evans, Cambridge (Mass.) 1936, pp. 46-47. Su altri manuali cfr. U. TUCCI, *Le tariffe veneziane e i libri toscani di mercatura*, in «Studi veneziani», X, 1968, pp. 65-108.

[12] *Libro dei conti* cit., cc. 97, 98, 117, 130.

missionario, e che corrispondeva al tipo di pratica piú comune, poteva contribuire al controllo di un agente oltremare da parte di un mercante residente a Venezia. Dopo aver ricevuto per un anno o due questi conti dei proventi ottenuti con le partite uscite, e dei costi di quelle rientrate, il mercante residente poteva verificare:

1) l'aritmetica dell'agente;
2) se avesse aggiunto spese di gestione superiori al consueto, in base a quanto stabilito dai manuali;
3) se i costi di trasporto corrispondevano alle somme effettivamente pagate[13];
4) se i prezzi di vendita o di acquisto sul particolare mercato erano superiori o inferiori a quelli ai quali altri mercanti erano riusciti ad acquistare o vendere nello stesso luogo oltremare nello stesso periodo.

Se le discrepanze in questi contesti erano di poco conto, il mercante residente poteva comunque prenderle in considerazione nel decidere se affidare altri affari a quell'agente, o se invece sceglierne un altro, se rinnovare o meno la società ecc. Se riscontrava gravi errori o discrepanze nei rapporti dell'agente, o tra questi e le notizie che raccoglieva a Rialto o dalle lettere dei suoi corrispondenti, poteva portare l'agente in tribunale. In tal caso i libri contabili divenivano parte vitale delle prove addotte. All'agente poteva essere richiesto di far vedere i libri per confutare le accuse.

Alcuni esempi del modo in cui un mercante residente a Venezia poteva verificare il modo in cui gli agenti oltremare gestivano le sue commissioni ci vengono dai libri e dalle lettere di Andrea Barbarigo. Quando questi ricorre al tribunale, sia le lettere che la contabilità servirono a definire la causa; anche in un caso in cui non si rivolse alla giustizia, l'insoddisfazione nei confronti di un agente, anche se fondata soprattutto sul modo in cui l'agente aveva esercitato il diritto di scelta che gli spettava per legge, senza però dare a Barbarigo i profitti che que-

---

[13] Sui «viaggi regolati» delle navi veneziane le tariffe di trasporto erano stabilite dal Senato, ed erano note a tutti. F. C. LANE, *Merchant Galleys, 1300-1334: Private and Communal Operation,* in *Venice and History,* pp. 196-208; ID., *Navires et constructeurs à Venise pendant la Renaissance,* Paris 1965, p. 257; ID., *Progrès technologiques et productivité dans les transports maritimes de la fin du Moyen Age au début des Temps Modernes,* in «Revue historique», 510, aprile-giugno 1974, p. 301, nota 3. Persino su una spedizione da Costantinopoli a Beirut su una nave cretese Jacomo Badoer ritenne di aver individuato un sovrapprezzo nel rendiconto dell'agente a Beirut. Addebitò la sua correzione sul conto dell'agente. BADOER, *Il libro* cit., cc. 291, 350, 351. Anche quando era il destinatario a pagare il trasporto, in molti casi lo speditore doveva essere al corrente dell'entità della somma, o per aver contrattato il comandante del vascello che lo effettuava, o per aver avuta notizia delle tariffe richieste da altri speditori. La quantità delle spedizioni a proprietà congiunta era tale che le tariffe dovevano essere a conoscenza di tutti.

sti si aspettava, indusse quest'ultimo a ripassare proprio le voci elencate da Badoer nel conto vino analizzato piú sopra. Barbarigo accusò poi il suo agente, che acquistava cotone in Palestina, di aver esagerato le imposte dovute al locale consolato, di non aver dato pieno conto della metratura delle stoffe che gli erano state inviate, di non aver dichiarato con precisione il peso delle partite da lui inviate, e di aver dedotto costi di scarto laddove non potevano esservi scarti. Contrapponeva inoltre i prezzi riferiti dall'agente stesso nelle sue lettere precedenti a quelli piú elevati che risultavano pagati per il cotone nei conti [14]. La contabilità non era che uno degli elementi utilizzati per questo tipo di verifica, ma indubbiamente vi contribuiva.

Anche il modo in cui era ordinata la contabilità era importante per stabilire il pagamento degli utili, o meglio, per dirla in termini piú ampi ma piú realistici, per stabilire tutte le obbligazioni contratte o i diritti rivendicati cioè tutti gli addebiti e gli accrediti su conti personali creati dalla serie di transazioni. In molti casi il «pagamento degli utili» è difficile da identificare [15]. Il «pagamento» consisteva spesso in un accredito a qualcuno con il quale il principale era indebitato. Il debito poteva essere stato acceso in imprese totalmente indipendenti da quella in questione. Potevano essere imprese a partecipazione congiunta con una terza (o quarta, o quinta) parte in causa. Nel caso del vino venduto da Badoer come agente commissionario, i tre quarti del pagamento assunsero la forma di accredito sul conto di Nofrio da Chalzi. Una voce consistente sul lato addebiti del conto di Chalzi era data dal costo di una partita di rame che Badoer aveva spedito, o stava per spedire, su ordine di Chalzi stesso. Il rame fu spedito a Luca e Andrea Vendramin (poi divenuto doge), ma per conto di chi Badoer non sapeva («de che raxion el sia non 'l so») [16]. Altre voci nel registro Badoer dimostrano che Chalzi prese parte a molte altre imprese a partecipazione congiunta con Piero Michiel e Marin Barbo. Contemporaneamente il fratello di Jacomo, Jeronimo, a Venezia investiva a nome di Jacomo nelle «chompagnie che avemo chon Miser Piero Michiel e Ser Marin Barbo» [17]. Per ogni mercante che ope-

[14] LANE, *Andrea Barbarigo*, pp. 86, 92-98.

[15] Come dimostra il mio tentativo di seguire attraverso i suoi conti i pagamenti ricevuti da Andrea Barbarigo per il carico giuntogli dall'Inghilterra nel 1441, per fare in modo di ricevere un'altra consistente spedizione nel 1443. Cfr. *Ritmo e rapidità di giro d'affari nel commercio veneziano del Quattrocento*.

[16] BADOER, *Il libro dei conti* cit., c. 142. Commentando l'elezione a doge di Andrea Vendramin, nel 1476, Domenico Malipiero scriveva: «L'è stà gran marcadante in zoventú; e quando l'era in fraterna con Luca, i soleva fare el cargho d'una galia e meza in do per Alexxandria: e ha havuto molti fattori che ha fatto facultà con le so faccende» (*Annali veneti dall'anno 1457 al 1500*, a cura di T. Gar e A. Sagredo, in «Archivio storico italiano», serie I, vol. VII, Firenze 1844, p. 666).

[17] BADOER, *Il libro dei conti* cit., cc. 164, 270, 295, 306, 317.

rasse in questo dedalo di rapporti, segnare un addebito e un accredito
per ciascuna transazione, con i rispettivi rimandi, doveva essere di grande aiuto nel seguire le sue obbligazioni e i suoi conti attivi.

III.

Ma, si potrà obiettare, cos'ha a che fare tutto questo con la «partita
doppia»? La risposta dipende da quello che si intende per partita doppia. Gli esperti ne hanno fornite definizioni disparate. Federigo Melis
toccava un estremo. La sua definizione presupponeva l'esistenza dell'impresa d'affari come impresa indipendente rivolta al profitto, «indipendente» nel senso che i profitti e gli attivi dell'impresa venivano calcolati separatamente dal reddito o dagli attivi delle singole persone. «Esposte le radici della "partita doppia", mi sento autorizzato a definirla come
il metodo contabile che si fonda sulla duplice considerazione – analitica
e unitaria – della ricchezza che agisce nell'azienda, da cui scaturiscono
due serie di conti, nei quali ogni operazione si registra invariabilmente
in partite di conti di segni antitetici "dare" e "avere"...» [1].
Non riteneva essenziale un particolare ordinamento delle voci; essenziale era invece una serie di conti che registrasse tutti i cambiamenti
nel valore di quanto posseduto dall'azienda, ivi compreso quello del-
l'attrezzatura. In questa prospettiva il conto capitale non è essenziale,
purché il conto profitti e perdite fosse usato in modo sistematico, com-
binandolo con altri conti per ottenere un bilancio d'esercizio che svol-
gesse le funzioni del conto capitale mostrando la crescita o il declino
dell'attivo in un periodo dato [2].
All'estremo opposto l'opinione degli studiosi giapponesi, che hanno
il vantaggio di considerare il problema semantico da quella che si potrebbe definire una posizione straniata. Wasaburo Kimura tiene in particolare a distinguere tra «contabilità a partita doppia» e «contabilità
di affari». La prima non è che la forma di calcolo e il concetto sovrasto-
rico e tecnico. La seconda invece è il concetto sostanziale, storico e economico formato sulla base del materiale documentario dell'impresa» [3].
Particolarizzata la distinzione citando una definizione fuorviante, molto
simile a quella di Federigo Melis, proposta da W. A. Paton nel 1922:

[1] MELIS, Documenti cit., p. 57.
[2] Ibid., pp. 49-58. Nei suoi Aspetti cit., pp. 391-403, Melis presentava un'ampia panoramica
generale sulla natura e gli sviluppi della partita doppia, con commenti critici sulle interpretazioni
di Zerbi e De Roover.
[3] w. KIMURA, Double Entry Bookkeeping and Business Bookkeeping, in Historical Studies of
Double-Entry Bookkeeping (English Summary), a cura di O. Kojima, Kyoto 1975, p. 259.

«Il sistema a partita doppia è qualunque modello di contabilità che manifesti tutti i dati di proprietà e di diritto dell'impresa d'affari, e ne registri, almeno periodicamente, i cambiamenti». A questo Kimura risponde che «... non è giusto spiegarne l'essenza in termini dal significato economico quali proprietà, capitale, profitto e perdita... In assoluto il carattere essenziale della contabilità a partita doppia non è che una forma di registrazione e di calcolo». Una forma caratterizzata dalla suddivisione della pagina in un lato sinistro (addebiti) e in un lato destro (accrediti); e dal pareggio del lato addebiti e accrediti di ciascun conto. «La forma di contabilità non è che la forma di calcolo, e non ha in sé alcun significato economico»[4].

B. S. Yamey si colloca in una posizione intermedia che ritengo in pratica identica a quella proposta da Raymond De Roover, e recentemente applicata con grande chiarezza da Florence Edler De Roover. Essi considerano le voci doppie, collegate da rimandi, come un requisito fondamentale, ma la contabilità non è un esempio di partita doppia se non provvede al pareggio di tutti i conti. Il pareggio dei conti mercanzie richiede un conto profitti e perdite, il cui pareggio a sua volta richiede un conto capitale. O quantomeno, sono essenziali conti che abbiano queste funzioni, sia pure anche con altre denominazioni[5].

La posizione di Tommaso Zerbi è simile, pur se insiste sul fatto che la partita doppia deriva dalla forma in cui erano ordinate le doppie voci nell'antica contabilità lombarda, da lui definita «sistema tabulare», e che considera come un prerequisito[6]. Salutava il registro per il 1395 della Compagnia catalana del mercante lombardo Marco Serrainerio come «il piú antico esempio finora reperito di completa applicazione della partita doppia al sistema di reddito delle aziende commerciali» e a suo vedere i compilatori veneziani dei libri Soranzo, Barbarigo e Badoer avevano dato prova di possedere «sicuramente il metodo della scrittura doppia»[7].

Melis, viceversa, riteneva che quei libri mastri lombardi e veneziani

[4] *Ibid.*, p. 260.
[5] YAMEY, *Notes* cit., p. 722; DE ROOVER, *The Development of Accounting* cit., pp. 119, 130, 132. Il criterio viene enunciato esplicitamente in DE ROOVER, *Andrea Bianchi, Florentine Silk Manufacturer and Merchant in the Fifteenth Century*, in *Studies in Medieval and Renaissance History*, vol. III, a cura di W. M. Bowsky, Lincoln (Nebraska) 1966, p. 236. Dei libri di Bianchi l'autrice dice: «I mastri e i libri segreti sono compilati in forma bilaterale; cioè, gli addebiti e gli accrediti su ciascun conto sono collocati in pagine a fronte. In genere ogni voce fa riferimento a un'altra pagina del mastro – del quaderno di cassa o di uno dei libri sussidiari. Non vi sono però conti per calcolare i risultati... I profitti non si stabilivano pareggiando e chiudendo i libri, bensí attraverso un processo piú laborioso, deducendo dall'attivo (conti attivi, contanti, inventari delle materie prime, delle merci in lavorazione e dei prodotti finiti) le passività e l'investimento iniziale». Quest'analisi giustifica la conclusione finale: «Andrea Bianchi non usava la contabilità doppia».
[6] ZERBI, *Origini* cit., pp. 14-17, 29, 42-51, 67.
[7] *Ibid.*, pp. 236, 376, 378, 412.

non fossero che, nella migliore delle ipotesi, «una forma zoppicante di partita doppia», e scopre invece il suo pieno utilizzo in Toscana, già nei primissimi anni del secolo XIV [8].

Di fronte a queste divergenze, allo studioso di storia economica e sociale si potrà perdonare di voler evitare una distinzione troppo netta, accontentandosi di affermare che questo o quel registro è tenuto piú o meno a partita doppia. All'atto pratico, nella ricerca, potrà considerare qualunque contabilità dotata di doppie voci come una forma elementare di partita doppia. Poiché le voci doppie non sono, come dice Raymond de Roover, «un semplice problema formale», bensí corrispondono «a una realtà di fondo», è piú che possibile che si siano sviluppate da antecedenti diversi [9].

Una volta inaugurata la partita doppia, i mercanti scoprirono i vantaggi che ne avrebbero tratto sviluppandola. I benefici che si sarebbero potuti trarre da sistemi ben strutturati a partita unica – come insiste Yamey – di fatto si realizzarono attraverso lo sviluppo della partita doppia. Era la concretizzazione dei princípî della crescita. Come ha scritto Yamey stesso: «... il merito del sistema a partita doppia sta nella sua completezza, e nelle possibilità che offre di ordinamento rigoroso dei dati. In un certo senso l'adozione del sistema costringe a un minimo di completezza e di ordine poiché, come sa ogni studentello, per ogni addebito deve esserci anche un accredito». Questo merito, specificava, non si rivela nella sua utilità per l'analisi delle innovazioni imprenditoriali, bensí «nell'amministrazione di routine e nella verifica dell'attivo» [10].

Tra i passi preliminari e gli sforzi di immaginazione necessari alla completezza si imponeva la personificazione della cassa, e poi di particolari generi o partite di mercanzia, personificazioni sottintese dalla dicitura «Cassa de' dare» e «Cassa de' avere», e poi «vino de' avere» e «vino de' dare» o «ha dato». I conti mercanzie in tal modo creati si potevano pareggiare soltanto scoprendo un metodo per calcolare i profitti e le perdite, mentre i conti personali, viceversa, si pareggiavano au-

---

[8] MELIS, *Aspetti* cit., pp. 399-400; ID., *Documenti* cit., p. 59. Melis definisce «zoppicante» questo tipo di partita doppia, soprattutto perché non vi è prevista la registrazione separata dalle spese domestiche, delle spese per l'attrezzatura dell'azienda, e il valore deprezzato dell'attrezzatura non viene calcolato tra gli attivi.

[9] R. DE ROOVER, *New Perspective in the History of Accounting*, in «The Accounting Review», XXX, 1955, p. 412, in una critica complessiva delle scoperte e dei giudizi di Melis e Zerbi. Nel suo capitolo in *Storia economica Cambridge* cit., vol. III, Raymond De Roover, dopo aver usato a pag. 105, il termine «partita doppia» nell'accezione ampia e indefinita, a p. 106 ne dà una definizione restrittiva, attribuendo alla «forma bilaterale o "tabulare"» ben poca importanza, e soffermandosi invece sull'accertamento dei profitti e delle perdite.

[10] YAMEY, *Accounting* cit., p. 854.

tomaticamente (purché non vi fossero errori o grossi debiti). I conti
mercanzie contribuirono in modo determinante all'utilità della partita
doppia nel calcolo dei profitti e delle perdite.

Che la partita doppia si fosse evoluta a tale punto già prima del 1340
è cosa nota da anni grazie alla contabilità del comune di Genova, dove
si riscontra, ad esempio, un conto pepe pareggiato per mezzo di un conto profitto e perdite. All'epoca le linee di sviluppo in Toscana da un
lato, in Lombardia e a Venezia dall'altro, già avevano preso direzioni
diverse. La contabilità d'affari toscana era concentrata soprattutto sulle
esigenze di società la cui esistenza legale era temporanea, che dovevano
calcolare i profitti nel corso di un periodo specifico e distribuirli in base
alle condizioni stipulate dal contratto sociale. La contabilità toscana distingueva il capitale sociale come entità astratta, l'Azienda, dalla ricchezza personale dei soci. Forniva materiali ai periodici bilanci d'esercizio dell'azienda. I veneziani, dal canto loro, raffinavano ed espande-
vano la contabilità di impresa. Ai conti mercanzie aggiungevano i conti
di spedizione o di «viaggio», per registrare in modo piú analitico i risultati delle spedizioni la cui vendita era affidata ad agenti[11]. Registravano inoltre gli investimenti in società temporanee dagli obiettivi ridotti, quali il nolo e la gestione di una galera per un viaggio specifico.
Queste imprese a partecipazione congiunta venivano registrate sui libri
degli investitori piú o meno allo stesso modo in cui si registrava il pos-

---

[11] Dal punto di vista veneziano si sarebbe tentati a identificare la contabilità di impresa con il
ricorso ai conti di «viaggio», ma la sua definizione piú ampia e corretta è «l'apertura di un conto
separato per ogni impresa», R. DE ROOVER, *Rise and Decline of the Medici Bank, 1397-1494*, Cambridge (Mass.) 1963, p. 148 [trad. it. *Il Banco Medici dalle origini al declino*, La Nuova Italia, Firenze 1970]. I conti mercanzie dei Medici sono descritti nel capitolo VII.
  Né l'azienda Datini né la società catalana di Marco Serrainerio ricorrevano ai conti di viaggio.
Nell'organizzazione centralizzata di Datini la registrazione completa delle spedizioni era distribuita
tra numerosi libri con riferimenti reciproci. All'atto della spedizione di merci acquistate a quello
scopo, i costi, addebitati su un conto mercanzie, venivano addebitati al ramo dell'azienda cui si spediva la merce (MELIS, *Aspetti* cit., pp. 387, 435-51); altrimenti, come nel caso di un'impresa a partecipazione congiunta per la spedizione di stoffe da Pisa a Palermo, il conto mercanzie, dopo essere
stato addebitato quanto ai costi, veniva accreditato quanto alle somme ricevute della vendita a Palermo, vendita effettuata dal socio partecipante all'impresa. Il conto mercanzie si chiudeva calcolando
i profitti, metà dei quali venivano accreditati sul conto del comproprietario. Cfr. il documento 127
in MELIS, *Documenti* cit. La pagina ivi riprodotta è probabilmente un ottimo esempio di contabilità
che può essere considerata «partita doppia» da Melis ma non da Kojima.
  Anche nel giornale della società catalana di Serrainerio, i conti mercanzie venivano addebitati
non soltanto quanto ai costi dell'acquisto della merce, ma anche quanto ai costi di spedizione. Venivano invece accreditate le somme percepite con la vendita della mercanzia, con corrispondente
addebito sul conto dell'agente, cui si addebitavano anche i costi incontrati lungo la via dall'agente
di trasmissione. T. ZERBI, *Il mastro a partita doppia di una azienda mercantile del Trecento*, Como
1936, pp. 70, 72-73, 122-23; ID., *Origini* cit., pp. 26, 135, 251. La perdita incontrata in cui incorse
una partita di fustagno fu accreditata all'agente, un fratello, e addebitata sul conto profitti e perdite.
Un guadagno su una partita di piombo fu addebitato all'agente e accreditato sul conto profitti e perdite (*ibid.*, pp. 256-57). In taluni casi si addebitava all'agente il costo delle merci spedite, mentre gli
accrediti corrispondenti andavano sul conto mercanzie. In *Origini* cit., pp. 262-64, Zerbi sottolinea
gli svantaggi derivanti dall'eterogeneità delle voci nel conto dell'agente.

sesso delle quote della mercanzia in proprietà comune[12]. I libri veneziani registrano i profitti e le perdite sui diversi investimenti senza cu-
rarsi di assegnarli a periodi di tempo specifici. Nessuno di quelli sinora
scoperti registra il capitale e i profitti (o le perdite) di una società in
nome collettivo, a termine, distinguendoli dalla ricchezza e dal reddito
dei soci, sebbene a quanto risulta, a Venezia esistessero anche società
di questo tipo[13]. I trattati teorici del secolo XVI forniscono esempi di
come si chiudevano i libri nell'arco di un breve periodo, limitandosi a
schematizzare operazioni poco realistiche[14]. Dato il modo in cui era organizzata l'iniziativa commerciale a Venezia, la contabilità non forniva
materiali per la compilazione periodica di bilanci di esercizio[15].

Se l'evoluzione veneziana della contabilità di impresa presentava questo svantaggio, offriva anche dei vantaggi. La personificazione del «viaggio», come prima quelle della cassa e delle partite di mercanzia, ebbe
come effetto di separare le registrazioni dei cambiamenti apportati dalle spedizioni e dalle vendite nel valore degli attivi dalla registrazione dei
costi di acquisto e di trasporto delle merci da un lato, e da quelle delle
cifre dovute dall'agente sui proventi delle vendite. Il conto personale
dell'agente offriva un quadro chiaro dei suoi debiti per le partite ricevute e dei suoi crediti per quelle da lui inviate, e che risultavano nei
dettagli come addebiti dai conti mercanzie corrispondenti.

Quali vantaggi venivano dal raggruppare gli addebiti e gli accrediti
sul conto di spedizione o di «viaggio» separandoli dagli addebiti e gli
accrediti sul conto dell'agente? Contribuiva alle decisioni sugli investimenti futuri il fatto di aver raggruppato in tal modo le registrazioni dei
costi e degli utili delle spedizioni precedenti di merci specifiche in luoghi specifici? La possibilità fu considerata e scartata da Yamey molti
anni fa, e Stuart Bruchey ha dimostrato che ancora nel 1800 un mercante americano che tenne per un lungo periodo una contabilità assai
completa e accurata delle imprese oltremare la utilizzava non come gui-

---

[12] Come dimostrano le voci del Mastro cinquecentesco di Lorenzo Priuli, citato nelle note al
mio *Società familiari e imprese a partecipazione congiunta*, pp. 248-50. Cfr. *ibid.*, pp. 44-45 sulla natura di imprese a partecipazione congiunta della gran parte dei consorzi veneziani, in contrasto con
le società a termine toscane. Nelle imprese a partecipazione congiunta veneziane i diritti e gli obblighi dei soci erano delimitati con riferimento a qualche oggetto particolare, come ad esempio: *a)* mercanzie specifiche, *b)* una nave o un nolo, o *c)* un prestito o un contratto d'appalto delle imposte.
[13] Tuttavia Zerbi (*Origini* cit., pp. 406-12), dimostra che Badoer considerava la propria attività
a Costantinopoli come un'entità contabile distinta dal resto della sua ricchezza e dei suoi redditi. Le
voci di un libro compilato dagli esecutori di Almorò Pisani implicano l'esistenza di libri che registravano separatamente gli attivi e le operazioni di compagnie sussidiarie o affiliate ai fratelli Pisani
nel 1528. Cfr. oltre, *Società familiari e imprese a partecipazione congiunta*, pp. 240-45.
[14] F. PILLA, *Il bilancio di esercizio nelle aziende private veneziane*, in «Studi veneziani», XVI,
1974, pp. 260-63.
[15] *Ibid.*, pp. 253-56 sui libri toscani; pp. 266-72 su quelli veneziani.

da per gli investimenti ma per conservare accurata registrazione dei debiti e degli attivi[16]. Alle origini del sistema di impresa era ancora piú difficile cercare indicazioni sui luoghi migliori per gli investimenti futuri studiando le perdite o i guadagni di particolari viaggi passati. Le condizioni del commercio cambiavano con troppa rapidità.

Scopo piú probabile del conto di viaggio era quello di alleggerire il conto personale dell'agente in modo da ottenere una visione piú chiara delle sue operazioni e dei suoi obblighi. Eliminati i dettagli ingombranti sulle spese di spedizione, il conto personale tabulava in colonne contrapposte quanto riferito dall'agente stesso sui propri debiti per le partite ricevute e i crediti per le partite inviate o i pagamenti da lui effettuati per mezzo di cambiali o di trasferimenti a terzi, secondo le istruzioni ricevute. Sul conto personale dell'agente venivano inoltre addebitati gli eventuali errori scoperti dallo speditore nei rapporti dell'agente su vendite o acquisti, la cui registrazione completa si trovava nel corrispondente conto di impresa o di mercanzia.

In poche parole, sembra possibile che i conti di viaggio fossero stati inventati proprio come strumento direttivo per la gestione degli agenti. Potevano essere utilizzati come indicazioni per i futuri investimenti, non per quanto riguarda la scelta dei luoghi o delle merci, bensí dell'agente commissionario cui inviarle. Naturalmente la loro utilità a questo scopo dipendeva dal fatto che gli agenti residenti nei mercati lontani fossero numerosi. Inoltre potevano servire a chiarire le spettanze nel caso di una disputa legale, e, soprattutto, nel caso della morte di una delle parti. Nei secoli XIV e XV la morte era un incidente di cui qualunque gestione efficiente degli affari doveva tenere debito conto.

L'importante funzione degli agenti commissionari e delle imprese a partecipazione congiunta nel mondo degli affari veneziano vi rendevano particolarmente utili i conti di viaggio. Le aziende che disponevano all'estero di rami dipendenti, come i Medici di Firenze e i Borromei di Milano, si affidavano ad altri metodi contabili[17]. L'analisi della contabilità che abbiamo appena tentato si propone di esaminare soltanto uno dei diversi modi in cui la partita doppia contribuí al controllo del commercio interregionale da parte dei mercanti residenti. La proponiamo nella speranza che gli storici della contabilità allargheranno il quadro, migliorando i nostri suggerimenti.

Certo, questi sviluppi della partita doppia furono tanto un risultato

---

[16] YAMEY, *Accounting* cit., pp. 846-53; s. BRUCHEY, *Robert Oliver, Merchant of Baltimore, 1783-1819*, Baltimore 1956, pp. 135-47.

[17] DE ROOVER, *Medici Bank* cit., pp. 96, 100. Sui Borromei cfr. ZERBI, *Origini* cit., pp. 320 sgg.

quanto una causa della transizione dai mercanti viaggiatori a quelli residenti. L'espansione del commercio e della quantità di investimenti in cui era impegnato contemporaneamente il singolo mercante crearono l'esigenza di quella «completezza e ordine» che erano in un certo senso «imposti» dalla partita doppia. Ma, come nel caso dei rapporti tra progressi tecnici della navigazione e espansione del commercio, la causalità era reciproca. Se da un lato l'incremento del commercio richiedeva una migliore organizzazione degli affari, la migliore organizzazione degli affari fu un fattore nell'incremento del commercio.

Il significato economico della guerra e della protezione

Poiché sono molti i modi in cui le guerre riducono la ricchezza di una nazione, si dice spesso che la guerra non conviene nemmeno ai vincitori, né è mai stata conveniente se non in condizioni a dir poco primitive. D'altro canto, però, uno dei modi in cui ci si può guadagnare da vivere consiste nello specializzarsi nell'uso della forza, e sono molti nella storia i gruppi di uomini famosi soprattutto per la loro efficienza in guerra che si conquistarono una ricchezza relativamente cospicua. Naturalmente dovevano vivere in una società in cui altri erano impegnati da occupazioni per le quali è piú consueta la definizione «produttive». Ma una nazione, che vive in un rapporto di dare e avere con altre nazioni, non può forse incrementare il suo reddito dimostrandosi superiore agli altri nella capacità di ricorrere alla forza? Dovrà distogliere una parte del suo capitale e della forza lavoro da altri impieghi, ma si può sostenere che in determinate circostanze la guerra e l'impiego che si rivelerà piú produttivo per il reddito nazionale. Anche se gli economisti hanno fatto ben poco per definire le condizioni in cui il ricorso alla forza può essere la piú vantaggiosa tra le occupazioni, sembra possibile applicare il loro metodo di analisi teorica a questo problema, purché si ammetta che il ricorso alla forza può produrre un servizio. Questo servizio è la protezione.

Ogni iniziativa economica ha bisogno di protezione, e la paga; protezione dall'eventualità che il suo capitale sia distrutto o confiscato con le armi, e che la sua forza lavoro sia dispersa con la violenza. Nelle società altamente organizzate la produzione di questo servizio, la protezione, è una tra le funzioni di una società o impresa particolare, chiamata governo. E anzi, una delle caratteristiche piú peculiari dei governi è il tentativo di imporre la legge e l'ordine ricorrendo loro stessi alla forza, e controllando con svariati mezzi l'uso che ne fanno altri. Quanto piú un governo riesce a monopolizzare l'uso della forza nei rapporti tra gli uomini in una determinata zona, tanto piú efficiente sarà il mantenimento della legge e dell'ordine. Di conseguenza la produzione di protezione è un monopolio naturale. L'estensione territoriale di questo monopolio è stabilita in modo piú o meno elastico dalla geografia militare e dalle circostanze storiche. Certo, si possono verificare interruzioni del monopolio, come nel caso di un'insurrezione o di un'espansione dei racket gangsteristici, ma queste imprese concorrenti nell'uso della forza, qualora riescano a sopravvivere, costituiscono a loro volta dei monopoli. Questi monopoli illegali possono essere assolutamente transitori e assai localizzati, effimeri forse quanto quello del rapinatore che porta a termine un colpo prima che il poliziotto giri l'angolo. Quando, come in questo esempio estremo, non esiste nessuna protezione che eviti un ulteriore e immediato furto da parte del medesimo bandito, o di un altro che ricorra alla forza, si tratta di un evidente caso di saccheggio. I casi limite sono numerosi sia nella storia delle nazioni che nelle vite dei gangster; è comunque evidente che la forza non viene usata soltanto per saccheggiare, ma anche per evitare il saccheggio, e in cambio dei pagamenti che riscuote il governo che mantiene la legge e l'ordine fornisce un servizio.

Il costo di produzione di questo servizio è assai variabile, e influisce sull'entità del reddito nazionale reale in quanto la quantità di beni e servizi diversi dalla protezione che possono essere distribuiti alla nazione si riduce quando la produzione di questa richiede un impiego di piú massiccio capitale e forza lavoro [1]. Talvolta, come nel recente caso della guerra di Spagna, i conflitti interni impediscono ad un'unica impresa di garantirsi per unanime riconoscimento il ruolo di monopolista legittimo della forza, riducendo in tal modo i costi. Talvolta la paura di vicini potenti provoca un aumento delle spese in armamenti. Negli Stati Uniti la parte del capitale nazionale oggi impiegata per la produzione di protezione è straordinariamente maggiore rispetto a qualche anno fa. In alcune nazioni i costi della protezione sono inferiori rispetto ad altre grazie alla loro eredità culturale o alla posizione geografica. Una nazione le cui frontiere siano facilmente difendibili, ad esempio, grazie a questo dono di natura spende meno per la sua protezione. Ancora oggi gli Stati Uniti impiegano nella produzione di altri beni una proporzione maggiore delle proprie capacità produttive di quanto non faccia la Gran Bretagna, e fino ad ora, almeno, la nostra posizione geografica ci ha consentito di godere di una protezione maggiore, pagandola meno [2].

In questa ampia formulazione sul piano nazionale, dunque, non è

[1] Presupponendo che non si verifichino cambiamenti nella misura in cui il capitale e la manodopera di una nazione sono impiegati in una determinata forma di produzione.
[2] Questo articolo è stato scritto e accettato prima del 7 dicembre 1941. (Il direttore del «Journal»).

difficile riconoscere l'importanza della protezione come fattore produttivo. Dal punto di vista delle iniziative economiche private, invece, il rapporto risulta spesso assai meno chiaro. L'iniziativa economica piú comune, che opera all'interno di un territorio sul quale il governo gode del monopolio della forza, paga la protezione all'atto di pagare le tasse. Di tanti imprenditori individuali si può dire che in genere non «varia la quantità di "legge e ordine" o di sicurezza variando l'ammontare delle tasse pagate». Ai loro occhi «la legge e l'ordine sono in genere un bene gratuito, nel senso che ogni pagamento ad essi destinato rientrerà probabilmente nelle imposte generali, e non sarà mai computato come spesa specifica della produzione»[3]. In genere, dunque, gli economisti escludono la protezione dai loro calcoli. Ma anche nel caso delle iniziative economiche private i costi della protezione sono variabili, e influiscono in misura significativa sugli utili dell'iniziativa stessa. In alcuni casi le spese fiscali possono essere ridotte pagando la protezione sotto qualche altra forma – il sottogoverno, la corruzione, o persino la rivoluzione[4]. Certo, è raro che i cambiamenti nel costo della protezione siano prodotti da un singolo imprenditore che agisca da sé e per sé soltanto. In genere sono conseguenza di decisioni e azioni di gruppo. Le decisioni vengono prese dal governo in base a consultazioni con, e a beneficio di, un gruppo di imprese. L'azione necessaria deve svolgersi nel foro, e, forse anche sul campo di battaglia, oltre che nel mercato o nella fabbrica, ma nella misura in cui si tratta di tentativi di acquisire un servizio a costi minimi, essi vanno sottoposti ad un'analisi economica. Quando un socio di Cecil Rhodes calcolò che il «buon governo» negli Stati boeri avrebbe portato a un risparmio di sei scellini per tonnellata sui costi di produzione del minerale d'oro, e dunque un incremento annuale di 12 000 000 di dollari nei dividendi, possiamo affermare che l'imprenditore includeva anche la protezione tra i fattori di produzione, e che si era in procinto di applicare il principio della sostituzione[5].

Per le iniziative individuali impegnate nel commercio internazionale la protezione non è quasi mai un bene gratuito. I costi della protezione sono fattori essenziali della produzione, in quanto accade spesso che siano le loro variazioni a determinare i profitti. Le iniziative concorrenti sono soggette a governi diversi, e pagano in tasse e tariffe costi di protezione diversi. In genere pagano la protezione ad almeno due governi, e non è raro che sperino nella possibilità che l'azione di uno dei governi,

[3] L. M. FRASER, *Economic Thought and Language*, London 1937, p. 210 e nota.
[4] *Ibid.*, nota.
[5] P. T. MOON, *Imperialism and World Politics*, New York 1926, p. 174.

quello che essi chiamano il proprio, riesca a spuntare una riduzione di quanto pagano all'altro. A questo scopo possono permettersi di aumentare i pagamenti versati al proprio governo qualora i costi totali della protezione, la somma dei pagamenti ad entrambi i governi, ne risultino ridotti.

Per isolare l'elemento dei profitti d'affari che risultante dall'aver minimizzato i costi della protezione, proviamo ad immaginare il caso di diverse imprese che concorrono sul medesimo mercato, con costi identici se non per il pagamento della protezione. Il prezzo di vendita del loro prodotto sarà abbastanza alto da coprire il costo massimo della protezione, e cioè quello pagato dal produttore marginale la cui offerta è necessaria alla soddisfazione della domanda. Tra i profitti delle imprese che godono di costi di protezione inferiori rientrerà la differenza tra i loro costi di protezione e quelli del concorrente marginale. Chiamerò questa differenza rendita della protezione. Come le differenze nella fertilità della terra portano rendite ai proprietari dei campi piú fertili, cosí le differenze nell'accessibilità della protezione comportano utili alle imprese che godono della protezione piú a buon mercato, utili per i quali la definizione piú adatta sembra essere proprio rendite della protezione[6].

L'esempio piú semplice di questa rendita della protezione viene dalle imprese che concorrono in condizioni di tariffe differenziate. Ad esempio, dal 1876 al 1890 lo zucchero hawaiano fu esentato negli Stati Uniti da ogni tariffa doganale, mentre si importavano grandi quantità di zucchero da Cuba o da Giava per soddisfare la domanda americana. Queste importazioni a tariffa piena erano l'offerta marginale, ed erano loro a stabilire il prezzo. I produttori hawaiani ottennero una rendita di protezione pari a due centesimi per libbra[7]. La storia della ricchezza delle nazioni abbonda di altri esempi, e l'analisi di alcuni casi in cui la ren-

[6] Il termine rendita da protezione sembra preferibile a profitto da protezione in quanto questo elemento del reddito nasce in misura tanto rilevante da condizioni che esulano dal controllo del singolo imprenditore, e che non sono influenzate dalle sue capacità di affarista. Certo, l'analogia con la rendita fondiaria è insoddisfacente. La rendita fondiaria si riferisce in genere a quanto un imprenditore paga per l'uso della terra, mentre la rendita di protezione non ha rapporto con quanto l'imprenditore paga la protezione; abbiamo definito quel pagamento costo della protezione. Nel caso descritto dal testo, la rendita da protezione viene pagata dal consumatore; è quanto questi paga per ottenere l'offerta del produttore, offerta che è marginale dati i costi elevati della protezione.
Se consideriamo la rendita da protezione dal punto di vista nazionale, invece di studiarla – come si fa nel testo – da quello delle singole imprese, possiamo dire che *per una nazione* la rendita da protezione nasce dalle condizioni geografiche o culturali che rendono piú facile a una nazione che a un'altra la produzione di protezione. Possiamo definire queste condizioni doni della natura o della storia. Che la rendita da protezione sia riscossa dal governo, o invece passata alle imprese private è cosa che dipende, come spieghiamo a p. 175, nota 10, dalla forma di governo.
[7] F. W. TAUSSIG, *Some Aspects of the Tariff Question*, Cambridge (Mass.) 1915, capp. IV e V. La rendita da protezione, in una certa misura, risultava dalla posizione geograficamente strategica delle isole.

dita della protezione determinò importanti trasformazioni del commer- · cio internazionale contribuirà all'analisi sulla possibilità di incrementare il reddito nazionale ricorrendo alla forza.

Nel 1082 i veneziani ottennero un privilegio che li esentava da tutte le tariffe doganali dell'Impero bizantino, garantendo cosí un differenziale a loro favore persino rispetto ai greci. Questi privilegi erano stati ottenuti offrendo all'imperatore bizantino i servizi della flotta veneziana nella guerra contro il re normanno di Sicilia. Per piú di un secolo i veneziani ne garantirono il rinnovo, o la rielaborazione, attraverso il ricorso continuo alle armi, talvolta contro i nemici di Bisanzio, talvolta contro l'imperatore bizantino stesso per costringerlo a ratificare il privilegio. Questo veniva utilizzato per commerciare tra le diverse parti dell'Impero bizantino, e tra questo e altri mercati del Levante, oltre che nel commercio tra Oriente e Occidente. I soli veneziani non bastavano a soddisfare tutta la domanda di scambi commerciali in un campo tanto vasto. Anche se i loro grandi rivali di un tempo, gli amalfitani, erano stati ben presto relegati nell'ombra, i veneziani continuarono ad avere concorrenti, non soltanto tra i sudditi greci ed ebrei dell'imperatore bizantino, ma anche per l'azione di nuovi gruppi: i pisani, che pagavano tariffe del 4 per cento, e i genovesi che fino al 1155 pagarono la tariffa normale del 10 per cento poi ottennero anch'essi il 4 [8]. Poiché il commercio rendeva bene anche a questi mercanti, anch'essi dovevano essere necessari alla soddisfazione della domanda. Tra loro si contavano i «produttori marginali». I veneziani riuscivano a vendere le merci a prezzi che spesso dovevano essere piú elevati nella misura dei piú elevati costi di protezione pagati dai commercianti meno privilegiati di loro. Di conseguenza i profitti dei mercanti veneziani in quella zona erano gonfiati da ricche rendite di protezione, offerte dal modo in cui il loro governo utilizzava la sua potenza navale.

In un periodo assai piú tardo, il commercio delle Indie occidentali francesi all'epoca di Colbert dimostra in quale modo un governo alterando i costi della protezione, poteva trasferire l'attività dei trasporti da una nazione a un'altra. Quando Colbert divenne ministro il commercio delle isole francesi era quasi interamente nelle mani di imprese olandesi, e tutto sta ad indicare che gli olandesi non avrebbero avuto alcuna difficoltà a conservare le loro posizioni rispetto ad eventuali con-

[8] H. KRETSCHMAYR, Geschichte von Venedig, Gotha 1905, vol. I, pp. 361-64; A. SCHAUBE, Handelsgeschichte der romanischen Völker des Mittelmeergebiets bis zum Ende der Kreuzzüge, München e Berlin 1906, pp. 226 e 229. Sulla storia completa dei rapporti veneto-bizantini cfr. KRETSCHMAYR, op. cit., vol. I capp. VII e VIII; SCHAUBE, op. cit., pp. 19-25, 223-47; W. VON HEYD, Histoire du commerce du levant au moyen âge, Leipzig 1886, vol. I, pp. 116-20, e R. HEYNEN, Zur Entstehung des Kapitalismus in Venedig, Stuttgart e Berlin 1905, capp. III-V.

correnti francesi se non si fosse fatto ricorso alla forza. Per ordine di Colbert il commercio olandese fu dichiarato illegale, e una flotta di tre vascelli di linea fu inviata a confiscare qualunque nave olandese facesse scalo nelle isole francesi. Agli olandesi la cosa provocò qualche perdita, minacciò di provocarne di piú gravi, e aumentò i costi della protezione per quelli di loro che continuavano a commerciare di contrabbando. Alla morte di Colbert si rilasciavano duecento passaporti circa ogni anno a navi francesi per viaggi verso le Indie occidentali francesi. L'aumento dei costi della protezione per gli olandesi aveva aumentato i profitti commerciali delle imprese francesi offrendo loro le rendite della protezione[9].

Ma i profitti delle imprese francesi che commerciavano con le Indie occidentali, o delle imprese veneziane che commerciavano con l'Impero bizantino, non comportavano necessariamente profitti anche per la Francia o Venezia considerate nel loro insieme – non comportavano cioè necessariamente un incremento complessivo del loro reddito nazionale. Per valutare gli effetti del ricorso alla forza sul reddito nazionale occorre trovare il modo di confrontare le rendite della protezione offerte ai mercanti veneziani nel commercio con l'Impero bizantino con i costi dell'operazione navale che aveva assicurato loro quei privilegi; di confrontare i profitti conseguiti dai commercianti francesi nelle Indie occidentali con le spese richieste dal mantenimento sul posto di una squadra navale. In poche parole, occorre esaminare in questi casi il costo *nazionale* della protezione. E innanzitutto occorre stabilire in modo piú approfondito quali siano i fattori di questi costi, e quali incrementi del reddito nazionale, oltre alle rendite della protezione, essi siano in grado di produrre.

Se partiamo da questa prospettiva ci è quasi impossibile evitare di allargare il significato della parola protezione sino ad includervi l'azione aggressiva. Occorre tener conto di quanto costi ricorrere alla forza armata per mare, e di ridurre le tariffe doganali straniere, sebbene la protezione in alto mare non sia un monopolio naturale e il commercio internazionale si estenda per definizione al di là dei limiti territoriali di un qualsiasi monopolio governativo. A questo proposito vi sono costi di protezione di natura ovviamente difensiva – ad esempio il costo dei convogli necessari a tener a distanza i pirati; altri, invece, – come il costo della cattura di navi di altre nazioni impegnate in iniziative concorrenziali – potrebbero essere definiti costi di protezione offensiva. Sarebbe comunque inutile tentare di classificare come difensiva o offensiva la

---

[9] S. L. MIMS, *Colbert's West India Policy*, New Haven 1912.

repressione del contrabbando. Indipendentemente dalla contraddizione verbale implicita quando lo si applica ad azioni aggressive, occorre un unico termine che comprenda sia le spese di un governo per impedire il saccheggio delle proprie imprese, sia quelle tese al saccheggio delle imprese di altre nazioni; nel tentativo di creare rendite di protezione per le proprie iniziative, o in quello di estendere il suo monopolio della forza in modo da riscuotere tributi.

Per tributi si intendono i pagamenti riscossi per la protezione, pagamenti che però eccedano il costo di produzione della protezione stessa. La possibilità di un tributo sorge dal fatto che un governo, come molti altri monopoli, non ha bisogno di vendere il suo prodotto al costo di produzione. Gran parte dei governi si sono costituiti in modo da consentire alle classi dominanti lo sfruttamento di questi monopoli, aumentando il prezzo della protezione imposto alle altri classi in modo da incrementare il proprio reddito [10]. Il tributo che una classe riscuote da un'altra di per sé non altera necessariamente il reddito nazionale totale. Può limitarsi semplicemente a trasferire il denaro da una tasca all'altra all'interno della nazione [11]. Ma il tributo può essere riscosso anche al di fuori della nazione, e il reddito di una nazione risulta incrementato da qualsiasi somma la sua classe dirigente riesca ad esigere come tributo dai membri di un'altra nazione. La penetrazione veneziana nell'Impero bizantino, ad esempio, toccò il suo drammatico apogeo nel 1204. Disponendo di una ricca offerta di forze armate, i cavalieri della quarta crociata, da assumere ai propri fini a prezzi d'occasione, Venezia la utilizzò per rovesciare l'Impero bizantino e impadronirsi di una parte del suo territorio. Dopo la conquista i veneziani fecero in modo non soltanto di garantirsi rendite di protezione per molti anni a venire, ma si assicura-

[10] Quali siano queste possibilità sarà piú facile da stabilire considerando i due «tipi ideali» di stato contrapposti da A. DE VITI DE MARCO, *Principii di economia finanziaria*, Torino 1934, pp. 12-19. Nello Stato popolare «ideale», in cui tutti i gruppi competono liberamente per arrivare al potere, cosicché tutti contribuiscono in misura eguale alla forma delle decisioni finanziarie del governo nel loro interesse, i costi della protezione per le iniziative private equivarrebbero al costo pagato dal governo per produrre la protezione stessa. Nello Stato assoluto «ideale», o Stato monopolistico – come lo chiama De Viti – in cui un uomo o una classe dominante determinano le decisioni finanziarie dello Stato esclusivamente nel proprio interesse, il monopolio governativo della protezione può essere sfruttato appieno. In quest'ultimo caso l'entità di quanto riscosso non è limitata dalla forma della curva della domanda, poiché la protezione è una necessità, ma può essere contenuta dal rischio che un tributo troppo elevato stimoli tentativi di spezzare il monopolio, e cioè attragga invasori, stimoli il contrabbando o provochi insurrezioni.

[11] Se una classe dirigente aumenta i tributi riscossi, pur rendendo piú invidiabile la propria posizione, spende il reddito addizionale in beni di lusso e diviene piú probabile il suo rovesciamento da parte di un'invasione o insurrezione. In questo senso, ci sono ottime ragioni per spendere l'incremento del reddito in eserciti o forze di polizia. Se cosí accade, ne conseguirà un aumento del costo della protezione in quella società. Di conseguenza, quanto maggiore è il tributo pagato a una classe dirigente, specie se dotata di tradizioni militari, tanto maggiore è la probabilità di un costo piú alto nella produzione di protezione. Le vie d'uscita da questo circolo vizioso sono state aperte al fatto che gran parte degli stati non sono mai governati semplicemente da un'unica classe onnipotente.

rono anche un bottino sensazionale e furono in grado di riscuotere tributi nella parte dell'impero passata sotto il loro dominio. Il tributo era pagato dai sudditi greci in tasse o in prestazioni d'opera servili, e veniva riscosso dai nobili veneziani come rendita feudale o come salario di cariche governative. Poiché non si fatica a riconoscere che anche in periodi precedenti il saccheggio e i tributi avevano contribuito alla ricchezza nazionale, a questa conquista si è attribuita enorme importanza. Ma i privilegi tariffari dei veneziani avevano portato loro grandi ricchezze dall'Impero bizantino anche prima che divenissero abbastanza forti da rovesciarlo; la crescita complessiva della ricchezza veneziana in quel periodo veniva meno dal saccheggio e dai tributi che non dalle rendite di protezione.

La varietà di usi cui si può adibire la forza organizzata dai governi trasforma il costo nazionale della protezione in una spesa generale, creando tutte le difficoltà pratiche inerenti all'assegnazione di tale spesa. Nel combattere il re normanno di Sicilia, nel 1081-84, i veneziani non miravano soltanto per garantirsi dei privilegi nell'Impero bizantino, ma anche a impedire al re di estendere il suo monopolio rivale della forza su entrambe le rive dei mari Adriatico e Ionio. Se vi fosse riuscito avrebbe potuto imporre saccheggi e tributi ai veneziani. Il problema dell'assegnazione dei costi di un esercito o di una flotta presenta nel computo dei costi una difficoltà analoga a quella di assegnare il costo di una diga ai suoi diversi usi nella produzione di energia, nell'irrigazione e nel controllo degli allagamenti, ma non è forse problema più arduo di questo. La difesa del territorio nazionale dalle devastazioni di un'invasione può essere paragonata alla prevenzione degli allagamenti in un paese popoloso. O quantomeno, tale difesa può essere accettata come punto di partenza. I costi della protezione nazionale che vadano oltre a questi possono essere giudicati proficui e non proficui in base al loro contributo al reddito nazionale sotto forma di bottino, tributi per la classe dominante o rendite di protezione per le iniziative private privilegiate. Colbert creò una marina militare più forte di quanto sarebbe stato necessario ad impedire il saccheggio della Francia; il suo costo dipendeva dal desiderio di estendere l'impero commerciale e coloniale francese. Sarà dunque giustificato assegnare il costo della parte della flotta usata nelle Indie occidentali al guadagno che la Francia trasse da quel commercio.

Nel valutare il costo pagato dalla nazione per acquisire bottino, tributi o rendita della protezione, è particolarmente importante, e insieme difficile, calcolare i costi di opportunità. Occorre tener conto di ogni violazione della legge del vantaggio comparato implicita nello sforzo militare o nelle nuove iniziative create dallo stimolo delle rendite di protezione. È evidente infatti che tutte le tariffe o limitazioni forzose significano per qualcuno un'immediata riduzione del reddito che si sarebbe guadagnato se tutte le parti interessate avessero agito liberamente, pacificamente, senza imporre o subire limitazioni con la forza, e con perfetta ragionevolezza settecentesca. Come sosteneva in modo tanto convincente Adam Smith a proposito di casi analoghi, le merci delle Indie occidentali sarebbero state vendute in Francia a un prezzo inferiore, e le merci europee sarebbero costate meno nelle Indie occidentali, se quel commercio fosse rimasto in mano agli olandesi e se il capitale e la forza lavoro francesi, di fatto dirottati verso il commercio con le Indie occidentali, avessero potuto continuare ad impiegarsi sulla base del sistema della «libertà naturale». Le rendite di protezione delle nuove imprese francesi si finanziavano non soltanto con le spese regie per la squadra navale, ma anche con i prezzi piú elevati pagati dai consumatori sia in Francia che nelle Indie occidentali francesi. Le rendite di protezione dei commercianti veneziani nell'Impero bizantino, d'altro canto, pur dipendendo dall'aumento dei prezzi prodotto dalle tariffe doganali pagate dai concorrenti, in linea di massima non venivano pagate dai consumatori veneziani, in quanto ben poca della mercanzia trovava il suo mercato ultimo a Venezia. Il costo della violazione della legge del vantaggio comparato ricadeva sui consumatori stranieri, e dunque non sottraeva nulla al reddito nazionale veneziano.

L'unico costo di opportunità di una certa entità pagato dai veneziani era quello delle flotte militari con le quali avevano conquistato i loro privilegi. Se il capitale e la manodopera impiegati in quelle flotte fossero stati acquistati sul mercato libero, superando le offerte di concorrenti che volessero utilizzarli per altre attività – come ad esempio, la continuazione del commercio senza privilegi particolari – in tal caso non esisterebbe costo di opportunità da sottoporre a indagini dettagliate. La maggior parte delle flotte da guerra non si costituiscono però semplicemente con offerte competitive in un mercato libero, e dunque i loro costi non possono essere espressi in modo completo dalle cifre di un bilancio governativo. Anche se la marina di Colbert fu in parte pagata ai prezzi di mercato, e comunque la squadra inviata nelle Indie occidentali era troppo piccola perché la differenza incidesse in modo sensibile, le flotte veneziane che combatterono per conto dell'Impero bizantino e contro di esso rappresentavano massicce mobilitazioni della forza navale della nazione. Il governo decideva se in un dato anno si dovessero autorizzare le navi a intraprendere i viaggi consueti, o se invece occorresse sospendere determinati commerci e preparare una flotta per la guerra. Molto approssimativamente, i veneziani dovevano scegliere se in determinati anni si dovessero ritirare navi e equipaggi dal commercio, impiegando quello stesso capitale e quella stessa manodopera per il combattimento. Il costo di opportunità di un anno di guerra era costituito innanzitutto dalla perdita degli utili dei commerci di un anno. Con la guerra si rischiava inoltre di danneggiare le navi e di perdere manodopera produttiva, ma in caso di vittoria i veneziani si rifacevano forse di queste perdite con il saccheggio [12]. Dando per scontato il successo della campagna, è possibile che in qualche caso le autorità veneziane avessero calcolato nei termini seguenti: con i privilegi di cui godiamo l'impiego dei nostri mercanti e marinai nell'Impero bizantino rende ogni anno il 20 per cento in piú di quello che renderebbe senza privilegi [13]. Impiegare questi mercanti e marinai come combattenti per un anno significherà, per quest'anno, la perdita del 100 per cento degli utili, ma ne varrà la pena se servirà a garantirci i privilegi per altri cinque anni o piú. Naturalmente i veneziani non si ponevano il problema proprio in questi termini, e le fonti non ci consentono calcoli che corrispondano esattamente ai dati assodati. È comunque un esempio del modo in cui l'uso della forza da parte dei veneziani per assicurarsi differenziali tariffe poteva produrre un aumento del reddito nazionale di Venezia. E effettivamente nel corso del secolo successivo al 1068 il reddito nazionale veneziano aumentò in modo assai considerevole. Vi contribuirono anche altri sviluppi di quel periodo, e in particolare la formazione di mercati occidentali per i prodotti dell'Oriente. La cosa favorí tutte le città costiere del Mediterraneo che fungevano da intermediari in quel commercio, ma all'epoca l'iniziativa commerciale veneziana era imperniata innanzitutto sull'Impero bizantino, dedicandosi in larga misura agli scambi interni all'impero e al commercio tra questo e altri mercati levantini. Certo, i veneziani furono mossi in parte dalle esigenze della propria sicurezza, come abbiamo già detto, e il quadro del modo in cui Venezia si arricchí in questo periodo è reso piú complesso dagli avvenimenti della quarta crociata. E tuttavia, tutto considerato, la politica veneziana tra il 1082 e il 1204 ri-

---

[12] Lo ammetto, la cosa non tiene debito conto né delle sofferenze dirette della paura, dell'ansia o delle ferite, né dei piaceri diretti di chi trovava soddisfazione nel massacro e nella glorie. Eccettuati i casi in cui i soldati vengono assunti per la guerra in un libero mercato del lavoro, in quale modo queste soddisfazioni o insoddisfazioni si manifestano nell'azione in termini misurabili in prezzi e salari? Forse, seppure si potevano riflettere nel prezzo dei mercenari, il piacere che un individuo può provare nell'uccidere non dovrebbe essere contato tra le soddisfazioni che costituiscono il reddito nazionale, mentre il dolore causato dalle ferite dovrà essere considerato una diminuzione delle soddisfazioni totali? Il problema sottolinea l'incapacità dell'analisi economica a stabilire il valore relativo di molte soddisfazioni se non in termini monetari, e i conseguenti limiti dell'accezione del termine reddito nazionale, cosí come viene inteso in genere e anche qui. Cfr. A. MARSHALL, *Principles of Economics*, London 1936[7] pp. 14-25, 57-60, 76 [trad. it. *Principî di economia*, Utet, Torino 1972].

[13] Sebbene i differenziali nelle tariffe fossero del 4 o del 10 per cento, al prezzo delle merci vendute nel commercio di un anno si aggiungeva ben piú di un'unica tariffa.

sulta corrispondere ad un uso particolarmente felice della forza per incrementare il reddito nazionale.

L'irruzione di Colbert nel commercio con le Indie occidentali, viceversa, non sembra aver prodotto alcun vantaggio immediato per il reddito nazionale francese. Se si tiene conto di tutti i fattori del costo della protezione nazionale, e del costo di opportunità delle nuove imprese, dall'incremento del reddito nazionale rappresentato dai profitti dei commercianti nelle Indie occidentali occorrerà sottrarre un formidabile elenco di perdite. Oltre al grande deficit della Compagnia francese delle Indie occidentali, pioniera di quel viaggio, c'era il costo diretto dell'impiego di una squadra navale francese, e, poiché l'esclusione degli olandesi dalle Indie occidentali fu uno dei motivi della guerra tra Francia e Olanda nel 1672, occorrerà includere anche una parte delle spese per quella guerra. Per valutare i costi di opportunità nazionali, si dovrebbe indagare sul prezzo dello zucchero ai consumatori francesi, e se gli isolani devono essere considerati come parte della nazione francese, si dovranno aggiungere le perdite da loro subite pagando le forniture a prezzi di due o tre volte superiori rispetto a quelli praticati in precedenza dagli olandesi. Anche quando si tratta di autori particolarmente favorevoli a Colbert, la documentazione presentata indica che, finché visse Colbert, la conquista del commercio con le Indie occidentali comportò una perdita, piú che un guadagno, per il reddito nazionale[14].

Un tentativo di incrementare il reddito nazionale attraverso la potenza militare che presenta illuminanti analogie e diversità rispetto ai due esempi sinora trattati è la temporanea conquista del commercio delle spezie da parte dei portoghesi. Nella seconda metà del secolo XV quasi tutte le spezie che giungevano in Europa passavano per il Mar Rosso e le terre del sultano d'Egitto – e lo pagavano bene per la protezione lungo il tragitto – prima di giungere ai veneziani e agli altri europei. Dopo che i portoghesi ebbero scoperto la rotta per l'India intorno all'Africa, il loro re decise di imporre il monopolio regio sulle spezie piú preziose. Contemporaneamente tentò di impedire, con la forza armata, ogni passaggio di spezie attraverso il Mar Rosso. Il successo non fu completo, ma la distruzione di qualche mercantile arabo e il rischio della cattura di qualche altro furono sufficienti per qualche decennio ad aumentare di molto il costo della protezione sulla rotta del Mar Rosso. Facendo sí che questi costi rimanessero alti, il re portoghese vendeva le spezie in Occidente a prezzi superiori a quelli imposti dai veneziani nel tardo Quattrocento. Fin tanto che riusciva a mantenere abbastanza elevati i

---

[14] MIMS, *Colbert* cit.; C. W. COLE, *Colbert and a Century of French Mercantilism*, New York 1939.

costi della protezione sulla rotta del Mar Rosso il re, monopolista della rotta del Capo, poteva fissare un prezzo che gli consentisse di conseguire la rendita di protezione prodotta dai maggiori costi di protezione pagati dai suoi concorrenti [15].

Tentando di estendere il monopolio della forza del suo governo sull'Oceano Indiano, però, il re portoghese si assumeva un pesante onere di spese che può essere giustamente considerato un costo della protezione per le sue stesse imprese nel commercio delle spezie. Mettere in soggezione i principi indiani, impossessarsi delle stazioni commerciali, affermare la propria supremazia navale nell'Oceano Indiano, erano questi i mezzi di cui disponeva il re per aumentare i costi della protezione per i suoi concorrenti, ma l'inefficienza dei metodi portoghesi nel commercio e nel governo fu tale che questi costi di protezione offensiva ben presto si rivelarono eccessivi. Dopo aver conquistato l'Egitto, i turchi ottomani diminuirono le tariffe doganali, e sfidarono il controllo portoghese sull'Oceano Indiano [16]. Intorno al 1560 una parte notevole delle importazioni europee di spezie passava di nuovo per il Mar Rosso [17], un sintomo del fatto che i costi della protezione del re portoghese in qualche occasione furono superiori a quelli dei suoi concorrenti sulla rotta alternativa. Riconsiderando la storia economica dei portoghesi in India, e tenendo conto delle spese militari, J. Lucio de Azevedo sostiene che «in verità soltanto nel periodo della conquista l'India rese quanto era costata», e anche allora, dice, soltanto grazie «al bottino, ai tributi, e ai riscatti pagati dai Mori» [18].

In questo caso il tributo fu fattore estremamente importante, soprattutto se allarghiamo la nostra prospettiva non limitandoci a considerare l'impresa regia nel governo e nel commercio delle spezie, ma anche i cambiamenti verificatisi nel reddito nazionale portoghese complessivo. Quando Lucio de Azevedo dice che il costo dell'Impero indiano superava gli utili, sembra comprendere nei costi i salari e le pensioni con i quali il re portoghese retribuiva i nobili che quell'impero conquistarono e governarono. Gli aumenti nel reddito di questa classe dirigente dovuti ai pagamenti imposti ai sudditi non portoghesi andavano ad incrementare il reddito nazionale. I funzionari regi in India aumentarono il loro reddito anche in modo illegale, attraverso saccheggi, corruzione e com-

---

[15] Un esame più completo della politica portoghese, e soprattutto dei suoi effetti sui prezzi del pepe, si trova nel saggio *Il commercio delle spezie nel Mediterraneo: la ripresa del secolo XVI*, in questo stesso volume alle pp. 195-203.

[16] A. H. LYBYER, *The Ottoman Turks and the Routes of Oriental Trade*, in «English Historical Review», XXX, 1915, p. 586.

[17] Cfr. il mio saggio *National wealth and Protection Costs*, in LANE, *Venise and History* cit., pp. 373-83.

[18] *Epocas de Portugal economico*, Lisboa 1929, p. 155; cfr. anche pp. 118-31.

merci privati. È probabile che questo tipo di corruzione fosse il fattore decisivo nel ridurre la redditività del monopolio regio, ma fu comunque un fattore positivo per il reddito nazionale. Anche se, nella teoria politica o legale, i funzionari corrotti facevano parte dell'impresa regia, dal punto di vista economico agivano come imprenditori in proprio. Ciascuno vendeva per il proprio profitto la protezione della forza di cui disponeva. La riapertura della rotta del Mar Rosso non interferí con il loro reddito; fu soltanto il segno del fatto che essi preferivano vendere la loro protezione ai commercianti arabi invece di estenderla al monopolio del re, come sarebbe stato loro dovere. Se teniamo conto di tutti gli aumenti del reddito della classe dirigente, legittimi e illegittimi, bottino e tributi, oltre che rendita della protezione, si può ritenere che senza dubbio il reddito nazionale portoghese aumentò.

Rimane da considerare il costo di opportunità. Ferme restando le scoperte geografiche e le tecniche di navigazione, sarebbe stato possibile impiegare il capitale e la manodopera portoghesi in modo piú proficuo che non indirizzandoli all'impiego militare nell'Oceano Indiano? Anche se è difficile pensare che in questo caso i portoghesi potessero seguire il semplice piano della natura, cosí come non avrebbero potuto attenervisi i veneziani nel trattare con l'Impero bizantino, in effetti qualche contemporaneo ipotizzò politiche che avrebbero richiesto una misura minore di azioni militari. A Venezia – ed era un'ironia ora che, trecento anni dopo la conquista di Costantinopoli, Venezia non era piú in grado di trarre profitto dalle guerre – gli osservatori sostenevano che i portoghesi avrebbero potuto operare con profitto anche senza tentare un monopolio della forza, semplicemente perché la rotta del Capo avrebbe consentito loro di evitare le alte tariffe doganali imposte dall'Egitto [19]. I portoghesi decisero di ottenere le rendite della protezione facendo aumentare i costi di protezione dei possibili concorrenti invece di tentare loro stessi di operare con costi di protezione inferiori al livello esistente [20]. Il conseguente aumento de prezzi al consumatore portoghese dei prodotti indiani ebbe importanza irrilevante, poiché il grosso di questi prodotti andava venduto all'estero. Una misura inferiore di azione militare contro i commercianti arabi, e l'impiego di una quantità maggiore di capitale e lavoro nell'attività commerciale, avrebbero però potuto aumentare il valore e il volume delle merci orientali che i portoghesi mettevano in ven-

[19] GIROLAMO PRIULI, I diarii, in Rerum Italicarum scriptores, vol. II, Bologna 1933[2], tomo XXIV, parte III, p. 156.

[20] Come insinua JOÃO DE BARROS, De Asia, Lisboa 1727, decada I, parte II, libro VI, cap. 1, pp. 8-9, tra i motivi del re portoghese ci fu forse anche il desiderio di aggiungere un nuovo titolo al proprio nome; alla nostra analisi, comunque, interessano i risultati delle azioni storiche, non le loro motivazioni.

dita in Europa. È possibile che gli utili di un commercio in tal modo allargato avrebbero incrementato il reddito nazionale portoghese piú di quanto fecero il saccheggio, i tributi e il poco commercio che riuscí a svilupparsi?

Una domanda posta in questi termini è sufficiente a far pensare che per una valutazione completa dei costi di opportunità occorrono due considerazioni appena sfiorate nei due casi esaminati piú sopra. La prima riguarda il tipo di capitale e di manodopera che esistevano in Portogallo, in altre parole nulla di meno che il carattere della società portoghese nel 1500. L'attività in cui all'epoca i portoghesi si erano dimostrati superiori ad altre nazioni non era l'astuzia nel commercio, bensí un audace spirito d'avventura sia nella navigazione che in guerra. Date le tradizioni militari e religiose dei portoghesi, e la loro struttura di classe, è possibile che la politica da crociati perseguita in India abbia stimolato energie che ottennero piú ricchezza di quanta i portoghesi avrebbero potuto guadagnare con mezzi meno bellicosi. Era possibile che nel 1500 un veneziano ritenesse che i portoghesi avrebbero potuto guadagnare di piú con una politica piú pacifica perché cosí sarebbero forse andate le cose se nel 1500 la classe dirigente portoghese avesse avuto un carattere simile a quella veneziana. A quell'epoca molti nobili veneziani si dedicavano ormai al commercio pacifico o alla gestione delle tenute in campagna. Non erano piú efficienti – come si erano dimostrati tre o quattrocento anni prima tiranneggiando Bisanzio – né come mercanti né come razziatori.

La seconda considerazione riguarda l'esistenza di due risposte diverse, una riferita al breve periodo, l'altra al lungo. La politica adottata dai portoghesi in India fruttò tanti tributi e bottini da rendere improbabile un maggiore incremento immediato del reddito nazionale attraverso una politica piú pacifica. Il tentativo del re di conquistarsi un impero in India, e la decisione ad esso collegata di fare delle voci principali del commercio un monopolio regio, però, dirottarono capitale e manodopera portoghesi dallo sviluppo commerciale del viaggio, concentrando le energie di quel popolo sulla guerra, il saccheggio e la riscossione di tributi e donativi. I grandi vantaggi immediati attrassero a queste attività guerresche la gioventú della nazione, ma ben presto gli utili cominciarono a diminuire. Una politica regia che contasse meno sulla forza e che offrisse maggiori opportunità a chi era capace di commerciare, avrebbe favorito tra i portoghesi lo sviluppo delle capacità mercantili. A lungo andare, cento o duecento anni, è assai probabile che queste capacità avrebbero fatto del Portogallo una nazione piú ricca. Questa possibilità pone problemi assai complessi, in quanto un cambiamento nel tipo di capacità possedute dalla forza lavoro di una nazione, sia al livello dirigenziale che a quello manuale, implica una trasformazione radicale della struttura sociale; in questo caso il declino dei militari e l'affermazione delle classi industriali e commerciali. Poiché i secoli a venire avrebbero portato maggiore ricchezza alle nazioni commerciali e industriali, si concorda in genere sul fatto che la conquista dell'India, pur avendo incrementato per qualche tempo il reddito nazionale portoghese, piú avanti ne provocò una diminuzione, riducendo la produttività della forza lavoro di quella nazione.

La politica di Colbert nelle Indie occidentali, viceversa, seppure a breve termine ridusse il reddito nazionale francese, viene in genere considerata un successo nel lungo periodo. Nel giro di un secolo dalla morte del ministro le Indie occidentali «si rivelarono la piú preziosa tra le ricchezze coloniali possedute dalla Francia, e contribuirono alla sua prosperità commerciale piú di qualunque altro ramo del commercio considerato a se stante»[21]. Il tipo particolare di manodopera e di capitale favoriti da Colbert nell'offrire una rendita di protezione a chi commerciava con le Indie occidentali, nel lungo periodo di cento anni divennero eccezionalmente produttivi. Lo stesso si può dire per molte altre delle sue imprese. Dopo aver descritto la Compagnia delle Indie orientali di Colbert, Cole conclude: «Il valore dei navigatori che conoscevano le rotte dell'Oriente, dei mercanti in grado di condurre il commercio con le Indie, degli agenti che avevano imparato a conoscere l'Oriente, erano tutte voci in attivo che non comparivano sui bilanci, ma che costituirono un importante contributo della Compagnia di Colbert all'attività dei suoi successori»[22]. Attraverso una serie di provvedimenti, molti dei quali dipendevano dalla forza delle armi, Colbert incrementò la proporzione del capitale e della manodopera impiegati dalla sua nazione nel commercio oceanico e nella manifattura. Dirottò spesso capitale e manodopera da impieghi nei quali all'epoca avrebbero prodotto un aumento del reddito nazionale. Ma la manifattura e il commercio oceanico sarebbero divenuti sempre piú proficui mano a mano che attiravano capitale e manodopera in quantità sempre maggiori. Nella misura in cui Colbert distolse risorse dai consumi vistosi e da investimenti agricoli soggetti alla legge della diminuzione degli utili, indirizzandoli invece verso attività commerciali e industriali che in futuro avrebbero reso utili sempre maggiori, la sua attività di statista contribuí effettivamente alla futura ricchezza della nazione.

[21] MIMS, *Colbert* cit., p. 339.
[22] *Ibid.*, vol. I, p. 523.

Questo contrasto tra perdita a breve termine e guadagno a lungo termine si riscontra in molti esempi di mercantilismo. Le perdite immediate subite dall'Inghilterra per l'imposizione dei Navigation Acts, perdite dovute all'aumento dei costi di trasporto e alle azioni militari sul mare, possono essere compensate da una parte dei vantaggi che più avanti molte imprese inglesi trassero dalle dimensioni della marina mercantile britannica. Il costo immediato della conquista e dell'occupazione degli avamposti coloniali da parte degli inglesi possono essere compensati non soltanto dagli utili immediati delle rendite da protezione, ma anche da alcuni dei benefici alle economie interne offerti alle industrie inglesi nei secoli successivi dalle dimensioni del mercato inglese oltremare. Il recente epigono della tradizione di Smith, Alfred Marshall, ammette che nel secolo XVIII, e ancor più nel XIX, il reddito nazionale inglese dipendeva in larga misura dall'«azione della legge dell'incremento degli utili nel campo delle esportazioni»[23].

Per un lungo periodo storico precedente il vantaggio principale che si poteva sperare dalla guerra erano i tributi. Nell'età del mercantilismo la ricchezza che le classi governanti strappavano direttamente alle altre nazioni fu relativamente esigua. Man mano che la vita economica perdeva il suo carattere prevalentemente agricolo, organizzandosi in modo più intricato con la differenziazione delle iniziative, i profitti offerti dalle imprese economiche in tal modo favorite vennero a costituire una porzione maggiore del reddito nazionale. Il tributo divenne meno importante delle rendite da protezione. Il cambiamento rese meno frequente l'incremento immediato del reddito nazionale attraverso l'azione militare, poiché le rendite da protezione si ottenevano con violazioni della legge del vantaggio comparato, che in genere andavano a scapito di tutte le nazioni interessate. Nel lungo periodo, però, le vittorie militari contribuivano in misura maggiore al reddito nazionale quando venivano usate per ottenere rendite da protezione piuttosto che per ottenere tributi. Gli imperi fondati sui tributi rendevano sempre meno, impiegando quantità sempre maggiori di manodopera per conservare e estendere le loro conquiste. Le rendite da protezione stimolavano il commercio oceanico e l'industria, che trovavano nuovi mercati per un commercio su scala più vasta. In un'altra epoca le facilitazioni offerte al commercio e all'industria sarebbero andate perdute. In quel particolare periodo di cambiamenti sociali e tecnologici, il periodo dell'espansione europea, quei settori dell'iniziativa rendevano utili sempre più cospicui.

In periodi più recenti le forme in cui il reddito nazionale può essere

[23] *Principles* cit., p. 672.

incrementato attraverso le pressioni militari esercitate su altre nazioni risultano enormemente complicate, soprattutto ultimamente, dai controlli sui cambi e dalle quote di commercializzazione. Contemporaneamente, inoltre, le forze armate utilizzate dai governi si sono consolidate in istituzioni militari e navali permanenti, e dunque i costi della protezione nazionale rappresentano in misura ancora maggiore costi generali. Una parte di questi costi può essere assegnata alla protezione contro un'invasione, ma un'altra deriva dal desiderio di «un posto al sole», o di sfuggire allo «strangolamento economico». Anche se fosse possibile dimostrare inequivocabilmente che le pressioni militari non hanno mai offerto aumenti immediati del reddito nazionale sufficienti a giustificare l'aumento dei costi, la prospettiva storica mette in risalto quanto sia enormemente difficile indovinarne i risultati a lungo termine. Il successo a lungo termine degli attuali sforzi militari tesi ad aumentare il reddito nazionale dipendono dalla loro capacità di indirizzare la forza lavoro di una nazione vittoriosa verso quei tipi di attività che si dimostreranno produttivi di maggiori utili nel corso delle rivoluzioni tecnologiche e sociali del futuro.

I prezzi del pepe prima di Vasco Da Gama

L'opinione che nell'Europa del secolo precedente il 1492 i prezzi delle spezie fossero aumentati, e che ciò abbia contribuito all'espansione oceanica europea, e sorprendentemente tenace, nonostante il duro colpo infertole da A. H. Lybyer più di mezzo secolo fa[1]. Un recente studio sui prezzi ad Anversa, comunque, individua una netta diminuzione dei prezzi delle spezie, e in particolare del pepe, negli anni compresi tra il 1420-30 e il 1440-50, confermando così l'impressione fornita dalle cifre disponibili in precedenza, sparse tra la Navarra, l'Inghilterra e Klosterneuburg (Vienna)[2]. In quell'arco di tempo il pepe diminuí del 50 per cento, e non ritornò all'antico livello massimo che dopo il 1498. Data la posizione di preminenza che ebbe in quel commercio nei decenni in questione, Venezia è il luogo più ovvio in cui ricercare la fonte del generale declino dei prezzi in Occidente. I prezzi all'ingrosso del pepe a Venezia, ricavati in linea di massima da diari, libri contabili e lettere di mercanti, sono esposti nella tabella 1. Tanto basta a spiegare la caduta dei prezzi nell'Europa settentrionale e occidentale. Dopo aver spuntato dagli 83 ai 157 ducati per *cargo* nel 1411-1426, a Venezia i prezzi del pepe precipitarono a 50 nel 1432, scemando ancora negli anni quaranta e settanta, e giungendo in taluni casi anche al di sotto di 40. Fino all'interruzione dei viaggi veneziani per la guerra coi turchi ottomani nel 1499, fu raro che il prezzo superasse i 55 ducati per cargo.

[1] *The Cambridge Economic History of Europe*, Cambridge University Press, New York, vol. II, pp. 340-41; A. DARRAG, *L'Egypte sous le regne de Barsbay, 825-841 1422-1438*, Damascus 1961; p. 361; A. H. LYBYER, *The Ottoman Turks and the Routes of Oriental Trade*, in «English Historical Review», XXX, ottobre 1915, pp. 577-88. Sui prezzi cfr. *ibid.*, nota 12.
[2] H. VAN DER WEE, *The Growth of the Antewerp Market and the European Economy*, 2 voll., Den Haag 1963. Il declino risulta evidente quando si convertano i prezzi in «grossi» del Brabante indicati nel vol. I, pp. 307-20 nei loro equivalenti in oro, in base alla tabella nel vol. I, pp. 129-35. Studi precedenti: E. J. HAMILTON, *Money, Prices and Wages in Valencia, Aragon and Navarre*, Cambridge (Mass.) 1936, pp. 245-59; A. F. PRIBRAM, *Materialen zur Geschichte der Preise und Lohne in Osterreich*, vol. I, Wien 1938, p. 615; J. F. THOROLD ROGERS, *A History of Agriculture and Prices in England*, 7 voll., Oxford 1866-1902, vol. IV, pp. 680-82.

Tabella 1.

Prezzi del pepe a Venezia dal 1363 al 1510 (in ducati per cargo).

	Prezzi				Numero delle citazioni [a]	Fonti
1363	170				1	Relazione della commissaria di Daniele Emo
1382	63					
1384	61					
1385	54½					HEERS, *Il commercio*, p. 202
1386	54					
1390	98					
1391	129					
1392	90					BRAUSTEIN, *Relations d'affaires*, pp. 240-41
1393	68½					
1394	59½					
1395	64					
1396	da	64	a	69		
1397	57					HEERS, *Il commercio*, p. 202
1398	59½					
1399	da	61	a	68		
1404	da	46	a	48		
1408	da	55½	a	56	2	Soranzo, libro nuovo, cc. 7, 11
1409	57					STIEDA, *Hansisch-Ven. Handelsbeziehungen*, p. 103
1411	127¾				1	Soranzo, libro nuovo, c. 31
1412	da	120	a	127¾	3	*Ibid.*, libro vecchio, c. 26
1413	da	140	a	157	10	*Ibid.*, libro nuovo, cc. 31, 33, 36; libro vecchio, c. 26
1414	da	119	a	126	8	*Ibid.*, libro nuovo, cc. 42, 43; libro vecchio, cc. 39, 42, 43
1415	113				2	*Ibid.*, libro nuovo, c. 49; libro vecchio, c. 49
1416	84				1	Lettera di Soranzo
1417	84				1	Soranzo, libro nuovo, c. 71
1418	84				3	*Ibid.*, c. 72; lettera a Blasio Dolfin
1420	da	96	a	125	3	Lettere a Blasio Dolfin; STIEDA, *Hansisch-Ven.*, p. 103
1421	108				1	Soranzo, libro nuovo, c. 88
1422	da	93	a	106	4	*Ibid.*, c. 92
1424	da	88	a	91½	1	*Ibid.*, c. 106
1425	da	93	a	96	3	*Ibid.*, e c. 117
1426	da	83½	a	89	5	*Ibid.*, cc. 117, 127
1427	da	69½	a	90	5	*Ibid.*, cc. 127, 132
1429	da	55	a	57	1	Cronaca Morosini, II, c. 955
1430	60				1	*Ibid.*, c. 1143
1431	da	56½	a	59	5	Soranzo, libro nuovo, c. 135
1432	50				1	Cronaca Morosini, II, c. 1348
1437	da	65	a	68½	3	Barbarigo, Mastro A, c. 224
1439	52				1	*Ibid.*, c. 262

	Prezzi				Numero delle citazioni [a]	Fonti
1442	41				1	Barbarigo, Mastro B, c. 70
1443	36				3	*Ibid.*, c. 93
1446	36				1	*Ibid.*, c. 175
1450	40½				1	Lettera a F. Minotto, 14 aprile 1450
1462	49½				2	Mastro di N. Barbarigo, c. 30, e le previsioni in TUCCI, p. 549
1470	da	53	a	70	16	Mastro di Alvise Michiel, c. 5
1471	da	52	a	69	5	*Ibid.*, c. 28
1472	da	54½	a	55	7	*Ibid.*
1473		54			4	*Ibid.*
1476	da	47	a	52	4	*Ibid.*, c. 96
1477	da	44	a	50	4	*Ibid.*
1478	da	44	a	47	2	*Ibid.*, e c. 126
1480	da	48½	a	53	16	*Ibid.*, cc. 141 e 144
1481	da	54	a	55½	11+	*Ibid.*, cc. 153, 154, 160; lettera di Paolo Malipiero
1482	da	49	a	49½	3	Mastro di Alvise Michiel, c. 163
1497	da	42½	a	48½	2	PRIULI, *Diarii*, I, pp. 65-66
1498	da	56	a	57	4	*Ibid.*, pp. 75, 88, 93, 103, 109
1499	da	69	a	80	5	*Ibid.*, pp. 143, 159, 197, 213, 238
1500	da	87	a	100	4	*Ibid.*, pp. 257, 263; II, 24, 73-74
1501	da	62	a	130	8	*Ibid.*, II, pp. 111, 117, 183, 185; SANUDO, *Diarii*, III, col. 1445, 1480, 1576
1502	da	90	a	100	3	PRIULI, *Diarii*, II, pp. 197, 221, 242-43
1503	da	80	a	100	5	*Ibid.*, pp. 255, 282; SANUDO, *Diarii*, V, coll. 59, 64
1504		100			1	PRIULI, *Diarii*, II, p. 335
1509		52			1	*Ibid.*, IV, p. 314
1510		65			1	Priuli in FULIN, *Diarii*, p. 211

[a] Il numero delle citazioni viene indicato soltanto per i prezzi desunti da fonti di prima mano.

Fonti:

Manoscritti: Archivio di Stato, Venezia, *Relazioni della Commissaria di Daniele Emo*, in Procuratori di San Marco, Misti, busta 106, indicatomi da Reinhold Muller; Soranzo, libro nuovo e libro vecchio in Miscellanea Gregolin, busta 14; lettera di Soranzo del 1416, *ibid.*, busta 8; lettere a Blasio Dolfin, in Procuratori di San Marco, Misti, busta 181; Mastri di Andrea e Nicolò Barbarigo, in Archivio Privato Barbarigo-Grimani; lettera a F. Minotto, 14 aprile 1450, in Miscellanea di carte non appartenenti ad alcun archivio, busta 21; Mastro di Alvise Michiel, in Miscellanea Gregolin, busta 15; lettera di Paolo Malipiero, 10 febbraio 1481, *ibid.*, busta 13.
Biblioteca Nazionale Marciana, Venezia, *Cronaca veneta di Antonio Morosini*, Mss it. cl. VII, cod. 2049 (8332).

Pubblicazioni: J. HEERS, *Il commercio nel Mediterraneo alla fine del secolo XIV e nei primi anni del XV*, in «Archivio storico italiano», CXIII, 1955; P. BRAUSTEIN, *Relations d'affaires entre Nurembergois et vénitiens à la fin du XIVe siècle*, in *Mélanges d'archéologie et d'histoire de l'Ecole française de Rome*, LXXVI, 1964, parte II; W. STIEDA, *Hansisch-venetianische Handelsbeziehungen in 15.JH*, Rostock 1894; U. TUCCI, *Alle origini dello spirito capitalistico a Venezia: la previsione economica*, in *Studi in onore di Amintore Fanfani*, Milano 1962, III, p. 549; G. PRIULI, *I Diarii*, in *Rerum Italicarum Scriptores*, II ed., t. XXIV, parte III, vol. I, Città di Castello 1911; vol. II, Bologna 1933; vol. IV, Bologna 1938; M. SANUDO, *I Diarii*, a cura di R. Fulin e altri, Venezia 1879-1903, e estratti da Priuli in R. FULIN, *Diarii e diaristi veneziani*, Venezia 1881.

Il fatto che a Venezia i prezzi fossero tanto bassi fa pensare che fossero bassi anche nel luogo dove i veneziani acquistavano gran parte del loro pepe, Alessandria. I contemporanei individuavano una stretta correlazione tra i prezzi nei due mercati. Un cronista, raccontando la gioia dei mercanti per il ritorno rapido e indisturbato delle galere da Alessandria nel 1432, sostiene che a Venezia i mercanti riuscirono a vendere a 50 ciò che ad Alessandria avevano acquistato a 40[3]. Una previsione del 1464 sui prezzi del pepe in diverse circostanze valutava tra i fattori determinanti non soltanto l'offerta disponibile a Venezia, nonché i carichi e le date d'arrivo delle galere, ma anche i prezzi a Damasco ed Alessandria[4]. Il fatto che a Venezia i prezzi del pepe fossero bassi è di per sé sufficiente, in assenza di cifre precise che indichino il contrario, per ritenere che lo fossero anche ad Alessandria. Limitarsi agli aggettivi, comunque, può essere fuorviante, poiché può ben darsi che un mercante o un ambasciatore si lamentassero per un prezzo «alto» a 50, dato che qualche anno prima era stato 40, anche se rispetto alla media di qualche decennio 50 risulta un prezzo normale, o anche basso. A quanto mi risulta non esiste una serie esauriente dei prezzi di mercato, o di bazaar, del pepe ad Alessandria. Certo, i prezzi pagati dai veneziani negli acquisti effettuati presso il sultano mamelucco d'Egitto sono indicati spesso, ma sarebbe un errore considerarli indicativi del costo del pepe[5]. Nella seconda metà del secolo xv i veneziani acquistarono dal sultano soltanto un decimo del totale del pepe trasportato direttamente da Alessandria a Venezia. Si trattava di piú di 1 000 000 di libbre all'anno[6]; dal sultano ne acquistarono soltanto 100 000 libbre circa, cioè 210 *sporta*, pagate tra gli 80 e i 100 ducati per sporta[7]. Nel 1506 il

---

[3] *Cronaca veneta di Antonio Morosini*, Venezia, Biblioteca Nazionale Marciana, Mss it., cl. VII, cod. 2049 (coll. 8332), f. 1348.

[4] U. TUCCI, *Alle origini dello spirito capitalistico a Venezia: la previsione economica*, in *Studi in onore di Amintore Fanfani*, Milano 1962, vol. III, pp. 548-50. Sul rapporto tra i prezzi a Venezia e le notizie dal Levante alla fine del secolo cfr. P. SARDELLA, *Nouvelles et speculations à Venise*, in «Cahiers des Annales», I, Paris s. d., pp. 31-37, e i *Diarii* di Priuli e Sanudo citati nella tabella.

[5] S. Y. LABIB, *Handelsgeschichte Aegyptens in Spätmittelalter (1171-1517)*, in «Vierteljahrschrift für Sozial- und Wirtschaftsgeschichte», Beihefte 46, Wiesbaden 1965, pp. 333 e 438; R. S. LOPEZ e H. A. MISKIMIN, *The Economic Depression of the Renaissance*, in «The Economic History Review», serie II, vol. XIV, aprile 1962, p. 413.

[6] F. C. LANE, *Venice and History*, Baltimore 1966, pp. 13, 25, e, sulle dimensioni del collo, e di altre unità di misura utilizzate nel commercio delle spezie, cfr. ID., *Navires et constructeurs à Venise pendant la Renaissance*, Paris 1965, pp. 237-38. La valutazione dei carichi di spezie in J. HEERS, in «Archivio storico italiano», CXIII, 1955, pp. 183-87, è viziata dal fatto che si sottovaluta il collo, soltanto 91 chilogrammi, mentre la balla in questione spesso pesava intorno ai 500 kg. Il Mastro A di Barbarigo usa *Pondo* come sinonimo di balla (cc. 262, 263). In quel caso le balle pesavano circa 1100 *lire sottile veneziane* – circa 350 kg.

[7] Nel 1498 questa cifra era considerata consueta. SANUDO, *Diarii*, pp. 165, 171. Non è sicuro quando fosse stata concordata; ma già se ne parla nel 1480. W. HEYD, *Storia del commercio del le-*

sultano dichiarò che tanto gli era stato pagato anche quando il prezzo era di soli 40 ducati per sporta[8]. Anche se allora i veneziani gli pagarono 100 ducati, il suo utile ammontava a soli 12 600 ducati che, compartiti su tutto il pepe esportato dai veneziani, aggiungevano al suo costo soltanto 4 o 5 ducati per cargo, dato che il totale delle esportazioni superava i 3000 carghi[9]. Le cifre usate in questo esempio, perdipiú, probabilmente esagerano la differenza tra il prezzo del sultano e quelle del bazaar. Presupponendo un prezzo di bazaar relativamente alto, cioè 70 ducati per sporta, l'equivalente di 40 ducati circa per cargo, la vendita da parte del sultano di 210 sporte a 100 comportava un sovrapprezzo di soli 6100 ducati, distribuiti tra gli acquirenti dei 3000 carghi, dunque 2 ducati circa per cargo[10]. In realtà i veneziani ad Alessandria ripartivano il costo degli acquisti dal sultano su tutto il commercio dell'anno. In poche parole, il prezzo pagato dai veneziani al sultano aveva scarso effetto sul costo del pepe.

La caduta dei prezzi nel secondo quarto del secolo XV avvenne mentre l'Egitto era governato dal sultano Barsbay, 1422-38. In genere gli si attribuisce la responsabilità di aver aumentato i prezzi delle spezie, e senza dubbio fece tutto il possibile per tentare di ottenere redditi mag-

---

vante, Torino 1913, p. 1057. Il trattato assai favorevole negoziato da Andrea Donato nel 1442 non fa accenno ad alcun obbligo di questo genere; anzi, la clausola X della parte I e I della parte II sembrano formulate appositamente per proibire le vendite forzose, anche se non si fa cenno al pepe. Il testo è in J. WANSBROUGHT, *Venice and Florence in Mamluk Commercial Privileges*, in «Bulletin of the School of Oriental and African Studies», XXVIII, 1965, 3, pp. 487-97.

[8] SANUDO, *Diarii* cit., vol. VII, pp. 208 e 218.

[9] L'unità di vendita a Venezia, il *cargo*, pesava 400 lire sottile veneziane; quella in Egitto, la *sporta*, varia secondo le fonti tra le 700 e le 750 lire sottile veneziane. L'ho calcolata a 720 lire sottile, cosicché un prezzo di 81 ducati per sporta equivale a 45 ducati per cargo. TUCCI, *Alle origini dello spirito capitalistico* cit., p. 550 nota; LANE, *Navires* cit., p. 237.

[10] Nel 1497 gran parte del pepe importato da Alessandria era stato acquistato a 74-75 ducati per sporta, equivalenti a 41-42 ducati per cargo. PRIULI, *Diarii*, vol. I, p. 73. Il gennaio seguente fu venduto a Venezia a 56 ducati per cargo. *Ibid.*, p. 75. Se le 210 sporta acquistate dal sultano spuntarono 80 ducati - e l'anno successivo la cifra veniva indicata come usuale - e cioè l'equivalente di 45 ducati per cargo, non si trattava certo di un onere troppo gravoso se ripartito in tutta la colonia mercantile. Non sorprende che l'anno dopo il sultano volesse ricavare dal suo pepe 90 ducati, ma alla fine accettò un prezzo inferiore. Stando al rapporto del *Capitano* delle galere, il sultano spuntò soltanto 80 ducati, ma molte partite furono trattate a 86, 81 e 84. SANUDO, *Diarii* cit., vol. II, pp. 165 e 171; PRIULI, *Diarii* cit., vol. I, p. 109. Questo pepe, a un prezzo equivalente a 40-50 ducati per cargo, fu acquistato dall'ultima flotta che sarebbe giunta ad Alessandria per parecchio tempo a venire, poiché nel 1499 le galere grosse furono distaccate alla flotta da guerra. Di conseguenza nel luglio successivo, poté essere venduto a Venezia a 70 ducati per cargo, e a 90 ducati nel febbraio-agosto 1500. PRIULI, *Diarii* cit., vol. I, pp. 143, 159, 197, 197, 213, 238, 256-7, 263; vol. II, p. 24; SANUDO, *Diarii* cit., vol. III, p. 1101. Nel febbraio 1501 il pepe toccò quella che si considerava la vetta da primato di 130, ma poi ridiscese a 102 e 62. SANUDO, *Diarii* cit., vol. III, pp. 1445, 1480, 1576; PRIULI, *Diarii* cit., vol. II, pp. 73-74; 111, 117. Nel frattempo al Cairo il prezzo del pepe era deva da 75 a 60, equivalenti a 42-35 ducati per cargo, e fu acquistato da genovesi, catalani e ragusei. SANUDO, *Diarii* cit., vol. III, p. 476. I prezzi in Egitto aumentarono poi per le lotte intestine tra i mamelucchi per la successione, cosicché quando finalmente, all'inizio del 1501, le galere veneziane arrivarono ad Alessandria pagarono tra i 90 e i 102 ducati per sporta (da 50 a 58 per cargo). PRIULI, *Diarii* cit., vol. II, pp. 132, 153.

giori dal commercio delle spezie, ma questi stessi sforzi possono forse spiegare anche i prezzi inferiori comparsi durante la sua vita, e ricomparsi per decenni dopo la sua morte. Gli sforzi di Barsbay presero due direzioni. Da un lato tentò di organizzare, affidandolo ai suoi funzionari, un monopolio delle vendite agli occidentali, estromettendone i mercanti di Karimi. Quei famosi mercanti furono estromessi in modo selvaggio, ma il sultano non riuscí a conservare il monopolio delle vendite ai veneziani. Dall'altro lato Barsbay estese il suo potere su Jiddah (il porto della Mecca) e incoraggiò l'abbandono di Aden, estromettendo cosí i capitribú arabi che tassavano o disturbavano il trasporto delle spezie attraverso il Mar Rosso. Il merito maggiore di questa riduzione dei costi di protezione va forse a un capitano indiano a nome Ibrahim, che risulta essere stato il primo – nel tentativo di evitare i saccheggi inevitabili ad Aden – a condurre la sua nave direttamente da Calicut al porto di Jiddah. Si era nel 1424. Ben presto in quel porto si videro anche giunche cinesi [11]. Al capolinea orientale del commercio egiziano delle spezie i trasporti si erano organizzati in modo efficiente, paragonabile all'organizzazione veneziana dei trasporti al capolinea occidentale. Lo sviluppo di Tor, un porto vicino alla punta della penisola del Sinai, come base per le operazioni di ricarico, saldamente controllato dai mamelucchi e in grado di evitare la pericolosa navigazione nel golfo di Suez, insieme con l'adattamento delle spedizioni ai venti stagionali e all'alta marea del Nilo per il passaggio dal Cairo ad Alessandria, consentirono all'Egitto di approfittare appieno dei suoi vantaggi naturali. Ma i costi di protezione, i fattori politici, avevano importanza fondamentale. Inviando i suoi soldati a Jiddah e Tor, Barsbay organizzò in modo piú efficiente la protezione della rotta del Mar Rosso. Aumentò il volume dei tributi da lui riscossi in quanto sultano, e fu questo a colpire i commentatori. L'eliminazione dei governanti che in precedenza pretendevano tributi, o veri e propri diritti di saccheggio, si uní però ai bassi costi di trasporto delle spedizioni relativamente dirette, per lo piú via mare, da Calicut a Jiddah a Tor al Cairo a Alessandria a Venezia, nel rendere possibile una riduzione del costo del pepe a Venezia anche al momento in cui Barsbay prese a tassare il commercio in modo piú pesante che non i sultani precedenti. I dati sui prezzi veneziani indicano che le cose andarono proprio cosí.

[11] G. WIET, *Les marchands d'épices sous les sultans Mamlouks*, in «Cahiers d'histoire égyptiens», serie VII, maggio 1965, fasc. 2, pp. 97-99; W. J. FISCHEL, *The Spice Trade in Mamluk Egypt*, in «Journal of Economic and Social History of the Orient», I, aprile 1958, pp. 172-73; DARRAG, *L'Egypte* cit., pp. 195-237, 303-9.

Dopo la morte di Barsbay i prezzi diminuirono ulteriormente. In cambio di un accordo con i veneziani per l'acquisto di quantità stabilite a prezzi elevati, i suoi successori rinunciarono a tentare di imporre che il pepe si acquistasse soltanto per loro tramite. La quantità acquistata presso i sultani era tanto esigua da essere piú che compensata dai costi relativamente bassi della protezione sul Mar Rosso. A Venezia i prezzi del pepe precipitarono ad un livello insolitamente basso, a 40 o meno negli anni quaranta, e nella seconda metà del secolo superarono raramente i 55.

La comparsa dei portoghesi sul Mare d'Arabia, che interruppe il flusso da Calicut al Mar Rosso, ebbe come effetto l'aumento dei costi di protezione in una parte di quel commercio. In Egitto i prezzi aumentarono di conseguenza, e per quelle 210 sporte il sultano chiedeva piú di 80 ducati per sporta. Nel 1503 i veneziani accettarono, dopo una trattativa, di pagarne 105 [12]. Nel 1505 il sultano chiedeva 192 ducati [13]. A Venezia i prezzi avevano subito un aumento corrispondente, da 80 a 100 ducati per cargo nel 1502-504, equivalenti a 144-180 ducati per sporta [14]. Per qualche tempo anche i portoghesi si accontentarono di vendere a prezzi elevati, ma nel 1506 fissarono un prezzo equivalente a 52 ducati per cargo. Da allora il prezzo veneziano del pepe seguí i movimenti di quello di Lisbona; nel 1509 era anch'esso di 52 ducati per cargo. Il prezzo a 52 costituiva un ritorno al livello medio nel tardo Quattrocento, ma i portoghesi non ribassarono i prezzi al di sotto di quel livello. La serie di prezzi del pepe qui presentata, evidenziando i prezzi vigenti nel secolo precedente il viaggio di Da Gama, conferma la conclusione che nei decenni durante i quali i portoghesi conquistarono gran parte del commercio delle spezie lo fecero con metodi che invece di ribassare i prezzi tendevano ad aumentarli. Il re portoghese puntava tutto sull'interruzione del commercio tra l'India e il Mar Rosso. Pur non riuscendo ad arrestare del tutto quel commercio, la conquista di alcune delle fonti di offerta e la distruzione del naviglio arabo furono sufficienti, per molti decenni, ad aumentare i costi della protezione sulla rotta del Mar Rosso. Di conseguenza i portoghesi furono in grado di vendere a prezzi superiori rispetto a quelli offerti ai veneziani nel secolo XV, prima che Vasco Da Gama doppiasse il Capo. Scesi a 52, i prezzi ripresero a salire, tanto che nel 1527 i portoghesi spuntavano ad Anversa un prez-

---

[12] PRIULI, *Diarii* cit., vol. II, pp. 293 e 295.
[13] *Ibid.*, p. 374.
[14] *Ibid.*, pp. 185, 197, 221, 242-43, 255, 282, 335; SANUDO, *Diari* cit., vol. V, p. 59.

zo superiore del 66 per cento rispetto al 1509 [15]. La circumnavigazione portoghese dell'Africa non ridusse il prezzo delle spezie per gli europei; il suo effetto immediato fu piuttosto di aumentarne il costo.

[15] LANE, *National Wealth and Protection Costs*, in J. CLARKSON e T. C. COCHRAN (a cura di), *War as a Social Institution: The Historian's Perspective*, New York 1941, pp. 32-43; e in *Venice and History* cit., pp. 370-78. Sui prezzi elevati di altre spezie cfr. V. MAGALHAES-GODINHO, *Le repli vénitien et égyptien et la route du cap, Éventail de l'histoire vivante: Hommage a Lucien Febvre*, Paris 1935, vol. II, pp. 283-300. Sui prezzi del pepe nel socolo XVI in generale cfr. D. F. LACH, *Asia in the Making of Europe*, Chicago 1965, vol. I, libro I, pp. 143-47.

Il commercio delle spezie nel Mediterraneo:
la ripresa del secolo XVI

I portoghesi non ridussero il commercio levantino delle spezie a uno stato di insignificanza permanente. Anche se nei primi decenni del secolo XVI il flusso delle spezie attraverso le rotte tradizionali del Levante fu gravemente ridotto, col passare del tempo esso riuscí ad aprirsi una strada attraverso gli ostacoli posti dai portoghesi. Persino il pepe riprese a passare per il Mar Rosso in un volume approssimativamente analogo a quello degli anni in cui i portoghesi ancora non avevano aperto la loro nuova rotta per l'Inghilterra. Quest'ipotesi mi è stata suggerita dalle seguenti cifre[1] sulle esportazioni veneziane di pepe da Alessandria: media annuale, prima che si risentissero gli effetti dell'intervento portoghese, circa 1 150 000 libbre inglesi; media annuale nel periodo 1560-1564, 1 310 454 libbre inglesi.

La fonte delle cifre riferite al periodo compreso tra il 1560 e il 1564, e il loro carattere isolato, richiedono la presentazione di dati ulteriori che confermino l'ipotesi di una ripresa del commercio levantino delle spezie.

Il diario di viaggio di un giovane nobile veneziano, Alessandro Magno, offre un quadro del commercio in Egitto alla metà del secolo[2]. Il 4 aprile 1561 Alessandro salpò per Alessandria sulla *Crose*, una nave tonda di circa 540 tonnellate[3]. Questo tipo di nave aveva in larga misura soppiantate le galere di mercato, che nel secolo precedente avevano monopolizzato il trasporto dei generi di mercanzie piú preziosi[4].

---

[1] La fonte per la seconda cifra è un foglio isolato nell'archivio della famiglia Donà dalle Rose, Venezia, Museo Civico Correr, busta 217. Vi si sostiene che le cifre sono state copiate dai registri del consolato veneziano ad Alessandria.

[2] Washington (D.C.), Folger Shakespeare Library, Ms 1317. 1, pagine non numerate, terzo viaggio. Ringrazio Kent Roberts Greenfield per avermi indicato questo manoscritto, e J. Q. Adams, direttore della biblioteca, per avermi consentito di citarlo.

[3] La descrizione della nave nel diario di Magno concorda con l'elenco delle navi nell'Archivio Donà dalle Rose.

[4] Le galere messe all'incanto per il viaggio di Alessandria dopo il 1536 furono le seguenti: 2 nel 1549; 2 nel 1550; 2 nel 1554; 2 nel 1557; 3 nel 1563; 3 nel 1564, Venezia (ASV), Archivio di Stato, Senato, Terminazione Incanti Galere, reg. 2, lib. 4 e 5.

Rame e panni lana, voci tra le principali nelle liste di carico delle galere, figuravano in primo piano tra le merci trasportate dalla *Crose*[5]. In
proprio, Magno portava qualche stoffa di seta e duemila ducati.

Appena giunto ad Alessandria, il 2 maggio, presentò le sue lettere
di raccomandazione ai mercanti veneziani che vi risiedevano, e gli fu
assegnato un alloggio in una delle case, o fondaci, appartenenti alla colonia veneziana. Ad Alessandria i veneziani disponevano di due fondaci,
mentre le altre «nazioni», i genovesi, i ragusei e i francesi, meno numerosi, ne avevano uno ciascuna. I veneziani si erano insediati anche al
Cairo, dopo aver ottenuto, nel 1552, il permesso di commerciarvi[6]. Ben
presto il giovane Alessandro si trasferí in quella città, e vi passò buona
parte del suo tempo visitando i luoghi piú famosi e facendo una gita
alle piramidi. Ancora ad Alessandria aveva barattato alcune delle sue
sete con pepe, e sempre per l'acquisto di pepe aveva speso una parte
dei contanti. Prima di procedere ad altri acquisti intendeva attendere
l'arrivo di una carovana annunciata da Tor, capolinea sul Mar Rosso
delle navi che portavano merci dall'India. Dopo circa un mese di turi-
smo nei dintorni del Cairo, ritornò ad Alessandria, da dove scrisse a un
parente residente al Cairo di investire il resto dei suoi fondi in pepe
non appena fosse giunta da Tor la nuova mercanzia. I suoi piani furono
sconvolti dalla decisione del capitano della *Crose* di non attendere piú
oltre. Non appena si seppe che la nave era in partenza, tutti furono presi
dalla furia di comprare. Il pepe, che prima si vendeva a venti ducati per
cantaro, salí a ventidue, e non si trovava piú, e cosí per ogni altra cosa.
Allarmato per l'improvviso aumento dei prezzi, Alessandro revocò l'ordine di acquistare pepe al Cairo, investendo il resto del suo denaro in
chiodi di garofano e zenzero, acquistati ad Alessandria. La *Crose* levò
le ancore il 19 ottobre, prima dell'arrivo della carovana autunnale da

---

[5] Alessandro Magno fornisce le seguenti indicazioni sul carico completo della *Crose*: rami la-
voradi, balle 250; rami in verga, cassette 85; pani de lana, balle 129; pani de seda, cassette 21; carisee, balle 28; barette, casse 35; coralli, casse 23; ambre, casse 1; coralli e ambre, casse 12; sbiacche,
barili 100; jrios (iris fiorentina, una tintura?), caratelli 15; banda raspa (lastre di stagno limate), barili 22; Pater nostri de vedro, casse 7; Pater nostri e barette, casse 3; merce, cai 11; carta, balle 30;
assefetida, fagoti 2; tabini (un tipo di stoffa fine?), ligacetto 1; contadi (contanti), ducati – Alessan-
sandro indica anche il carico destinato a Zante, dicendo che il nolo totale pagato dagli speditori ammontava a 1800 ducati. Per confronti, si troveranno liste di carichi di galere in MARIN SANUDO,
Diarii, Venezia 1879-1903, vol. III, pp. 1187-88 (per il 1500); vol. IX, p. 536 (per il 1510); vol XII,
pp. 77-78 (per il 1511); e vol. XL, pp. 175-76 (per il 1525).

[6] [F.] WILKEN, *Über die venetianischen Consuln zu Alexandrien im 15ten und 16ten Jahrhun-
derte*, K. Akademie der Wissenschaft zu Berlin, Berlin 1832, p. 44. Alla metà del secolo XVI il fatto
di doversi limitare ad Alessandria costituiva un grave intoppo per i mercanti veneziani, in quanto
gli ebrei ed altri si erano inseriti tra gli egiziani al Cairo e i veneziani ad Alessandria. Questi intermediari non soltanto ricavavano un profitto da mediazione nel commercio dei grani e delle spezie,
ma riuscivano persino a caricare spezie ed altre merci proprie sulle navi veneziane. Per far fronte a
questa concorrenza i veneziani chiesero il diritto di esercitare il commercio al Cairo. ASV, Senato
Mar, reg. 32, ff. 35-36.

Tor[7], e tuttavia portava piú di 230 tonnellate di spezie, tra le quali poco piú di 181 in pepe[8]. Alessandro giunse a Venezia il 18 novembre, e ben presto riuscí a vendere a 97 ducati per *cargo* il pepe acquistato all'equivalente di poco piú di 56 ducati per cargo. Secondo i suoi calcoli il profitto fu di 266 ducati, 18 denari e 22 piccoli.

Anche la Siria, oltre all'Egitto, era stata nel secolo XV un centro dell'esportazione delle spezie verso Occidente, e anche la Siria partecipò alla ripresa degli anni di mezzo del secolo XVI. Anche qui i veneziani spostarono all'interno la loro colonia principale, trasferendo il consolato da Damasco ad Aleppo, piú vicino alla via per Bagdad e Bassora. Questa via dava accesso alle merci dell'India, di dove, secondo una relazione del 1553, «Vengono tutte le spezierie, che sono uno dei primi fondamenti del traffico delle nostre parti»[9]. Gli arrivi sia ad Aleppo che a Damasco delle carovane di spezie sono descritti nei dispacci dei consoli veneziani Giovanni Battista Basadona (1556-57) e Andrea Malipiero (1563-64)[10]. Dal 1560 al 1563, comunque, durante le ostilità turco-portoghesi, le carovane da Bassora furono assai ridotte, e mentre ad Alessandria il commercio veneziano prosperava, ad Aleppo languiva[11].

[7] Dati i monsoni, le merci indiane arrivavano in Egitto per lo piú in autunno. W. VON HEYD, *Histoire du commerce du Levant au moyen âge*, Leipzig 1885-86, vol. II, pp. 446-47, 500.

[8] Nel suo diario di viaggio Magno fornisce due liste di carico della nave, uno tratto dal registro del consolato veneziano, l'altro dalla nota di carico della nave stessa. Le partite piú voluminose di spezie venivano registrate sulla nota di carico in *colli*, che in totale ammontavano a 478, e cioè, a kg. 509 per collo, kg. 263 302. Altre partite sono indicate in *nichesse*, *fardi*, *casse* ecc., delle quali non conosco il peso. Oltre a spezie e droghe la nave portava qualche balla di cotone, di lino, tappeti, qualche pellame e 800 *ribebe* di fagioli larghi. Il seguente carico di spezie e droghe è indicato nei registri del consolato in *cantara* (presumibilmente cantara di pesi diversi, in quanto le unità di misura erano diverse per le diverse spezie), eccettuato l'indaco; piper (pepe), cantara, 4452; zenzeri buli (zenzero trattato o caramellato?), 266; belledi (zenzero della costa occidentale dell'India, 828; sorati (zenzero da Surat), 554; mordassi (zenzero piccante?), 96; mechini (zenzero della zona della Mecca), 45½; zedoaria, 35½; canelle, 32½; nose (noce moscata), 81; garoffoli affus de (chiodi di garofano), 26; spigo nardo, 61; macis, 32½; galanga, 18½; boraso pate (pani di borace), 4; zucari, 66; sandoli rossi, 24; nose condite pate (noce moscata candita in pani), 4; porcelette (portulaca), 4; assafetida, 2; aloe patico, 138; salarmoniago, 3½; turbiti, 7½; cocole (tintura di kermes), 72; mira, 50; incenso, 178; penacchi, 34; goma arabica, 97; endeghi... zurli (fagotti avvolti in pelle), 43; mirabolani, 50; tamarindi, 91; cassia, 47; curcuma, 20; piper longo salvadego, 23; siena, 100; zenzeri verdi. Per confronti, liste di carico di galere si trovano in *I Diarii di Girolamo Priuli, Rerum italicarum scriptores*, II ed., vol. XXIV, parte III, Città di Castello 1911, I, p. 73 (per il 1497) e in SANUDO, *Diarii* cit., vol. XIV, pp. 25-26 (per il 1512).

L'equivalenza 1 *collo* = kg 509 si basa su SANUDO, *Diarii* cit., vol. XVII, p. 1911, ed è probabilmente una media generale approssimata. Da alcune copie di fatture che indicano il peso individuale di 58 *colli* caricati ad Alessandria nel 1497 risulta che il peso variava dai 440 ai 555 kg. La media delle balle o *colli* era di kg 492 per *collo*. ASV, Miscellanea Gregolin, busta 10, Lettere commerciali, frammento di un copialettere di Michele da Lezze.

[9] E. ALBERI, *Relazioni degli ambasciatori veneti al Senato*, Firenze 1840, vol. III, p. 223, *Relazione anonima della guerra di Persia*. Cfr. anche la relazione di Marino Cavalli nel 1560 (*ibid.*, pp. 283-84), quella di Daniele Barbarigo nel 1564 (*ibid.*, vol. VI, pp. 3-10) e G. BERCHET, *Relazioni dei consoli veneti nella Siria*, Torino 1866, introduzione.

[10] ASV, Relazioni, Collegio Secreta, Consoli, busta 31. Ringrazio il Social Science Research Council che mi ha reso possibile, con una borsa di studio, la consultazione di queste e delle relazioni dei consoli veneziani citate piú avanti.

[11] *Ibid.*, lettera di Lorenzo Tiepolo, maggio 1563; Venezia, Museo Civico Correr, Cod. Cicogna,

Sul volume delle spezie che attraversavano il Levante alla metà del secolo xvi le fonti portoghesi possono dirci molto. L'ambasciata portoghese a Roma raccoglieva tutte le informazioni disponibili dal Levante, in modo da preavvertire il suo regale signore sui preparativi delle flotte da guerra turche nel Mar Rosso o nel Golfo Persico[12]. Nel 1559 Lourenço Pires de Távora fu nominato ambasciatore portoghese alla corte pontificia[13], e immediatamente si diede da fare per migliorare il servizio di informazioni portoghese in Levante. Si assicurò i servigi di due ebrei, Isaac Becudo e Matias Becudo, che godevano delle amicizie o dei contatti necessari a raccogliere informazioni e a spedire dispacci segreti al console portoghese a Venezia. Isaac si piazzò ad Aleppo, Matias al Cairo[14]; le loro lettere passavano da Venezia a Roma, e da Roma a Lisbona[15]. Quelle di Matias, quantomeno, non si limitavano a descrivere l'attività navale, ma anche il commercio delle spezie, ed erano informazioni che a Pires interessavano molto. Prima di giungere a Roma la sua carriera gli aveva dato occasione di conoscere da vicino quel commercio. Nel 1546 era stato in India come ammiraglio di una flotta per il trasporto di spezie[16]. Piú tardi, mentre era ambasciatore portoghese presso Carlo V, fu per suo consiglio che re Giovanni III chiuse l'agenzia regia per la vendita di spezie ad Anversa[17]. A Roma Pires integrava le informazioni ricevute dagli ebrei con rapporti di veneziani, ragusei e genovesi[18], e soprattutto con quelli di Antonio Pinto, un portoghese divenuto suo segretario. Pinto era stato al Cairo come prigioniero dei musulmani, e dopo la liberazione vi era ritornato per trattare il riscatto di altri prigionieri[19].

Dopo il ritorno di Pinto da questo viaggio, nel novembre 1560, Pires scriveva: «Da questo Antonio Pinto del Cairo, e anche da importanti persone di Venezia e Ragusa con le quali ho parlato, so che ogni anno giungono ad Alessandria 40 000 quintali (2034 tonnellate metriche) di spezie, in gran parte pepe». Pires descriveva poi nei dettagli le rotte seguite dalle spezie per arrivare dall'India, e concludeva: «se sono tante

---

busta 3154, relazione di Lorenzo Tiepolo, edita da s. DANIELE CANAL, *Per nozze Passi-Valier Tiepolo*, Venezia 1857, p. 40; ASV, Senato Mar, reg. 35, ff. 29 e 164.

[12] *Corpo diplomatico Portuguez*, edito dall'Academia real das sciencias de Lisboa, a cura di L. A. Rebello da Silva e altri, Lisboa 1862-1910, vol. III, pp. 396-97; vol. IV, pp. 14-15; vol. VII, pp. 35, 153, 201, 434; vol. VIII, pp. 115, 364.

[13] *Ibid.*, vol. VIII, p. 148.

[14] *Ibid.*, pp. 171-75, 396; vol. IX, pp. 13, 108, 489.

[15] *Ibid.*, vol. VIII, pp. 236, 250, 354; vol. IX, pp. 108, 251.

[16] F. DE ALMEIDA, *História de Portugal*, Coimbra 1922-29, vol. III, p. 435 nota.

[17] FR. LUIZ DE SOUSA, *Annaes de elrei Dom João Terceiro*, a cura di A. Herculano, Lisboa 1844, pp. 420-23.

[18] *Corpo dipl. Port.* cit., vol. IX, pp. 110, 134-35, 303.

[19] *Ibid.*, vol. VIII, pp. 154, 174, 295, 415; vol. IX, pp. 89-90, 109, 485.

quelle che arrivano nel dominio dei turchi, non deve sorprendere che ne giungano tanto poche a Lisbona» [20].

Tanto grave era, secondo Pires, la concorrenza delle rotte attraverso il Mar Rosso e il Golfo Persico, da fargli consigliare la stipulazione di un contratto, nel caso si giungesse alla pace coi turchi, per il trasporto delle spezie del re di Portogallo attraverso il Levante. Nel 1560 le possibilità della pace gli sembravano scarse, data l'«insolenza» dei turchi [21], ma ancora quattro anni dopo gli statisti veneziani consideravano con preoccupazione l'eventualità di un accordo su queste linee tra i portoghesi e il sultano [22].

Per parecchi anni dopo il 1560 ad Alessandria continuarono a giungere spezie in grande quantità. Nel 1561 in Egitto le spezie erano tanto abbondanti da far nascere a Venezia e Firenze la voce che il viceré portoghese in India si fosse ribellato, e spedisse le spezie ad Alessandria invece che a Lisbona. Non dando credito a questa voce infondata, Pires cercò qualche altra spiegazione per il «disordine nella guardia del pepe». Per quell'anno, almeno, sembrava che l'offerta di spezie levantina avrebbe dominato il mercato europeo, in quanto la flotta portoghese dell'India aveva perduto il periodo dei monsoni. I veneziani e i tedeschi facevano conto sulla scarsità di spezie a Lisbona, e a Venezia il prezzo lievitava. Tutta questa situazione, secondo Pires, dimostrava quanto danno veniva al re portoghese dalla concorrenza della rotta del Mar Rosso [23].

Poiché all'inizio della primavera 1562 Lourenço Pires lasciò l'ambasciata portoghese a Roma, cessano anche i suoi illuminanti rapporti [24]. La spia al Cairo, Matias Becudo, fu catturata, incarcerata e condannata a morte. Le amicizie e il denaro, comunque, lo fecero rilasciare, e poté inviare altri rapporti, quantomeno in merito alle spezie, al console portoghese a Venezia. Nell'ottobre 1564 Matias riferiva sulla cattura da parte della flotta portoghese di quattro mercantili musulmani nei pressi della Mecca, e tuttavia, in quella stessa lettera, stimava che in quell'anno sarebbero entrati nel Mar Rosso 30 000 quintali di pepe, mentre a suo dire le fonti veneziane calcolavano una disponibilità di 25 000 quintali (1270 tonnellate metriche) [25].

---

[20] *Ibid.*, vol. IX, pp. 110-11; a questo passo accenna ALMEIDA, *História* cit., vol. III, p. 562.
[21] *Corpo dipl. Port.* cit., vol. IX, pp. 134-36, 251-52.
[22] ALBERI, *Relazioni* cit., vol. VI, p. 6, relazione di Daniele Barbarigo.
[23] *Corpo dipl. Port.* cit., vol. IX, pp. 251, 261, 271, 277, 303-4.
[24] *Ibid.*, IX, 508.
[25] *Ibid.*, vol. IX, p. 472; vol. X, p. 186. Il fatto che la quantità che giungeva in Egitto fosse il doppio di quella che giungeva a Venezia è comprensibile tenendo conto dei consumi nei paesi levantini e delle importazioni di Ragusa ed altre concorrenti di Venezia.

Stando alle lettere del console veneziano al Cairo, anche nei due anni successivi arrivarono carichi cospicui. Nell'agosto 1565 scriveva di aver ricevuto dalla Mecca messaggi sull'arrivo a Jiddah delle seguenti navi cariche di spezie: una da Daibul, quattro da Gujarat, due da Surat, otto da Baticalà, tre da Calicut, due da Mordassi (?) e tre da Assi (un regno nell'isola di Sumatra). Si attendevano altre due navi da Assi. L'anno dopo, nel maggio 1566, riferiva sull'arrivo a Jiddah di cinque navi da Assi e tre da Baticalà, con 15 000 *boara*, circa 24 000 cantara di pepe (1025 tonnellate metriche). Anche se non fossero arrivate le altre navi attese da Gujarat, Calicut e altrove, scriveva, per quell'autunno era sicura un'eccellente offerta di spezie[26].

Queste cifre, fornite sia da fonti veneziane che portoghesi, indicano che intorno al 1560 l'importazione delle spezie da Alessandria all'Europa fu pari a quella del tardo secolo XV, o anche maggiore. Se ne può dedurre che i carichi diretti dall'Oceano Indiano al Mar Rosso erano piú o meno eguali alle importazioni portoghesi, e in taluni casi le superavano[27]. Evidentemente nel corso del secolo XVI il consumo europeo delle spezie, o quantomeno del pepe, aumentò in misura notevole[28].

I trasporti verso Occidente da Alessandria erano diretti soprattutto a Ragusa, a Messina e a Venezia. Da questi tre *scalas*, diceva Pires, le spezie giungevano in tutta Italia e in Germania[29]. Venezia occupava an-

[26] ASV, Dispacci, Consoli, busta 20. Presumo che il cantar cui fa riferimento il console fosse il *cantar forfori* alessandrino, circa 94 libbre.

[27] HEYD, *Histoire du commerce* cit., vol. II, p. 533, calcolava le importazioni portoghesi a 25 000-35 000 quintali, ma la quantità effettivamente pervenuta nel 1503-506 fu inferiore. LEONARDO DA CA' MASSER, *Relazione sopra il commercio dei portoghesi nell'India, 1497-1506*, in «Archivio storico italiano», II, 1845, app. 13 sgg. Dati sui carichi portoghesi negli anni successivi sono ad esempio: 1518, 48 097 cantara, SANUDO, *Diarii*, vol. XXV, pp. 594-95; 1519, 37 530 cantara, *ibid.*, vol. XXVII, p. 641; 1530, 18 164 cantara, *ibid.*, vol. LIV, p. 131; 1531, 20 586 cantara, *ibid.*, vol. LV, p. 63. Anche il tenore delle osservazioni di Pires fa pensare a una caduta delle importazioni portoghesi alla metà del secolo. Le stime sul volume annuo delle importazioni portoghesi variano da 40 000 quintali di solo pepe a 20 000 quintali di pepe e 10 000 di altre spezie. BAL KRISHNA, *Commercial Relations Beetween India and England*, London 1924, pp. 45-46. Quella che dovrebbe essere la fonte di Bal Krishna per la cifra massima – *The Voyage of John Huyghen van Linschoten to the East Indies*, London 1885, vol. II, pp. 220-22 – non ritengo giustifichi questa cifra, ma piuttosto vada a confermare altre indicazioni secondo le quali i portoghesi speravano di caricare ogni anno in India 30 000 quintali di pepe. L'obiettivo di 30 000 quintali di pepe è fornito da C. DE LANNOY e H. VANDER LINDEN, *Histoire de l'expansion coloniale des peuples européens: Portugal et Espagne*, Bruxelles 1907, vol. I, p. 199 e M. A. HEDWIG FITZLER, *Der Anteil der Deutschen and der Kolonialpolitik Philipps II. von Spanien in Asien*, in «Vierteljanrschrift für Sozial- und Wirtschaftsgeschichte», XXVIII, 1935, p. 249.
È evidente che il cantaro usato nei passi sucitati è il quintale portoghese, equivalente a circa 112 libbre inglesi. Presumo che anche il quintale usato nei rapporti portoghesi alla corte di Portogallo fosse il quintale e non il cantar forfori alessandrino, equivalente a 94 libbre quello di cui si parla nelle opere citate in questa nota.

[28] È inevitabile che le cifre contengano un certo elemento di congettura, soprattutto perché in nessun periodo del secolo le cifre sulle importazioni attraverso la Siria possono dirsi soddisfacenti. La mia ipotesi è: importazioni annuali di pepe in Europa occidentale intorno al 1500, da 1½ a 2 milioni di libbre; intorno al 1560, più di 3 milioni di libbre.

[29] *Corpo dipl. port.* cit., vol. IX, p. 111.

cora il primo posto nel commercio col Levante, come risulta sia dai suoi rapporti che da quelli portoghesi, e il commercio veneziano con la Germania era «in piena fioritura» [30]. Qualche mercante tedesco, comunque, aveva cominciato a trattare affari attraverso Ragusa, poiché la guerra turco-veneziana (1537-40) aveva consentito ai ragusei di allargare la loro presenza nel commercio col Levante [31]. A Venezia si impediva ai tedeschi di acquistare direttamente in Oriente. Commerciando attraverso Ragusa, essi avrebbero potuto inviare in Levante agenti propri.

Che i clienti tedeschi del Portogallo si rivolgessero ora al mercato delle spezie di Alessandria sembrava a Pires un aspetto particolarmente allarmante della situazione, che cosí descriveva nel 1560: «L'anno passato i Fugger di Augusta inviarono un loro fattore ad Alessandria per acquistare pepe e sperimentare quella rotta. Cominciando con soli 10 000 crusados ne acquistò un quantitativo, che fu caricato su navi di Ragusa, e di lí su barche lunghe fino a un luogo dell'imperatore chiamato Fiume. È ritornato in settembre con una somma maggiore, e dovrebbe fare buoni acquisti su questa rotta, e sarà male che un acquirente o offerente siffatto manchi ai contratti e gli acquisti in Portogallo, ma poiché questi affari dei Fugger vanno a scapito delle esportazioni veneziane, e passano per una rotta sul loro mare, confido che faranno in modo di fermarli» [32].

Che le grandi case mercantili tedesche utilizzassero Ragusa come stazione di scalo può spiegare anche il fatto che la ditta Ulstetter avesse installati nuovi agenti al Cairo e ad Alessandria [33].

Sebbene Pires non accenni ai mercanti francesi, anche Marsiglia importava spezie da Alessandria. All'alleanza diplomatica tra Francia e Turchia si aggiunsero nel 1535 trattati commerciali che fornivano ai francesi una base legale sulla quale fondare la loro concorrenza ai veneziani nell'Impero ottomano [34]. I mercanti di Marsiglia la cui società ottenne i diritti alla pesca dei coralli al largo di Tunisi furono costretti a entrare nel commercio levantino perché gran parte del corallo doveva

[30] J. FALKE, Oberdeutschlands Handelsbeziehungen zu Südeuropa im Anfang des 16 Jahrhunderts, in «Zeitschrift für deutsche Kulturgeschichte», IV, 1859, pp. 610, 615, 625; H. SIMONSFELD, Der Fondaco dei Tedeschi in Venedig und die deutsch-venetianischen Handelsbeziehungen, Stuttgart 1887, vol. II, pp. 123-25.
[31] ASV, Senato Mar, reg. 24, ff. 80 e 149; reg. 25, f. 55.
[32] Corpo dipl. port. cit., vol. IX, pp. 111-12.
[33] FALKE, Oberdeutschlands Handelsbeziehungen cit., p. 611. Date le limitazioni imposte dai veneziani al commercio dei residenti tedeschi a Venezia, André-F. Sayous mette in dubbio l'affermazione di Falke nel suo Le commerce de Melchior Manlich et Cie d'Augsburg à Marseille et dans toute la Méditerranée entre 1571 et 1574, in «Revue historique», CLXXVI (1935), p. 396, ma l'esistenza di una rotta alternativa a Venezia via Fiume e Ragusa la rende del tutto credibile.
[34] P. MASSON, Histoire du commerce français dans le Levant au XVIIe siècle, Paris 1896, pp. XII-XIV.

essere commercializzato ad Alessandria. Dalle carte della *Compagnie du corail* risulta che nel 1565 le sue navi giunsero ad Alessandria cariche di spezie, e che queste spezie levantine furono inviate a Lione, Parigi e persino a Rouen. A Tolosa facevano concorrenza alle spezie acquistate a Lisbona attraverso Bordeaux[35].

Per quale motivo tante spezie giungevano in Europa attraverso il Levante nonostante i portoghesi controllassero la rotta intorno all'Africa? Anche se non è possibile, nei limiti di questa nota, rispondere in modo esauriente e documentato a questa domanda, si può comunque formulare un'ipotesi. La politica dei portoghesi era dominata dal desiderio di prezzi alti, e il loro portoghese dipendeva dall'interruzione del commercio sul Mar Rosso. I prezzi richiesti dai portoghesi a Lisbona o Anversa erano tanto alti che il commercio levantino delle spezie poteva essere ripreso ogniqualvolta era possibile superare l'interferenza portoghese. Per qualche decennio dopo il 1500 i portoghesi posero gravi ostacoli al commercio del Mar Rosso, facendo sí che i prezzi delle spezie ad Alessandria superassero il livello quattrocentesco. Col passare del tempo, però, i funzionari portoghesi in India divennero tanto inefficienti, o si lasciarono corrompere con tale facilità, da non porre piú quei costosi ostacoli sulla via del commercio attraverso il Mar Rosso e il Golfo Persico. Secondo un console veneziano le spezie che giungevano al Cairo «vengono lassate passar da Portughesi soldati, che governano l'Indie, nel Mar Rosso, per sue utilità contro li commandamenti del suo Re, per potersi solum sustentar in quelle parti vendendo canelle, garofoli, nose Macis, zenzari et peveri et altre droghe»[36].

Gli anni compresi tra il 1560 e il 1566, per i quali si è fornita la documentazione piú dettagliata, furono forse l'apice della ripresa, ma già nel 1540 le spezie levantine influivano sui prezzi ad Anversa[37]. Alessandria ed Aleppo rimasero fonti per la spedizione di spezie in Europa fino alla fine del secolo. Filippo II di Spagna, divenuto re del Portogallo, tentò con nuova energia di interrompere la rotta del Mar Rosso[38], ma quando in India giunsero le navi olandesi il Levante riceveva ancora

---

[35] *Id.*, *Compagnies du corail*, Paris 1908, pp. 123-25. Cfr. anche ID., *Histoire du commerce* cit., pp. XV-XVI; e SAYOUS, *Le commerce de Melchior Manlich et Cie* cit., p. 406.

[36] Venezia, Museo Civico Correr, Cod. Cicogna, busta 3154, relazione di Lorenzo Tiepolo nel 1556 (in Canal). Cfr. la relazione di Antonio Tiepolo nel 1572 (ALBERI, *Relazioni* cit., vol. XIII, p. 204) secondo la quale la «corruzione dei funzionari portoghesi in India permetteva ad Alessandria di partecipare al commercio delle spezie.

[37] F. E. DE ROOVER, *The Market for Spices in Antwerp, 1538-1544*: in «Revue belge de philologie et d'histoire», XVII, 1938, pp. 215-18. Le importazioni di Venezia da Alessandria ebbero un enorme aumento, partendo da un livello basso, tra il 1550 e il 1554. Venezia, Museo Civico Correr, Cod. Cicogna, busta 3154, relazione di Daniele Barbarigo.

[38] FITZLER, *Der Anteil* cit., pp. 248 e sgg.; *Fugger News Letters*, serie II, a cura di V. Von Klarwill, London 1926, pp. 109, 111; ALBERI, *Relazioni* cit., vol. IX, p. 309 e vol. XIII, p. 396.

carichi di spezie[39]. L'arrivo degli olandesi nell'Oceano Indiano fu considerato una catastrofe anche dai veneziani, oltre che dai portoghesi[40]. Di nuovo i consoli veneziani in Levante, come i loro colleghi cento anni prima, lamentavano il declino delle carovane che un tempo arrivavano dall'India cariche di spezie[41].

I documenti che abbiamo presentato indicano che le città mediterranee ebbero un ruolo di primo piano nel commercio delle spezie in determinati anni del tardo Cinquecento. In quale misura la cosa influí sulla loro complessiva importanza di centri commerciali è un altro problema, che non può essere risolto senza tener conto di un gran numero di altri fattori. È possibile che per darvi una risposta si dovrà giungere alla conclusione che le spezie furono un elemento relativamente secondario nel passaggio del centro commerciale d'Europa dal Mediterraneo al Mare del Nord. Le spettacolari vicissitudini del commercio delle spezie hanno attratto l'attenzione in misura tale da far pensare che esista veramente il rischio di averne sopravvalutata l'importanza.

---

[39] BERCHET, *Relazioni* cit., pp. 80 e 102-3.

[40] *Fugger News Letters* cit., New York 1924, n. 201; «col tempo il regno di Portogallo *e i veneziani ne sentiranno gran danno*» (il corsivo è mio).

[41] Dice la relazione del 1625 di Antonio Cappello: «Questi [cioè i veneziani in Egitto] da certo tempo in quà sono diminuiti et semati assai di numero et di conditione per il mancamento delle specie dell'Indie, che per la nuova navigazione ritrovata dai fiamenghi hanno preso altro corso ne capitano piú nel Cairo o in poca quantità; in particolar il garofalo veniva tutto da quelle parti et hora non se ne vede, et bisogna a chi ne vuole farlo venire di qua». Museo Civico Correr, Ms, P.D., 306, c. II e Ms Wcovich-Lazzari, busta 20. La relazione di Girolamo Foscarini, 1628, dice: «Diverse sono le cause, per le quali, da molti anni in qua, il negotio di tutto il Levante e quello d'Alessandria in particolare è grandemente decaduto. La prima, senza dubbio fu la navigation ritrovata da Fiamenghi». ASV, Relazioni, Collegio Secreta, consoli, busta 31. Relazioni precedenti, del 1597, 1602, e 1615 nella medesima busta non fanno cenno agli olandesi. Per relazioni dalla Siria cfr. BERCHET, *Relazioni* cit.

Investimento e usura

È chiaro come il recente predominio economico dell'Occidente sia direttamente riconducibile alla posizione di prestigio occupata dagli uomini d'affari nella civiltà occidentale dell'Ottocento, e come la priorità dell'Occidente nel campo dello sviluppo economico affondi le sue radici nella funzione da essi svolta in precedenza. Tale funzione dipese in larghissima misura dal controllo che essi seppero esercitare sul credito, e cioè dalla capacità degli uomini d'affari di investire nel commercio e nell'industria in misura maggiore di quanto consentito dai rispettivi fondi personali. Come tanti altri aspetti fondamentali della civiltà occidentale, la pratica di condurre gli affari con denaro preso a prestito si affermò durante il medioevo. Proprio nell'epoca in cui la Chiesa cristiana godeva del suo massimo potere in quanto istituzione, e canonisti, teologi e papi condannavano l'interesse come usura, le organizzazioni atte a condurre gli affari con il denaro altrui divenivano uno degli elementi portanti della vita economica in Occidente.

A questo, che a prima vista sembrerebbe un paradosso, si potrà ovviare in parte, ma soltanto in parte, offrendo una spiegazione di due termini piuttosto ambigui: «prestito» e «usura». Chi si propone di produrre merci o servizi per trarne profitto, e non dispone di denaro proprio in misura sufficiente, può ricorrere a una serie di meccanismi legali per indurre altri a concedergli l'accesso ai loro fondi. Lasciando da parte i tecnicismi legali, ho definito la sua attività «prestito». Non si può dire però, in termini legali, che i dirigenti di una moderna società alla ricerca di denaro per realizzare il loro progetto, e che lo ottengono vendendo azioni, chiedano un prestito. Anche un uomo d'affari del secolo XIII che cercasse di accedere ai fondi altrui poteva farlo in diversi modi. Stabilire se il rapporto creato sulla base di un contratto particolare fosse un prestito o costituisse una società poteva rivelarsi un problema legale e morale di difficile soluzione. Se si trattava di quello che i contemporanei avrebbero definito un prestito, un *mutuum*, e se su di esso si pagava un interesse – nella nostra accezione del termine «interesse» – agli occhi della Chiesa la cosa costituiva, in linea di principio, un peccato; si trattava di usura anche se il tasso di interesse era estremamente modesto. Esistevano però contratti moralmente accettabili, forse perché andavano sotto il nome di società, che permettevano all'uomo d'affari di mobilitare a suo piacimento risorse appartenenti ad altri. In questi casi userò il termine «investimento», per evitare i problemi legali posti sia da «prestito» che da «società».

Tra le città dell'Europa medievale, Venezia fu la prima a giungere al capitalismo, nel senso che la sua classe dirigente si guadagnava da vivere impiegando la ricchezza sotto forma di capitale commerciale – denaro contante, navi e merci – e utilizzava il suo controllo del governo per aumentare i profitti[1]. In che modo l'investimento commerciale si sviluppò a Venezia? In che modo influí su di esso la condanna dell'usura? Prenderò in esame innanzitutto i tipi di contratto cui ricorreva l'investimento commerciale e il modo in cui essi cambiarono, poi i motivi di tali cambiamenti.

Dai documenti commerciali piú antichi risulta che a Venezia si utilizzavano sia i prestiti ordinari su garanzia, condannati in quanto usura dai padri della Chiesa, sia le società di fatto[2], una forma di contratto che non fu mai condannata. Che le società fossero lecite era dato per scontato; tali le riteneva papa Innocenzo III quando, intorno al 1200, consigliò di affidare una dote a qualche mercante perché il marito potesse meglio sostenere l'onere del matrimonio con gli onesti guadagni che ne avrebbe tratto[3]. La società a pieno titolo, però, aveva lo svantaggio di attribuire all'investitore responsabilità teoricamente illimitate, dalle quali era assai difficile prevedere la portata pratica. Né il prestito ordinario, né la società ordinaria furono tanto diffusi nella Venezia del secolo XII quanto una terza forma di contratto prevista dal diritto romano: il prestito marittimo. Questo si distingueva dal prestito ordinario in quanto il prestatore si assumeva i rischi di naufragio

[1] Questa ragionevolissima definizione è di O. G. COX, The Foundations of Capitalism, New York 1959, capp. I-IV.

[2] Documenti del commercio veneziano nei secoli XI-XIII, a cura di R. Morozzo della Rocca e A. Lombardo, 2 voll. (Documenti e studi per la storia del commercio e del diritto commerciale italiano pubblicati sotto la direzione di Federico Patetta e di Mario Chiaudano, XIX e XX, Torino 1940), d'ora in avanti Documenti, docc. 14 e 16; G. LUZZATTO, Studi di storia economica veneziana, Padova 1954, p. 106; e ID., Storia economica di Venezia dall'XI al XVI secolo, Venezia 1961, pp. 81-89.

[3] GABRIEL LE BRAS, voce «Usure», in Dictionnaire de théologie catholique, p. 2361. Cfr. anche J. T. NOONAN JR, The Scholastic Analysis of Usury, Cambridge (Mass.) 1957, p. 137; e W. ENDERMAN, Studien in der romanisch-kanonistischen Wirtschafts- und Rechtslehre, Berlin 1874-83, vol. I, pp. 334-36. Sugli insegnamenti medievali in materia d'economia in genere cfr. R. DE ROOVER, The Scholastic Attitude Towards Trade and Entrepreneurship, in «Explorations in Entrepreneurial History», I, serie II, 1963, pp. 76-87 e G. LE BRAS, Concezioni economiche e sociali, in Storia economica Cambridge, vol. III: La città e la politica economica nel Medioevo, Torino 1977, con bibliografia.

o di attacchi pirati, e dunque aveva diritto a un tasso di profitto piú elevato.

Un'altra forma di credito, sconosciuta ai giuristi romani ma in uso sin dal secolo X, fu quella che i veneziani definivano la *colleganza*. Si trattava di una sorta di prestito, o ente, marittimo che prevedeva la spartizione dei profitti, e condivideva alcuni aspetti con la società. Delle due parti contraenti una, il *tractans* o *procertans*, si impegnava a viaggiare e commerciare con i fondi oggetto del contratto. Lo si potrebbe definire il mercante attivo, o viaggiante. Quanto all'altro, che viene spesso definito *stans*, ritengo sia in genere piú opportuno chiamarlo investitore, poiché il fatto che si muovesse o rimanesse fermo non era elemento essenziale del contratto. L'essenziale erano i fondi, per i quali accettava il rischio di perdita nel caso di naufragio o di attacchi pirati, e sui quali riceveva un interesse proporzionato ai profitti di scambi condotti da qualcun altro. Laddove vi fossero profitti, egli ne avrebbe ricevuti i tre quarti, mentre il rimanente spettava al mercante viaggiatore.

Erano questi gli aspetti fondamentali di quella che a Venezia e Ragusa si chiamava colleganza e altrove, come a Genova, *commenda*[4]. In gran parte degli studi piú generali si preferisce il termine commenda, ma poiché parleremo esclusivamente di Venezia mi è sembrato opportuno attenersi al termine veneziano, colleganza. Si può supporre che la colleganza fosse un'evoluzione del prestito marittimo, quando gli investitori accettarono di ricevere una percentuale sul profitto invece di richiedere una somma fissa, o una percentuale prestabilita sul prestito. Gli altri aspetti caratterizzanti della colleganza ne conseguirono per necessità logica: una volta infatti che il guadagno dell'investitore dipendesse dall'entità del profitto, egli aveva tutto l'interesse a esigere la contabilità di tutte le spese e le rimesse pertinenti. La legge veneziana prescriveva il rendiconto entro trenta giorni dal ritorno a Venezia, e stabiliva in quale misura il mercante viaggiatore potesse contare le proprie spese personali, oltre a quelle di viaggio, tra i costi deducibili dagli utili dell'investimento[5].

Nei primissimi contratti di colleganza, il mercante viaggiatore forniva un terzo dei fondi da commerciare, l'investitore due terzi. I profitti

---

[4] La *commenda* o *colleganza*, e le relative diversità, sono descritte e spiegate in R. S. LOPEZ e I. W. RAYMOND, *Medieval Trade in the Mediterranean World*, Records of Civilization, Sources and Studies, LII, New York 1955; G. BONOLIS, *Diritto marittimo medievale dell'Adriatico*, Pisa 1921, descrive la colleganza non soltanto a Venezia, ma anche in altre località dell'Adriatico.

[5] *Gli Statuti Marittimi veneziani fino al 1255*, a cura di R. Predelli e A. Sacerdoti, Venezia 1903, *Statuti di Zeno, cap.* CXII; cfr. anche «Archivio veneto», 1903. F. E. DE ROOVIR, *Partnership Accounts in Twelfth-Century Genoa*, in «Bulletin of the Business Historical Society», XV, 1941, p. 92, descrive l'unico esempio conosciuto di questo tipo di contabilità: «Una volta determinati gli utili aggregati dell'impresa, si deducevano le spese del socio viaggiante».

venivano poi divisi in parti uguali. Si trattava della colleganza bilaterale, o *societas maris*. L'investitore vi veniva a ricevere esattamente lo
stesso utile che avrebbe conseguito se il contratto gli avesse riservato i
tre quarti del profitto dei suoi due terzi (in quanto ¾ per ⅔ dà %₁₂). Nella
colleganza bilaterale la ripartizione dei profitti era dunque esattamente
identica a quella unilaterale. Nella forma bilaterale il mercante viaggiatore accettava di amministrare in modo unitario un fondo cui egli
aveva contribuito per un terzo, e di renderne conto come unità. Doveva
impegnare parte dei propri fondi negli stessi acquisti o rischi, iscriven-
do le spese nella contabilità comune.

Dai contratti che ci sono rimasti risulta che già agli inizi del secolo XIII la colleganza unilaterale spodestò quasi totalmente sia il prestito
marittimo che la colleganza bilaterale[6]. La legislazione veneziana indica
chiaramente che la colleganza unilaterale era divenuta la forma di contratto piú usuale per i mercanti che cercassero fondi da portare oltremare. Di conseguenza fu questa la forma cui ricorreva piú spesso chi
disponeva di denaro da investire. Si può dire anzi che, poiché a Venezia
la possibilità di investimento fondiario era assai limitata, le colleganze
e i prestiti governativi erano in pratica l'unico mezzo attraverso cui le
vedove, o le fondazioni pie, o i ricchi mercanti ritiratisi dall'attività,
potevano ottenere un reddito dai loro fondi, gli equivalenti veneziani
dei titoli di Stato poi – cioè prestiti forzosi che il mutuante poteva mettere in vendita – non furono disponibili in quantità adeguate sino agli
ultimissimi anni del secolo[7].

L'entità del credito commerciale impiegato nelle colleganze divenne
tanto cospicua da preoccupare i Consigli che governavano Venezia. Nel
1324 si proibiva a chicchessia di inviare o portare oltremare in colleganza una somma maggiore alla stima del suo patrimonio imponibile, in
base alla quale il governo esigeva i prestiti forzosi. Data la periodica
imposizione di questi limiti, le colleganze perdettero gradualmente la
loro importanza nel finanziamento del commercio con il Levante. Si ricorse invece agli agenti commissionari. Non era piú pratica comune che
i mercanti partissero e ritornassero con la stessa flotta: il mercante

---

[6] Oltre ai *Documenti* citati a p. 206, nota 2, contratti commerciali si trovano in: *Nuovi documenti del commercio veneto dei secoli XI-XIII*, a cura di A. Lombardo e R. Morozzo della Rocca,
in *Monumenti storici*, vol. VII, Deputazione di storia patria per la Venezia, Venezia 1953: *Documenti della colonia veneziana di Creta. I: Imbreviature di Pietro Scardon*, a cura di A. Lombardo,
Documenti e studi per la storia del commercio cit., XXI, Torino 1942; *Famiglia Zusto*, a cura di
Lanfranchi, Fonti per la storia di Venezia, sez. IV, Archivi privati, Venezia 1955.
   Nel vol. II dei *Documenti* citati piú sopra, per il periodo 1204-61, e nei *Nuovi documenti* si
trovano centinaia di colleganze, ma soltanto diciannove contratti, contando tra questi anche i casi
incerti, possono essere considerati prestiti marittimi.
   [7] LUZZATTO, *Storia economica* cit., pp. 84-90, 108-9.

commissionario risiedeva in un porto oltremare per parecchi anni. Riceveva partite di merci o denaro, vendeva e acquistava secondo le istruzioni, e tratteneva come compenso per i servizi resi una piccola percentuale sul valore totale del giro d'affari. Attraverso le società in nome collettivo si costituivano associazioni di capitali piú grandi e di carattere permanente[8].

Spodestata dalla sua grande funzione nel commercio internazionale, la colleganza sopravvisse in tre forme. Per viaggi di commercio verso territori poco conosciuti, come quello di Alberto Loredan a Delhi, India, nel 1338, essa fu utilizzata nella sua forma piú antica[9]. A Chioggia fu lievemente modificata per tener conto del fatto che il mercante attivo era anche il proprietario del vascello usato per gli scambi, intrattenuti probabilmente con mercati vicini[10]. La maggior parte dei contratti di colleganza nel secolo XIV, comunque, consisteva in prestiti a bottegai e artigiani, o a banche, che ne facevano uso – come si diceva allora – «in Rialto». Questa forma, detta di colleganza locale, non prevedeva rischi marittimi. Il mutuante si assumeva spesso i rischi di furto o incendio, e non indicava con precisione gli utili. Nella pratica i prestiti venivano generalmente rinnovati a tassi prestabiliti: l'8 per cento nel 1330, o il 5 per cento dopo il 1340[11].

Ma che rapporto ha tutto questo, quest'evoluzione dal prestito marittimo alla colleganza bilaterale, e poi a un uso tanto diffuso della colleganza unilaterale da scalzare persino il prestito marittimo, e poi ancora al ricorso agli agenti commissionari nel commercio internazionale, e all'interno di Venezia a un tipo di colleganza che forniva capitali al commercio e alle banche locali, che rapporto ha, dicevamo, con gli insegnamenti sull'usura? Molto meno di quanto in genere si presuma. È altrettanto giustificato interpretare quei cambiamenti come adattamento dei costumi commerciali alle diverse necessità economiche. C'è stata la tendenza ad attribuire alle leggi sull'usura qualunque cosa si discostas-

---

[8] R. CESSI, L'«Officium de Navigantibus» e i sistemi della politica commerciale veneziana nel secolo XIV, in «Nuovo archivio veneto», n. s., XXXII, 1916; ristampato in ID., Politica ed economia di Venezia nel Trecento, Roma 1952, pp. 23-61. Cfr. anche LUZZATTO, Studi cit., pp. 73-78 e ID., Storia economica cit., pp. 90-93, 123-24. Sulla pratica in periodi successivi cfr. Andrea Barbarigo, pp. 82-85.

[9] R. S. LOPEZ, Venezia e le grandi linee dell'espansione commerciale nel secolo XIII, in La civiltà veneziana del secolo di Marco Polo, Venezia 1955, pp. 55, 63 sgg., dove cita anche i suoi altri studi sugli stessi documenti.

[10] R. CESSI, Note per la storia delle società di commercio nel Medioevo in Italia, Roma 1917 (estratto da «Rivista italiana per le scienze giuridiche», marzo 1917, pp. 48-49, dove cita gli «atti del notaio Susinello Marin», 1348-54).

[11] A. ARCANGELI, La commenda a Venezia specialmente nel secolo XIV, in «Rivista italiana per le scienze giuridiche», XXXIII, 1902, pp. 107-64; LUZZATTO, Studi cit., pp. 74-78, 98-99 e ID., Storia economica cit., pp. 88-90, 104-5.

se da quanto ci sembra naturale alla luce della pratica moderna [12], anche laddove la loro corrispondenza alle condizioni economiche dall'epoca sostituisce di per sé una spiegazione soddisfacente delle forme utilizzate [13].

Una spiegazione ragionevole dei cambiamenti avvenuti nelle forme d'investimento si riscontra innanzitutto nella maggiore offerta di fondi alla ricerca di investimento commerciale. L'idea che il flusso di capitali nel commercio con il Levante fosse ritenuto eccessivo dai contemporanei è documentata soprattutto agli inizi del secolo XIV, ma se si considera il generale incremento della ricchezza delle città italiane, e di Venezia in particolare, sembra ragionevole supporre che uno stesso fattore – i fondi accumulatisi nelle mani delle fondazioni pie e delle vecchie famiglie – operò per tutto l'arco dei secoli, compresi tra il 1000 e il 1300. Il fatto che nel secolo XII il tasso di interesse ufficiale fosse del 20 per cento, per passare poi al 5 per cento nel XIII, è di per sé un'indicazione di questo cambiamento [14].

Consideriamo innanzitutto il passaggio dal prestito marittimo alla colleganza. A un impegno per una quota fissa si sostituiva l'impegno a spartire i profitti. In questo senso fu un po' come emettere azioni ordinarie per finanziare un'espansione delle attività, invece di vendere obbligazioni. Sugli investitori ricadeva una parte maggiore dei rischi.

Il fatto che le prime colleganze fossero bilaterali può essere considerato come una concessione agli investitori, necessaria in un momento in cui l'offerta di capitali era ancora relativamente esigua. Per convincere gli investitori ad assumersi una parte dei rischi commerciali, per qualche tempo i mercanti attivi dovettero impegnare una parte del proprio capitale in quelle stesse iniziative. Nel secolo XIII la brama di investire era tale che la cosa non fu più necessaria.

Quando poi a Venezia le pratiche commerciali divennero oggetto di legislazione, il prestito marittimo e la *collegantia* bilaterale furono trascurati in quanto obsoleti. Alla collegantia unilaterale ricorrevano uomini e donne di ogni mestiere e condizione, ansiosi di partecipare al com-

---

[12] Lo studio fondamentale di Endermann (cit. in nota 3) si inserisce in questa tendenza, perché Endermann aveva scelto come tema l'influenza del diritto canonico su quello romano. Secondo F. SALVIOLI, *La dottrina dell'usura secondo i canonisti e i civilisti italiani dei secoli XIII e XIV*, in *Studi giuridici in onore di Carlo Fadda*, 1906, vol. II, Endermann ha esagerato la misura in cui i civilisti accettavano il diritto canonico. Tutti gli studi che si concentrano sulla «dottrina dell'usura» e poi accennano di passaggio alle forme dei contratti commerciali, dànno comunque l'impressione che fosse la dottrina il fattore causale, anche quando non ne hanno l'intenzione. Cfr. ad esempio, NOONAN, *The Scholastic Analysis of Usury* cit., pp. 136-53.

[13] A queste spiegazioni ricorre, nel modo migliore, l'ampia panoramica di M. M. POSTAN, *Credit in Medieval Trade*, in «Economic History Review», I, 1928, pp. 246 e 249.

[14] Anche se, naturalmente, è possibile che questi tipi di prestiti non corrispondessero in modo esatto, LUZZATTO, *Studi* cit., pp. 73-79, 98.

mercio marittimo. Una vastissima partecipazione popolare al commercio oltremare si verificò agli inizi del secolo XIII anche a Genova, dove può essere dimostrata in modo ancora piú puntuale; qui la prevalenza dei contratti di commenda unilaterali crebbe dal 22 per cento di tutti i contratti alla metà del secolo XII al 91 per cento agli inizi del XIII [15]. Dato il gran numero e la relativa uniformità degli investitori ansiosi di collocare fondi, un mercante attivo poteva approfittare della situazione, gonfiare le spese, farle ricadere in misura maggiore su di un investitore piuttosto che su un altro, consegnare ad altri agenti fondi o merci che stando al contratto avrebbe dovuto gestire in persona, e ritardare il rendiconto, anche dopo il ritorno a Venezia. I legislatori veneziani si impegnarono a impedire tali pratiche, e cioè, in parole povere, a proteggere gli investitori la cui forza contrattuale non era piú sufficiente a permettere loro di proteggersi da sé [16].

Il continuo aumento dei fondi alla ricerca di investimento contribuí anche al passo successivo, il ricorso agli agenti commissionari in luogo delle colleganze nel commercio oltremare. Furono molti i cambiamenti della tecnica commerciale che portarono a questa trasformazione – viaggi piú veloci e regolari, polizze di carico, contabilità piú accurata, ecc. – ma Luzzatto e Cessi, che hanno studiato nei dettagli l'obsolescenza della colleganza marittima, attribuiscono grande importanza, nel caso di Venezia almeno, all'allarme suscitato dal volume dei capitali investiti in Levante [17].

Sebbene a mio avviso il passaggio da una forma di contratto all'altra non sia da attribuirsi alla proibizione ecclesiastica dell'usura, la dottrina religiosa può forse spiegare per quale motivo le colleganze locali non specificavano il tasso di profitto. Lasciando che l'entità dell'interesse dipendesse da quanto erano disposte a pagare certe banche, questi contratti introducevano un elemento di rischio, o quantomeno di incertezza. Un canonista favorevole ai veneziani avrebbe forse potuto sostenere che questi depositi a interesse erano leciti in quanto il profitto non era prestabilito [18]. Una falla di questo genere nella diga della dottrina, se

[15] H. C. KRÜGER, *Genoese Merchants, Their Association and Investments, 1155 to 1230*, in *Studi in onore di Amintore Fanfani*, Milano 1962, vol. I, pp. 423-26.

[16] *Deliberazioni del Maggior Consiglio*, a cura di R. Cessi, vol. II, pp. 109-12, 226; vol. II, pp. 357-58.

[17] Cfr. p. 209, nota 8.

[18] Le Bras opera una distinzione tra rischio e incertezza che non compare in Noonan. Dopo aver spiegato che papa Gregorio IX aveva escluso il *periculum sortis* come giustificazione dell'usura, Le Bras ammette la *ratio incertitudinis*, sostenendo che «Quand l'issue d'une opération est incertaine, que l'on ne sait si elle sera finalment courteuse ou profitable, la doctrine tend à écarter le soupçon d'usure», voce «Usure» cit., p. 2363. Secondo l'interpretazione piú diffusa, la decretale *Naviganti* di papa Gregorio IX stava a significare che in sé il rischio non giustificava il conseguimento di interesse o profitto, ma san Tommaso d'Aquino, san Bernardino di Siena e sant'Antonino

avesse raccolto un certo consenso, l'avrebbe potuta distruggere, spazzando via l'intera teoria sull'usura, o facendola apparire anacronistica. In effetti risulta assai spesso che il tasso di profitto sulle colleganze locali era stato pattuito chiaramente in anticipo, e i tribunali imponevano ai debitori recalcitranti tassi che andavano dal 5 al 12 per cento[19].

Uno dei motivi che impediscono di attribuire alla dottrina sull'usura un cambiamento quale quello che portò le colleganze a spodestare i prestiti marittimi sta nell'esistenza, anche nel periodo in cui si verificava il cambiamento, di molti contratti che, stando all'insegnamento della Chiesa, erano chiaramente usurari. Prestiti al 20 per cento, con terreni dati in pegno come garanzia, furono emessi da Pietro Ziani, doge dal 1205 al 1229, e da suo padre Sebastiano Ziani, doge dal 1172 al 1178, che in quell'anno ricevette magnificamente l'imperatore Federico I e papa Alessandro III[20]. Un altro contratto che stando all'insegnamento della Chiesa sembrerebbe chiaramente usurario, è del 1213: un figlio prometteva alla madre vedova, Agnese Gradenigo, il 10 per cento all'anno sul suo denaro, ed era lui ad assumersi tutti i rischi[21].

È quasi sempre impossibile individuare, nei singoli casi, i motivi che portarono a preferire una forma di contratto ad un'altra. Pochi anni dopo il 1213 Domenico Gradenigo prometteva alla madre i tre quarti dei profitti sul suo denaro, ed ella si assumeva i rischi marittimi[22]. Agnese Gradenigo si era sentita in colpa per aver prestato a usura al proprio figlio? Oppure la madre era meno preoccupata di garantirsi un reddito sicuro? O sperava in profitti maggiori? Se l'unica preoccupazione fosse stata l'illegittimità dell'usura sarebbe stato facile nascondere un accordo tra madre e figlio su un interesse fisso sotto le spoglie di un contratto di prestito gratuito. Sono molti gli esempi di questi prestiti *pro amore*[23]. È probabile che dietro ad alcuni di questi prestiti gratuiti si nasconda il pagamento a usura; alcuni erano probabilmente prestiti di favore, praticati dagli uomini d'affari di ogni epoca[24]. Laddove non esistano indicazioni sulle circostanze del caso singolo, non c'è moti-

---

sostenevano che il rischio è un connotato della proprietà, e che la proprietà giustifica un utile. È probabile che agli occhi di molti profani, indifferenti alle distinzioni legali, le due cose si equivalessero. NOONAN, *The Scholastic Analysis of Usury* cit., pp. 143-44, 150-51.

[19] LUZZATTO, *Studi* cit., pp. 78-79; ID., *Tasso d'interesse e usura a Venezia nei secoli XIII-XIV*, in *Miscellanea in onore di Roberto Cessi*, Roma 1958, vol. I, pp. 194 e 201.

[20] *Documenti* cit., pp. 220 e 463; LUZZATTO, *Storia economica* cit., pp. 25-26.

[21] *Documenti* cit., vol. II, p. 549.

[22] *Ibid.*, n. 588.

[23] *Ibid.*, n. 536; cfr. p. 534.

[24] Alcuni esempi in proposito sono in S. BRUCHEY, *Robert Oliver, Merchant of Baltimore, 1783-1819*, Baltimore 1956, pp. 122-23.

vo di giungere a una o l'altra delle conclusioni possibili tirando a indovinare.

Quanto al cambiamento generale, su un punto almeno si può essere sicuri. La scomparsa del prestito marittimo veniva in genere attribuita alla decretale *Naviganti* di papa Gregorio IX, del 1234[25]. A Venezia, però, il prestito marittimo era caduto in disuso prima del 1234, e dunque la sua scomparsa non può essere fatta risalire a quello specifico decreto[26].

Sebbene si sia fatto appello piú spesso del necessario alla dottrina sull'usura per spiegare alcuni aspetti della gestione degli affari nel medioevo, non bisogna ovviamente trascurarne l'influenza generale, a lungo termine, sulla vita economica. Fu importante soprattutto per i suoi effetti morali. Si potrebbe sostenere che inizialmente i veneziani non si preoccupavano affatto del peccato d'usura, e ne acquistarono gradualmente coscienza mano a mano che gli ecclesiastici assunsero in proposito un atteggiamento piú vigoroso e specifico. Esigendo il 20 per cento – e lo facevano anche sui prestiti meglio garantiti – gli Ziani si attenevano agli antichi costumi veneziani, e probabilmente non si consideravano affatto dei peccatori. Nel corso della loro vita, però, la dottrina ecclesiastica fu dotata di artigli piú acuminati dal Concilio Laterano Secondo, del 1179, e fu poi diffusa con energia dai frati predicatori[27]. Non v'è dubbio che per tutto il secolo XIII i veneziani dichiararono di detestare l'usura. Nel 1254 iniziarono ad emettere leggi che la proibivano[28], e la cronaca duecentesca di Da Canal accomuna nella sua deprecazione eretici, usurai, assassini e ladri – vantandosi del fatto che nessuno di essi avrebbe osato vivere in Venezia[29].

Preso atto del problema dell'usura, i veneziani elaborarono però criteri diversi da quelli adottati dalle autorità ecclesiastiche – potremmo definirli criteri da uomini d'affari. La concezione dell'usura nella Venezia trecentesca è in fondo assai simile alla nostra. Non era usura pagare sull'investimento un tasso di utile determinato – in teoria almeno – dalle condizioni di mercato. Di conseguenza erano perfettamente leciti, nonostante le leggi contro l'usura, i contratti piú sopra definiti «colleganze locali». Questo tipo di contratto era considerato usurario soltanto se al debitore veniva imposto un tasso insolitamente elevato, o se si appro-

[25] ARCANGELI, *La commenda a Venezia* cit., pp. 132-33; BONOLIS, *Diritto marittimo medievale dell'Adriatico* cit., p. 473; R. DE ROOVER, *L'organizzazione del commercio*, in *Storia economica Cambridge* cit., vol. III, pp. 61-62.

[26] Cfr. p. 208, nota 6.

[27] NOONAN, cit., pp. 19-20.

[28] CESSI, *Deliberazioni* cit., vol. II, p. 222; A. ROBERTI, *Le magistrature giudiziarie veneziane*, Padova 1906, vol. I, p. 204.

[29] MARTINO DA CANALE, *Cronaca veneta*, a cura di Polidori e Galvani, «Archivio storico italiano», VIII, 1845, p. 270.

fittava di lui in qualche modo, come ad esempio richiedendo garanzie maggiori del consueto [30].

Le basi legali di questi depositi su interesse furono poste nel 1301, quando una commissione stabilí un regolamento per impedire quattro tipi di transazioni illecite con il denaro: la vendita di cambiali, l'acquisto o la vendita di merci a credito, il commercio con consegna a termine e la collocazione di denaro a interesse (*ad presam*) [31]. C'erano eccezioni degne di nota in tutti e quattro i casi, ma a noi interessa soltanto l'ultimo. Il denaro poteva essere collocato a interesse soltanto presso una banca, o un altro istituto che avesse come attività dichiarata l'accettazione di denaro su interesse. L'istituto non doveva pagare a un investitore particolare tassi diversi da quelli versati ad altri depositanti. Se quello era l'unico denaro in deposito, non poteva pagare al depositante (o mutuante) piú della metà del profitto conseguito dall'istituto stesso con il denaro affidatogli. Quest'ultima clausola corrisponde ai termini del primo esempio di colleganza per il commercio in Rialto, in cui si prevedeva che ciascuna delle due parti ricevesse la metà dei profitti.

Senza dubbio queste norme non facevano che sanzionare, o forse limitare, pratiche diffuse già nel secolo XIII. Da molti contratti e atti di tribunali risulta che queste pratiche continuarono anche nel secolo successivo. È particolarmente significativa una supplica per grazia del 1339 [32]. La sua importanza non risiede tanto nella grazia concessa a un certo Vitale Dente, accusato d'usura, né tantomeno nell'azione particolare per la quale egli riteneva di essere stato ingiustamente condannato. L'elemento piú significativo sta nel suo considerare perfettamente lecito l'aver prestato 2500 ducati con un contratto in base al quale gli sarebbero stati restituiti il capitale e i profitti o le perdite secondo i tassi delle banche riconosciute, purché non superassero il 14 per cento. Il motivo della condanna per usura decisa dai magistrati stava in una clausola del contratto in base alla quale sia per il profitto che per la perdita gli si sarebbe creduto sulla parola («credi debeat suo verbo tam de prode quam de danno»). A suo dire egli aveva considerato quelle parole come espressione priva di significato del gergo notarile. I magistrati dissero di aver chiesto ai banchieri se Vitale avesse mai voluto sapere quanto pagavano, ed essi avevano risposto di no. Di conseguenza, attenendosi alla legge, i magistrati dichiaravano di aver condannato Vitale, ma di non op-

---

[30] LUZZATTO, *Tasso d'interesse* cit., pp. 195-202. Sui conflitti sull'usura nella Firenze dell'epoca cfr. M. B. BECKER, *Florentine Politics and the Diffusion of Heresy in the Trecento: a Socio-Economic Inquiry*, in «Speculum», XXXIV, 1959, pp. 60-75.
[31] ASV, Commemoriali, reg. 1, f. 16.
[32] *Ibid.*, Grazie, reg. 8, f. 36v.

porsi in alcun modo alla concessione della grazia. Se i magistrati, o i nobili che votarono la grazia, fossero mossi dagli argomenti addotti da Vitale, o dalla buona reputazione di cui godeva, o da motivi del tutto diversi, non è cosa di grande importanza. Quale fosse il criterio di liceità vigente risulta chiaro dal fatto sottinteso che Vitale non sarebbe mai stato accusato se il suo contratto si fosse limitato a chiedere l'esazione del tasso d'interesse pagato dai banchieri in quel momento.

È stato sostenuto che le proibizioni sull'usura impedirono l'affermarsi del concetto di interesse[33]. Sebbene risulti evidente che gli uomini d'affari veneziani non distinguevano in modo chiaro l'interesse dal profitto – il loro linguaggio non fa certo questa distinzione – concepivano però i tassi di interesse come prezzi pagati per l'uso di fondi. Applicavano questo concetto anche nello stabilire i prezzi delle merci vendute a pagamento dilazionato. Andrea Barbarigo, ad esempio, scriveva nel 1440 all'agente che vendeva le sue stoffe: «crede valera [le stoffe] al tempo de 6 mexi duchati 30 e a contadi 28, e quando non li podesti vender per duchati 2 de men a contadi che al termine anche me piaxeria avanti i vendesti a danari per duchati 3 men del uno che a termene, perché di danari ne saperia avadagnar al ano piú di 12 per cento»[34]. Ed erano abituati a calcolare l'aumento delle somme ai diversi tassi di interesse composto[35].

Gli uomini d'affari veneziani, e i tribunali di Venezia, consideravano l'usura come abuso di pratiche cui di norma si ricorreva legittimamente per riscuotere il tasso d'utile vigente. Tale concezione può essere considerata il risultato della fusione tra l'insegnamento della Chiesa e altri fattori attinenti invece alla vita economica. In questo contesto l'importanza dell'insegnamento della Chiesa non sta tanto nei suoi effetti sulle forme legali, poiché i cambiamenti nelle forme del credito commerciale trovano migliore spiegazione in condizioni economiche di altro tipo. Tra queste condizioni economiche, però, una delle piú determinanti fu il maggiore volume dei fondi alla ricerca di investimento nel commercio, e in sé la richiesta di investimenti commerciali trova parziale spiegazione nella condanna dell'usura. Il principale apporto della dottrina sull'usura, quindi, fu indiretto.

Non appena i mercanti ritiratisi dall'attività, le vedove o gli istituti avevano raccolto nelle proprie mani una certa quantità di capitali liquidi,

[33] S. HAGENAUER, *Das justum pretium bei Thomas von Aquina*, in «Vierteljahrsschrift fur Sozial- und Wirtschaftsgeschichte», suppl. XXIV, 1931, p. 112.
[34] Cfr. *Ritmo e rapidità di giro d'affari nel commercio veneziano del Quattrocento*, p. 140.
[35] Un'aritmetica commerciale del 1400 circa (Biblioteca Nazionale Marciana, Mss it. cl. IV, cod. 497, f. 43) contiene problemi come, ad esempio, quanto si debba depositare in una banca al 10 per cento «di pro all'anno» per ottenere L. 1000 in quindici anni per dotare la propria figlia.

cercavano il modo per ricavare un reddito dalla loro ricchezza. In città come Venezia, dove l'investimento fondiario aveva possibilità limitate, affidavano il loro denaro a qualcuno che potesse promettere un utile. Le necessità pratiche del commercio, e le tradizioni radicate nel diritto romano, plasmarono le forme dei contratti. I moralisti e i canonisti che esaminavano i contratti denunciavano come usurai tutti i prestiti a interesse fisso, anche laddove il tasso d'interesse era assai modesto, e anche se si trattava di accordi stipulati tra uomini d'affari come investimenti commerciali. Ma se sussisteva il rischio, o l'incertezza sugli utili, era probabile che la transazione fosse legittimata in quanto società. Nella pratica i consumatori ottenevano prestiti a tassi fissi, coperti da garanzie addizionali. Agli uomini d'affari era piú facile reperire fondi senza offrire garanzie specifiche e senza indicare con precisione gli utili annui. I prestiti agli uomini d'affari, quindi, evitavano in genere apparenze usurarie troppo esplicite. Nel secolo XIV i nobili mercanti veneziani e alcuni giuristi del diritto romano riconoscevano la distinzione tra i prestiti produttivi e quelli che invece si limitavano a sfruttare il consumatore[36]. Vi fanno accenno alcuni moralisti quattrocenteschi, la si difende apertamente nel Cinquecento, nel Seicento viene riconosciuta a tutti gli effetti pratici dell'insegnamento della Chiesa[37].

Le persone ricche dunque, nella misura in cui prestavano attenzione all'insegnamento della Chiesa, e contemporaneamente cercavano di ricavare qualche utile dalla loro ricchezza, erano spinte verso l'investimento fondiario o commerciale. I veneziani ritenevano che si potesse ricavare reddito dalla proprietà commerciale con lo stesso buon diritto col quale si ricavava dalla proprietà fondiaria. Purché il veneziano investisse nel commercio attraverso qualche contratto in cui si assumeva una parte del rischio e l'utile era incerto, poteva considerare leciti i suoi utili. Se l'idea dell'usura lo avesse preoccupato la cosa lo avrebbe indotto a rinunciare al prestito di denaro puro e semplice a favore dell'investimento commerciale.

Nella misura in cui questa fu una situazione generale, l'effetto della dottrina sull'usura fu dunque di incrementare il volume dei fondi a disposizione dell'uomo d'affari, incoraggiando cosí la crescita economica. Consideriamo dal punto di vista della crescita le alternative che si offrivano a una persona abbiente. Se spendeva la sua ricchezza apportando migliorie ai terreni di sua proprietà, la cosa naturalmente avrebbe con-

---

[36] Bartolo e Baldo, secondo SALVIOLI, La dottrina cit., pp. 273-74.
[37] Su idee analoghe in san Bernardino, cfr. DE ROOVER, The Scholastic Attitude cit., p. 83; sugli insegnamenti piú tardi cfr. NOONAN, The Scholastic Analysis of Usury cit., pp. 252-55, 259-66, 361.

tribuito alla crescita economica; non cosí però se si limitava ad acquistare terreni. L'acquisto non faceva che trasferire le sue sostanze liquide a altre persone. Se le consumava, la ricchezza non sarebbe mai divenuta capitale dal punto di vista sociale; non avrebbe contribuito in nulla alla crescita economica. Cosí anche l'usuraio manifesto, che dal suo banco dei pegni prestava al consumo, aumentava la sua fortuna personale ma non la ricchezza complessiva della società.

Gli investimenti commerciali, viceversa – fossero prestiti marittimi, o colleganze di ogni sorta, o società a pieno titolo – nel complesso contribuivano effettivamente alla crescita economica. Furono essi a creare una rete di commerci e trasporti, un sistema di specializzazioni regionali e la diffusione delle capacità tecniche.

Se indaghiamo sull'apporto della dottrina sull'usura alla crescita economica, dobbiamo innanzitutto chiederci se essa scoraggiò il tipo di prestito ai consumatori che si rivelava socialmente improduttivo. Nella misura in cui fu cosí, la dottrina spinse chi possedeva ricchezza liquida a trovare qualche altro modo per far sí che la sua ricchezza producesse reddito. Cosí facendo incoraggiò l'afflusso di capitali verso il commercio. È dunque logico concludere che la dottrina sull'usura, nella misura in cui fu efficace, stimolò la crescita economica. Se essa in realtà abbia avuto o meno questo effetto generale è però cosa difficile da dimostrare.

I banchieri veneziani, 1496-1533

Lo sviluppo della carta commerciale trasferibile, nel secolo XVII, segna la fine della fase primitiva della banca di deposito. Prima di allora i banchieri, non essendo in grado di scontare gli assegni, ripartendo cosí il rischio dei prestiti su una moltitudine di operazioni mercantili, si lasciavano coinvolgere in imprese troppo ambiziose. Il volume dei depositi consentiva loro, in tempi normali, di soddisfare i depositanti senza dover tenere tutti i fondi in contanti. Ma il tentativo di trarre profitto dal denaro loro affidato li indusse a partecipare direttamente a iniziative commerciali e a prestiti a principi. Aziende come i Bardi di Firenze o i Welser di Augusta conseguirono profitti da capogiro, divennero piú audaci e, impegnando i fondi dei loro depositanti ancor piú a fondo nei prestiti governativi o nelle speculazioni commerciali, finirono per incorrere in sensazionali fallimenti. Le notissime storie di banchieri internazionali come questi lasciano l'impressione che in quella prima fase della banca di deposito i maggiori pericoli di fallimento venissero dalle due fonti nominate – la speculazione commerciale e i prestiti ai principi.

I banchieri internazionali soddisfacevano i bisogni di determinati centri; a quelli di altre città rispondevano le banche locali. Si trattava talvolta di imprese finalizzate al profitto di banchieri privati, talvolta di istituzioni pubbliche soggette al governo cittadino. Anche se è accaduto che le banche municipali di Barcellona (1401) e di Valencia (1407) fossero confuse con le banche *di giro*, presupponendo che si limitassero a trasferire pagamenti sui loro libri, senza fare prestiti, si tratta di un errore. Le banche di giro non comparvero che nel tardo Cinquecento, a Venezia nel 1584 e ad Amsterdam nel 1609. È vero però che la funzione principale piú avanti assunta dalle banche di giro era stata svolta in precedenza da banche locali, pubbliche o private. Con il trasferimento dei depositi da un conto all'altro esse offrivano un metodo di pagamento piú semplice che non il maneggio delle monete[1].

[1] A. PAYSON USHER, *The Origins of Banking: The Primitive Bank of Deposit, 1200-1600*, in «Economic History Review», IV, 1932-34, pp. 401 e 406-9; A. SAPORI, *La crisi delle compagnie mer-

Intorno al 1500 le banche veneziane erano soprattutto banche locali. Sino ad oggi sono state studiate quasi esclusivamente su un unico
tipo di fonte, i decreti governativi². Il problema di queste fonti consiste
nel fatto che il testo delle leggi dice ben poco sulla loro applicazione.
Un quadro piú completo delle attività delle banche veneziane può venire dalle cronache e dai diari dell'epoca³. Il diario di Marino Sanudo ha
quasi l'ampiezza informativa di un giornale, e consente di mettere insieme i pezzi di un quadro delle opportunità e dei pericoli che si presentavano ai banchieri veneziani negli anni compresi tra il 1496 e il
1533.

Come le aziende bancarie internazionali, i banchieri veneziani si concedevano rischiose avventure nel commercio e nella finanza governativa.
Ma la loro solvibilità era minacciata anche da due altri fattori. Il primo
erano le crisi di scarsità del denaro provocate dal sistema della finanza
di guerra veneziana, l'altro le tentazioni derivanti dalle difficoltà di conio e dalle fluttuazioni del rapporto oro-argento sul mercato. A giudicare dalla storia delle banche veneziane tra il 1496 e il 1533, questi due
fattori contribuirono alle difficoltà bancarie in misura maggiore che non
i prestiti a breve termine al governo o le iniziative commerciali troppo
ambiziose.

Sanudo descrive le fortune delle dieci banche sue contemporanee, che
erano le seguenti: 1) i Garzoni, fondata nel 1430 da Messer Nicolò di
Bernardo «e compagni», passata sotto la direzione di Andrea Garzoni,
fallita nel 1499, riaperta e fallita ancora nel 1500⁴; 2) i Lippomani, fondata nel 1488 dalla società tra Tommaso Lippomano e Andrea Cappello,
diretta nel 1499 da Girolamo Lippomano, fallita nel 1499⁵; 3) i Pisani, fondata nel 1475, liquidata con pagamenti completi nel 1500, riaperta nel 1504, liquidata con pagamenti completi nel 1528, dopo la
morte di Alvise Pisani, che l'aveva diretta⁶; 4) Matteo Agostini, soprav-

    Bardi e dei Peruzzi, Firenze 1926; R. EHRENBERG, Das Zeitalter der Fugger, Jena 1912,
vol. I, pp. 193-211.
    ² E. LATTES, La libertà delle banche a Venezia dal secolo XIII al XVII, Milano 1869; F. FERRARA,
Documenti per servire alla storia dei banchi veneziani, in «Archivio veneto», I, 1871, pp. 107-55,
332-63; ID., Gli antichi banchi di Venezia, in «Nuova antologia», XVI, 1871, pp. 177-213, 435-66.
I documenti pubblicati da Lattes e Ferrara sono alla base, per quanto riguarda il periodo in questione, degli studi di C. F. DUNBAR, The Bank of Venice, in «Quarterly Journal of Economics», VI,
1892, pp. 308-35 e di E. NASSE, Das venetianische Bankwesen in 14., 15., und 16. Jahrhundert, in
«Jahrbücher für Nationalökonomie und Statistik», XXXIV, 1879, pp. 329-58. Ferrara parla di materiali raccolti da fonti private, ma nell'«Archivio veneto» compaiono soltanto decreti ufficiali.
    ³ M. SANUDO, Diarii, a cura di R. Fulin e altri, 58 voll., Venezia 1879-1903; D. MALIPIERO,
Annali veneti dell'anno 1457 al 1500, in «Archivio storico italiano», serie I, vol. VII, Firenze 1843;
G. PRIULI, Diarii, in Rerum Italicarum scriptores, Città di Castello 1911², vol. XXIV, parte III.
    ⁴ SANUDO, Diarii cit., vol. II, p. 391; MALIPIERO, Annali cit., p. 531.
    ⁵ MALIPIERO, Annali cit., p. 671; SANUDO, Diarii cit., vol. II, p. 723.
    ⁶ FERRARA, Gli antichi banchi cit., p. 198; SANUDO, Diarii cit., vol. III, p. 158; vol. V, p. 942;
vol. XLIX, pp. 124 e 240.

vissuta alla crisi del 1499 ma fallita nel 1508 [7]; 5) Girolamo di Priuli, fondata nel 1507, costretta a liquidare nel 1513 [8]; 6) i Cappelli, fondata nel 1507 da Antonio, Silvan e Vettor Cappello e Luca Vendramin, continuata dopo il 1528 da Silvan Cappello e figli [9]; 7) Matteo Bernardo, fondata nel 1521, liquidata con pagamenti completi nel 1524, riaperta nel 1529 [10]; 8) Antonio di Priuli, fondata nel 1522 in stretta alleanza con la banca Pisani, e continuata fino al 1551 [11]; 9) Andrea e Piero da Molin, fondata nel 1523, costretta a liquidare nel 1526 [12]; 10) Andrea Arimondo, fondata nel 1524, fallita nel 1526 [13].

È probabile che queste fossero tutte le banche esistenti a Venezia nel periodo compreso tra la trionfante liquidazione di Pietro Soranzo nel 1491 e l'apertura di un nuovo gruppo di banche intorno alla metà del secolo XVI [14]. Nella lista non sono compresi i semplici cambiavalute [15], né il banchiere ebreo Anselmo, che in questo intervallo di tempo espletò molte delle funzioni dei banchieri cristiani contemporanei [16]. Le dieci aziende nominate erano i *banchi di scritta*, quelli che conducevano transazioni scrivendo i trasferimenti dei depositi da un conto all'altro. I pagamenti tra un mercante e l'altro si effettuavano con la comparsa di fronte al banchiere delle due parti, che davano personalmente l'ordine del trasferimento da effettuare sui suoi libri. La cosa era assai comoda, sia perché evitava il lento conteggio di monete imperfette, sia perché la voce sul libro del banchiere costituiva la registrazione ufficiale dell'intera transazione, rendendo così superflui altri documenti legali [17].

Questi *banchi di scritta* erano indispensabili alla vita economica della città. Il totale dei depositi nelle quattro banche in attività nel 1498 superava il milione di ducati [18]. I depositanti della banca Lippomano al

[7] MALIPIERO, *Annali* cit., p. 716; SANUDO, *Diarii* cit., vol. VII, p. 283.

[8] SANUDO, *Diarii* cit., vol. VII, p. 30; vol. XVII, pp. 328, 354, 360.

[9] *Ibid.*, vol. VII, p. 81; vol. XLIX, p. 7.

[10] *Ibid.*, vol. XXXI, p. 182; vol. XXXVI, p. 484; vol. LI, pp. 132-33.

[11] *Ibid.*, vol. XXXIII, pp. 545-46; FERRARA, *Gli antichi banchi* cit., p. 438.

[12] SANUDO, *Diarii* cit., vol. XXXVI, p. 203; vol. XLIII, pp. 57 e 80.

[13] *Ibid.*, XXXIV, 203; XLIII, 57, 80.

[14] FERRARA, *Gli antichi banchi* cit., pp. 185-207, 434-51, indica gli stessi nomi per i banchieri del periodo, ma non indica in tutti i casi gli anni in cui operarono.

[15] Se ne parla come di un'attività del tutto distinta, ma indebitata col banchiere (SANUDO, *Diarii* cit., vol. III, p. 1040; PRIULI, *Diarii* cit., vol. I, p. 112). La legge del 1528 (LATTES, *La libertà delle banche* cit., p. 95; SANUDO, *Diarii* cit., vol. XLIX, p. 89) sosteneva che essi avevano preso ad accettare moneta in deposito a tassi illegali, e lo proibiva; è comunque improbabile che fossero divenuti in misura consistente un mezzo per evitare le leggi bancarie, altrimenti il commento di Sanudo sarebbe stato più particolareggiato.

[16] SANUDO, *Diarii* cit., vol. XXIII, pp. 182 e 407. La posizione legale degli ebrei era diversa.

[17] DUNBAR, *The Bank of Venice* cit., pp. 311-14; LATTES, *La libertà delle banche* cit., p. 125.

[18] I Garzoni fallirono in febbraio, con un debito compreso tra i 96 000 e i 250 000 ducati, e dichiararono di aver già pagato, dopo Natale, 128 000 ducati (SANUDO, *Diarii* cit., vol. II, pp. 391 e 401). I Lippomani dovevano all'incirca 120 000 ducati, e si disse che avessero già saldati circa 300 000 ducati (MALIPIERO, *Annali* cit., p. 715; SANUDO, *Diarii* cit., vol. II, p. 731). I Pisani, dopo

momento in cui essa fallí erano 1248, 700 dei quali nobili veneziani.
Presumendo che le altre due grandi banche dell'epoca ne avessero piú
o meno altrettanti, e non tenendo conto da un lato di chi aveva aperto
un conto in piú di una banca, dall'altro di quelli che si tirarono fuori
prima del crollo, il numero totale dei depositanti nelle banche dovrebbe
aggirarsi sui 4000. Ciò significherebbe che un veneziano su trenta aveva il conto in banca. Quando Lippomano chiuse, piú di 600 dei suoi
depositanti avevano conti per meno di venti ducati. I suoi nemici lo
oltraggiarono, rimproverandogli la perdita delle doti di giovani fanciul-
le, dei risparmi messi da parte in presunta sicurezza da cittadini e nobili per il pagamento delle tasse, e dei depositi di monasteri e ospedali.
È evidente che, oltre ai grossi conti dei mercanti, i banchieri accettavano numerosi conti di scarsa entità, molti dei quali di carattere non mercantile[19].

Alcuni dei fondi affidati ai banchieri possono essere definiti «depositi condizionati», depositi già assegnati a specifici pagamenti futuri con
determinate condizioni. I molti depositi destinati alle doti possono essere fatti rientrare in questa categoria[20]. Poteva accadere che le garanzie
offerte da chi noleggiava le galere mercantili di Stato fossero sotto forma
di depositi versati nelle banche dai garanti[21]. Gli esattori delle tasse tenevano depositati in banca fondi che potevano essere confiscati qualora
essi non rispettassero gli impegni assunti[22]. È possibile che in qualche
occasione i banchieri garantissero i pagamenti futuri senza richiedere un
deposito. Dai riferimenti del diario a pagamenti garantiti da un banchiere spesso non risulta chiaro se il banchiere avesse ricevuto un deposito
da utilizzare a questo scopo[23].

Delle dieci banche elencate, soltanto quattro finirono nell'insolven-
za definitiva – una percentuale non tanto disastrosa quanto in genere

due gravi assalti alla loro banca, avevano ancora in deposito piú di 95 000 ducati (SANUDO, Diarii cit.,
vol. III, pp. 158-59). Avevano fermato uno degli assalti raccogliendo un fondo di garanzia di 320 000
ducati, oltre a una precedente riserva di 100 000 ducati in buoni governativi (PRIULI, Diarii cit.,
vol. I, p. 124). All'epoca i depositi degli Agostini erano inferiori (MALIPIERO, Annali cit., p. 716).
Ogni esagerazione dei banchieri sui prelievi immediatamente precedenti i fallimenti fu probabilmente
piú che compensata dal lento stillicidio dei depositi in precedenza. Nel 1588 il Banco di Rialto aveva
un passivo di 546 082 ducati, e nel 1594 di 705 889 (LATTES, La libertà delle banche cit., pp. 163-64).
   [19] SANUDO, Diarii cit., vol. IV, pp. 244-45; vol. V, pp. 654-55, 1056-57. La seconda banca Garzoni aveva soltanto 518 creditori quando fallí, nel marzo 1500 (ibid., vol. V, p. 707), ma si trattava
della banca aperta nel giro di un anno dopo il fallimento del 1499. Su di essa si trasferirono i conti
dei grandi creditori, dalle 20 lire in su, che accettarono di attendere questo denaro. Agli altri i Garzoni offrirono la restituzione immediata del loro denaro (ibid., vol. III, pp. 96-98; PRIULI, Diarii
cit., vol. I, pp. 260-61).
   [20] USHER, The Origins of Banking cit., pp. 413-14; SANUDO, Diarii cit., vol. II, pp. 425-26;
vol. IV, p. 245.
   [21] SANUDO, Diarii cit., vol. II, p. 732.
   [22] Ibid., p. 120.
   [23] Ibid., p. 452; vol. III, p. 112.

si presume[24]. Per tutti e quattro i fallimenti, dei Garzoni, dei Lippomani, degli Agostini e di Arimondo, Sanudo tentò un estimo delle risorse rimaste dopo la chiusura della banca. In queste cifre rientrano, oltre alle dotazioni della banca, tutti i possedimenti individuali del banchiere:

LIPPOMANI[25]

		Ducati	
Passivo		circa 120 000	
Attivo			
Prestiti privati		18 000	
Gioielli		14 000	
Proprietà immobiliari		12 000 -	27 500
Contanti		10 000	
Titoli e interessi di Stato		34 000 -	41 000
Crediti presso l'Ufficio del sale		18 000	
Anticipi al governo, non garantiti		8 000	
		114 900 - 136 500[26]	

GARZONI[27]

		Ducati	
Passivo		da 96 000 a 200 000	
Attivo			
Prestiti totali	55 000 o 85 000		
meno prestiti passivi	10 000		
Prestiti netti		45 000 o	75 000
Gioielli e argento		15 000	
Titoli e interessi di Stato		20 000	
Proprietà immobiliari		45 000	
		128 000 a 155 000	

AGOSTINI[28]

		Ducati
Passivo		110 000
Attivo		
Crediti privati esigibili		10 000
Gioielli		25 000
Proprietà immobiliare		non determinata

---

[24] FERRARA, *Gli antichi banchi* cit., pp. 442, 459-60; P. MOLMENTI, *Storia di Venezia nella vita privata*, vol. II, Bergamo 1925, pp. 38-40. Con maggiori riserve, DUNBAR, *The Bank of Venice* cit., p. 319; R. CESSI e A. ALBERTI, *Rialto*, Bologna 1934, pp. 300-1.

[25] Un tentativo di raccogliere e conciliare i dati in SANUDO, *Diarii* cit., vol. II, pp. 731, 738-39; III, 1066; V, 1056-57; PRIULI, *Diarii* cit., vol. I, pp. 122-23; e MALIPIERO, *Annali* cit., p. 717.

[26] Oltre a debitori personali per somme sconosciute.

[27] SANUDO, *Diarii* cit., vol. II, pp. 391, 401; MALIPIERO, *Annali* cit., p. 531.

[28] SANUDO, *Diarii* cit, vol. VII, pp. 283, 298, 307. Si approvò un accordo di pagamento nell'arco di due anni (*ibid.*, p. 722).

Contanti

alla tesoreria dello Stato	3 000	
alla Zecca	6 000	
Contanti netti		9 000
Titoli di stato		non determinati

ARIMONDO [29]

Passivo

Debiti totali	27 000	
Debiti assicurati [30]	16 000	
Debiti netti		11 000

Attivo

Mercanzie

in viaggio		non determinate
allume o potassio in magazzino		1 500
Titoli di Stato		1 500
Proprietà immobiliari e gioielli		valore non dichiarato, ma ritenuto sufficiente a coprire il saldo per piú di 6000 ducati.

È probabile che il piú delle volte queste cifre non siano accurate, in quanto raccolte in base alle voci che correvano, o alle dichiarazioni del banchiere fallito, o alle prime impressioni ricevute prendendo in carico le banche chiuse. Sono nondimeno preziose, poiché i ripetuti riferimenti di Sanudo alle medesime categorie di attivo, anche laddove non è in grado di stabilirne l'ammontare, rivelano quali fossero le categorie di risorse ritenute accettabili per un banchiere. Erano cioè i titoli di Stato a lungo termine, i crediti a breve termine garantiti dall'assegnazione di redditi ottenibili dagli uffici governativi, prestiti personali, gioielli, immobili, contanti e metalli preziosi e mercanzie.

Questi rendiconti finanziari non fanno alcuna distinzione tra le risorse personali del banchiere e quelle delle aziende bancarie. Anche se i libri contabili operano questa distinzione, essa aveva ben poca importanza dal punto di vista legale, poiché il banchiere era totalmente responsabile dei debiti della banca [31]. Soltanto nel caso dei Lippomani si

---

[29] *Ibid.*, vol. XLIII, pp. 80, 144.

[30] Nel passo in questione si legge: «Il debito è ducati 27 mila, et asegura di questa per ducati 16 milia». A proposito dell'assalto alla banca Molin, nel 1526, si diceva: «Voleno asegurar et pagar tutti» (*ibid.*, p. 376). Quando nel 1524 giunse a Venezia la notizia dei torbidi ad Alessandria, il credito di Matteo Bernardo ne subí le conseguenze, ed egli cercò garanzie (*ibid.*, vol. XXXVI, pp. 146, 149). Durante la crisi del 1499 non si accenna mai alla garanzia.

[31] Persino gli eredi di Nicolò Bernardo furono contati tra i responsabili principali per il pagamento dei debiti della prima banca Garzoni, nonostante dichiarassero che da parecchi anni non avevano avuto piú nulla a che fare con la banca se non come ganrati di 2000 ducati ciascuno. Poiché i

fornisce una contabilità con un minimo di distinzione tra l'attivo della banca e quelli dei banchieri [32].

BANCA LIPPOMANI	
	Ducati
Passivo	circa 120 000
Attivo	
Crediti esigibili	18 000
Crediti inesigibili	4 000
Dovuti da Soranzo, orafo della banca	20 000
Dovuti da debitori solventi di Soranzo	18 000
Dovuti dai Cappelli, ex soci	13 000
Dovuti personalmente dai Lippomani	17 000
Contanti	10 000
Anticipi non garantiti allo Stato	8 000
	108 000

La maggior parte degli attivi della banca Lippomani, al momento del fallimento, erano crediti contratti personalmente dai Lippomani o dai loro soci in affari. Anche nel fallimento di Agostini erano gli Agostini i principali debitori della banca. Altri banchieri, piú solidi, finanziavano forse la maggior parte delle loro imprese mercantili con capitale proprio, ricorrendo meno al prestito della banca. Agostini e Lippomano furono i due banchieri cui si rimproverò la condotta piú disonesta della banca. È possibile che ciò fosse dovuto piú ai loro tentativi di evitare la liquidazione di tutti i loro possessi personali per pagare i debiti della banca [33] che non al fatto di aver attinto in misura eccessiva ai prestiti della loro banca. Certamente, comunque, la combinazione delle due cose li destinava alla rovina. Nella pratica le risorse della banca e quelle del banchiere erano considerate la stessa cosa, ed era disonesto il banchiere che tentasse di conservare la propria ricchezza dopo aver dilapidata quella dei suoi depositanti.

Quale tipo di investimento si facesse a nome della banca, e quale a nome del banchiere, o di suo figlio, o di un socio d'affari, è un problema di contabilità al quale le fonti diaristiche non possono fornire che rispo-

loro nomi comparivano ancora nella ragione aziendale, e condividevano i profitti, furono comunque condannati a pagare (*ibid.*, vol. IV, p. 304).

[32] *Ibid.*, vol. II, pp. 738-39. Stando alla contabilità personale di Lippomano, dalla quale risulta però un suo attivo totale di 98 000 ducati ovviamente tenuto conto di qualche ripetizione nei conti con Soranzo. Altrove il debito di Soranzo viene fatto ammontare addirittura a 40 000 ducati (*ibid.*, vol. III, pp. 1017, 1066).

[33] *Ibid.*, vol. VII, p. 307; vol. II, p. 731.

ste ipotetiche. I titoli di Stato a lungo termine, la mercanzia e gli immobili sembrano in genere voci attive del banchiere, che non venivano registrate come tali nei libri della banca. È probabile che le imprese mercantili non si svolgessero a nome della banca, anche se si finanziavano attraverso prestiti della banca stessa al banchiere e ai suoi soci [34]. D'altro canto, però, i prestiti personali, quelli garantiti da gioielli e i crediti a breve termine erano chiaramente investimenti fatti nel nome della banca.

La distinzione aveva ben poca importanza per i depositanti, purché tutte le risorse del banchiere fossero disponibili per pagare i debiti della banca; il banchiere poteva cosí utilizzare le risorse della banca per le sue imprese commerciali. Le fonti contemporanee, compresi i *Diarii* di Girolamo Priuli, lui stesso banchiere e mercante, non fanno in pratica alcuna distinzione tra gli affari della banca e quelli del banchiere. Quando la banca veniva assalita dai creditori l'unico problema importante era stabilire quanto contante il banchiere e la sua famiglia potevano realizzare dalle loro risorse. Nella Venezia cinquecentesca l'attività bancaria non era specializzata; rientrava nelle piú vaste operazioni dei nobili mercanti.

Un'importante funzione delle banche consisteva nell'acquisto di argento dagli importatori tedeschi [35]. Quando i Garzoni fallirono si scoprí che avevano subito pesanti perdite acquistando argento a un prezzo superiore al tasso di conio in modo da non aumentare le loro riserve di numerario [36]. I Lippomani non soltanto finanziavano l'argentiere Soranzo, ma acquistavano loro stessi argento aprendo crediti sui loro libri [37]. Dei Pisani si dice che furono i maggiori acquirenti dell'argento dei Fugger [38]. Quando, nell'autunno 1500, a Venezia rimaneva soltanto quella che era stata la banca piú piccola, gli Agostini, i mercanti tedeschi si rivolsero al doge protestando perché il loro argento non trovava piú un mercato adeguato. Agostini acquistava soltanto alle proprie condizioni. Il metallo, dunque, non arrivava alla zecca [39].

I gioielli avevano una parte importante nelle riserve dei banchieri, dato che ad essi si ricorreva spesso come garanzie per i prestiti. I banchieri veneziani prestavano a pegno non soltanto ai principi, ma anche

[34] Alvise Pisani agendo in nome del figlio e di altri (*ibid.*, vol. XXVI, pp. 48, 495; vol. XXVII, p. 219).
[35] In barba alle leggi (LATTES, *La libertà delle banche* cit., pp. 34, 55, 70).
[36] SANUDO, *Diarii* cit., vol. II, p. 391; MALIPIERO, *Annali* cit., p. 531.
[37] SANUDO, *Diarii* cit., vol. II, p. 736.
[38] A. WEITNAUER, *Venezianischer Handel der Fugger*, in «Studien zur Fuggergeschichte», IX, 96, p. 171.
[39] SANUDO, *Diarii*, cit., vol. III, p. 1091; cfr. vol. II, pp. 736, 930.

a gente di condizione inferiore. Bernardo fece prestiti al papa su pegno di gioielli, Garzoni al marchese di Mantova, Agostini a un capitano dell'esercito che aveva impegnato l'anello della moglie [40]. Queste aziende univano le attività, oggi distinte, del prestito a pegno e della banca commerciale.

Le mercanzie e le navi occupavano nei fondi dei banchieri una parte maggiore di quanto indichino i rendiconti degli attivi rimasti alle banche fallite. Durante la crisi del 1499 i Pisani avevano circa 40 000 ducati investiti nel «viaggio di Ponente», in lana e stoffe, e avevano recentemente acquistata una grossa nave [41]. Durante l'inverno 1518-19 un'associazione guidata dalla banca Pisani finanziò i viaggi delle galere mercantili in Fiandra e in Barberia [42]. La banca Molin teneva in mercanzia gran parte delle sue risorse [43]. I banchieri Antonio di Priuli e Matteo Bernardo figuravano tra i quattro maggiori mercanti di Alessandria [44], e nel 1533 Bernardo fu accusato di voler monopolizzare l'esportazione a Venezia della lana inglese [45].

I prestiti delle banche, sia a privati individui che allo Stato, erano piú consistenti di quanto non risulti dalle dichiarazioni dei falliti. I prestiti ai mercanti assumevano la forma di scoperture di conto, che ammontavano talvolta a centinaia, talvolta a migliaia di ducati [46]. Allo Stato si concedevano crediti assai ampi, ma i rischi che questi anticipi presentavano per le banche sono stati sopravvalutati [47]. Nessuno dei banchieri falliti aveva collocato una percentuale elevata dei suoi fondi in prestiti a breve termine al governo.

Le bancarotte verificatesi tra il 1486 e il 1533 non possono essere attribuite al mancato pagamento da parte del governo dei debiti contratti con le banche. Nella prima parte di questo periodo, tuttavia, le banche corsero i rischi derivanti dal debito consolidato e dal sistema delle finanze di guerra. Il panico finanziario del 1499-1500, in cui fallirono i Garzoni e i Lippomani, mentre i Pisani, sia pure con grande diffi-

---

[40] *Ibid.*, vol. LV, p. 79; vol. II, p. 736; vol. III, p. 862.
[41] *Ibid.*, vol. I, pp. 780, 935; MALIPIERO, *Annali* cit., p. 551; PRIULI, *Diarii* cit., vol. I, p. 124.
[42] SANUDO, *Diarii* cit., vol. XXVI, pp. 48, 495.
[43] *Ibid.*, vol. XXXVI, p. 146, nel 1524.
[44] *Ibid.*, vol. XLIII, p. 394.
[45] *Ibid.*, vol. LVIII, pp. 249, 257.
[46] *Ibid.*, vol. II, pp. 391, 487. Cfr. quella che nel 1467 sembra la proibizione di ogni grosso prestito garantito da un'unica firma (LATTES, *La libertà delle banche* cit., pp. 72-73). Cfr. DUNBAR, *The Bank of Venice* cit., p. 315. Ma non si potrebbe forse interpretare invece soltanto come un limite ai prestiti concessi da un solo membro dell'azienda bancaria?
[47] FERRARA, *Gli antichi banchi* cit., pp. 204-13, 459-60; MOLMENTI, *Storia di Venezia* cit., vol. II, pp. 38-40; E. MAGATII, *Il mercato monetario veneziano alla fine del secolo XVI*, in «Nuovo archivio veneto», XXVII (n. s., 1914), p. 245.

coltà, riuscirono a pagare al 100 per cento, avvenne durante una crisi politica. Nel 1499 Venezia era impegnata in una guerra su due fronti, costretta a mantenere un esercito in Lombardia e contemporaneamente ad armare la flotta per far fronte a quelle che il Gran Turco andava apprestando a Costantinopoli. Sebbene le guerre fossero un aspetto ricorrente della vita veneziana, dal punto di vista finanziario furono tutte affrontate come se si trattasse di emergenze fuori dall'ordinario. Venivano finanziate attraverso prestiti forzosi imposti ai benestanti in proporzione con la loro ricchezza. In cambio del pagamento di una frazione della sua ricchezza l'investitore, cosí infatti potremmo definire il contribuente, riceveva un'obbligazione del debito di Stato. Poiché si pagavano interessi del 4 o 5 per cento, questi titoli di Stato sarebbero stati ben accetti ai contribuenti se non fossero stati emessi in quantità eccessive. Quando l'emissione forzosa era troppo rapida, però, qualcuno non disponeva di denaro contante sufficiente a pagare le nuove assegnazioni. Poiché i titoli costituivano un prestito forzoso, che i contribuenti erano tenuti a sottoscrivere, molti di loro erano costretti a vendere i titoli di Stato che già possedevano per poter pagare la loro parte della nuova emissione. Queste vendite facevano diminuire il prezzo delle obbligazioni. Quando poi il governo procedeva a richiedere ulteriori prestiti, il prezzo basso delle vecchie obbligazioni rendeva piú difficile ai contribuenti il reperimento dei fondi necessari ad acquistare i nuovi titoli. L'esazione dei prestiti divenne estremamente difficile, nonostante la confisca delle proprietà di chi rifiutava di sottoscriverli. Ridotto alla disperazione dalle crescenti spese di guerra, il governo emise altri titoli ancora, che ribassarono ancor di piú il prezzo. La prima serie di titoli di Stato di questo tipo, il *Monte Vecchio*, si deprezzò a tal punto da essere abbandonata, e nel 1482 fu aperta una nuova serie, detta *Monte Nuovo*[48]. Anche questi buoni, però, furono emessi in quantità eccessiva. Da ottanta nel 1497 il loro prezzo cadde a cinquantadue nel 1500[49]. Risultavano inadempiuti i pagamenti per una proprietà del valore di piú di 300 000 ducati, eppure nessuno comperava[50]. Questa «scarsità» del denaro prodotta da richieste troppo esose al contribuente, e le grandi spese militari, furono i motivi principali addotti dai contemporanei per spiegare i fallimenti del 1499[51].

---

[48] G. LUZZATTO, *I prestiti della Repubblica di Venezia*, in *Documenti finanziari della Repubblica di Venezia*, serie III, vol. I, Padova 1929, parte I, in cui la storia di questi prestiti viene spiegata fino al 1482.
[49] PRIULI, *Diarii* cit., vol. I, pp. 71, 141, 321; vol. II, pp. 7, 27; SANUDO, *Diarii* cit., vol. I, p. 575.
[50] SANUDO, *Diarii* cit., II, 1121-22; PRIULI, *Diarii* cit., II, 61, 64; MALIPIERO, *Annali* cit., p. 532.
[51] SANUDO, *Diarii* cit., vol. II, pp. 391-92; MALIPIERO, *Annali* cit., p. 532; PRIULI, *Diarii* cit.,

È facile immaginare come l'emissione eccessiva di titoli di Stato avesse effetti negativi per le banche. I clienti ritirarono i fondi per pagare i prestiti governativi[52]. Anche buona parte della ricchezza personale del banchiere, dei suoi amici e parenti veniva assorbita dai titoli di Stato e i fondi di garanzia il cui deposito era richiesto dallo Stato ad ogni banchiere, all'epoca erano costituiti proprio da quei buoni[53]. Il valore di queste garanzie diminuiva proprio nel momento in cui erano piú necessarie, poiché sulle banche pesava la minaccia del ritiro dei fondi da parte dei depositanti. Era la generale dipendenza dal mercato monetario, che a sua volta dipendeva dal volume dei prestiti e delle tasse imposti dal governo, che metteva a repentaglio i banchieri, non le richieste di prestiti rivolte alle banche dal governo. Quando Andrea Garzoni rivelò di trovarsi in difficoltà, lo Stato restituí quanto doveva alla sua banca[54]. Il mancato saldo immediato di quanto si doveva a Girolamo Lippomano non fu il riflesso di una situazione generale, ma il risultato di attacchi personali contro Girolamo[55].

La depressione del 1499 durò poco. Nel dicembre 1502 i titoli di Stato, il Monte Nuovo, si vendevano a settantacinque[56]. Il fallimento degli Agostini, nel 1508, non fu attribuito ad altro che alla loro incapacità o disonestà. Agostini stesso doveva alla sua banca 65 000 ducati su un debito totale di 110 000, e un mese prima aveva spedito la moglie, i figli e la sua ricchezza personale a Mantova, «si che, si pol dir, hanno voluto fallir con li denari d'altri»[57].

Un'altra crisi simile a quella del 1499 si verificò nel 1509, quando tutte le grandi potenze dell'Europa occidentale si coalizzarono contro Venezia. Data l'emergenza, il pagamento degli interessi sul Monte Nuovo fu sospeso. La banca Pisani fu presa d'assalto. Pisani chiese aiuto al governo, ne ottenne 15 000 ducati in contanti, e con i contributi fornitigli da ricchi parenti riuscí a superare il panico[58]. In quell'anno non fallí

vol. I, pp. 290-91. Presumo che la maggior parte del fondi presi a prestito furono sborsati fuori Venezia – ad esempio, all'esercito in Lombardia, ai mercanti che portavano legname, ferro e rame dalla Germania, e alla flotta a Corfú.

[52] SANUDO, Diarii cit., vol. II, p. 391.

[53] Ibid., p. 726; PRIULI, Diarii cit., vol. I, p. 124; LATTES, La libertà delle banche cit., pp. 71, 81-82. I banchieri non investivano nei buoni governativi in quanto banchieri bensí come individui e contribuenti. Nulla sta ad indicare che il governo esigesse, o nemmeno incitasse, dai banchieri l'acquisto di quei buoni.

[54] SANUDO, Diarii cit., vol. II, pp. 332, 377; Malipiero (Annali cit., p. 531) dice che gli fu offerto un prestito di 30 000 ducati per superare il momento difficile, ma che egli rifiutò sostenendo di avere troppi debiti.

[55] SANUDO, Diarii cit., vol. III, pp. 319, 324, 422, 423, 429, 1066.

[56] Ibid., vol. IV, p. 580.

[57] Ibid., vol. VII, pp. 283, 298, 307, 722.

[58] Ibid., vol. VIII, pp. 296-98.

alcuna banca, e tuttavia Girolamo Priuli può essere considerato una vittima, sia pure indiretta, della crisi del 1509. Fu costretto a chiudere nel 1513. L'aver esteso il credito al governo fu un fattore della chiusura, ma l'elemento fondamentale della sua sfortuna fu la perdita personale di 10 000 ducati, dovuta alla sospensione dei pagamenti sul Monte Nuovo nel 1509. Non fallí, nel senso tecnico del termine, poiché molti dei creditori accettarono di essere pagati in crediti del governo e la banca non fu affidata ai liquidatori [59].

Dal 1513 al 1521 rimasero in attività la grande banca di Alvise Pisani e l'azienda piú modesta di Cappello e Vendramin. In quell'arco di tempo la confusione del sistema monetario offrí ai banchieri nuove occasioni, e nuove difficoltà. Nel 1522 si era ormai prodotta una situazione in cui le banche potevano mantenersi in attività pur non pagando in contanti su richiesta. Cosí Sanudo descriveva la situazione bancaria nel dicembre 1522: «questi [i banchi] fanno facende di partide, ma coreno pochi denari, né si tien piú denaro suli banchi, come se feva, ma fata la partida, volendo trar, non però molta summa, si manda in suso a tuorli. Et questo è etiam per la gran varietà de monede core in questa terra» [60].

Di nuovo, nel giugno 1523, commentava: «li banchi è venuti a mal termine; non tieneno danari suli banchi, né si pol trar si non con danno... et è banchi si pol dir solum de scritura» [61].

La lentezza con cui le banche pagavano in contanti era giustificata dalla mancanza di buone monete con cui pagare. Particolarmente scarse erano le buone monete veneziane d'argento, poiché l'argento tedesco che un tempo arrivava a Venezia per essere coniato e esportato in Levante prese altre strade quando il commercio del pepe fu dirottato dai portoghesi. Per di piú il rapporto di mercato tra le monete d'oro e quelle d'argento differiva spesso da quello legale [62]. I problemi del rapporto tra i due metalli preziosi erano intrinseci al sistema bimetallico. Nel 1444 il «banco di San Giorgio», a Genova, aveva rinunciato all'attività bancaria piuttosto che accettare il rapporto oro-argento nei termini fissati dallo Stato. Quando alla fine del secolo XVI, piú di cent'anni dopo, riprese le sue attività bancarie, lo fece aprendo conti nettamente sepa-

[59] R. FULIN, Girolamo Priuli e i suoi Diarii, in «Archivio veneto», XXII, 1881, pp. 140-43; SANUDO, Diarii cit., vol. XVII, pp. 328, 354, 369, 405. Priuli fu incarcerato per debiti nel 1517, ma la causa era uno scoperto sulla tesoreria di stato (ibid., vol. XXIV, p. 492).

[60] Ibid., vol. XXXIII, pp. 545-46.

[61] Ibid., vol. XXXIV, p. 237.

[62] Ibid., vol. XX, p. 155; vol. XXXIII, p. 546; cfr. anche N. PAPADOPOLI-ALDOBRANDINI, Le monete di Venezia, 3 voll., Venezia 1893-1907, vol. I, pp. 100-45.

rati per le diverse monete[63]. Intorno al 1520 i banchieri privati veneziani affrontarono queste difficoltà con lo stesso metodo che più avanti sarebbe stato adottato dalla banca veneziana di Stato[64]. Accettarono che la moneta di banca, il ducato di banca, divenisse un'unità di valore e un mezzo di scambio distinto da ogni altra moneta, acquistandola e vendendola sul mercato monetario a un suo prezzo particolare. A rigore una divergenza di questo genere tra la moneta di banca e quella di conio sarebbe stata illegale, ma fu resa possibile dal generale riconoscimento della scarsità di buone monete.

La divergenza tra la moneta di banca e quella di conio, dovuta alla scarsità di monete a peso pieno, offriva ai banchieri opportunità allettanti ma rischiose. Poiché riuscivano a far attendere i depositanti che chiedevano contanti, potevano, con relativa impunità, incrementare i loro prestiti accreditando nuovi depositi sul conto dei beneficiari dei prestiti. Sebbene la moneta di banca si vendesse allo sconto, il banchiere poteva sperare di riuscire ad effettuare tutti i pagamenti prima che un cambiamento nei movimenti internazionali del numerario producesse abbondanza di buone monete. Nel frattempo avrebbe intaccato i profitti dei suoi prestiti.

Già nel 1520 la moneta di banca risultava deprezzata rispetto al numerario a peso pieno. Stando a Sanudo il deprezzamento fu dovuto esclusivamente alla quantità di moneta cattiva in circolazione, ma si può supporre che una parte della responsabilità ricadesse anche sull'espansione del credito bancario. Tale espansione è giustificata alla luce delle vaste attività della banca Pisani. Alvise Pisani era nel pieno di una carriera politica che lo portò ad essere uno dei Capi del Consiglio dei Dieci a quarantasei anni, età considerata allora assai precoce per una carica tanto elevata. La sua banca fu messa al servizio dello Stato in misura tale che nel 1519 il governo aveva nei suoi confronti un debito di 150 000 ducati. E contemporaneamente era impegnatissimo in imprese mercantili[65].

C'erano diversi modi in cui il banchiere poteva prestare denaro allo Stato. Inviò denaro al campo per pagare le truppe[66], fornì una lettera di

[63] H. SIEVEKING, *Die Casa di S. Giorgio*, in «VWS Abhand. der Badischen Hochschulen», III, 73, pp. 200-1.
[64] DUNBAR, *The Bank of Venice* cit., pp. 330-32, sul «ducato» di bancogiro.
[65] SANUDO, *Diarii* cit., vol. XVIII, pp. 173, 250; XXI, pp. 48, 495; vol. XXVII, pp. 219, 526-27. Quando nel 1520 il Consiglio dei Dieci ritenne necessario riaffermare il tasso legale al quale le banche dovevano pagare in oro, Pisani sembrò prenderlo come un affronto personale (*ibid.*, vol. XXIV, pp. 414-15).
[66] *Ibid.*, vol. XXI, p. 503.

credito a un ambasciatore, spiccò una tratta per il pagamento di un sussidio o tributo[67], o pagò le spese dei comandanti delle galere[68]. Pisani però offriva ben altro che questi servigi ordinari. Poiché il sistema dei prestiti forzosi era crollato, la Repubblica veneziana ricorreva sempre piú spesso ai prestiti volontari, e nel 1516 si decretò che tale prestito fosse ripagato attraverso accrediti nei libri della banca Pisani, che dunque sottoscriveva il prestito[69].

In cambio del contante da lui fornito, o dell'impegno assunto di pagare in data futura, al banchiere furono assegnate alcune entrate, da essergli pagate all'atto della riscossione[70]. La maggior parte dei suoi prestiti allo Stato non avevano richiesto l'immediata disponibilità di contante; in genere comportavano semplicemente la creazione di depositi sui suoi libri. Ai detentori di questi depositi non era consentito l'immediato ritiro del contante in qualsiasi momento. È probabile che i loro depositi fossero utilizzati come gli altri registrati sui libri del banchiere. I detentori potevano utilizzarli, ed è probabile che lo facessero, per saldare molti dei loro debiti, e spesso per il banchiere ciò non comportava che il trasferimento dell'accredito da un conto all'altro sui suoi libri. Esisteva dunque una buona probabilità che i crediti aperti sui libri del banchiere non venissero pagati prima della riscossione delle entrate a lui assegnate. Nel frattempo aumentava il volume di credito bancario circolante come mezzo di scambio. Ogni prestito al governo che il banchiere potesse gestire limitandosi ad accreditare ulteriori depositi sui suoi libri produceva una certa misura di inflazione. La posizione di predominio della banca Pisani tra il 1513 e il 1521 avrebbe facilitato la manovrabilità e il controllo di tale inflazione.

La situazione tra il 1521 e il 1522 può essere cosí riassunta: in termini di numerario c'era stato un deprezzamento della moneta di banca. Sanudo cercava nella confusione del sistema monetario la spiegazione di questo deprezzamento. Di regola si dovrebbe cercare un'espansione del volume del denaro. Di fatto il cattivo stato della moneta spiega soltanto l'opportunità offerta ai banchieri di non rispettare la legge che imponeva loro di pagare a richiesta, in monete a peso pieno. Che

---

[67] Ibid., vol. XXIII, pp. 426, 563, e «lettere di cambio... et lettere di credito», vol. XXIX, p. 584.

[68] Ibid., vol. XX, pp. 92, 225.

[69] Testo del decreto che autorizza il prestito, SANUDO, Diarii cit., vol. XXII, pp. 508-9.

[70] In genere le rendite assegnate non venivano pagate al banchiere fino a quando non fossero maturate le obbligazioni da lui assunte per conto dello Stato. Quando Antonio di Priuli riscosse dalle imposte assegnateli 6000 ducati dei 14 000 che gli si dovevano per una lettera di cambio su Lione prima che la lettera fosse riscuotibile, fu obbligato a restituire i 6000 ducati e ad accettare l'assegnazione di altre imposte (ibid., XLVIII, pp. 398, 406-8, 438).

la quantità della moneta di banca fosse aumentata in modo considerevole si desume dalle grandi operazioni creditizie di Alvise Pisani, oltre che dal deprezzamento della moneta di banca stessa.

Senza dubbio la situazione che ne risultò offriva pericolosi allettamenti. L'immunità concessa alle banche dall'impegno a rispettare appieno gli obblighi contratti faceva dell'attività bancaria un'occupazione assai allettante; nel giro di due anni il numero delle banche passò da due a sei. Il grande mercante Matteo Bernardo ne aprí una nel 1521 [71]. Antonio di Priuli entrò in affari nel 1522 per integrare, rafforzare, e infine rilevare, l'attività del suocero, Alvise Pisani [72]. Nel giugno 1523 altre tre o quattro aziende progettavano l'apertura di banche, e due di questi progetti, quello dei Molini e quello degli Arimondi, si materializzarono entro l'anno successivo [73].

Nel pieno di questa fioritura di nuove banche furono promulgate nuove leggi bancarie – quelle del 1523, 1524 e 1526. Si riteneva che la situazione fosse pericolosa, e si proposero dunque due radicali cambiamenti per risanare le banche. Il piú facile da applicare fu il cambiamento dei buoni che il banchiere doveva dare in garanzia prima di poter intraprendere l'attività. La garanzia non poteva piú consistere in titoli di Stato [74].

Il secondo cambiamento radicale imposto in quel periodo fu la ripresa dei pagamenti in contanti al tasso legale completo. La sua applicazione fu piú difficile. La parte della legge 1523 in cui si ordinava ai banchieri di pagare in monete d'oro a peso pieno rimase lettera morta; la moneta di banca continuò ad essere venduta allo sconto [75]. Nel giugno 1524 si costituí uno strumento di verifica per l'applicazione delle leggi nominando tre commissari alle banche con uffici a Rialto e un'adeguata cancelleria. A ogni banchiere si impose di depositare 500 ducati nelle mani dei commissari e, qualora il depositante non riuscisse a ottenere il suo denaro dal banchiere al tasso legale, i commissari dovevano pagarlo, e poi riscuotere presso il banchiere, di modo che per ogni banca si disponesse sempre di 500 ducati. Undici giorni dopo l'approvazione di questa legge i commissari aprirono i loro uffici, e due giorni dopo ricevettero i depositi di 500 ducati dalle banche Pisani, Priuli,

[71] *Ibid.*, vol. XXXI, p. 182.
[72] *Ibid.*, vol. XXXIII, pp. 545-46.
[73] *Ibid.*, vol. XXXIV, pp. 237, 283; vol. XXXVI, p. 203.
[74] LATTES, *La libertà delle banche* cit., pp. 81-94; anche Sanudo dà il testo delle leggi del 1523 (vol. XXXIV, p. 251), accenna a quella del 1524 (vol. XXXVI, p. 382), e fornisce un elenco completo dei garanti e delle somme per le quali si esponevano (vol. XXXV, pp. 467-72; vol. XXXVI, pp. 33-35, 348-51; vol. LI, pp. 83-94).
[75] *Ibid.*, vol. XXXVI, pp. 203, 355.

Molin e Arimondo. Tra il denaro portato dal cassiere della banca Pisani c'erano alcune monete tedesche proibite, e di conseguenza la banca pagò una multa di 50 ducati. Il giorno dopo i commissari richiesero i 500 ducati a Bernardo, ma questi si disse impossibilitato a versarli in quanto stava liquidando. Una settimana dopo saldò i conti coi depositanti e chiuse la banca[76].

Per un anno o poco piú, dunque, la legge fu applicata, e le banche pagarono senza sconto. Nella primavera 1526, però, i due commissari bancari che decadevano dalla carica riferirono che la moneta di banca si vendeva con uno sconto del 6 per cento o piú. Suggerivano la liquidazione di tutte le banche nel giro dei prossimi diciotto mesi, temendo che la richiesta di un rinnovo dei buoni di garanzia, imposta dalla legge, ne avrebbe fatta fallire qualcuna. Sia pure tacitamente, ci si riferiva alle banche dei Molin e degli Arimondo. Non se ne fece nulla, comunque, e non si nominarono nuovi commissari[77]. In luglio la moneta di banca aveva un tasso di sconto del 14 per cento[78]. In ottobre Andrea Arimondo morí «da meninconia del banco» perché non poteva pagare[79]. Il 6 novembre finalmente il Senato agí. Si reiterarono le proibizioni di vendere in qualunque modo la moneta di banca, si riaffermò l'ordine di pagare in moneta e, fatto ancor piú importante, si nominarono nuovi commissari, uno per ciascuna delle quattro banche[80]. Il temuto assalto alla banca Molin non si fece attendere, e il 5 dicembre i soci Molin dovettero chiedere ai Capi del Consiglio dei Dieci di intervenire con la loro autorità a Rialto per mettere un po' d'ordine nella calca dei depositanti che chiedevano la restituzione dei propri fondi. I Molin raddoppiarono il fondo di garanzia messo in pegno dai loro amici. A Palazzo Ducale si presumeva che alla fine sarebbero riusciti a pagare tutto. Avevano obblighi per soli 35 000 ducati, una somma esigua rispetto ai debiti dei Garzoni, dei Lippomani e dei Pisani nel 1499. Il 7 dicembre il Senato approvò e dunque impose un programma di liquidazione nell'arco di un anno. Alla fine del 1526, quindi, tutte le banche spuntate come funghi dopo il 1521 erano state ormai liquidate senza gravi perdite[81].

Un aspetto incidentale della legge bancaria del 1526 fu la proibizione dell'uso di assegni. Sebbene in altre città l'uso degli assegni fosse già

---

[76] *Ibid.*, pp. 382, 395, 398, 399-400, 401, 484.
[77] *Ibid.*, vol. XLI, pp. 141-42.
[78] *Ibid.*, vol. XLII, p. 181; riferendosi soprattutto a quelle di Molin e Arimondo.
[79] *Ibid.*, vol. XLIII, p. 57.
[80] *Ibid.*, vol. XLIII, pp. 173, 187-93, 232.
[81] *Ibid.*, vol. XLIII, pp. 376, 388, 394, 396.

praticato, Venezia si atteneva al vecchio sistema che imponeva ai depositanti di recarsi personalmente alla banca quando desideravano ritirare o trasferire fondi dai loro conti. Sotto questo punto di vista Venezia era particolarmente conservatrice[82], e tuttavia, tenuto conto del modo in cui a Venezia i conti bancari si erano trasformati in una forma di denaro il cui valore rispetto al numerario cresceva o diminuiva secondo la situazione finanziaria, è facile comprendere l'opposizione del governo veneziano all'uso degli assegni. Gli assegni facilitavano la speculazione, che accentuava le fluttuazioni della moneta di banca.

Anche se Venezia giunse in ritardo rispetto ad altri centri bancari nell'uso degli assegni, la pratica bancaria non vi rimase stagnante. Anzi, sotto la guida di Alvise Pisani si intrapresero misure dirette all'uso positivo di un'espansione della moneta di banca per finanziare le spese del governo. Nel secolo XVII, grazie agli strumenti offerti dalla concentrazione dei depositi nella banca di stato, il Banco del Giro, Venezia fece ampio uso della moneta di banca per finanziare le sue guerre. Non soltanto lo Stato spese le riserve di numerario della banca; anche le spese di guerra furono pagate con moneta di banca, cioè aprendo crediti ai venditori sui libri della banca. Poiché questa moneta di banca circolava come valuta a corso legale, fu come se Venezia avesse pagate le forniture di guerra con banconote. Si trattava di un'inflazione del mezzo di scambio[83].

In tempi precedenti, nel 1499 ad esempio, le spese di guerra avevano causato una contrazione del mezzo di scambio. Le pesanti emissioni belliche di prestiti forzosi furono accompagnate da una brusca caduta del valore dei titoli di Stato, da un grande aumento della proprietà sottoposta a sanzioni per il mancato pagamento delle tasse e da una generale «scarsità» del denaro. Il numerario divenne scarsissimo, e il volume della moneta di banca subí una brusca contrazione. Questo tipo di crisi si era verificato anche durante le guerre precedenti: prima della guerra di Chioggia (1378-81) i titoli di Stato si vendevano a 99½; verso la fine della guerra (marzo 1381) si vendevano a 18[84].

Le operazioni dei banchieri cinquecenteschi, e soprattutto di Alvise Pisani, sono assai piú vicine al sistema adottato nel secolo XVII. Il «ducato di banca» veniva trattato come unità monetaria distinta, con valore diverso da quella del ducato numerario. Anche quando non era immediatamente convertibile in numerario, all'interno della città il ducato di banca continuava a servire come mezzo di scambio. Il contributo di Pi-

[82] USHER, *The Origins of Banking* cit., p. 426.
[83] G. SIBONI, *Il banco giro di Venezia*, in «Giornale degli economisti», V, serie II, 1892, pp. 289-293; DUNBAR, *The Bank of Venice* cit., pp. 327-28, 332.
[84] LUZZATTO, *I prestiti* cit., vol. I, pp. CXXIX, CCLXXIV.

sani al finanziamento del governo ebbe come effetto l'aumento del volume dei suoi depositi, e dunque della moneta di banca. L'effetto fu simile a un'inflazione della carta moneta, in quanto il mezzo inflazionato si deprezzò. Molti elementi associati in genere alle operazioni delle banche di stato del periodo successivo sono dunque chiaramente anticipati dall'attività bancaria privata del secolo XVI.

Società familiari
e imprese a partecipazione congiunta

I.

In tempi recenti le società a responsabilità limitata, le *corporations*, sono state le grandi unità di base del mondo degli affari americano; nella Repubblica di Venezia l'unità di base era la società familiare. Certo, poiché la società familiare veneziana non si costituiva soltanto ai fini degli affari, la corrispondenza con una società a responsabilità limitata non era precisa. Nel tardo medioevo esistevano nell'economia veneziana imprese che richiedevano l'impiego di una quantità di capitale tale da imporre, di norma, ad alcune famiglie di unirsi per spartire i rischi, e in tali occasioni si costituivano società a partecipazione congiunta. Da un certo punto di vista erano queste imprese a partecipazione congiunta, piú che le società familiari, a corrispondere nell'economia veneziana alla società a responsabilità limitata dell'economia moderna; si costituivano a fini puramente economici, impiegavano grandi quantità di capitali e la proprietà era suddivisa in azioni. Alle imprese a partecipazione congiunta, però, mancava l'aspetto permanente delle società a responsabilità limitata, e i loro obiettivi erano piuttosto ristretti. Duravano soltanto per il tempo di un viaggio, o fino alla vendita completa di un carico. Inoltre, non disponevano di fondi-capitale nella misura in cui ne disponevano le società familiari che le avevano create. L'impresa d'affari veneziana, generata dalla famiglia e tutelata dallo Stato, rimase sempre subordinata a queste istituzioni, piú antiche e piú forti. La cosa non può sorprendere; considerata in prospettiva storica, la moderna società a responsabilità limitata ci appare come un nuovo arrivato dal futuro incerto. Nella maggior parte delle società, e in quasi tutti i periodi storici, è stata la grande famiglia, con la sua ricchezza, il suo potere, il suo

* Una borsa di studio del Social Science Research Council ha reso possibile, nella primavera del 1939, la raccolta e la riproduzione su microfilm dei principali materiali utilizzati in questo studio. Desidero ringraziare per questo contributo, e inoltre per una borsa dell'American Philosophical Society, fondo Penrose, che nel 1943 mi ha permesso di avvalermi dell'aiuto di Helen Wieruszowski, assistente di ricerca.

prestigio, e la presunzione di durare nel tempo, a costituire l'istituzione predominante dell'iniziativa economica privata.

Ancora nel secolo XVI Venezia offriva un ottimo esempio di capitalismo familiare con la sua *fraterna*, o società familiare. Le fraterne avevano tratto origine dal dato fisico che spesso i fratelli convivevano nelle medesime case, mangiavano alla stessa mensa e consumavano insieme i prodotti delle loro tenute in campagna. Secondo la legge veneziana i membri di una famiglia che convivessero e conducessero gli affari come un singolo operatore divenivano automaticamente soci a pieno titolo, senza bisogno di un contratto formale[1]. Anche quando a Venezia la società familiare divenne la forma predominante di organizzazione d'affari, continuò ad essere qualcosa di piú che non una semplice società d'affari. Tutte le proprietà ereditate dal padre – case, terreni, arredamenti e gioielli, oltre che navi e mercanzie – venivano registrate nei libri della fraterna, purché un accordo speciale non ne prevedesse l'esclusione. Oltre alle spese per gli affari, accanto alle vendite e agli acquisti di grande entità che mantenevano la merce in movimento a Venezia, i registri contenevano anche le spese per i generi alimentari e la manutenzione della casa.

Molti tra i personaggi piú prestigiosi della politica veneziana appartenevano a società familiari che costituivano le aziende d'affari piú importanti della città. Un esempio cui accennano i cronisti è quello del doge Andrea Vendramin, eletto nel 1476. Di lui, al momento dell'elezione, Malipiero dice che era ricco, che possedeva 160 000 ducati[2]. È possibile che questo non fosse che un frammento della sua fortuna, quello che gli rimaneva nella vecchiaia, dopo le prodighe spese per la carriera politica. Particolarmente degne di nota tra le sue spese politiche sono le doti di 5000 o 7000 ducati da lui date a ciascuna delle sei figlie per poter contare su generi influenti. In gioventú, continua Malipiero, «L'è stà gran mercadante... e quando l'era in fraterna con Luca, i soleva far el cargo d'una galia e meza in do per Alexxandria: e ha havuto molti fattori che ha fatto facultà con le so faccenda»[3].

---

[1] P. MOLMENTI, *Storia di Venezia nella vita privata*, vol. I, Bergamo 1927[7], p. 456; A. PERTILE, *Storia del diritto italiano*, Torino 1894[2], vol. III, p. 282.

[2] Nel 1440 la fortuna di Cosimo de' Medici e del fratello ammontava a 235 137 fiorini, e, secondo i calcoli di Sieveking, nel 1460 era salita a 400 000 fiorini. H. SIEVEKING, *Die Handlungsbücher der Medici*, in «Sitzungsberichte der Philosophisch-Historischen Klasse der Kaiserlichen Akademie der Wissenschaft», CLI, Wien 1905, V Abh, andlung 4, pp. 11-12. Sia il fiorino che il ducato contenevano circa 3,5 grammi d'oro. Il valore relativo del denaro è in parte indicato dal fatto che il salario autorizzato di un operaio specializzato, supervisore delle riparazioni del Palazzo Ducale nel 1483, era di 100 ducati l'anno. D. MALIPIERO, *Annali veneti dall'anno 1457 al 1500*, a cura di T. Gar e A. Sagredo, in «Archivio storico italiano», serie I, vol. VII, Firenze 1843, p. 674.

[3] MALIPIERO, *Annali* cit., p. 666, e cfr. p. 661.

Ancora nel secolo XVI la preminenza nell'ambito del governo si fondeva con quella nel campo degli affari. Attivo uomo politico, e massimo banchiere di Venezia negli anni compresi tra il 1509 e il 1528 fu Alvise Pisani. Sopravvisse a numerose crisi, salvando la situazione durante quella piú grave, nel 1499, con un abile appello personale alla folla di Rialto, e vi fu un periodo in cui concentrò nelle sue mani quasi tutta l'attività bancaria dello Stato[4]. Quando a Roma fallí la banca di Lorenzo di Tassis, nel 1518, Alvise Pisani lo venne a sapere prima del fratello di Lorenzo, Andrea, che all'epoca risiedeva a Venezia. Di conseguenza Pisani riuscí a riscuotere i suoi crediti presso Andrea di Tassis prima che questi potesse prendere il largo. I fiorentini e i genovesi subirono gravi perdite, ma non i veneziani[5].

Come il doge Andrea Vendramin, Alvise Pisani spendeva con generosità in vista di vantaggi politici. Anche lui sposò le figlie (ne aveva cinque) a membri di famiglie politicamente influenti, e la cosa gli costò 40 000 ducati in doti. Uno dei suoi figli era un ricco cardinale. Lui stesso fu spesso membro dei massimi Consigli della Repubblica, e pur non essendo riuscito a giungere alla massima carica, il dogado, in un'elezione ottenne numerosi voti. Persino la sua morte fu in un certo senso un successo, poiché morí al servizio della patria, quando l'esercito con il quale Venezia e i suoi alleati assediavano Napoli fu decimato dalla peste. La solvibilità della sua banca fu celebrata quattro mesi dopo, quando suo figlio, vestito di nero e circondato da molti dei massimi dignitari dello Stato, uscí dall'aver celebrato messa a Rialto, chiese che si suonassero le trombe e ordinò al banditore pubblico, col suo manto scarlatto, di annunciare che la banca avrebbe liquidato, e che chiunque lo desiderasse poteva ritirare il suo denaro[6].

Alvise conduceva le sue operazioni mercantili in collaborazione con i fratelli Lorenzo e Almorò. Anch'essi morirono intorno al 1528, e alcuni dei libri contabili degli esecutori ed eredi di Almorò ci sono conservati ai Frari, a Venezia[7]. Anche se le fonti veneziane fanno costante rife-

[4] Cfr. sopra, *I banchieri veneziani*, pp. 230-36.

[5] Venezia, Museo Civico Correr, Manoscritti Cicogna, 2848, Diario di Marcantonio Michiel (MI, 469), ff. 288v - 289r.

[6] M. SANUDO, *I diarii*, 58 voll., a cura di R. Fulin e altri, Venezia 1879-1903, vol. XXXV, p. 376; vol. XXXVI, p. 410; vol. XXXVII, p. 40; vol. XLVIII, pp. 137, 237; vol. XLIX, pp. 124-25; vol. LII, pp. 79, 82.

[7] Venezia (ASV), Archivio di Stato, Registri privati, Raccolta Barbarigo-Grimani, registri contabili, reg. 19-24. Il piú denso di informazioni è il reg. 21, un giornale compilato dagli esecutori copiando i bilanci da altri registri, e soprattutto da un definito «Libro B». La natura delle voci dimostra che il Libro B doveva essere il giornale della fraterna Pisani. Forse comprendeva tutti e tre i fratelli, ma quasi tutti i dati stanno ad indicare che della fraterna facevano parte soltanto Almorò e Lorenzo. Il testamento di Lorenzo Pisani (ASV, Archivio notarile, Notaio Gerolamo de Bossis, Testamenti, III, n. 33), compilato nel 1511, fa riferimento alla «dittam nostram vocatam Lorenzo et Almorò Pisani», e provvede alle misure necessarie nel caso Almorò volesse continuare o meno

rimento a fraterne come quelle dei Vendramin o dei Pisani, tra i libri
contabili sopravvissuti nessuno indica una fraterna, o un individuo, altrettanto ricchi[1]. Di conseguenza i libri Pisani forniscono le informazioni migliori di cui si possa disporre sull'organizzazione dei grandi affari
a Venezia.

Un altro scorcio, da un'angolatura diversa, ci viene offerto dal giornale di Lorenzo Priuli, anch'egli detentore delle massime cariche, escluso il dogado, e padre del famoso banchiere e diarista Girolamo Priuli.
Le famiglie Pisani e Priuli erano imparentate per il matrimonio di Vincenzo Priuli con una delle figlie di Alvise Pisani. Oltre ad essere ufficiale di marina, comandante per qualche tempo delle galere mercantili
per Beirut, Vincenzo si dedicava all'importazione di lana dall'Inghilterra. Girolamo Priuli gestiva la banca a proprio nome, ma le operazioni di Vincenzo con la lana, e molte altre transazioni sue, di Girolamo e di un terzo figlio, Francesco, sono descritte nel libro di Lorenzo.
Questo è dunque il momento centrale (1505-35) nella gestione di un'altra grande fortuna familiare[9].

Un terzo scorcio sul mondo dei grandi affari ci viene dal copialettere
di Michele da Lezze[10]. Il suo nome compare accanto a quello di Alvise
Pisani tra i dieci uomini piú ricchi di Venezia[11], ma le operazioni registrate nelle sue lettere sono una delusione: ridotte e sorprendentemente
semplici. Le sue lettere e il giornale Priuli hanno il vantaggio di essere
una documentazione in movimento, e dunque ci dicono di piú sui metodi della gestione degli affari di quanto non facciano i libri Pisani, sebbe-

---

«dictam dittam». Oltre ad essere interessante in quanto uno dei primi esempi veneziani dell'uso
della parola *ditta*, il passo sottintende che già nel 1511 Alvise si era ritirato dalla società familiare,
nominalmente almeno. Poiché allora Alvise era già un banchiere, desiderava forse separare gli obblighi dei fratelli da quelli che lui stesso, in quanto banchiere, doveva assumersi. Certo, uno dei conti
trasferiti dal Libro B è intestato a «Alvise Pisani e fratelli». Ma il bilancio è assai piú esiguo di
quello che ci si potrebbe aspettare se questo fosse veramente il conto-capitale del Libro B; il conto
«Alvise Pisani e fratelli» può riferirsi soltanto, forse, alle tasse pagate, che venivano ancora riscosse
o registrate in comune. Nei libri che rimangono non sono riuscito a identificare in nessuna voce il
bilancio del conto che, nel Libro B, era servito come conto-capitale. Forse quel conto non interessava agli esecutori i quali, in un nuovo libro (reg. 19), aprirono un nuovo conto-capitale per il
patrimonio di Almorò. D'altro canto, però, la cooperazione nella pratica tra Alvise e i suoi fratelli,
e il fatto che li identificasse con la fraterna, compaiono in riferimento al viaggio
delle galere di Barberia del 1519. Marino Sanudo, l'informatissimo diarista dell'epoca, sostiene che
Alvise possedeva quarantasei delle quarantotto quote delle due galere (*Diarii* cit., vol. XXX, pp. 103,
109). Dal libro B dei Pisani indica il possesso di alcune di queste quote: dunque, o Sanudo si sba-
glia, oppure Alvise partecipava in qualche modo alla fraterna della quale il libro B era il registro.

[9] Sui libri contabili veneziani che ci rimangono, cfr. il mio *Andrea Barbarigo*.

[10] Venezia, Museo Civico Correr, Archivio Tron Donà; manoscritto non catalogato, indicatomi
da un accenno di De Roover e dalla gentilezza del bibliotecario, M. Brunetti. Studiato su microfilm
in mio possesso. D'ora in avanti sarà citato come Giornale Priuli. Sulla famiglia, cfr. R. FULIN, *Girolamo Priuli e i suoi Diarii*, in «Archivio veneto», XXII, 1881, pp. 137-54.

[10] ASV, Miscellanea Gregolin, busta 10, Lettere commerciali, 1482-99, e alcuni fogli sparsi in
busta 12 bis. Studiati su microfilm in mio possesso.

[11] SANUDO, *Diarii* cit., vol. XXXV, p. 389.

ne nessuno dei due si apra con un inventario. Non forniscono dunque informazioni complessive su una fortuna familiare, come fanno invece i registri Pisani.

II.

Ad un certo punto la ricchezza dei tre fratelli Pisani ammontò a quasi 250 000 ducati, e forse piú, poiché è probabile che la ricchezza di Alvise superasse di molto quella dei fratelli [1]. Senza dubbio i registri che ci sono conservati non forniscono indicazioni complete sulle proprietà di Alvise. In una precedente suddivisione dell'eredità di famiglia aveva acquisto il titolo di proprietà del palazzo sul Canal Grande, a Santa Maria Zobenigo. È il palazzo noto col nome di Pisani-Gritti, ora trasformato in un moderno albergo. Che appartenesse ad Andrea è confermato, tra l'altro, dal fatto che gli altri fratelli gli pagavano l'affitto di un piano superiore. Quali fossero le altre proprietà personali di Andrea, in immobili o in fondi liquidi, e quali fossero i suoi diritti sulle dotazioni complessive della società familiare, non è molto chiaro. È probabile che avesse attinto in precedenza, come parte del patrimonio familiare a lui spettante, una somma pari almeno a quella che rimaneva agli altri fratelli, meno importanti di lui.

Gli investimenti della ricchezza Pisani erano assai diversificati, e indicano le forme di investimento praticabili da chi disponesse di grandi capitali. Una parte assai consistente era investita in immobili sulla Terraferma. A Boara, presso Rovigo, un fattore a nome «Paolo Capo di Vin» riscuoteva per loro i canoni di una tenuta valutata 20 000 ducati. A Treviso i Pisani possedevano i mulini che, oggi come allora, stavano a monte di corsi d'acqua che attraversavano la città. I fondi in titoli di Stato indicati dai registri raggiungono somme impressionanti. Il valore sul mercato di quei buoni era assai inferiore di quello a registro, nella misura delle variazioni apportate di anno in anno dalle fortune delle guerre. Tra gli attivi commerciali rilevati dagli esecutori nel 1528, quando i fratelli morirono, il piú consistente era un carico per un valore di 5378 ducati spedito a Costantinopoli, ma molti altri valevano cifre comprese tra i 2000 e i 4000 ducati. Un'altra parte del capitale della fraterna era in

---

[1] Alla cifra di 250 000 ducati si arriva presupponendo che, come nel caso dei suoi fratelli, la ricchezza di Alvise ammontasse a circa 85 000 ducati, la somma addebitata sui loro conti durante la liquidazione. ASV, Raccolta Barbarigo-Grimani, reg. 21, cc. 105, 123. La cosa corrisponde approssimativamente con gli accrediti sul nuovo conto-capitale del patrimonio di Almorò, *ibid.*, reg. 19.

mercanzie *in monte*, cioè merci conservate a Venezia nel fondaco del palazzo di famiglia o in altri magazzini. Ben poche erano le lettere di cambio, ma è probabile che ciò fosse dovuto al fatto che delle operazioni di cambio si occupava la banca di Alvise in cui il conto della fraterna era cospicuo. I Pisani imponevano forse qualche restrizione sulle merci che erano disposti a trattare, ma non c'è alcun segno della cosa. I loro fondi muovevano una gamma eterogenea di prodotti – stoffa, lana, stagno, sale, grano, spezie, legno per archi e molti altri.

Oltre a muovere merci nel commercio internazionale, la fraterna Pisani effettuava grosse vendite a dettaglianti e manifattori a Venezia. Contribuí a finanziare la locale industria della lana, non entrando in società con i manifattori ma rifornendoli di materie prime. Quando gli affari della fraterna passarono in mano agli esecutori, dai 5 ai 6000 ducati risultavano investiti in lana che veniva trasformata in stoffa, o in stoffe sottoposte ai processi di finitura. La società Pisani consegnava le materie prime e ne riceveva in cambio prodotti finiti. E tuttavia gli individui con cui i Pisani trattavano la lana non erano artigiani, ma gentiluomini con tanto di *Ser* davanti al proprio nome. Forse a Venezia esisteva un sistema di doppio appalto. I Pisani, e gli altri mercanti che importavano lana e stoffe, le «appaltavano» a mercanti imprenditori, che a loro volta le «appaltavano» agli artigiani. Ma i magazzini dei Pisani, oltre alla lana e alla stoffa, potevano fornire, e di fatto fornivano, anche le tinture necessarie.

Negli investimenti della famiglia Priuli era evidente anche la diversificazione. Ricevevano rendite dai loro immobili a Venezia e grano per il consumo di famiglia dalle loro campagne. I figli usavano fondi di famiglia per commerciare in spezie, argento, stoffa, e in una serie di obbligazioni governative, oltre che nella lana. Vincenzo vendeva la lana ai *drapieri* veneziani concedendo credito per due o tre anni. Un bilancio di esercizio di un anno qualunque tra il 1505 e il 1510 avrebbe molto probabilmente indicato che una parte considerevole degli attivi dei Priuli aveva la forma di questa sorta di conti commerciali attivi. Anche Michele da Lezze trattava spezie dall'Egitto, lana dall'Inghilterra, oro dalla Barberia e via dicendo.

Gli investimenti commerciali di una società familiare potevano essere integrati da quelli individuali dei fratelli, e cosí infatti facevano i Pisani. Mentre la fraterna possedeva una parte delle proprietà e portava avanti alcune delle operazioni commerciali, ciascuno dei fratelli Pisani possedeva proprietà anche a proprio nome, e si impegnava per proprio conto in attività commerciali. In caso di fallimento era forse difficile che un fratello riuscisse ad evitare di essere considerato responsabile dei debiti degli altri, ma senza dubbio i conti separati influivano sul modo in cui i fratelli si spartivano i profitti.

Il denaro investito da un fratello a proprio nome poteva venire dalla dote della moglie, o da un'eredità separata[2]. Poteva inoltre ottenere in gran copia prendendolo a prestito dalla società. Al momento della morte sia Almorò che Lorenzo erano indebitati con la fraterna Pisani per un ammontare di circa 43 000 ducati. Alvise Pisani e suo figlio Giovanni dovevano insieme alla società familiare 10 000 ducati. Una parte delle somme attinte alla fraterna venivano forse usate per spese personali, e dunque cessavano di esistere in quanto capitale. Una parte consistente, comunque, venne senza dubbio usata per operazioni commerciali distinte da quelle della fraterna, eppure in qualche modo ad esse collegate. Questo collegamento è evidente in molte società che in un certo senso possono essere considerate sussidiarie di quella familiare.

Gli esempi migliori di tali società affiliate sono la Compagnia «di Ponente» o di Londra, e la Compagnia di Siria. «La compagnia di Londra», la chiameremo cosí, era una società tra Lorenzo Pisani, Almorò Pisani e Nicolò Duodo. Poiché vi si faceva riferimento anche come «Nicolò Duodo e Cia», sembrerebbe che il socio attivo fosse Duodo. Quale fosse la sua parte del capitale, se pure esisteva, non è possibile stabilire. Dai libri risulta che la somma dovuta a Lorenzo e Almorò quando gli affari passarono agli esecutori ammontava a un valore a registro di 8248 ducati. Le voci attive in realtà erano costituite interamente da cedole passive, probabilmente saldi a credito rimasti da molti anni di attività, e tra questi erano molti i debiti. Gli eredi, o gli esecutori, erano disposti a rinunciare ad ogni pretesa nei confronti di Nicolò Duodo se questi avesse pagata la metà della somma. Oltre alla somma dovuta ai soci Lorenzo e Almorò da Nicolò Duodo, in qualità di direttore e di membro sopravvissuto della Compagnia di Londra, la Compagnia doveva alla fraterna Pisani 5500 ducati. Questo debito non costituiva un saldo aperto per carichi spediti da Venezia a Londra. Era definito «conto a parte», cioè un credito speciale esteso da una delle società all'altra. Anche Almorò e Lorenzo, come abbiamo già detto, risultavano come debitori nei libri della fraterna alla quale appartenevano. In poche parole, al momento della liquidazione della società la situazione era la seguente: Nicolò Duodo doveva del denaro a Lorenzo e Almorò, suoi soci nella Compagnia di Londra; i due fratelli dovevano denaro alla loro società familiare, e anche la Compagnia di Londra era indebitata con la società familiare dei

[2] PERTILE, *Storia del diritto italiano* cit., vol. III, p. 282.

Pisani. Questa ragnatela di debiti ci autorizza a definire la Compagnia di Londra un'affiliata, e la fraterna Pisani la società centrale.

Gli affari della Compagnia di Londra dimostrano come le somme attinenti dai fratelli alla società familiare potevano essere utilizzate per fondare una filiale che agisse per loro conto. Una compagnia sussidiaria simile a quella di Londra fu diretta per conto dei Pisani nel viaggio di Siria da Giovanni della Riva. La posizione subordinata della compagnia è resa evidente dalla carriera precedente di Della Riva. Dal 1507 al 1516 fu agente salariato della famiglia in Siria, dapprima a 120 ducati all'anno, come semplice fattore, poi a 250 ducati come direttore di una filiale responsabile del magazzino o officina da lui costruito per conto dei Pisani ad Aleppo. Infine divenne socio della Compagnia di Siria.

Le tre compagnie cui abbiamo accennato – la fraterna madre, la Compagnia di Londra, e la Compagnia di Siria – si servivano reciprocamente come agenti nell'acquisto e nella spedizione, o nel ricevere e vendere. Poiché non possediamo il libro mastro della fraterna, ma soltanto alcuni estratti riportati nei libri degli esecutori, disponiamo di pochi esempi sul funzionamento pratico della cosa. Da una registrazione assai interessante, comunque, risulta che la Compagnia di Siria inviava cotone alla Compagnia di Londra. La cosa non implica, probabilmente, un viaggio diretto dalla Siria a Londra, ma di fatto significa che il cotone veniva consegnato dalla Compagnia di Siria direttamente all'ordine della Compagnia di Londra. Quando il cotone andò perduto per naufragio, la perdita ricadde sulla Compagnia di Londra.

Mentre il rapporto delle due affiliate con la fraterna è abbastanza chiaro, di numerose altre associazioni, esempi delle mille ramificazioni degli affari dei Pisani, si parla senza entrare nei dettagli abbastanza da definirne la posizione. Il testamento di Lorenzo Pisani contiene un criptico riferimento a soci spagnoli. A quanto risulta Giovanni Francesco Pisani e Cia in «Ponente» e Vincenzo Pisani in Siria erano filiali minori, destinate a offrire ai giovani della famiglia l'occasione di sperimentare le proprie capacità. Non si fa cenno alcuno a fattori salariati nei mercati stranieri, fatta eccezione per Giovanni della Riva, che alla fine fu fatto entrare in società. Di conseguenza dobbiamo presumere che le società erano sufficienti a fornire nei punti chiave gli agenti fidati necessari alle grandi operazioni internazionali. Altrove è possibile che le comuni agenzie a provvigione fornissero servizi adeguati alla bisogna.

Un'affiliata di natura particolarissima della famiglia era la banca di Alvise Pisani. La banca era stata ereditata come attività in atto dal padre, Giovanni, che l'aveva gestita col fratello Francesco. È evidente che si trattava di un'azienda separata[3]. Il deposito della fraterna nella banca ammontava a circa 2500 ducati, e quello personale di Almorò era notevolmente superiore, ma poiché il totale dei depositi nella banca di Alvise superava probabilmente i 250 000 ducati, i debiti con la famiglia Pisani non sembrano abbastanza consistenti da collocare la banca in una posizione di dipendenza[4]. Non c'è motivo di pensare che la banca pagasse un interesse su quei depositi, o che i fratelli condividessero in qualche modo i profitti che Alvise traeva dalla sua banca. Se esisteva un rapporto di reciproco profitto tra la fraterna e la banca, è probabile fosse basato sulla compravendita di lettere di cambio.

III.

Oltre ad operare attraverso società sussidiarie relativamente permanenti, la fraterna Pisani conduceva i suoi affari utilizzando anche numerose società rigorosamente temporanee, costituite per un acquisto o un viaggio particolari. Queste associazioni temporanee di capitali rivestivano la massima importanza nell'economia veneziana. In senso strettamente legale, agli occhi dei veneziani almeno, non erano forse società vere e proprie, bensì accordi sulla proprietà congiunta di un oggetto e sul conferimento dei poteri a un agente comune[1]. Per quanto riguarda la proprietà congiunta, l'oggetto posseduto poteva spesso essere suddiviso tra i proprietari. È probabile che cosí avvenisse, ad esempio, nel caso di un carico di sale importato dalla fraterna Pisani insieme con due o tre altri mercanti, e poi venduto all'Ufficio del sale. Di fatto, però, il carico in proprietà congiunta non veniva in genere suddiviso, e delle vendite si occupava uno dei proprietari, fungendo da agente per gli altri.

Estendendo il concetto, la proprietà congiunta si applicava anche ad oggetti che non potevano essere fisicamente suddivisi. Se il costo di un'operazione era abbastanza elevato da costituire uno sforzo eccessivo per la fortuna di un'unica famiglia, il costo iniziale poteva essere ripartito, attraverso una società o impresa a partecipazione congiunta tem-

---

[3] Sia Sanudo che il giornale Priuli la definiscono semplicemente la banca di Alvise Pisani, e i suoi conti non furono trasferiti al reg. 21 (Raccolta Barbarigo-Grimani) come conti della fraterna.

[4] Sul numero e sulle dimensioni delle banche veneziane dell'epoca, cfr. le mie cifre in *I banchieri veneziani*, pp. 220 sgg.

[1] Questa interpretazione mi è stata suggerita da R. CESSI, *Note per la storia delle società di commercio nel Medioevo in Italia*, Roma 1917 (estratto da «Rivista italiana per le scienze giuridiche», marzo 1917, pp. 3-5); e ID., *Studi sulle «maone» medievali*, in «Archivio storico italiano», LXXVII, serie VI, 1919, pp. 6-7.

poranea, tra numerosi investitori diversi. L'appalto del dazio sul vino per un anno costava in genere 70 000 ducati. Acquistando solo una parte dell'appalto, i Pisani si accollavano rischi inferiori di quanto non avrebbero fatto investendo tutti i 70 000 ducati, un quarto della loro fortuna, in quell'unica impresa[2].

Particolare interesse rivestono, tra queste società temporanee o contratti per la proprietà e la rappresentanza comune, le associazioni di capitalisti per il finanziamento dei viaggi delle galere mercantili. Questi viaggi richiedevano una quantità di capitale maggiore di ogni altra iniziativa nell'economia veneziana. Una flotta di tre o quattro galere impiegava tra i 600 e gli 800 uomini di equipaggio, e per il viaggio di Fiandra occorreva almeno un anno, e spesso quasi due. Il carico portato da una flotta delle galere di Fiandra valeva all'incirca 250 000 ducati. Il viaggio di Alessandria, relativamente breve, impiegava soltanto dai tre ai sei mesi, ma spesso i carichi valevano fino a mezzo milione di ducati[3]. Il costo di queste galere, del loro armamento, del cibo e dei salari per gli equipaggi, e soprattutto dei carichi, andava oltre le possibilità anche di una famiglia ricca come i Pisani.

Attraverso un sistema che prevedeva la messa all'incanto delle galere, lo Stato forniva una parte consistente del capitale necessario. Sin dalla metà del secolo XIV le galere grosse mercantili erano sempre state costruite quasi esclusivamente dall'Arsenale della Repubblica. Quando i senatori decidevano la partenza di una flotta di galere, stabilivano la rotta, l'entità degli equipaggi e molte delle tariffe di trasporto. Talvolta il Senato, con le galere, offriva anche un sussidio. Poi le galere venivano messe all'incanto, e la loro gestione per un viaggio specifico veniva affidata al migliore offerente, purché questi ottenesse l'approvazione del Senato, in quanto persona capace, dell'età adatta, e sostenuta da appoggi finanziari adeguati. Dopo l'approvazione, questi diveniva il comandante delle galere, il *patron*[4].

Poiché le galere venivano affittate dallo Stato, le famiglie ricche come i Pisani o i Priuli avevano meno incentivi a possedere navi proprie. Senza l'azione dello Stato per essere sicuri di riuscire a spedire le merci avrebbero dovuto possedere galere proprie. Se fosse stato necessario investire in galere mercantili, la cosa avrebbe forse portato alla costitu-

---

[2] SANUDO, *Diarii* cit., vol. II, pp. 27, 1335; vol. III, p. 733; vol. LIII, p. 509. Per le quote dei Pisani nell'imposta sul vino, e per tutte le precedenti descrizioni del loro attivo, cfr. ASV, Raccolta Barbarigo-Grimani, reg. 21 *passim*.

[3] F. C. LANE, *Venetian Ships and Shipbuilders of the Renaissance*, Baltimore 1934, pp. 24-26; J. SOTTAS, *Les messageries maritimes de Venise au XIVᵉ et XVᵉ siècle*, Paris 1938, pp. 106-36; SANUDO, *Diarii* cit., vol. VIII, p. 474.

[4] SOTTAS, *Les messageries maritimes de Venise* cit., pp. 71, 89, 90, 94.

zione di una piccola replica privata dall'Arsenale, o al finanziamento di diverse società per la costruzione e il possesso di navi come sussidiarie relativamente permanenti. Naturalmente, se i Pisani fossero stati interessati a rotte o prodotti non serviti dalle galere mercantili, e soprattutto se fossero stati i pionieri di una nuova rotta, in tal caso sarebbero state necessarie navi private. Poiché né i libri dei Pisani né quelli dei Priuli fanno cenno a società per il possesso o la costruzione di navi, sembrerebbe che essi si contentassero di operare nei settori meglio sperimentati del commercio, e soprattutto con i tipi di mercanzie trasportati dalle galere. Di conseguenza non occorreva preoccuparsi dei costi generali a lungo termine di una flotta mercantile. Potevano affittare una galera per un viaggio, assumersi spese generali soltanto per quel viaggio, e poi restituire la galera all'Arsenale, sul quale ricadevano tutti i problemi dei costi generali.

Anche se lo Stato, dando in affitto le galere, forniva una parte del capitale impegnato nei viaggi, la maggior parte di esso era privato, e proveniva dalle fraterne. Era possibile che una di queste società familiari si assumesse per intero il costo e il rischio di una o due galere, ma in genere costi e rischi erano ripartiti tra numerose fraterne che costituivano società temporanee tra loro o con altre persone ricche. Alcune di queste società controllavano una sola galera, altre, dette *maone*, impegnavano l'intera flotta.

La compagnia di galera, che forniva il denaro per noleggiare e equipaggiare la nave, era l'unità base delle società che interessavano le singole galere. La «compagnia della galera» era suddivisa in ventiquattro partecipazioni (*carati*), secondo il modello offerto dalle società armatoriali. Gli azionisti erano definiti in genere parcenevoli[5], e la loro parte di proprietà poteva essere tale da fare in pratica del patron un dipendente[6]. Anche se i registri dei Pisani che ci sono rimasti non sono che estratti dai libri della fraterna, da essi risulta che i Pisani investirono almeno tre volte nelle galere di Barberia, almeno una volta in una galera di Beirut e due volte in quelle di Fiandra.

Quale esborso di capitali richiedevano tali investimenti? Le fonti ideali da cui trarre la risposta a questa domanda sarebbero i libri contabili della galera, tenuti dal patron o dallo *scrivan* ufficiale. I libri dei Pisani e le voci del giornale Priuli non offrono che il frustrante stimolo delle indicazioni incomplete. Lorenzo Priuli e Figli possedevano otto

---

[5] È questo il termine piú comune, fornito anche da G. BOERIO, *Dizionario del dialetto veneziano*, Venezia 1867; si usava però anche *caratadori*.
[6] Cfr. le galere di Barberia citate a p. 239, nota 7.

carati, cioè un terzo, della compagnia di galera il cui patron era Federigo Morosini. La loro fu una delle tre galere «di Fiandra» che fecero il viaggio in tempi brevi: partirono da Venezia nel settembre 1504 dirette in Inghilterra, e vi ritornarono a pieno carico nell'ottobre 1505 [7]. Nell'aprile 1507 il patron riferí a Lorenzo Priuli e Figli che il «costo» totale della galera era ammontato a 7503 ducati e 7 grossi. Quale fosse esattamente il «costo» cui si riferiva questa cifra è però difficile da stabilire. Si tratta probabilmente del costo netto del viaggio in «Ponente», calcolato dal patron deducendo dal totale delle spese in Inghilterra l'entità dei noli che vi aveva riscosse [8]. (Alcuni noli si pagavano in Inghilterra, altri a Venezia). Anche i bilanci della contabilità di galera nei libri Pisani contengono cifre del medesimo ordine di grandezza. Le loro dodici quote di una galera di Fiandra, appartenente alla flotta che salpò all'inizio del 1518, furono addebitate per 4220 ducati, e quelle nelle galere di Barberia del periodo compreso tra il 1519 e il 1521 raggiungevano piú o meno lo stesso valore [9]. A quanto risulta questi bilanci rappresentavano anche le spese della galera superiori a quanto il patron aveva riscosso dagli spedizionieri nel corso del viaggio. Le spese in eccedenza rispetto alle entrate di ciascuna galera dovevano essere anticipate dai parcenevoli [10]. Il rimborso avveniva attraverso l'assegnazione di quote sui conti attivi della galera, cioè quote dei noli da riscuotersi a Venezia dopo il ritorno della galera e, in taluni casi, quote dei sussidi offerti alla galera dal Senato [11]. Di conseguenza questi «costi» forniscono qual-

---

[7] SANUDO, *Diarii* cit., vol. VI, pp. 45, 67, 209, 249. Il comandante della flotta (*capitanio*) scrisse da Southampton che le tariffe di trasporto, probabilmente per il viaggio di ritorno, avrebbero fruttato 17 000 ducati.

[8] Il conto del patron era stato tenuto in sterline. Cosí si legge: «Per Galia de Fiandre pattrono Federigo Morexini, Capettanio Marco Antonio Contarini || A ser Federigo Morexini come patrono per tanti ne asegna per suo conto montar dita galia ducati 7503 grossi 7, che tocha a noi per karatti 8 ducati 2501 grossi 2, computando i danari ave de Vincenzo a sterlina 54 per ducato, val L. 250, s. 2, d. 2 p.» (Giornale Priuli, c. 19).

[9] ASV, Raccolta Barbarigo-Grimani, reg. 21, cc. 12, 13, 77, 103, 138.

[10] Altrimenti sarebbe stato il patron a dover anticipare il denaro. Non disponiamo di una registrazione completa dei pagamenti effettuati dai Priuli come *parcenevoli*, poiché il loro giornale inizia che le galere erano già giunte in Occidente, ed è probabile che alcuni dei pagamenti fossero già stati fatti. Il 30 settembre 1505 (c. 5), si registra però un pagamento versato al patron da Vincenzo per £. 264 13 s. 6 d.; in sterline, pari a 1323 ducati (48 ducati per sterlina), e la voce successiva, 28 aprile 1507 (c. 19), se completata, avrebbe pareggiato il conto di «Morexini come patron»: «Per Ser Federigo Morexini come patron || A ser Vincenzo mio fiol per conto da viazo [?] per tanti dito Federigo li fa boni come per suo conto apar per quelo dice dover aver da noi per il resto de la galea ducati 96, grossi 8. Non li trazi fuori per che ne he eror in dito conto che ser Federigo Morexini mete aver avuto dal Vincenzo in ponente £. 257 17 s. 5 d. de sterlina et Vincenzo mi asegna averli dato £. 264 13 s. 6 d. de sterlina. Et perho questa partida stara sospesa fina sia dechiarita».

[11] Numerose assegnazioni ai Priuli della loro quota del sussidio risultano il 1° ottobre 1506 (c. XV) e il 30 dicembre 1506 (c. XVI). Ad esempio, alla prima data: «Per Hoffitio di governadori del Intrade per conto di Cresiamenti || A Galia de Fiandra, patron Federigo Morexini, Capitanio ser Marco Antonio Contarini, in la qual partecipo in ⅛, per tanti dito ser Federigo ne scripsse questo giorno per parte del don de ditta galea, deli carati 8 me aspeta – L. 32 s., d., p.». Quello che sembra essere l'accordo sulle tariffe di trasporto dice (c. 21): «Per Francesco Foscari e fradeli fo de Ser

che indicazione sull'entità del capitale anticipato per l'operazione, ma è possibile che l'esposizione totale dei parcenevoli prima e durante il viaggio fosse assai più consistente. Forse le cifre di 7500 o 8000 ducati andrebbero raddoppiate o triplicate, per poter rappresentare l'esborso totale dedotti gli introiti che doveva essere anticipato durante il viaggio di una galera di Fiandra. Le somme in questione, comunque, erano sempre esigue rispetto alla ricchezza di una famiglia come i Pisani.

Se il viaggio di Fiandra avesse richiesto soltanto il costo di gestione delle galere, non sarebbero state certo necessarie società per azioni che ripartissero il rischio tra diverse famiglie. Ma gli impegni contemporanei dei parcenevoli erano molti e onerosi. L'investimento maggiore era quello richiesto dai carichi. Come è ovvio, il carico per un valore di un quarto di milione di ducati che arrivava con una flotta di tre galere di Fiandra era costituito da merci possedute da numerosissimi speditori diversi, non legati da alcuna società, e che non avevano bisogno di associarsi per riuscire a spedire. Le galere erano regolamentate dal Senato come vettori pubblici, ed erano obbligate a caricare le merci più importanti di rispettivi carichi a tariffe stabilite per legge. I patroni e parcenevoli, comunque, potevano pretendere una certa posizione di privilegio nel caricare le loro merci. Quantomeno avevano la sicurezza che le loro merci non sarebbero state tra quelle lasciate a terra se le galere erano sovraccariche, né sarebbero state ammassate nei punti dove era più probabile che fossero danneggiate dall'acqua marina. Se un mercante voleva investire nella gestione di una galera, era incentivato a investire anche nel suo carico. Era inoltre possibile che la cosa fosse necessaria per garantire che il carico fosse sufficiente, e che la galera non salpasse mezza vuota. Nella pratica, dunque, le stesse persone o famiglie che finanziavano la gestione di una galera per un determinato viaggio finanziavano anche una buona parte del suo carico.

Gli investimenti dei Priuli nelle galere di Fiandra del 1504 non consistevano soltanto nella loro quota della compagnia di galera, ma anche nell'impiego di fondi di famiglia per l'acquisto di carichi. Gli acquisti si svolgevano su tre piani – su quello individuale, insieme con altri membri della compagnia di galera, e insieme con gli azionisti di tutte le galere della flotta. L'esborso di gran lunga maggiore fu quello effettuato

Nicolò || A galia de Fiandre patronizada per ser Federigo Morexini, Capitanio Ser Marco Antonio Contarini, che mi tocho i ditti per debitori per la nostra parte di ducati 600 el he sta conza le loro partida, come apar per la poliza de Santo de Caxa [scrivan]». La riscossione dei noli era resa più difficile dal fatto che molti di essi andavano pagati all'Arsenale, in questo caso come penale di sovraccarico. Sia Priuli che Pisani effettuarono il pagamento di una parte delle tariffe sulle merci spedite sulle loro galere accreditandole sul loro conto di galera. Giornale Priuli, c. XXIII; Raccolta Barbarigo-Grimani, reg. 21, c. 76.

direttamente dalla famiglia per l'acquisto, a proprio nome, di lana, stoffe e pellami per un valore di 10 000 ducati circa [12]. Dal punto di vista
dei Priuli è questo che può essere considerato il momento centrale del-
l'intera impresa. La riscossione dei proventi dalla vendita della lana sarebbe stata tra le entrate principali della famiglia per parecchio tempo
a venire. È assai probabile che l'investimento nella compagnia di galera
avesse carattere subordinato, che il suo scopo fosse cioè la garanzia di
ricevere la lana con sicurezza.

Cosí come il desiderio di ricevere la lana induceva ad aderire a compagnie di galera che garantissero la partenza della nave, a sua volta la
proprietà di quote nella compagnia di galera spingeva ad altri acquisti.
Alcuni erano finalizzati a garantire una quantità sufficiente di carico.
I Priuli parteciparono per un terzo, corrispondente alla loro quota nella
compagnia di galera, all'acquisto di 200 botti di vino cretese, la malva-
sia, comperate dal patron, Ser Federigo Morosini [13]. Se ci fossero state
spezie a sufficienza per riempire le galere in partenza, non sarebbe stato
necessario acquistare vino. Anzi, non sarebbe stato possibile caricare
vino fino a che non si fossero caricate tutte le spezie in offerta. Di conseguenza, il vino per l'Inghilterra veniva in genere spedito sulle grandi
«navi tonde», dalle alte fiancate. Eppure, come lamenta Girolamo nei
suoi diari, con tanto maggior vigore considerato il fatto che vi era coin-
volta la sua famiglia, nel 1504 da Venezia non partirono spezie per il
Ponente; esse giungevano invece direttamente dall'India al Portogallo [14]. Per riempire i loro vascelli, i patroni furono dunque costretti ad
acquistare vino.

Mentre alcuni degli acquisti in comune venivano effettuati da patroni e parcenevoli di un'unica galera, altri erano in comune con tutti i patroni e parcenevoli della flotta. L'acquisto di vino per completare il carico del viaggio di andata fu stipulato separatamente per la galera Morosini, ma un acquisto di piombo per il viaggio di ritorno fu effettuato
in comune da tutte le galere. L'unione di tutti gli azionisti della flotta,
di tutti i patroni e parcenevoli delle galere, si chiamava maona [15]. L'atti-

---

[12] Giornale Priuli, c. 5v. (le pagine a sinistra hanno numerazione araba, quella a destra romana).
[13] Ibid., c. 19. Il costo totale della loro quota sul vino era di circa 750 ducati.
[14] G. PRIULI, I Diarii, a cura di R. Cessi, in Rerum Italicarum scriptores, vol. XXIV, parte III,
Bologna 1933-37², II, pp. 352-56, e, in precedenza, p. 168.
[15] Giornale Priuli, c. 9 (28 febbraio 1505, more veneto, 1506 in datazione moderna): «Per
piombi pezi 54 comprati per Maona di Caratadori dele galie Capitanio Ser Marco Antonio Contarini». Non ho mai trovato·la parola maona negli atti ufficiali (ad esempio, ASV, Senato Mar), e non
compare in BOERIO, Dizionario cit.; sorprende dunque trovarla nel giornale Priuli e nella lettera di
Da Lezze citata piú sotto, nella precisa accezione in cui veniva usata piú di cento anni prima a Genova, stando a CESSI, Studi sulle «maone» medievali cit., pp. 5-9, 15-22.
    L'uso veneziano conferma quanto dimostrato da Cessi, che cioè, a rigore, le maone non erano
associazioni di detentori di obbligazioni, bensí di proprietari o detentori di quote di una flotta.

vità in comune di questi grandi gruppi ha suscitato scarso interesse, e sembrerebbe che gli storici di Venezia non abbiano mai notato l'esistenza di un'organizzazione d'affari detta maona. In realtà, la maona veneziana può essere considerata piú importante per le sue potenzialità che non per quello che veramente fu. È un esempio istruttivo di quello che in definitiva si dimostrò uno sviluppo arrestato.

Gli obiettivi che potevano indurre alla costituzione di una maona erano numerosi. Talvolta la regolamentazione senatoria del viaggio stabiliva che i noli di tutte le galere della flotta fossero messe in un unico fondo comune, e in tal caso i patroni erano praticamente costretti a stipulare qualche accordo supplementare per l'amministrazione di quel fondo [16]. Anche quando il Senato non imponeva norme di questo genere, i patroni avevano interesse comune a garantire una quantità sufficiente di carico per la flotta nel suo insieme. Era abitudine comune che i mercanti suddividessero le loro partite, caricando merci su ognuna delle galere in modo da diminuire il pericolo di perdita per naufragio. Di conseguenza non c'era galera che potesse presumere di partire carica se le altre erano vuote, e in una certa misura, un carico soddisfacente per una significava altrettanto per tutte. Uno dei modi per garantire che il carico fosse soddisfacente per tutti consisteva in una maona che concordasse acquisti comuni, per contribuire a riempire le galere. Il piombo acquistato sul conto della maona cui apparteneva Lorenzo Priuli, molto probabilmente, fu comperato in comune per garantire che ogni galera fosse adeguatamente zavorrata.

La garanzia di un carico adeguato per tutta la flotta fu indubbiamente lo scopo di un contratto di maona cui accenna Michele da Lezze, ricco contemporaneo di Alvise Pisani e Lorenzo Priuli. Michele da Lezze possedeva un terzo di una delle galere della flotta di Barberia del 1506. Scrivendo al figlio Luca, che partecipava al viaggio come patron, Michele accenna piú di una volta alla maona costituita dai patroni. Questi avevano concordato, al fine di ottenere a Valencia un carico soddisfacente di lana, che ciascuno avrebbe aumentato la propria quota fino a 500 sacchi se la cosa fosse stata necessaria a portare il totale del carico a 2000 sacchi. Anche se per questo non era indispensabile l'azione comune, le cose ne sarebbero risultate facilitate, e di fatto i patroni concordarono di trattare la lana come un unico operatore [17].

---

[16] Un accordo di questo genere tra i patroni per l'amministrazione come *corpo* unico di tutte le tariffe è allegato alla commissione del *capitanio* delle galere *al trafego* del 1486, Venezia, Museo Civico Correr, Ms III, 1057, ff. 19-21. Studiato in microfilm.

[17] «Et perché chomo tu sai ditti pattroni sono convenutti insieme fra loro che in chaso ch'el manchasse lana per el chargo di ditte galie ogniuno deno far per la sua ratta sacchi 500 di lana fino alla summa di sacchi 2000... I sachi di lana farai per conto di la maona, quelli se convegniera chargar

La necessità che aveva ogni galera di fondi che coprissero le spese di gestione, e l'esigenza condivisa dall'intera flotta di garantire carichi adeguati, erano alla base di alcuni accordi per l'azione comune da parte della compagnia di galera nel primo caso, della maona nel secondo. L'azione comune era inoltre stimolata dal desiderio di monopolio, o di una posizione contrattuale di forza. In genere i mercanti erano sempre attenti alle occasioni di stipulare accordi tesi a qualche monopolio, o quasi monopolio, temporaneo. L'azione comune per impedire la concorrenza risultava tanto piú facile a quei gruppi che avessero imparato ad agire insieme come compagnia di galera o come maona alla ricerca di carichi.

Il desiderio di evitare offerte competitive fu forse uno dei motivi che portò all'acquisto comune di vino e piombo cui parteciparono i Priuli, e fu forse tra le cause, sia pure secondarie, che produssero la gestione in forma di conto comune della lana acquistata dalla maona cui apparteneva Michele da Lezze. Risulta evidente che fu tra le considerazioni piú importanti alla base di un contratto tra patroni e parcenevoli delle galere di Fiandra nel 1487, in cui si prevedeva un'azione comune a vantaggio dei patroni nella vendita di sapone a Londra o nei porti di scalo del viaggio. Oltre ad accordarsi per impedire la concorrenza nella vendita di sapone a Londra, i patroni della maona del 1486 stabilirono l'acquisto comune di cinquanta o sessanta *milliaria* di noce di galla da parte di un unico agente a Venezia, da vendersi, sempre su un conto comune, ad opera di uno dei patroni[18]. Questi accordi non garantivano certo un monopolio completo, ma quantomeno i firmatari rinunciavano a farsi concorrenza l'uno con l'altro.

Nel complesso, dunque, esistevano parecchi motivi che potevano indurre i patroni e i parcenevoli di ogni flotta a costituire associazioni o società di diverso tipo. Il desiderio di eliminare la concorrenza interna stimolava generici accordi di mercatura, ma assai piú impellente era la necessità di mettere in fondo comune le spese di gestione e di garantire

---

et vegnir in questa terra in nome di patroni per uno montte». ASV, Miscellanea Gregolin, busta 10, Lettere commerciali, 1482-99, Copialettere di Michele da Lezze archiviato all'anno 1497, f. 38v.

[18] Poiché l'acquisto, e l'entità della merce da acquistare, rimanevano a discrezione dei singoli patroni, il contratto non imponeva alcun obbligo di caricare sapone per garantire un carico completo. D'altro canto, però, il contratto stabiliva di fatto, sia per quanto riguardava il sapone che le noci di galla che se una delle galere non avesse avuto abbastanza spazio per caricare la sua quota di tali merci per l'obbligo che avevano di dare la precedenza alle spezie, le altre galere avrebbero caricato tutto quanto potevano fino alla cifra specificata dal contratto. ASV, Miscellanea Gregolin, Lettere commerciali cit., busta 10, archiviata all'anno 1487. Nella medesima busta, agli anni 1487 e 1491, si trovano le carte di un processo per dell'altro sapone caricato su quelle galere, che secondo il proprietario avrebbe dovuto essere venduto dal patron come agente della maona insieme con il sapone della maona, ma che non lo fu. Uno dei concorrenti almeno, riteneva di essere stato escluso dal mercato con mezzi scorretti. Pur riferendosi a una maona, il contratto non fa uso del termine.

carichi completi. Questi motivi nascevano dalla natura stessa delle imprese in cui si impegnavano i mercanti, cosí come, in epoche successive, il commercio tra l'Inghilterra e l'India o la costruzione delle ferrovie creò, per la natura stessa di quelle imprese, i motivi che portarono all'organizzazione d'affari su vasta scala.

Se il governo veneziano non si fosse intromesso nella gestione della marina mercantile, Venezia avrebbe avuto veramente bisogno di trasformare le maone in istituzioni organizzate in modo piú preciso e permanente. Se le galere non fossero state fornite dallo Stato, i mercanti privati avrebbero dovuto immobilizzare fondi in galere e arsenali. Il fatto di possedere quest'attrezzatura fisicamente durevole avrebbe dato a patroni e parcenevoli il motivo di costituire società piú permanenti per garantirsi un profitto sull'utilizzo futuro del proprio investimento. Di fatto, però, lo Stato interveniva; forniva le galere, stabiliva l'entità dei noli di base, e nominava il comandante della flotta necessaria alla protezione comune. Cosí dunque si favorí il fatto che la compagnia di galera e gli accordi di maona rimanessero semplici imprese a partecipazione congiunta temporanee: il governo infatti imponeva che i contratti di nolo stipulati dai mercanti per le galere fossero rinnovati ad ogni viaggio. Poiché lo Stato faceva tanto, i famosi viaggi delle galere veneziane non crearono alcuna esigenza di un'istituzione d'affari privata dotata della longevità tipica della società a responsabilità limitata, o dei grandi capitali e dei vasti poteri di controllo che in essa si organizzano. A finanziare i viaggi delle galere mercantili bastava un'ampia gamma di accordi, tutti temporanei, ciascuno dei quali riferito soltanto a una parte relativamente esigua dell'investimento di capitale necessario.

IV.

L'iniziativa e le normative del Senato, che mutavano ben poco di anno in anno, le ricche società familiari, relativamente permanenti, e le imprese a partecipazione congiunta per la durata di pochi anni – l'insieme di questi tre aspetti costituiva la struttura degli affari a Venezia. Era una struttura assai flessibile. Grazie ad essa, il capitale mercantile veneziano conservava la sua liquidità, e poteva essere trasferito rapidamente da un settore del commercio all'altro. Le aziende familiari potevano investire un anno nel viaggio di Barberia, o nelle importazioni di lana dall'Inghilterra. L'anno dopo, se il viaggio di Barberia era troppo pericoloso, o se il mercato veneziano era sovraccarico di lana inglese, i fondi delle grandi famiglie potevano essere impiegati per importare spezie dal-

l'Egitto o dalla Siria. Seguendo le direttive del Senato, le medesime galere compivano prima un viaggio, poi un altro. Non vi fu compagnia di
galera o maona che creasse interessi acquisiti in un viaggio particolare.
In ciascuna le spese generali erano minime, e ciascuna veniva disciolta
non appena realizzato il particolare obiettivo per il quale era stata costituita. Il fatto di investire in società di questo tipo ben corrispondeva
agli sforzi delle ricche società familiari di disperdere i rischi, e questa
politica di diversificazione contribuí a sua volta a conservare la fluidità
complessiva della ricchezza mercantile veneziana.

La diversificazione e la flessibilità erano desideri comuni a tutti i
mercanti residenti, i capitalisti tipici del tardo medioevo[1]. Queste qualità, però, ebbero a Venezia rilievo ancora maggiore che non in altri centri commerciali. È proprio questo rilievo il motivo per cui nell'età dei
Fugger Venezia ci appare da un certo punto di vista sorpassata. Sebbene Venezia fosse allora all'avanguardia in Europa per molti aspetti della pratica d'affari capitalistica vi fu assai ritardato lo sviluppo della società anonima, che altrove cominciò ad apparire nel secolo xv, e nel xvi
divenne componente immancabile dell'industria estrattiva, del commercio oceanico e dell'espansione coloniale[2]. Rispetto a Firenze e Genova,
Venezia giunse in ritardo anche nello sviluppo delle società d'affari
generali, destinate a sopravvivere per molti anni indipendentemente
dai legami familiari, e a guadagnare profitti sulla base di un fondo ben
definito di capitale commerciale[3]. Mentre altrove andava diffondendo-
si il ricorso alle società d'affari generali e a forme embrioniche di società anonime privilegiate, a Venezia continuavano a predominare le
società familiari. Questa «arretratezza» di Venezia nel campo dell'organizzazione degli affari non va però considerata come sintomo di scioc-
co tradizionalismo; la tendenza delle compagnie di galera o delle maone
veneziane a trasformarsi in società anonime relativamente permanenti
fu ostacolata dal fatto che la cosa avrebbe introdotto nell'economia veneziana sgraditi elementi di rigidità.

---

[1] N. S. B. GRAS, *Business and Capitalism: An Introduction to Business History*, New York
1939, p. 67.

[2] La Casa di San Giorgio, a Genova, fu molte cose nello stesso tempo, e possedeva alcune delle
caratteristiche di una società per azioni privilegiata, anche se, senza alcun dubbio, esse erano nascoste da altri aspetti di quell'istituzione dalle mille facce. H. SIEVEKING, *Genueser Finanzwesen*,
vol. II: *Die Casa di S. Giorgio* cit.! Cfr. il giudizio di A. DOREN, *Storia economica d'Italia nel Medio Evo*, trad. G. Luzzatto, Padova 1937, pp. 423-24. D'altro canto, però, alcuni esempi evidenti di
società per azioni portoghesi nel secolo xv sono descritti in H. M. A. FITZLER, *Portugiesische Handelsgesellschaften des 15. und beginnenden 16. Jahrhunderts*, in «Vierteljahrschrift für Sozial- und Wirt-
schafts geschichte», xxv, 1932, pp. 209-49. Sul secolo xvi, cfr. J. STRIEDER, *Studien zur Geschichte
kapitalistischer Organisationsformen*, München e Leipzig 1925²; e w. R. SCOTT, *Constitution and
Finance of English, Scottish and Irish Joint-Stock Companies to 1720*, 3 voll., Cambridge 1910-12.

[3] CESSI, *Note per la storia delle società di commercio* cit., pp. 50-58; DOREN, *Storia economica*
cit., pp. 420-22.

Non è difficile scoprire i motivi dei particolari timori suscitati nei veneziani dalla rigidità nell'organizzazione degli affari. Venezia, al massimo delle sue possibilità, era il mediatore dell'universo. Alcune città erano relativamente specializzate: il commercio delle stoffe era la base principale della prosperità fiorentina; Ulm dipendeva in larga misura da un tipo di stoffa particolare, il fustagno; i mercanti di Augusta univano al commercio del fustagno e del cotone il finanziamento di principi e la gestione degli scambi via terra tra l'Italia e il Nord. Rispetto a loro, i mercanti veneziani si vedevano aperta una gamma insolitamente vasta di opportunità commerciali – Costantinopoli, la Siria, la Spagna, l'Inghilterra e molte altre regioni; le spezie, il cotone, la lana, e molte altre merci – ma l'insieme di queste opportunità subiva continue variazioni. Se tutto il commercio internazionale dell'epoca andava soggetto a violente interruzioni, quello di Venezia era particolarmente sensibile alle avversità improvvise, perché la posizione della città era stata sfruttata per farne un «mercato mondiale». Di conseguenza ai mercanti veneziani la flessibilità era indispensabile.

Nella storia, però, la geografia è soltanto un fattore permissivo, non vincolante. Il rispetto per l'integrità del potere dello Stato che distinse Venezia dalle altre città del medioevo italiano, fu un elemento vitale nello sviluppo del controllo senatoriale sulla navigazione. Venezia si contraddistingueva tra le città italiane anche per il suo carattere patriarcale; la famiglia aveva importanza eccezionale nel governo e nella società, oltre che nell'economia. Queste tradizioni si intersecavano continuamente con i fattori dell'ambiente sociale e geografico dei veneziani. Di fronte a una situazione economica che richiedeva organizzazioni d'affari dotate di grande flessibilità, i veneziani trovarono nella funzione supervisoria del Senato, nelle grandi società familiari e nelle effimere società a partecipazione congiunta, istituzioni che rispondevano alle esigenze dell'economia, e che nel contempo si armonizzavano con gli ideali tradizionali della supremazia dello Stato e della solidarietà familiare.

Indice dei nomi e dei luoghi

Nell'indice non compare il nome di Venezia, che ricorre quasi in tutte le pagine. Si troveranno invece, *ad vocem*, singoli luoghi della città: Canal Grande, Rialto, ecc.

Stampato nell'aprile 1998 per conto della Casa editrice Einaudi
presso Milanostampa s.p.a., Farigliano (Cuneo)

C.L. 14262

Einaudi Tascabili